Makrobiotik . . .

„Makrobiotik verlangt keinen Wechsel Ihrer Religion, Ihrer Denkweise oder Ihres persönlichen Lebenstils. Sie erfordert lediglich eine Ernährung in Harmonie mit Ihrer Umwelt. Wenn Sie sich gut ernähren, werden Sie Ordnung und Gleichgewicht in Ihrem täglichen Leben schaffen. Ihr friedvoller Geist wird auf Ihre ganze Familie und Gesellschaft, möglicherweise sogar die ganze Welt ausstrahlen und sie beeinflussen. Wenn Sie erst einmal die wahre Energie der Nahrung kennengelernt haben und lernten, wie Sie Ihre Gesundheit, Ihr Verhalten und Ihre Gedanken durch das Kochen beeinflussen können, können Sie niemals mehr zu den früheren unbewußten und sinnlich ausgerichteten Eßgewohnheiten zurückkehren. Nach dem Verzehr ausgeglichener Vollwertmahlzeiten wird sich Ihr körperlicher Zustand verbessern. Ihr Denken wird klar und konzentriert. Sie werden eine leuchtende und freudige Zukunftssicht haben. Sorgfältiges Kochen ist der Schlüssel zur Aufrechterhaltung der Harmonie mit der natürlichen Umwelt.“

-- Aveline Kushi

...einen Schritt weiter

Aufbauend auf den Anleitungen, wie man Naturreis und andere traditionelle makrobiotische Nahrungsmittel kocht, geht Aveline Kushi bei der Kunst des Kochens von Naturkost einen Schritt weiter.Sie passt viele zeitgenössische Gerichte und Geschmacksrichtungen aus anderen Küchen der Welt ihrem hohen makrobiotischen Standard an, - ersetzt Nahrungsmittel und verändert die Zubereitungsweise wenn nötig. Die Resultate sind vollkommen neue, delikate und befriedigende Rezepte, die zum erstenmal zusammen in einem makrobiotischen Kochbuch vorgestellt werden, - Gerichte aus Latein-Amerika, dem Mittleren Osten wie auch Nordamerika, dem Fernen Osten und Europa, die Sie mit Sicherheit erfreuen.

W0200303

Aveline Kushi's grosses Buch der makrobiotischen Küche

für Gesundheit, Harmonie und Frieden

Aveline Kushi
mit
Alex Jack

Vorwort von Michio Kushi
Illustrationen von Aveline Kushi

OST-WEST-VERLAG

Originaltitel: Aveline Kushi's complete guide to macrobiotic cooking for health, harmony and peace / Warner Books, New York.
copyright: Aveline Kushi und Alex Jack, 1985

* Deutschsprachige Rechte: Verlag Ost-West Bund, Völklingen, 1987
* Deutschsprachige Rechte: OST-WEST-VERLAG, Heidelberg, 1999

Deutsche Übersetzung: Christiane Niels
Redaktion: Richard Theobald
Titelbild: Hans-Jürgen Ospelt, Riegelsberg
Satz: Indragni Fotosatz, Ascheberg-Herbern
Druck: Fuldaer Verlagsanstalt, Fulda

Alle Rechte vorbehalten, einschliesslich des Rechtes der Reproduktion dieses Buches oder Teile dessen in irgend einer Form ohne ausdrückliche Genehmigung des Verlages.

CIP-Kurztitelaufnahme der Deutschen Bibliothek

Kushi, Aveline:
(Grosses Buch der makrobiotischen Küche)
Aveline Kushi's grosses Buch der makrobiotischen Küche: kochen für Gesundheit, Harmonie u. Frieden / Aveline Kushi mit Alex Jack. Vorw. von Michio Kushi. Ill. von Aveline Kushi. (Dt. Übers.: Christiane Niels). – Völklingen: Ost-West Bund Verlag, 1987.

Einheitssacht.: Complete guide to macrobiotic cooking (dt.)
ISBN 3-930564-07-6

NE: Jack, Alex:

ISBN 3-930564-07-6

Inhalt

Vorwort *von Michio Kushi,* 7
Von Aveline, 9
Von Alex, 13
Der Beginn, 16
1. Ost begegnet West, 19
2 .Nahrung als Energie, 28
3. Kochgeschirr und -utensilien,42
4. Salz, Öl und Gewürze, 50
5. Naturreis,65
6. Gerichte aus Naturreis,75
7. Vollkorngetreide, 95
8. Spaghetti und Teigwaren, 113
9. Seitan und Fu, 121
10. Brot und Backwaren, 130
11. Suppen, 150
12. Zubereitung und Schneiden von Gemüse, 172
13. Wurzelgemüse, 185
14. Bodengemüse, 198
15. Grünes Blattgemüse, 213
16. Wildgemüse, 226
17. Tempura und fritierte Speisen, 233
18. Salate, 241
19. Dressings, Soßen und Tunken, 250
20. Pickel, 260
21. Hülsenfrüchte, 272
22. Tofu,Tempeh und Natto, 284
23. Meeresalgen, 302
24. Zutaten und Garnierungen, 321
25. Fisch und Meerestiere, 331
26. Desserts und Snacks, 339
27. Getränke,358
28. Jahreszeiten- und Festmenüs, 364
29. Spezielle Ernährung, 378
30. Medizinisches Kochen und Hausheilmittel, 386
31. Kochkurse und Quellen, 391
Glossar,393
Bibliographie, 403
Index, 404
Adressenliste der makrobiotischen Zentren, 414

Vorwort

Kochen ist die höchste aller Künste, die die Menschheit je ersonnen hat. Kochen dient der Erhaltung der Lebensgrundlagen auf geistiger und körperlicher Ebene. Es kann menschliches Bewußtsein zu höheren geistigen Ebenen emportragen. Andererseits kann falsche Ernährung zu physischer und psychischer Degeneration und damit schließlich zum Aussterben der Menschheit führen. Kochen umfaßt die wesentlichen Umweltelemente Wasser, Feuer, Druck, Atmosphäre, verschiedene Formen pflanzlichen und tierischen Lebens, Salz und andere mineralische Verbindungen, jahreszeitliche und klimatische Veränderungen, universale und astronomische Zyklen. Es beeinflußt auch die Stationen individueller Entwicklung vom Embryo über Kindheit und Erwachsensein bis zum Alter. Folglich ist Kochen eine umfassende Kunst, die entweder Gesundheit, Glück und Frieden oder Krankheit, Unglück und Zerstörung bewirken kann.

Nachdem ich die Bedeutung der Ernährung sowohl für das menschliche Schicksal als auch für das individuelle Leben begriffen hatte, war es für mich das schönste Geschenk, einer Frau zu begegnen, die ihr Leben einer Verbesserung der Gesellschaft durch die traditionelle Kunst des Kochens gewidmet hat. Aveline ist eine Frau mit einem einfachen, intuitiven Geist, unermüdlich in ihrem Bemühen um unser aller Traum, auf die friedlichste Weise: eine gesunde Erdengemeinschaft zu schaffen durch den biologischen und psychologischen Aufstieg der Menschheit.

In den 35 Jahren unserer Ehe hat sie fünf wunderbare Kinder großgezogen und fünf hübsche Enkelkinder und ihr Einblick in die Natur und das Universum hat sich weiter vertieft. Ihr Verständnis von Nahrung als eine Form der Energie wurde immer tiefer und ihre praktische Arbeit immer feiner, sensitiver und graziöser. Sie hat die makrobiotischen Küchen Nord- und Lateinamerikas und Europas kennengelernt. Ihre Seminare und Vorlesungen haben zahlreichen Familien Gesundheit und Glück gebracht und damit auch Tausenden von Kindern, die währenddessen zur Welt kamen. Ich selbst wundere mich oft, wie ich jemals meine Gesundheit und meine geistige Richtung in den letzten dreieinhalb Jahrzehnten ohne ihre ständige Unterstützung, Ermutigung und Kameradschaft hätte aufrecht halten können.

In der Vergangenheit sind verschiedene empfehlenswerte Kochbücher über makrobiotische Nahrungszubereitung veröffentlicht worden. Die meisten dieser Arbeiten, geschrieben von Avelines Schülern, wurden von ihrer Lehre inspiriert. Dieses neue Kochbuch, ein Destillat ihrer eigenen Erfahrungen, ist sowohl denen von Nutzen, die Makrobiotik seit vielen Jahren praktizieren als auch denen, die gerade erst angefangen haben, ihre Ernährungsweise umzustellen. Dies ist nicht nur ein

Kochbuch oder eine Rezeptsammlung, es offenbart auch Avelines persönliches Leben, indem sie beschreibt, was es heißt, im ländlichen Japan aufzuwachsen, in den Traditionen und Bräuchen, die den kulturellen Hintergrund für ihre persönlichen Ideen bilden. Auch die Lyrik und die Illustrationen machen das Buch zu etwas ganz Besonderem.

Für dieses einzigartige Kompendium hat Alex Jack, mein Co-Autor bei „Die Kushi-Diät" und „Diet for a strong heart", mit unermüdlicher Sorgfalt Avelines Gedanken genau und eloquent in sorgfältig ausgewählte Worte gefaßt. Alex' eigene Suche nach einer grenzenlosen Seele der Menschheit führte ihn nach Japan, Indien, China, Südostasien, Europa und in die Sowjetunion. Er ist voller Liebe für jeden und seine immerwährende Leidenschaft für eine friedliche und harmonische Welt kann für die Gesellschaft ein Vorbild sein. Ohne seine Umsicht wäre dieses Buch, das Einblicke in die Ordnungen der Natur und des Universums mit dem praktischen Alltag vereint, nicht möglich gewesen. Ich danke Aveline und Alex, daß sie ein Buch mit so viel Liebe, Sorgfalt und Anmut entstehen ließen. Ich hoffe sehr, daß es für viele Menschen, Einzelpersonen und Familien auf allen Erdteilen ein Führer im täglichen Leben wird, damit sich die Welt von morgen abwendet von ihrem biologischen Verfall, sich auf ihre traditionellen Wurzeln besinnt und ein neues Zeitalter voller Glück, Harmonie und Frieden schafft.

– *Michio Kushi*

Von Aveline

Der lange Winter
Voller Krankheit ist vorüber,
Ich drücke die knospende Kraft
Des Frühlings eng an mein Herz
Aveline Kushi
Yokota, Japan, Februar 1947

1938 ging ich von zuhause fort, um das Lehrer-College in Hamada zu besuchen, einer Küstenstadt im Südwesten Japans. Nach Abschluß meiner Studien kehrte ich in die Berge zurück und unterrichtete in der Grund- und Mittelstufe nahe meines Heimatdorfes. Einige meiner fröhlichsten Erinnerungen gehen in diese Zeit zurück. Ich habe an die dreihundert Gedichte aufbewahrt, die meine Schüler schrieben. Für mich sind ihre schlichten Gefühle zur Natur unvergleichbar, sogar neben Basho und anderen berühmten Dichtern. Einige dieser wunderschönen Gedichte leiten die Kapitel in diesem Buch ein.

Der Zug nach Hiroshima fuhr durch unser Gebiet. Im August 1945 brachten Zugpassagiere aus dem Süden das Gerücht, daß etwas in Hiroshima passiert sei. In wenigen Tagen war der Krieg zu Ende. Eine lange Periode nationaler Ernüchterung und sozialer Zersplitterung folgte. Soldaten, junge und alte, kamen vom Süd-Pazifik, aus Sibirien, der Mandschurei, China und vielen anderen Regionen nach Hause. Die Amerikaner kamen mit ihrer überlegenen Technologie und Coca Cola. Japan suchte seine Seele.

Das wurzellose Nachkriegsklima berührte jeden tief. Meine Selbstsicherheit als Lehrerin schwand dahin, und meistens gesellte ich mich zu den jungen Leuten meines Dorfes, die sich mit Tanzen und Theaterspielen beschäftigten. Aber bald schon wurde mir klar, daß es nicht länger ideal sein konnte, für sein Land zu sterben, und daß die Welt eine Einheit ist. Ich beschloß, mich der Arbeit für den Frieden zu widmen.

Kurz nachdem ich meine Lehrerstelle 1947 aufgegeben hatte, litt ich an heftigen Schmerzen unterhalb des Herzens. Mitte September bis zum folgenden Februar lag ich im Bett im Hause meiner Eltern in Yokota. Ich war niemals schwach oder krank gewesen. Im Gegenteil, ich war sehr aktiv und sportlich. Im College brachte ich hervorragende Leistungen in Gymnastik und im Kampfsport, ich praktizierte Bogenschießen, Damen-Fechten und modernen Tanz. Mein Können auf dem Schwebebalken, im Pferdespringen und in Akrobatik brachte mich 1941 zu den nationalen olympischen Vorentscheidungskämpfen nach Tokio, gerade einen Monat vor dem Überfall auf Pearl Harbor. Während des Krieges wurden alle jungen Lehrer eingezogen, und ich mußte den Jungen der Oberstufe, manche waren doppelt so groß wie ich, das Turnen beibringen. Bis zu meiner Krankheit mit zweiundzwanzig Jahren war ich immer stark und total gesund gewesen.

Während ich mit meiner Richtungslosigkeit kämpfte, schien der sich in die Länge ziehende Winter meine Gefühle widerzuspiegeln. Ich schrieb viele Gedichte während dieser Zeit der Bettlägerigkeit, aber sobald das Wetter wechselte, fühlte ich neue Lebensenergien in mir erwachen. In den Schneebergen geboren, genoß ich alle Jahreszeiten, aber der Frühling war immer meine liebste Zeit gewesen. Das wilde Gras bohrte seine ersten Spitzen durch den Schnee. Die Zweige erhielten einen warmen, dunkelroten Ton. Blüten öffneten sich und Vögel begannen zu singen. Ich freute mich an der Frühlingsenergie und schrieb die Lyrik, die am Anfang dieses Kapitels steht. Ich spürte den allumfassenden Schöpungsgeist wieder in mir wachsen. Ich fühlte, wie meine Verwirrung dahinschmolz mit dem letzten Eis des Winters. Dank erfüllte mich für das Geschenk des Lebens, das mit den wärmenden Sonnenstrahlen wiederkehrte.

Bald darauf, im Januar 1950, erfuhr ich von George Ohsawas Weltregierungs-Bewegung. Der Traum einer friedlichen Vereiningung aller Völker wuchs erneut in meinem Herzen. Ich ging nach Yokohama, um George Ohsawas Zentrum zu besuchen, und beschloß, makrobiotische Philosophie zu studieren, in der die Nahrungsenergie als einzigartiges Werkzeug für die Schaffung von Frieden und Harmonie genutzt wird.

Keiner meiner Kommilitonen von Hamada hätte jemals geglaubt, daß ich die nächsten dreißig Jahre meines Lebens mit Kochen und der Zubereitung von Speisen zubringen würde. Im College war mein Spitzname Jotaro, nach einem jungen Burschen, der den berühmten Fechtmeister Miyamoto Musashi begleitete. Die Geschichte über diesen Samurai, der während der Zeit des Tokugawa Shogun lebte, wurde während des Krieges in einer großen Tageszeitung als Serie veröffentlicht. Jeden Morgen liefen meine Freunde aus dem Schlafsaal nach unten, um die neueste Fortsetzung zu lesen und Jotaros Abenteuer mit meinen wilden Streichen zu vergleichen.

Seit meiner Kindheit hatte ich mich lieber draußen herumgetrieben als meiner Mutter beim Kochen oder bei der Hausarbeit zu helfen. Ich begeisterte mich für Sport und andere Aktivitäten im Freien und war das erste Mädchen in unserem kleinen Bergdorf, das Fahrrad fuhr. Später in der Schule lernte ich Nähen und Kochen, aber sobald ich die Küche betrat, verlor ich all mein Selbstbewußtsein. George Ohsawa lehrte mich die Bedeutung der Nahrung, aber zu der Zeit gab es keinen Kochunterricht. Außerdem fand ich die Aktivitäten für den Frieden viel interessanter und wurde der beste Verkäufer der Zeitung der makrobiotischen Gemeinschaft, die für die Weltregierung eintrat und sich für die Abschaffung der Atomwaffen einsetzte. Ich bemerkte aber, daß meine Verkaufszahlen auf- und abwanderten, immer in Verbindung mit meiner Ernährungsweise. Aß ich einfach und vollwertig, war ich in der Lage, viel mehr Zeitungen loszuwerden. In diesen Zeiten schienen die Leute viel mehr von meiner Energie angezogen zu sein und kamen spontan auf mich zu, um mit mir zu reden.

1951 verließ ich Japan und fuhr nach Amerika. Dort traf ich Michio Kushi, der fünf Jahre vor mir bei George Ohsawa studiert hatte und dann an der Columbia-Universität in New York sein Studium internationaler Beziehungen fortsetzte. Wir heirateten bald und zum ersten Mal war ich für die Küche verantwortlich. So wuchs meine Kochkunst aus der Liebe zu meinem Mann und später zu meinen Kindern. Das gleiche Gefühl für Rhythmus und Balance, daß ich im Turnen entwickelt hatte, widmete ich nun meiner Kochkunst. Mit den Jahren wuchs mein Selbstvertrauen, während ich Speisen für meine Familie, für Freunde und junge amerikanische und europäische Studenten zubereitete, die bei uns studierten. Viele dieser Männer und Frauen sind inzwischen viel bessere Köche als ich, viele wurden hervorragende Lehrer, Berater und Pioniere der organischen Landwirtschaft und der Naturkost-Bewegung.

Makrobiotik verlangt keinen Wechsel der Religion, der Denkweise oder des persönlichen Lebensstils. Sie verlangt nur, daß man in Harmonie mit der Umwelt ist. Ausgewogenes Essen schafft Ordnung und Ausgewogenheit im täglichen Leben. Eine friedliche Atmosphäre wird sich in der Familie und über die ganze Gemeinde ausbreiten und kann die ganze Welt beeinflussen. Hat man erst einmal die wahre Energie von Nahrung erlebt und gelernt, Gesundheit, Verhalten und Gedanken mittels Koch- und Eßgewohnheiten zu kontrollieren, wird man niemals mehr in der Lage sein, zu der alten unkontrollierten Eßweise zurückzukehren. Die Zubereitung ausgewogener Mahlzeiten verbessert die physische Kondition, macht den Kopf klar und läßt die Zukunft hell und freundlich erscheinen. Sorgfältiges Kochen ist der Schlüssel zur Erhaltung der Harmonie mit der uns umgebenden Natur. Aber das wichtigste ist dabei, die frischeste Nahrung in ihrer besten Qualität zu verwenden.

In den frühen 60ern begannen Michio und ich unseren Traum von naturbelassenen Nahrungsmitteln für jede Gemeinde in diesem Land zu verwirklichen. Die Qualität der Nahrung ist der Schlüssel zu Gesundheit und Glück. Als wir Erewhon eröffneten, führten wir den Begriff Naturkost ein, um solche Waren, die weder aufbereitet noch mit Chemikalien oder Konservierungsstoffen behandelt waren, von den kommerzialisierten, künstlich aufbereiteten Produkten zu unterscheiden, die die Gesundheit zerstören. Die Erde ist noch weit davon entfernt, den Gedanken organisch wachsenden Getreides und anderer natürlicher Nahrungsmittel weltweit zu realisieren. Aber ich glaube daran, daß eines Tages die Menschheit zu den traditionellen Formen des Lebens zurückkehren wird, und daß Familien zu einer gesünderen Lebensweise zurückfinden werden. Eine Verbesserung der Nahrungsqualität auf globaler Ebene ist der Schlüssel, um die weitere Verbreitung von Krebs, Herzkrankheiten, geistigen Störungen und Unfruchtbarkeit in der modernen Welt zu stoppen und auch die Zerrüttung zahlreicher Familien, soziale Ungleichheiten und Mißtrauen zwischen den Nationen aufzuheben.

Es ist nun bald wieder Frühling in Neuengland. Zwar liegen noch Schnee und Eis auf dem Boden, aber die Tage werden länger und sonniger. Heute ist mein einundsechzigster Geburtstag. Im Fernen Osten sagt man, daß einundsechzig das Alter ist, in dem man zu seinen Wurzeln zurückkehrt und einen neuen Lebenszyklus beginnt. Ich bin sehr froh, dieses Kochbuch geschrieben zu haben und spüre, daß es den ersten Zyklus meines Lebens vollendet. Es ist nicht nur eine Sammlung von Rezepten sondern auch ein Einblick in mein Leben bis heute.

Ich möchte meinen Eltern, meinen Lehrern, meinem Mann, meinen Kindern, meinen Freunden, Kollegen und meinen Schülern danken, die all die Jahre so viel beigetragen haben zu meiner Entwicklung, zu meinem Verständnis als auch zu den vielen Rezepten in diesem Buch. Für jemanden wie mich, der nicht gern in der Küche steht, haben es diese Menschen mir sehr leicht gemacht. Ganz besonders möchte ich George und Lima Ohsawa meine Dankbarkeit ausdrücken, die mich inspiriert und geleitet haben, und ihrem Freund Mr. Shimizu Oritaro, der mir half, in die Vereinigten Staaten zu kommen. Mein tiefer Dank geht auch an Alex, mit dem zusammen ich das Buch schrieb. Ohne ihn wäre das Buch niemals entstanden. Meine Möglichkeiten der englischen Ausdrucksweise sind begrenzt, und er verstand meine innersten Gefühle und fügte wunderschöne, warmherzige Erklärungen hinzu. Ich hoffe, daß dieses Buch dem Leser hilft, ausgewogenere und verträgliche Mahlzeiten zu bereiten. Gesundheit und Energie sind kostbare Geschenke. Bitte teilen Sie Ihre Einsicht und Ihr Verständnis mit anderen, und lassen Sie uns zusammen eine Welt dauerhaften Friedens aufbauen.

Aveline Kushi

Von Alex

Dad und ich besuchten eine Kirche in Tokio, wo er predigte. Ich spielte draußen mit meinen japanischen Freunden Baseball. Ich zerbrach ein Fenster und trat den Ball noch durch ein weiteres. An jenem Abend gingen wir zu einem großen Sukiyaki-Essen.

Alex Jack
Tagebuch, 18. August 1957

Seit frühester Jugend hat mich der Ferne Osten interessiert. Am Vorabend meines zwölften Geburtstags nahm mein Vater, ein Unitarier, mich mit zu einer internationalen Friedenskonferenz. Ich lernte schnell, mit Stäbchen zu essen und ließ mir Misosuppe, Tofu, Nudeln und Reis schmecken. Aber ich ekelte mich vor rohem Fisch, kandierten Insekten und anderen Delikatessen, die bei Empfängen und auf Parties serviert wurden. Ein gastronomischer Höhepunkt dieser Reise war für mich die Entdeckung eines Coca Cola-Automaten in der amerikanischen Botschaft, dem einzigen Ort in Tokio, wo es damals so etwas gab. Auch bestellte ich mit Begeisterung Apfelkuchen à la mode. Während mein Sinn für gute Küche sich auch in den folgenden zehn Jahren kaum entwickelte, hinterließ diese Reise in den Osten bei mir einen tiefen Eindruck. In Hiroshima und Nagasaki begegnete ich Jungen und Mädchen meines Alters, die das Atombombardement überlebt hatten. Ich beschloß, mich dem Kampf für den Frieden zu widmen.

Die nächste Gelegenheit, Asien zu besuchen, kam während meines ersten Studienjahres im College. Im Herbst 1965 reiste ich nach Benares, der antiken Heiligen Stadt am Ganges in Indien. Dort studierte ich die Bhagavad Gita und Upanishaden, reiste durchs Land und sprach mit Gandhis einstigen Gefährten. Ich erfuhr, daß die Nahrung unser spirituelles Wachstum formt ebenso wie unsere körperliche und geistige Entwicklung. Ich begann mich der traditionellen Ernährung zu widmen und genoß Reis, Linsen und Chapatis (Fladen aus Weizenmehl, d.Ü.), hatte aber Verdauungsprobleme bei scharfen Gewürzen und Curry. Aufgewachsen in den kalten Wintern des Mittelwestens war ich nicht gerade gut auf scharfe tropische Speisen vorbereitet. Damals, in den Sommerferien, fuhr ich über Japan zurück, blieb einen Monat in Hiroshima und half Überlebenden der Atomkatastrophe, ein Kunstfestival zu organisieren. Die japanische Küche paßte erheblich besser zu meiner mäßigen Verfassung.

Als ich heimkam, entdeckte ich, daß es dort nicht einfach war, mit natürlichen Lebensmitteln zu kochen. Im College war ich der einzige Vegetarier im Speisesaal und womöglich auf dem ganzen Campus. Ich war froh, in der Bibliothek wenigstens ein Kochbuch für fleischlose Speisen aus den 30er Jahren zu finden und brachte es der Köchin. Netterweise bereitete sie mir einige spezielle Gerichte, meistens Salate, Suppen und Gebackenes. Wie schön wäre es damals gewesen, ein Kochbuch wie dieses zu haben. Aber inzwischen hat sich viel geändert. Heute gibt es in dem College ganze Wohnblöcke mit Vegetariern!

Im Frühjahr 1967 kehrte ich nach Asien zurück, als Reporter in Vietnam. Ich lernte führende Mitglieder der Zen-Buddhistischen Friedensbewegung kennen. Sie machten mir klar, daß die Zerstörung der Reisfelder, die Einfuhr von geschältem weißen Reis aus Übersee und die Anpassung an europäische und amerikanische Eßgewohnheiten das Ende traditioneller asiatischer Kultur und Zivilisation bringen würden. Diese Bedrohung aller Grundwerte war weitaus gefährlicher als irgenwelche politischen und wirtschaftlichen Veränderungen. Diese Erkenntnis vertiefte mein Nahrungsbewußtsein. Ich kam zu der Einsicht, daß Ernährung und Landwirtschaft die Schlüssel zu gesellschaftlichen Veränderungen auf allen Ebenen sind, von der persönlichen zur sozialen, von der familiären zur globalen. Mitte der 70er Jahre brachte mich mein Interesse an natürlicher Ernährung zur Makrobiotik. In den vergangenen zehn Jahren habe ich mit Michio und Aveline Kushi studiert und mit ihnen an verschiedenen Projekten gearbeitet.

Natürliche Nahrung gibt es heute in fast jeder Ecke der Welt. Tausende, die bei den Kushis und ihren Schülern in die Lehre gegangen sind, tragen die Botschaft von vernünftiger Ernährung und verträglichen Kochmethoden zu einer Vielzahl von Gemeinden und Heimen dieser Erde. Ich bin dankbar, daß ich Aveline bei diesem Kochbuch helfen durfte. Ihrem Charakter entsprechend spielt sie ihre eigenen enormen Leistungen in der Kochkunst herunter, aber jeder, der bei ihr gelernt und ihre Gerichte gekostet hat, weiß, daß sie in der Küche ein echter Cézanne ist oder ein Monet. Ihre Fähigkeit, mit den einfachsten Zutaten und geringstem Aufwand farbenfrohe Festmähler zu zaubern, ist schon legendär.

Aveline kocht fast ausschließlich mit Hilfe ihrer Intuition. Für Leser, die — wie ich — noch an Teelöffel, Eßlöffel und Meßbecher gewöhnt sind, habe ich geholfen, die Rezepte mit den üblichen Maßen und Gewichten zu versehen. Aber, so wie ein Maler, schafft sie ein Werk nicht zweimal auf genau die gleiche Weise. Eher lauscht sie ihren Eingebungen und läßt die Töpfe allein „kochen". Daher bitte ich die Leser um Verständnis, wenn mein eigenes wissenschaftliches Verständnis zum Kochen und meine geringe Küchenerfahrung mich mit einigen Erklärungen etwas sorglos umgehen zu lassen scheinen, so wie ich, vor langer Zeit, in jugendlicher Begeisterung und beim Ballspiel mit meinen japanischen Freunden ein paar Fensterscheiben zerbrochen habe. Einige Rezepte aus Avelines früheren Veröffentlichungen sind hier wieder aufgenommen und, wo notwendig, im Hinblick auf die Würzkunst und Herstellungsweisen überarbeitet worden.

Meinen Dank möchte ich, neben den Kushis, auch meinen Eltern, meiner Schwester und ihrer Familie, meinen Lehrern, meinen Freunden und deren Angehörigen sowie allen anderen, die mir auf meinem Weg geholfen haben, ausdrücken. Besonderer Dank gilt Donna Cowan, der Sekreträin der Kushis, die bei der Vorbereitung dieses Buches mit Rat, Ermutigung und der Lösung von Manuskriptfragen während meiner mehrmonatigen Fahrt nach Japan geholfen hat. Dank auch an Mayumi Nishimura für die Beschaffung der Fisch-Rezepte und dafür, daß sie alle Dressings, Soßen und Tunken ausprobiert hat; an Richard Bourden, der die grundlegenden Sauerteigbrot-Rezepte beisteuerte und an Shigeko Ando, die sie ausprobiert hat; an Edward und Wendy Esko, leitende Beratungs- und Kochlehrkräfte am Kushi-Institut und Autoren mehrerer makrobiotischer Kochbücher; an Julie Coopersmith, unsere Literaturagentin; an Fredda Isaacson, unserem Herausgeber und an den Stab von Warner Books, und an Ann Purvis, meiner spirituellen Freundin.

Alex Jack

Der Beginn

Die ersten vier Kapitel dieses Buches befassen sich mit der Philosophie der makrobiotischen Küche. Sie bilden den Ausgangspunkt. Die Hauptnahrung bei uns zuhause und in den meisten makrobiotischen Haushalten ist im Dampfdrucktopf gekochter Vollkornreis. Würde man das ganze Kochbuch in einen einzigen Aufsatz zusammenfassen, bliebe als Essenz das Rezept für Vollkornreis in Kapitel 5 übrig. Dieses Kapitel ist mit besonderer Sorgfalt zu lesen.

Neulingen auf dem Gebiet der Makrobiotik mögen viele Nahrungsmittel fremd sein. Im Anhang des Buches findet sich ein Schlagwortregister, das die Zuordnung fremder Zutaten, Begriffe und Zubereitungsmethoden erleichtern soll. Die meisten Produkte sind in nord- und südamerikanischen sowie europäischen Naturkostläden und Reformhäusern erhältlich, auch im mittleren Osten und anderen Bereichen und in einer steigenden Anzahl Supermärkten. Bestimmte Artikel findet man in asiatischen oder anderen orientalischen Geschäften. Weitere Informationen über Bezugsmöglichkeiten sind in Kapitel 31 aufgelistet.

Kochen ist etwas sehr persönliches. Meine Familie und ihre ganz persönlichen Bedürfnisse unterscheiden sich von denen anderer. Die Nahrungsmittel, die um uns herum wachsen, unterscheiden sich auch in Größe, Stärke und Energie von denselben Pflanzen in anderen Gebieten mit anderen Boden- und Klimabedingungen. Rezepte sollten immer nur als richtungsgebende Anleitungen, nicht als mechanisch streng zu befolgende Formeln gehandhabt werden. Form und Menge der Zutaten, individuelle Schneidetechniken, die Qualität der Kochutensilien, die Art der Energiezufuhr, Wasserqualität und die individuellen Eigenarten eines Kochherds beeinflussen Garzeit und Endprodukt des Kochvorgangs. Die Zugabe von Salz und anderen Gewürzen ist ebenfalls individuell verschieden, und ein Rezept kann immer nur Durchschnittswerte angeben.

Bevor ich in die Küche gehe, wasche ich mich, lege eine frische Schürze um und binde meine Haare zusammen. Ich benutze möglichst kein Parfum, da es das Unterscheidungsvermögen der Aromastoffe beim Kochen beeinträchtigt. Während ich in der Küche arbeite, höre ich weder Musik noch sehe ich fern. Kochen hat eine Reihe von eigenen, charakteristischen Geräuschen: das Brummen des Dampfdrucktopfs, das Zischen des Gemüses, das Summen der Suppe. Es ist wichtig, ein Gefühl für diese Töne zu entwickeln. Jede Küche hat ihre eigene Melodie.

Eine saubere und ordentliche Umgebung ist unentbehrlich für gutes Kochen. Ich bewahre meine Kochutensilien an leicht erreichbaren Stellen auf und säubere die Küche kurz bevor ich serviere. So gibt es nach dem Essen keinen Abwaschberg, und jedes Familienmitglied wäscht hinterher seinen Teller selbst ab. Ich plane Menü und Dauer so, daß das Kochen leicht von der Hand geht und jede Mahlzeit zur entsprechenden Essenszeit fertig ist.

Die Rezepte in diesem Buch sind für eine vier- bis sechsköpfige Familie konzipiert. Für zwei Personen halbiert man die Mengen. Kapitel 28 enthält einen Wochenplan mit typischen Gerichten für alle vier Jahreszeiten und die wichtigsten Feste. Kapitel 29 bringt Ernährungsrichtlinien für Säuglinge, Kleinkinder und ältere Menschen sowie Tips für Lunchpakete für Schule, Büro und Reisen. In Kapitel 30 wird Kochen aus medizinischer Sicht erörtert.

Die Rezepte in diesem Buch folgen den gebräuchlichen deutschen Maßeinheiten: Teelöffel, Eßlöffel, Tasse, Liter, Gramm, Pfund, Kilogramm u.a.. Die Koch- und Backtemperaturen sind in Celsius angegeben. Auf den Seiten 43/44 wurden noch einige Meßhilfen aufgelistet. Einige Rezepte enthalten keine Mengenangaben, da die Menge abhängig ist von der Größe des Topfes oder der Pfanne, der Quantität der gesammelten Zutat oder der Zahl der Esser. Das gilt vor allem für Speiseöl, Salz und andere Gewürze und Garnierungen.

Am Anfang ist es ratsam, die Rezepte genau zu befolgen. Später, wenn man die Grundtechnik beherrscht, kann man improvisieren und experimentieren. Irgendwann erreicht man dann das Stadium des intuitiven Kochens. Dann ist man nicht mehr abhängig von Rezepten, Maßeinheiten, Temperaturreglern oder Uhren. Man beginnt Zutaten intuitiv richtig zu mischen, Zeit und Temperatur abzuschätzen. Der Instinkt sagt einem, welche Nahrung für diesen Tag die richtige, wie sie zu zerkleinern und zuzubereiten ist, welche Produkte kombinierbar sind und welche Gewürze dazu passen. Man weiß auf die Bedürfnisse der einzelnen Familienmitglieder oder der Gäste einzugehen und serviert die Speisen appetitlich und dekorativ angerichtet. Diese Fähigkeit kann nicht aus Büchern oder durch theoretische Überlegungen erworben werden. Sie entwickelt sich vielmehr ganz natürlich durch praktische Erfahrung und ein verständnisvolles und friedliches Wesen. Auch wenn man beispielsweise Vollkornreis jeden Tag zubereitet, fällt er jedes Mal anders aus. Achtet man regelmäßig auf Geschmack, Ausgewogenheit und Aussehen der zubereiteten Speisen und darauf, wie sich die Familie nach dem Essen fühlt, so sensibilisiert sich ganz von allein die Gabe der ureigenen Intuition.

Kapitel 1

Ost begegnet West

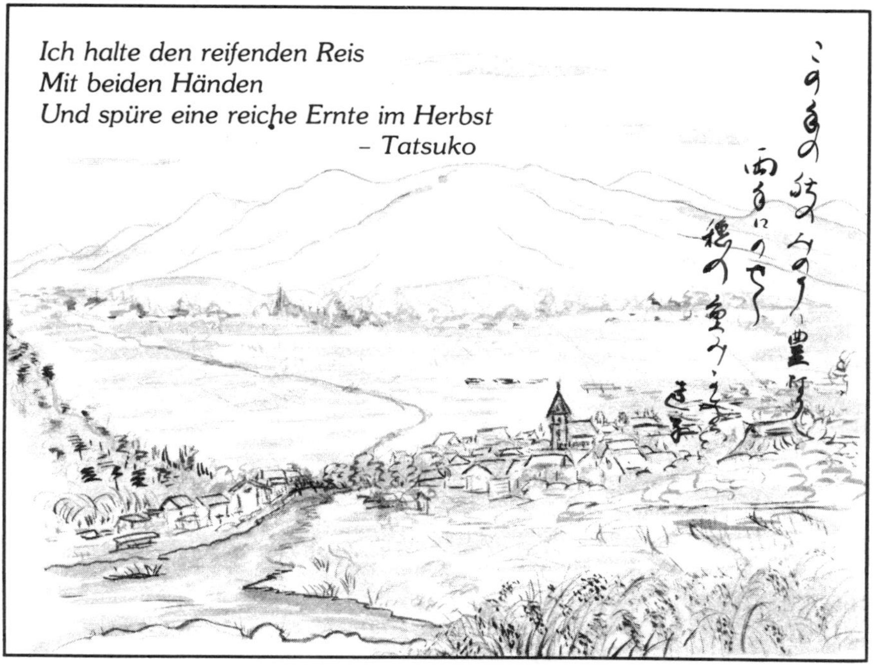

Eßstäbchen schwimmen im Fluß

Es gab einmal einen Bruder der Sonnengöttin. Sein Name war Susa-no-wo-no-mikoto. Er kam vom Himmel herunter zur Erde, um am Fluß Hi bei Tori-Kami in der südwestlichen Provinz von Izumo entlang zu wandern. Da sah er ein paar Eßstäbchen im Fluß schwimmen, und da er Menschen in den Bergen vermutete, machte er sich auf die Suche nach ihnen. Als er die Quelle des Flusses erreichte, traf der junge Gott ein altes Ehepaar mit ihrer wunderschönen Tochter in Tränen aufgelöst zusammenkauern.

„Warum weint ihr?“, fragte Susa-no-wo-no-mikoto.

Der verängstigte alte Mann und seine Frau erzählten ihm, daß ein grausamer achtköpfiger Drache auf der Spitze des Berges lebe. Jedes Jahr würde das Ungeheuer herunterkommen, um eine ihrer Töchter zu fressen. Nun sei nur noch Kushi-inada-hime übrig, und jetzt zur Ernte war es wieder an der Zeit, daß der Drache komme. Susa-no-wo-no-mikoto überlegte eine Weile und erbot sich dann, den Drachen zu erschlagen, wenn er dafür die Hand der Tochter bekäme. Die Eltern willigten ein. Der Gott wies sie an, eine Einzäunung zu errichten, acht Fässer hineinzustellen und sie mit starkem Sake (Reiswein, d.Ü.) zu füllen. Kushi-inada-hime hieß er eine Plattform oberhalb der Fässer zu besteigen.

Zur üblichen Zeit kam das gefürchtete Untier vom Berg herunter, um sein liebliches Opfer zu verschlingen. Bei den acht Fässern angekommen, entdeckte der Drache die Spiegelung der Tochter im Reiswein, und mit seinen acht Zungen begann er, das berauschende Getränk auszuschlürfen. Bald darauf fiel er in einen tiefen Schlaf, und Susa-no-wo-mo-mikoto kam aus seinem Versteck hervor und schlug alle acht Köpfe ab. Im Schwanz des Drachen fand er ein Zauberschwert, das er seiner Schwester Ameraterasu, der Sonnengöttin, schenkte. Er selber heiratete Kushi-inada-hime, deren Name „wundervolle Prinzessin der Reisfelder" bedeutet. Susa-no-wo-no-mikoto war selbst ein Gott des Ackerbaus und hatte in früheren Jahren selber geholfen, Reis, Hirse, Gerste, Azukibohnen, Sojabohnen zu schaffen und Seidenraupen gezüchtet. Das Zauberschwert, Zeichen der Vereinigung des Himmelsgottes mit dem Erdenmädchen, wurde später dem Herrscher übergeben und ist eines der drei Schätze Japans. Zusammen mit dem heiligen Spiegel und der geweihten Kette wurde es von einer Generation an die nächste weitergegeben.

Aufwachsen in Japan

Diese Erzählung aus dem Kojiki, der heiligsten alten Schrift Japans, hat eine spezielle Bedeutung für mich, da ich in dem Dorf aufwuchs, wo sich dieses legendäre Ereignis abgespielt haben soll. Mein Elternhaus lag in einer Berglandschaft mit ausgedehnten Reisfeldern. Der traditionelle Lebensstil, in dem ich aufwchs, hatte sich über viele tausend Jahre kaum verändert. Der Name meines Dorfes, Yokota, bedeutet „die Seite des Reisfeldes".

Die nächste größere Stadt, Matsue, liegt in einem Seengebiet nahe der Japanischen Küste, in meiner Kindheit fünf Stunden mit dem Zug entfernt. Heute sind die alten Dampflokomotiven verschwunden und Matsue ist in einer kurvigen Zwei-Stunden-Fahrt per Auto zu erreichen. Hier wurde der legendäre westliche Interpret des mystischen und geheimnisvollen Japan, Lafcadio Hearn, gegen Ende des neunzehnten Jahrhundert japanischer Bürger. Das Haus, wo er mit Frau und Kindern lebte, ist bis heute erhalten. In entgegengesetzter Richtung, im Süden, liegt Hiroshima, damals ebenfalls fünf Stunden mit dem Zug entfernt.

Die nördliche Seite der Berge Richtung Meer und Matsue heißt San-Yin (Yin-Berg). Die südliche Seite Richtung Hiroshima wird San-Yo (Yang-Berg) genannt. Yo ist der alte Begriff für Yang. Im Chinesischen bedeutete Yin ursprünglich die bewölkte, dunkle, kalte Seite des Gipfels, während yang sich auf die sonnige, helle

Sonnenseite bezog. In der natürlichen Schönheit der Berge, Wälder, Felder und Flüsse erlebten wir yin und yang, die fundamentalen Energien des Universums, intuitiv. Mythen lebten immer in unserem Innern.

In dieser wunderschönen Szenerie kreiste das Dorfleben im jährlichen Reiszyklus. In der Alltagssprache heißt das Wort für „Nahrung“ oder „Essen“ *gohan,* was gekochten Reis bedeutet. Wenn wir vom Frühstück oder Abendessen reden, sagen wir „Hast du schon deinen Morgenreis gegessen?“ und „Hat dir der Abendreis geschmeckt?“ Der Reiszyklus folgt den vier Jahreszeiten und beginnt mit dem Aussäen im Frühling. Im Sommer werden die Felder kultiviert, im Herbst das reife Korn geerntet, bearbeitet und im Winter gelagert und zu traditionellen Produkten verarbeitet.

Unser Dorf hatte etwa dreitausend Einwohner, von denen mindestens fünfundneunzig Prozent Bauern waren. Obwohl keine Bauerstochter, half ich regelmäßig auf dem Feld, und Reis bildete die Grundlage unseres Lebens. Zu besonderen Zeiten, etwa wenn die winzigen Setzlinge umgepflanzt werden mußten, halfen sich die Nachbarn gewöhnlich gegenseitig, und auch ich gesellte mich zu den anderen auf dem Feld mit ihren kegelförmigen Hüten auf dem Kopf und den Strohsandalen an den Füßen. Reis pflanzen ist sehr mühsam. Drei, vier, manchmal fünf Stunden arbeitet man mit gebeugtem Rücken. Aber mit Musik und gemeinsamen Liedern verging die Zeit im Flug.

Mein Vater war Textilfärber und hatte seine Werkstatt bei uns zuhause. Die Bauern züchteten gewöhnlich Seidenraupen und webten die Stoffe für ihren eigenen Bedarf. Sie brachten den rohen Brokat zum Bearbeiten zu meinem Vater. Da wir keinen Geldverkehr kannten, wurden Geschäfte per Tauschhandel oder Kredit gehandhabt. Bis zur Meiji Ära (1867-1912, d.Ü.) galt Getreide als Geldmittel, und Wohlstand wurde in Reismengen gewogen. Die Shoguns und andere Fürsten besaßen oft Millionen Kokus oder Pfunde.

Die Muster, die mein Vater zum Bedrucken der Stoffe verwendete, kamen aus der alten Hauptstadt Kyoto. Manchmal wurden fünf oder sechs Muster übereinandergelegt und ergaben ein kompliziertes und farbenprächtiges Dekor. Vater konnte auch Fahnen, Wimpel und Drachen bauen. Jedes Jahr zum 5. Mai, dem Tag der Jungen, fand man ihn zwischen riesigen Bannern, auf denen er berühmte Ereignisse wie die Schlacht von Kagamusha verewigte, und die ganze Familie packte zu. Mein erstes Kunstinteresse datiert aus dieser Zeit, und ich erinnere mich noch lebhaft an das Mischen von süßem Reismehl mit den verschiedenen Farben, das als Grundlage für die Seidenfärbung diente.

Meine Mutter hatte einen Gemüsegarten angelegt, und so gab es immer reichlich Frisches für die Familie, die bald neun Kinder zählte. Der Reis, den wir von den Bauern erhielten, war gewöhnlich zu achtzig Prozent unpoliert. Polierter weißer Reis wurde vor allem vom Adel im Osten bevorzugt. Durch den Kontakt mit der westlichen Welt und der wachsenden Industrialisierung im 19. Jahrhundert nahm der Konsum bearbeiteter Nahrungsmittel auch in anderen Schichten und bei Bauern und Händlern zu. Ab und zu aßen wir hundertprozentigen Vollkornreis, wie es bei unseren Vorfahren seit der Zeit Susa-no-wo-no-mikotos und Kushi-inada-himes Brauch war. Im frühen 20. Jahrhundert bürgerte sich sogar in unserer abgelegenen Gegend die Verwendung raffinierten Getreides ein. Wir erhielten jedoch nur sehr selten den hundertprozentigen weißen Reis, wie ihn heute die meisten Japaner und Chinesen bevorzugen.

Die täglichen Mahlzeiten waren einfach. Gewöhnlich gab es Vollkornreis, Misosuppe und Pickles, zubereitet auf traditionelle Weise. Dazu gab es Land- oder Seegemüse. Manchmal hatten wir ein wenig Fisch oder Meerestiere, aber als Bergvolk im Inland galt das bei uns als etwas ganz besonderes. Andere tierische Nahrung war rar und bestand hauptsächlich aus Kaninchen, Huhn und Wildfleisch. In meiner Kindheit kannte man den Begriff „Fleisch essen" nicht. Jeden November, nach der Ernte, gab es in unserem Dorf zwei Wochen lang einen riesigen Tauschmarkt, zu dem Familien aus den umliegenden Dörfern kamen, um Feldfrüchte, Töpfe, Pfannen und andere Artikel zu tauschen. Den Höhepunkt bildete der Viehmarkt. Die Tiere wurden ausschließlich für die Arbeit in der Landwirtschaft gebraucht und landeten niemals als Sonntagsbraten auf dem Tisch.

Traditionelles Kochen und Feste

Für die Zubereitung von Reis benutzte meine Mutter frisches Quellwasser von den Bergen. Die traditionelle japanische Küche bedient sich zweier verschiedener Töpfe. Beide sind aus Gußeisen und stehen über dem Feuer oder hängen von der Decke. Obwohl leicht verschieden in der Form, ist der Deckel das deutlichste Unterscheidungsmerkmal. Den Suppentopf bedeckt ein dünner hölzerner Deckel, den Reistopf ein dicker, schwerer Holzdeckel. Diese Deckel wogen damals zwischen zehn und zwanzig Pfund, und oft wurde noch ein großer Stein obendrauf gelegt, um den Druck auf das kochende Getreide zu erhöhen. In den buddhistischen Tempeln mußten oft zwei oder drei Mönche die riesigen Deckel auf die Reiskessel heben. Wir hatten ein Sprichwort in diesem Zusammenhang, das sich auf heiratsfähige Mädchen bezog. „Reistöpfe" galten als stabile, herzliche und ehrliche Gefährtinnen während „Suppentöpfe" rastlos, leidend und launisch waren. Mütter rieten ihren Söhnen, bei der Brautsuche einen „Reistopf" zu finden und „Suppentöpfe" zu meiden.

Nach dem Waschen kam der Reis in den Topf, der mit dem schweren Deckel bedeckt und auf loderndem Feuer erhitzt wurde. Stufenweise ersetzte man das Brennholz durch Holzkohle, die eine niedrige, gleichbleibende Hitze garantierte. So kochte der Reis 30 bis 45 Minuten, bis er gar war. Der Deckel wurde währenddessen niemals abgenommen.

Der so unter Druck gegarte Reis ist besonders nahrhaft, schmeckt köstlich und gibt allen, die ihn essen, ruhige Energie. Dieser Art der Reiszubereitung entspricht heute am ehesten der moderne Dampfdrucktopf. In der Makrobiotik empfehlen wir jedem, Naturreis generell auf diese Art zu garen. Es gibt viele andere Möglichkeiten der Reiszubereitung. Für die Erhaltung der täglichen Kraft, Vitalität und Klarheit ist aber unter Dampfdruck gekochter Reis ein Grundstock, gegen den kein anderes Gericht ankommt.

Traditionelle Feste fielen zusammen mit Schlüsselereignissen im Reiskalender. An Feiertagen, Hochzeiten, Geburtstagen und bei anderen festlichen Ereignissen wurden die ersten Feldfrüchte den Geistern und Ahnen geopfert. Besondere Reisgerichte, farbenfrohe Kostüme, Musik und Tanz begleiteten die fröhlichen Festlichkeiten das ganze Jahr hindurch.

Unser kleines Dorf hatte etwa zwanzig heilige Shintostätten und Buddha-Tempel. Um die Jahrhundertwende machten sich die ersten Ausläufer des Christentums bemerkbar. 1923, dem Jahr meiner Geburt, wurde eine Kirche mit hohem Turm in der Mitte des Dorfes errichtet und gab dem Ort damit eine irgendwie exotische Atmosphäre. Meine Eltern waren beide fromme Christen und die mutigen Ersten, die sich in christlicher Zeremonie trauen ließen. Mein Name Tomoko heißt „Gott mit mir“. Jahr für Jahr wurden Geschichten aus der Bibel zuhause und in der Kirche wieder und wieder erzählt, und wir Kinder kannten sie alle auswendig. Obwohl Christen, nahm unsere Familie auch an den traditionellen Feiertagen und Festen teil. In Japan gilt es als ganz selbstverständlich, mit verschiedenen Religionen zu leben, und religiöse Intoleranz kommt kaum vor.

Zur Vorbereitung des Neujahrsfestes, dem wichtigsten Feiertag in Japan, beteiligten wir uns mit allen anderen an der Herstellung von Mochi (Reiskuchen, d.Ü.). Morgens um sechs Uhr begannen wir, gekochten süßen Reis mit schweren Holzstößeln zu zerstampfen und arbeiteten meistens den ganzen Tag bis sieben Uhr abends. In wenigen Tagen produzierten wir 300 bis 500 Pfund Mochis, ein knuspriges, leckeres Reisprodukt, zu kleinen Kugeln oder Quadraten geformt, das in Suppen, zu Geschmortem und Gebackenem oder als Dessert den ganzen Januar über gegessen wurde.

Jahrein, jahraus drehte sich unser Leben um Reis. Jede Jahreszeit offenbarte eine neue Facette dieser unendlichen Fundgrube. Nach der Schneeschmelze gingen wir zum Fluß hinaus, um den besten Teil der Vorjahresernte einzuweichen. Im Frühling spiegelte sich in den zarten grünen Sprossen die frohe aufsteigende Energie in uns wider, während die Blumen erblühten und die Vögel zu singen begannen. Und in den klaren, kühlen Herbsttagen erstreckte sich das goldene Korn über die Felder, soweit das Auge reichte, und versprach ein neues Jahr voller Gesundheit und Wohlstand, bis der Kreislauf im nächsten Frühjahr von vorn begann.

1950 kehrte eine meiner Freundinnen aus Tokio zurück, wo sie bei Sakurazawa Nyoichi studiert hatte. Sakurazawa hatte lange Jahre in Paris gelebt und dort geholfen, fernöstliche Medizin, Judo und Ikebana im Westen einzuführen. Unter dem Namen George Ohsawa schrieb er zahlreiche philosophische und kulturelle Abhandlungen, in denen er sich zwar nicht gegen moderne Wissenschaften und Industrialisierung wandte, aber davor warnte, daß sie, wenn sie nicht auf den traditionellen landwirtschaftlichen Werten basiere, zu weitverbreiteten Krankheiten und Leiden führen würde. Ohsawa spürte, daß die moderne Gesellschaft sich selbst zerstören würde, wenn sie nicht zu einem natürlicheren Leben zurückkehrte.

Während des Krieges lebte Ohsawa in Japan, wo er Anti-Kriegsbücher veröffentlichte und einen Friedensmarsch quer durch die Mandschurei startete. Die japanischen Behörden verhafteten ihn und verurteilten ihn zum Tode. Im Juli 1945 saß er in Nagaski in Haft, wurde aber vor dem Abwurf der Atombombe in einen anderen Ort überführt. Nach dem Krieg aus der Haft entlassen, engagierte sich Ohsawa in der damals sich gerade bildenden Weltfriedensbewegung. Er übersetzte „The Meeting of East and West" des amerikanischen Philosophen F.S.C. Northrop ins Japanische.

Die Berichte meiner Freundin über diesen bemerkenswerten Mann berührten mich zutiefst. Ich verließ mein Zuhause, um seine Privatschule nahe Tokio zu besuchen, und blieb dort eineinhalb Jahre. Die Schule war bekannt unter dem Namen „Maison Ignoramus" und beherbergte die „Student World Government Association" (Studenten der Weltregierungsgemeinschaft). Seine Absicht war es, das Beste aus Ost und West zu vereinigen und sich für den Frieden einzusetzen. Ohsawa nannte seine Lehre die Makrobiotik, was soviel wie „Langes Leben" oder „Großes Leben" bedeutete. Der Begriff wurde von griechischen Philosophen, beginnend mit Hippokrates, verwendet. Ohsawa führte auch das traditionelle fernöstliche Konzept von Yin und Yang wieder ein, das durch moderne Nahrung und Landwirtschaft verdrängt worden war. Zuerst stieß mich das Vokabular ab, weil es mir zu sektenhaft erschien. In der Kirche drehte sich alles immer nur um Sünde, bei den Makrobioten war Yin der Teufel.

Trotz der Dialektik blieb ich, und etwa ein Jahr später hatte ich ein wundervolles Erlebnis, das die wahre Bedeutung dieser Begriffe für mich klärte. Ich wanderte allein auf dem herrlichen Hügel hinter Ohsawas Haus. Um mich herum wuchsen senfgrüne Pflanzen mit feinen gelben Blüten und frische Weizensprossen mit hellgrünen Spitzen. Während ich inmitten dieser Schönheit an diesem bezaubernden Frühlingsnachmittag herumlief, wurde mir klar, daß alle Phänomene, daß das ganze Universum um uns sich nach den Regeln von Yin und Yang bewegte. Diese beiden Urenergien waren nicht gegeneinander gerichtet, sondern ergänzten und mischten sich überall in einem rhythmischen Tanz. Ich verstand dies nun tief in meinem Innern. In diesem Moment war es, als hörte ich ein Knacken, so als wenn Eis auf einem See bricht oder einer einen kleinen Stein gegen einen großen wirft. Während dieses Moments der tiefen inneren Einsicht erfüllten Freude und Glück meine Seele.

Seit diesem Erlebnis verstand ich Yin und Yang, die Gesetze von Schönheit und Wahrheit von innen her. Kurz darauf organisierte George Ohsawa für mich eine Schiffspassage nach San Franzisco und eine Busfahrkarte nach New York, von wo aus ich hoffte, zur Weltregierungs-Konferenz nach Europa zu kommen. Während ich einem fremden Land entgegenfuhr, um ewige Werte erhalten und die Traditionen verschiedener Kulturen vereinigen zu helfen, fühlte ich mich wie Lafcadio Hearn, dessen Nichte ich auf dem College kennengelernt hatte.

Als ich Japan verließ, hatte die moderne Landwirtschaft gerade bei uns Einzug gehalten. Bis dahin waren alle Pflanzungen organisch und der Anbau per Hand erfolgt. Reis, Gerste, Hirse, Azukibohnen, Sojabohnen und andere Feldfrüchte waren immer mit einer Sichel oder kleinen Sense geerntet worden. Nach dem Krieg tauchten die ersten Traktoren auf, und Experten von Behörden und Universitäten priesen die Vorteile von Petroleum und Chemikalien. Die Ernährung änderte sich drastisch. Würstchen, Eiskrem, tropische Früchte und Limonaden zählten nun zu den Favoriten.

Fünfundzwanzig Jahre vergingen, bevor ich meine Heimat wiedersah. Das geschah Mitte der siebziger Jahre, als meine Kinder groß waren, und ich war überrascht, wie alles sich verändert hatte. Die Bauern gingen nicht mehr hinaus zu ihrem Korn. Das vertraute Bild des Bauern, wir er nachdenklich inmitten der wachsenden Ähren stand, war verschwunden. Es war allgemein üblich gewesen, daß der Bauer vor dem Frühstück oder nach dem Abendessen sich um sein Getreide kümmerte wie um seine eigenen Kinder.

Nun lösten lange Gummistiefel die Strohsandalen ab, und die Menschen gingen nicht mehr barfuß. Die Bauern trugen nun Masken und dicke Schutzkleidung und sprühten Chemikalien auf die Felder. Meine Augen füllten sich mit Tränen, als ich vergeblich nach dem kleinen Fisch, den wunderschönen Blumen und den wilden Gräsern suchte, die einst zwischen den Reisstengeln wuchsen. Auch die warme Freundlichkeit der Bauern war verschwunden. In meinem kleinen Dorf, der einstigen Heimat von Susa-no-wo-no-mikoto und Kushi-inada-hime, Herrscher und Herrscherin der Reisfelder, hatte Fleisch über Getreide gesiegt.

Die alte Sage schließt den Kreis. Der achtköpfige Drachen ist nach vielen tausend Jahren aus seinem Schlummer erwacht. Der zerstörerische und chaotische Zustand, den er symbolisiert, ist zurückgekehrt. Fleisch, Zucker, Milchprodukte und Alkohol, Reizstoffe und Gewürze, chemische Stoffe und künstliche Konservierungsmittel überschwemmen und verschlingen die acht Inseln unseres Landes.

Leben in Amerika

In New York traf ich Michio Kushi, der ebenfalls bei Ohsawa studiert hatte und zwei Jahre vor mir nach Amerika gekommen war. Er arbeitete an der Columbia Universität und war aktiv in der Friedensbewegung, deren Ziele die Kontrolle von Atomwaffen und die Bildung einer weltweiten Friedensregierung waren. Wir heirateten kurz darauf. Keiner von uns hatte Kochen bei Ohsawa gelernt. In unserer kleinen Wohnung in Manhattan begannen wir als Anfänger und ließen uns von unserer Intuition leiten.

Viele Jahre lang war der einzige Vollkornreis, den es in den Staaten zu kaufen gab, der sogenannte Flußreis. Er kam aus Texas und war mit chemischen Düngemitteln und Unkrautvernichtungsmitteln behandelt. Aber es war das einzige, was wir bekamen, und so blieb uns nichts anderes übrig, als uns an die eher mehlige Struktur und den schalen Geschmack zu gewöhnen. Wir kochten ihn in einem normalen Topf, bis

Ohsawa uns während einer seiner Amerikabesuche in den frühen sechziger Jahren ermunterte, einen Dampfdrucktopf zu benutzen. Nach einigem Herumexperimentieren in Tokyo und Paris fand er dampfdruck-gekochten Reis sehr viel befriedigender und effektiver als im normalen Suppentopf gegarten Reis.

Mitte der sechziger Jahre zogen wir nach Neu-England. Um unsere ersten Schüler mit guten Nahrungsmitteln zu versorgen, eröffneten wir einen kleinen Naturkostladen, in dem wir organisch angebaute hiesige Produkte und traditionelle, aus Japan importierte Waren verkauften. Der Name des Ladens, Erewhon, stammte von Samuel Butlers utopischem Roman gleichen Namens. Zurückschauend ist es kaum zu glauben, daß unbehandelter Vollkornreis und anderes Getreide, Miso, Tofu, Tamari und Sojasoße, Azukibohnen, Seegemüse, Meersalz und viele andere Grundnahrungsmittel so gut wie nicht zu haben waren in diesem Land, als wir vor zwanzig Jahren anfingen.

Erewhon expandierte in Windeseile vom kleinen Krämerladen zu einer Einzelhandelskette. In wenigen Jahren geriet es zum größten Naturkost-Verteiler und Produzenten an der Ostküste mit einer Lieferwagenkolonne, die kreuz und quer durch New England und New York fuhr. Bald gab es auch an der Westküste einen Erewhon. Die ganze Naturkost-Bewegung entwickelte sich aus diesem kleinen Samen.

Vorrang vor allem hatte als erstes die Sicherstellung inländischer Quellen für organisch angebautes Getreide, und so warben wir bei den Bauern in verschiedenen Regionen für unsere Methode. Viele lehnten ab, da der organische Anbau hohe Investitionen an Zeit, Arbeit und Geduld verlangte und alles, was sie über moderne Landwirtschaft gelernt hatten, über Bord warf. Aber ein paar Bauern nahmen die Herausforderung an. Ich werde meinen Besuch auf der Lundberg Farm in Richvale, Kalifornien, nie vergessen, als ich dort über die Reisfelder wanderte. Zum ersten Mal nach über zwanzig Jahren spürte ich wieder die Energie des reifenden Korns, Erinnerungen an meine Kindheit erwachten. Ich war so aufgeregt, daß ich den Lundberg-Brüdern sagte, daß wir jeden Preis akzeptieren würden, solange sie nach unserer organischen Anbaumethode arbeiteten. Einer der Erewhon-Mitarbeiter verzog die Miene bei solch naiven Verhandlungstaktiken. Aber für mich bedeutete Reis das Leben, eine unbezahlbare Kostbarkeit, und jede Summe konnte nur symbolisch sein.

Übrigens blieben die Lundbergs eher bescheiden in ihrem Handel und verstanden sofort die geistigen, kulturellen und gesundheitlichen Vorteile des vorgeschlagenen Wechsels. Ein großer Teil des organisch angebauten Vollkornreises kommt heute von ihrer Farm und von anderen Farmen in Arkansas und Louisiana, denen Erewhon ebenfalls bei der Umstellung auf organischen Anbau behilflich war. Wegen der steigenden Nachfrage nach organisch angebautem Vollkornreis ist seine Kultivierung und Ernte per Hand noch nicht möglich. Trotzdem ist der braune Reis aus inländischem Anbau sehr köstlich und nahrhaft und dem aus Japan und dem Fernen Osten vergleichbar.

Auf unseren Reisen haben Michio und ich über die Jahre eine Reihe makrobiotischer Rezepte gesammelt. Solange der Reis gut gekocht ist und gut schmeckt, sind wir glücklich, auch wenn einmal der Rest nicht so gelungen ist. Ist aber der Reis mißlungen, ist das ganze Essen unbefriedigend, auch wenn die anderen Zutaten köstlich sind.

Braunen Reis richtig zuzubereiten, ist die einfachste und gleichzeitig die schwierigste Herausforderung in der makrobiotischen Küche. Zu dem Punkt zu kommen, wo alles Vollkorngetreide wirklich zum Hauptteil der Mahlzeit wird und uns durch und durch befriedigt, bedingt revolutionäre Veränderungen in unserem Denken und Verhalten. Es setzt voraus, daß wir unsere bisherigen Eßgewohnheiten und die sozialen Verhaltensweisen der letzten zehn, zwanzig oder dreißig Jahre vergessen. Die Kunst der makrobiotischen Küche lehrt uns den inneren Drachen der Maßlosigkeit, Unausgewogenheit, des falschen Appetits und des schlechten Geschmacks zu besiegen.

Hat man erst die verschiedenen Elemente des Reiskochens gemeistert: Salz, Feuer, Wasser, Druck und ein ruhiges Gemüt — findet die Familie dauerhafte Gesundheit und Freude. Yin und Yang sind eine Einheit — wie Kushi-inada-hime und Susa-no-wo-no-mikoto. Das strahlende Schwert der höchsten Urteilsstufe offenbart sich durch unser Kochen, unsere Liebe und unseren Geist, um ewig an die folgenden Generationen weitergegeben zu werden.

Kapitel 2

Nahrung als Energie

Der Morgen des 20. Juli 1951 war wunderschön und sonnig. Der Himmel und das Meer trafen sich am Horizont in einer Symphonie in Blau. Fünfzehn Tage nach der Abfahrt von Tokio landete die „Colona“ in San Francisco und glitt unter der majestätischen Golden Bridge hindurch. Ich war eine von sechs Passagieren auf diesem kleinen norwegischen Frachter. Aber weder konnte ich die herrliche Fahrt in die Bucht, noch die Szenerie und die Aufregung der Ankunft genießen. Ich hatte schreckliche Kopfschmerzen und während der Nacht an schweren Alpträumen gelitten.

Als mein Lehrer George Ohsawa mich in Japan auf das Schiff nach Amerika begleitete, riet er mir, gut zu essen und mir keine Sorgen um meine geringen

Englischkenntnisse oder meine mangelnde Ausbildung zu machen. Er sagte, das Universum würde mich alles lehren was ich wissen müßte, und ich solle dankbar alle Erfahrungen annehmen, die guten und die schlechten. Während der Reise aß unsere Gruppe am Tisch des Kapitäns. Ich beschränkte mich auf einige Reiscracker, und zwischen den Mahlzeiten kaute ich ein wenig gerösteten Reis in meiner Kabine. Ein Freund hatte mir speziell für die Reise einen zehn-Pfund-Vorrat zubereitet. Ein anderer Passagier, ein Englischlehrer des Kronprinzen, versuchte mich immer wieder zu überreden, mehr zu essen. Schließlich ließ ich mich überreden und aß einige Mohrrüben, Erbsen und Sellerie, die in einer reichhaltigen Fleischbrühe gekocht waren.

Diese Nacht hatte ich das erste Mal schlechte Träume, seit ich vor eineinhalb Jahren Makrobiotin geworden war. In George Ohsawas Schlafsaal hatte ich mich jede Nacht eines friedlichen Schlafs erfreut. Einige meiner Freunde im Studentenheim gingen ab zu aus und aßen normales Essen, aber ich nahm nur zu mir, was serviert wurde, und mein Organismus war sehr rein. Während wir nun unter der Golden Gate Bridge durchfuhren, wurde mir klar, daß mein Zustand das direkte Resultat dessen war, was ich am Vortag gegessen hatte. Mir wurde klar, daß wir niemals wirklich glücklich sein konnten, solange wir nicht gesund waren, auch wenn unsere Umwelt noch so schön ist. Diese wertvolle Erfahrung, die ich an meinem ersten Tag in Amerika machte, ließ mich intensiv nach der menschlichen Natur und der Qualität unseres Lebens fragen. Seit ich in San Francisco von Bord ging, prüfe ich regelmäßig die Energie der Nahrung, die ich esse, und stelle sie in Zusammenhang mit meiner täglichen Gesundheit und meiner Denkweise. Dies ist wahrhaft der Schlüssel, um zu unserem verlorenen Paradies zurückzufinden.

Das innere Feuer

Während einer Reihe von Gelegenheiten erlebte ich starke körperliche Reaktionen auf verschiedene Speisen und auch feine Unterschiede, im Wahrnehmungsvermögen, in Stimmung und Vitalität. Mehr und mehr begann ich, Nahrung als eine Form der Energie zu beobachten, einer Energie, die unseren Körper, unsere Gefühle und Gedanken und unseren Geist formt. Diese Energie in uns ist permanentem Wechsel unterworfen als direkte Folge dessen, was wir essen.

Es gibt viele Formen der Energie in der Nahrung. Die grundlegendste ist das Feuer. Um zu leben, braucht unser Körper Wärme. Werden wir kalt, sterben wir. Nur wenige Wärmegrade trennen Leben und Tod. Vergleicht man die Körperenergie mit der des Feuers, hat der Mund die Funktion des Ofens. Statt mit Brennholz halten wir unser inneres Feuer mit Nahrung am Leben. Und wie beim Brennholz bestimmt die Menge und Art der Nahrung die Qualität des Feuers. Richtige Ernährung sorgt für eine hübsche, gleichmäßige Flamme, die wärmt, befriedigt und genügend Energie spendet. Zuviel Nahrung erstickt das innere Feuer, wie auch zuviel Holz das Ofenfeuer töten kann. Krankheit ist wie Rauch und häufig eine Folge von einem Zuviel an Brennmaterial. Wenn man die Nahrungsaufnahme einschränkt oder mal ein paar Mahlzeiten ausläßt, bringt man das Feuer wieder auf seine normale Größe.

Kalte Nahrung und Getränke sind generell schädlich für unser inneres Feuer. In den Tagen, bevor es Eis und Eiskrem gab, aßen die Menschen keine eiskalten Lebensmittel, und es war allgemein üblich, die meisten Speisen heiß oder warm zuzubereiten. Natürlich mag man im Sommer kühlere Speisen und Getränke zu sich nehmen, um starke Hitze und Feuchtigkeit auszugleichen, aber traditionell wurden sie nur selten und in kleinen Mengen genossen.

Im Fernen Osten sagt man, daß der gesunde Mensch einen kühlen Kopf und warme Füße, der kranke Mensch einen heißen Kopf und kalte Füße hat. Um unseren Zustand zu prüfen, brauchen wir nur diese zwei Bereiche zu fühlen. In Amerika war es bis vor kurzem üblich, daß Großmütter und Mütter die Stirn ihrer Kinder fühlten, um ihre tägliche Verfassung festzustellen. Und wann immer die Kinder nach draußen liefen, wurden sie von den Müttern ermahnt, ihre Füße und Zehen warm zu halten. So ist die Denkweise also dieselbe wie im Fernen Osten.

Ausgleich von Yin und Yang

Gesundheit ist Ausgewogenheit, die Harmonie von Yin und Yang. Gesundheit ist die Balance zwischen unserer inneren und äußeren Umwelt, zwischen geistiger und physischer Aktivität, zwischen pflanzlicher und tierischer Nahrung, zwischen gekochten und rohen Speisen, zwischen Salz und Öl und zwischen unzähligen anderen miteinander verbundenen Faktoren. Yin und Yang, die universellen Kräfte von Ausdehnung und Zusammenziehung, schaffen alle Phänomene. Am extremen Yang-Ende des Nahrungsspektrums sind Fleisch, Geflügel, Eier, Käse und raffiniertes Salz in zu hohem Maße zusammenziehend für den regelmäßigen Konsum. Am extremen Yin-Ende stehen weiche Milchprodukte, tropische Früchte und Gemüse, Honig und Zucker, Kaffee und andere Stimulanzen und Alkohol, die eine zu starke Ausdehnung für den normalen Gebrauch haben. Zwischen diesen beiden Extremen gibt es eine mittlere Kategorie von Nahrung, die ausgewogener und passender für die tägliche menschliche Nahrungsaufnahme ist. Diese Kategorie umfaßt ganze Getreide, Bohnen, Gemüse, Meeresalgen, Samen und Nüsse und heimische Früchte. George Ohsawa lehrte uns, die Kraft der Nahrung in dieser Weise zu beobachten, und in den letzten fünfunddreißig Jahren hat dieser Kompaß meinen Weg geleitet. Die Philosophie von Yin und Yang findet sich unter verschiedenen Namen und Formen in der Bibel, in den Upanishaden, in den Buddhistischen Sutren und anderen alten Schriften und Werken.

Um Yin und Yang in die richtige Balance zu bringen, muß man lernen, Energie zu schaffen, zu verwandeln und zu modifizieren. Unser Körper, unsere Nahrung und unsere Umwelt sind wechselnde Formen und Muster der Energie. Die Dynamik des Wechsels zu verstehen und sie in allen Aspekten des Lebens anzuwenden zur äußersten Steigerung von Gesundheit und Glück, ist das Ziel der Makrobiotik. Auf diese Weise wird man unermeßlich flexibel. Man ist in der Lage, auf alle Veränderungen zu reagieren und fröhlichen Herzens das Leben in allen seinen Offenbarungen zu umarmen. Energie hat viele Formen, aber Yin und Yang finden sich in ihnen stets zusammen in gegenseitiger Ergänzung. Die Nacht wird zum Tag, der Winter zum Frühling, und Berge wandeln sich zu Tälern. Auch unser Leben ist ein Tanz zwischen solchen Polen.

Unsere Ernährung ist das Ergebnis der Verfassung und des Urteils dessen, der sie kocht. Die Qualität der gewählten Nahrung, die Art wie sie geschnitten wird, die Länge der Garzeit, die Menge der Gewürze, wie die Mahlzeit am Tisch serviert wird, ihr Geschmack und ihr Duft — all das hängt vom Koch ab. Tagein, tagaus bestimmt der Koch oder die Köchin die Gesundheit und das Wohlbefinden der Familie. Ein Koch, dessen eigene Gesundheit stark, und dessen Urteilsvermögen fundiert ist, produziert nahrhafte, zufriedenstellende und angenehme Speisen. Sie oder er ist in der Lage, die Ernährung den wechselnden Jahreszeiten oder Wetterbedingungen anzupassen, der Zugänglichkeit oder Knappheit bestimmter Lebensmittel, der persönlichen Verfassung und den Ansprüchen der Familie. Und er oder sie kann jede Mahlzeit mit Hingabe, Abwechslung und Ästhetik zubereiten.

Kochen mit den Jahreszeiten

Alle pflanzlichen Lebensmittel wachsen zu bestimmten Jahreszeiten. Und jede Zeit hat eine charakteristische Energie, die von der Pflanze aufgesaugt und weitergegeben wird. Makrobiotisch kochen heißt, sich den Jahreszeiten anzupassen und dabei die wechselnden Energien des Körpers als auch der Umgebung mit einzubeziehen. Wir beginnen einen kurzen Blick auf die Jahreszyklen mit dem Frühling:

Frühling — Die ersten Knospen und Blätter des Frühlings brauchen meist mehrere Wochen, um durch den Schnee zu brechen, sich zu entfalten und sich zu öffnen. Auf dieselbe Weise können wir unser Kochen dem Nahen des Frühlings anpassen. Zusätzlich zu dem frischen Grün in unseren Speisen können wir leichtere Kochmethoden anwenden, wie etwa kurze Kochzeiten, Dämpfen und kurzes Sautieren. Wir können die Salzportionen und andere Gewürze leicht verringern und eingelegte Pickles und Lebensmittel verwenden. Während des langen Winters kühlt die Energie in unserem Körper ab, aber wenn der Frühling kommt, erwärmt sie sich und steigt aufwärts. Um diesen Prozeß auf sanfte Weise zu fördern, wählen wir Nahrung aus, deren Energie nach oben gerichtet ist, wie wildes Gras, Sprossen und verschiedenes Getreide, das im Winter gereift war. Auch leicht fermentierte Nahrung ist hilfreich, um stagnierende Winter-Energie zu lösen. Wilde Pflanzen aus der Nachbarschaft geben besonders starke Energie und sollten deshalb nur gelegentlich und in kleinen Portionen genossen werden. Weizen und Gerste enthalten leichtere Energie als anderes Getreide und können öfter in dieser Jahreszeit serviert werden. Beigaben, angerichtet mit Öl, Miso, Schalotten oder Schnittlauch sind besonders empfehlenswert. Während die Temperaturen steigen, empfiehlt es sich, die Mahlzeiten mit leichter gekochtem Gemüse und gepreßten oder blanchierten Salaten ausgewogen zu halten, als den Genuß von Früchten zu erhöhen.

Sommer — Im Sommer reifen viele Pflanzen und erreichen den Höhepunkt ihres Wachstums. Zu dieser Zeit können wir mit Lebensmitteln anfangen, die aktivere, expansive Energien haben, wie grünes Blattgemüse, Sommerkürbis, süßer Mais und einheimische Früchte. Frische Salate können jetzt öfter in marinierter, gepreßter oder leicht gekochter Form genossen werden. Während der heißen Sommermonate greifen wir natürlich zu einfacheren Kochmethoden, wie Sieden, Dämpfen und Kurzes Sautieren, was der Küche viel Zeit spart. Auch werden Getreide, Nudeln, Bohnen, Gemüse und Algen-Salate im Sommer öfter gegessen. Besonders genußreich ist Sushi. Bei heißem, feuchten Wetter verlieren wir oft Mineralien durch Schwitzen. Um sie zu ersetzen, können wir kleine Mengen starker Gewürze servieren. Umeboshi-Pflaumen und Umeboshi-Tee sind dafür besonders geeignet und kühlen den Körper besser als Säfte und Limonaden oder andere kalte Getränke. Einige Gerichte, wie Somen- und Udonnudeln, können kühl serviert werden, aber eiskalte Speisen und Getränke sind nicht zu empfehlen. Stattdessen kann durch leichtes Sautieren, durch kurze Kochzeiten und die Herabsetzung von Salz und anderen Gewürzen kühlende Wirkung erzielt werden. Öfters sollten auch kalter Tofu, garniert mit Schalotten, Tamari-Soße und Ingwer gereicht werden. Fruchtsalate, frische Melonen und frisches Gemüse sind ebenfalls sehr erfrischend, wenn sie in Maßen genossen werden.

Herbst — Im Spätsommer beginnt die Energie abwärts zu fließen, bis sie sich im Spätherbst verdichtet. Der Wechsel von Hitze zu Abkühlung erfolgt oft plötzlich. Um diesen Wechsel zu mildern, fangen wir an, unseren Speisezettel im Spätsommer auf mehr Frühherbst-Kürbisse und Wurzelgemüse umzustellen. Im Herbst sind die Lebensmittel reichhaltiger als zu anderen Jahreszeiten. So wie die Bäume eine Vielfalt von gelb, gold, orange, rot, braun und hellgrün hervorbingen, so sind diese schönen Farben im Überfluß von Getreide, Bohnen, Kürbissen, Wurzelgemüsen und Herbstgemüse zu finden, wie Rüben- und Rettichblätter und verschiedene Kohlsorten. Ein großer Teil der Produkte, die im Herbst geerntet werden, enthält natürliche Konservierungsmittel und kann monatelang gelagert und den ganzen Winter über bis zum Frühjahr verwendet werden. Hirse und runde Gemüse wie Zwiebeln, Kohl und Kürbisse, werden in den letzten Herbstmonaten öfter serviert. Im Sommer sind Niere und Blase oft überanstrengt durch die übermäßige Aufnahme von Flüssigkeit, Früchten, roher Nahrung und gesalzenen Snacks, mit denen wir der großen Hitze zu begegnen versuchen. Im Herbst wirkt sich solche Unausgewogenheit in Erkältung, Husten und anderen Krankheiten aus. Nahrhaftere Speisen helfen dagegen. Wir beginnen nun mit kräftigeren Geschmacksnuancen und stärkeren Kochmethoden. Auf unserem Speisezettel stehen Bohneneintöpfe, gebratene oder fritierte Speisen, angedickte Getreidegerichte, süßer Reis und Mochi, heißer Amazake sowie pürierte Kürbissuppe und -kuchen. Die Garzeiten sollten nun länger werden nach der Art der langsamen Nishime-Methode, ausgiebiges Sautieren oder Schmoren im Kimpira-Stil. Gemüse kann für länger, langsamer gekochte Speisen in größere Scheiben und Stücke geschnitten werden. Algengerichte können herber und mit Tempeh, getrocknetem Tofu oder Sojabohnen angereichert serviert werden. Auch erhöhen wir die Zugabe von Salz und Öl. Dagegen sollten rohe Gerichte wesentlich reduziert und durch getrocknete oder gekochte Früchte im Nachtisch ersetzt werden.

Winter — Die Winterenergie wurde von alten Völkern mit Wasser oder fließender Energie verglichen. Tatsächlich gibt es draußen oft viel Wasser in Form von Regen, Schnee oder Eis. Auch gibt es zu dieser Zeit eine Mischung von Bewölkung und abwechselnd verschneiten oder regnerischen, klaren oder sonnigen Tagen. In den kalten Monaten ist es wichtig, warm und kräftig zu essen. Andernfalls, bei kalten, gefrorenen Speisen und viel rohen Produkten in diesen kalten Monaten wird unsere Familie bald ihr Gleichgewicht mit der Natur verlieren. Grüne Gemüse und Sprossen gibt es im Winter weniger, und wir können vor allem Wurzel- und Bodengemüse sowie Pickles essen. Auch bereiten wir das Essen im Winter mit etwas mehr Salz, Miso oder Tamarisoße zu. Für fritierte Speisen, Tempura, für länger sautiertes oder nach Kimpira-Art zubereitetes Gemüse und herbe Algengerichte verwenden wir nun mehr Öl. Besonders warm halten im Winter gebratenes Getreide und gebratene Nudeln. Kräftigend sind starke Misosuppen und eine Vielfalt von Getreide-, Bohnen-, Seitan- und Gemüseeintöpfen. Nishime- oder Oden-Gerichte, gebackene Bohnen, Getreide und Gemüse werden jetzt länger gegart. Auch die Sautierzeit sollte verlängert werden. Ingwer kann vermehrt zu Eintöpfen und Gemüsegerichten verwendet werden. Eine wärmende und zusammenziehende Wirkung haben auch süßer Reis und Mochis.

Wenn der Frühling sich anmeldet, bringen wir unsere Küche mit dem wiederauflebenden Wachstum im Boden und der Wiederkehr von Bewegung im eigenen Körper in Harmonie. Auf diese Weise stehen wir das ganze Jahr über in Einklang mit unserer natürlichen Umwelt.

Außer den jahreszeitlichen Abschnitten gibt es auch ein Muster von täglichen Veränderungen. Der Morgen ist wie der Frühling, der Mittag wie der Sommer, der Nachmittag wie der Herbst, und Abend und Nacht sind wie der lange Winter. Für eine richtige Ausgewogenheit ist dieser tägliche Zyklus sehr wichtig. Ebenso wichtig wie Nahrungsmittel zu essen in der Zeit, zu der sie reifen. Bei Naturreis und anderen ganzen Getreidekörnern ist es wichtig, daß sie sowohl täglich als auch zu jeder

Jahreszeit gegessen werden. Ihre Nahrhaftigkeit kann mit der Erde verglichen werden, wie sie sich jeden Tag um ihre eigene Achse dreht und gleichzeitig in einer langen, jahreszeitlichen Umlaufbahn um die Sonne kreist.

Wenn wir die Früchte der Erde in so geordneter Weise genießen, können wir die Gesundheit und das Wohlbefinden unserer Familien zu allen Zeiten erhalten.

Warme und kühlende Energie

Wie wir gesehen haben, wärmt gekochte und warm oder heiß servierte Nahrung den Körper, während kalte das innere Feuer des Körpers abkühlt. Unabhängig von der Temperatur, mit der die Speisen serviert werden, besitzen sie eine Energie, die als kalt, kühlend, stabilisierend, warm oder heiß bezeichnet werden kann. Unsere innere Wärme verändert sich mit der Art der Speisen, die wir essen. Bei warmem Wetter neigen wir zu kalten Speisen, und zum Abkühlen suchen wir natürlich die Energie solcher Gemüsesorten wie Gurke, Wassermelone und Zucchini. Auf ähnliche Weise erzeugt das Essen, daß wir bei kühlem Wetter vorziehen, eine wärmende Wirkung, z.B. Tempura, fermentierte Nahrung sowie länger gekochte Eintöpfe und Suppen mit Wurzelgemüse.

Nahrungsmittel	**heiß**	**warm**	**mittel**	**kühl**	**kalt**
Azukibohnen			x		
Naturreis			x		
Klettenwurzel			x		
Kohl			x		
Mohrrüben			x		
Sellerie			x		
Gurken				x	
Rettich				x	
Knoblauch	x				
Ingwer	x				
Kombu					x
Kuzu					x
Lotoswurzel					x
Lotosnüsse					x
Senfblätter				x	
Nori		x			
Perlgerste					x
Schalotten		x			
Sojabohnen			x		
Weizen		x			

Während diese Energie unabhängig ist von der Kochtemperatur, verändert der Kochvorgang selber ebenfalls die Energie einiger Lebensmittel von kalt zu warm. Salz ist ein gutes Beispiel hierfür. Erwärmtes Salz schafft Wärme und erzeugt eine wärmende Wirkung im Körper. Kaltes Salz wirkt kühlend. Auch die Energie von Öl verändert sich durch Erhitzen. Rohes Öl in Salat wirkt ganz anders als wenn es in sautierter Form verwendet wird.

Feuer, Gewürze, Druck, Zeit — all das beeinflußt die Energie der zubereiteten Speise und kann ihre Qualität modifizieren und verwandeln. Die folgende Liste enthält einige typische Lebensmittel der makrobiotischen Küche und die Art der Energie, die sie erzeugen. Wir können diese Liste benutzen, um die innere Wärme unseres Körpers zu erhalten oder ihn den äußeren Gegebenheiten anzupassen.

Die fünf Geschmacksrichtungen

Auch Geschmack ist eine Form von Energie. In der traditionellen orientalischen Medizin ist jeder Geschmack mit einer Jahreszeit verbunden, mit einer Art von kühlender oder wärmender Energie und bestimmten Organen des Körpers zugeordnet.

Sauer — Saurer Geschmack wird mit dem Frühling in Zusammenhang gebracht. Sauer schmeckende Speisen wirken zusammenziehend, schrumpfend und geben beschleunigende Energie. Saures ist gut für Leber und Gallenblase. Typisch sauren Geschmack haben Sauerteigbrot, Weizen, Essig, Sauerkraut und Zitrone.

Bitter — Was bitter oder angebrannt schmeckt, wird mit dem Sommer in Verbindung gebracht. Seine Energie ist trocken und verteilend. Zu den bitteren Speisen, die Herz und Dünndarm stimulieren, gehören Löwenzahn, Klettenwurzel, schwarzer Sesam und bestimmte Maissorten.

Süß — Süßes wird mit dem Spätsommer in Verbindung gebracht. Typische Beispiele sind ganze Getreidekörner, Bohnen und vielerlei Gemüse, besonders rundes, wie Zwiebeln, Kürbis und Kohl. Natürliche Süße ist nahrhafte Energie. Sie entspannt und zentriert den ganzen Körper, und wirkt besonders heilsam auf Milz, Magen und Bauchspeicheldrüse. Modern raffinierter Zucker wirkt auf den Geschmack eher beißend als süß.

Scharf — Was scharf oder würzig schmeckt, steht im Zusammenhang mit der würzigen Herbstluft und bringt heiße, verteilende Energie. Scharfe Speisen haben eine stark aufwärts wirkende Kraft, die den Kreislauf anregt und hilft, Schlacken aus dem Innern des Körpers an die Oberfläche zu befördern. Typische Beispiele sind

Schalotten, Rettich, Ingwer und Pfeffer. Scharf Gewürztes ist gut für Lunge und Dickdarm. Andererseits erzeugen zu scharf gewürzte Speisen und tropische Gewürze Überaktivität, sie überreizen das Blut und stören die Verdauung.

Salzig — Salzgeschmack korrespondiert mit dem Winter und bringt stark abwärts gerichtete und ausscheidende Energie. Gutes Salz löst Verhärtungen und stärkt Nieren und Blase. Typische Beispiele sind Algen, Miso, Umeboshi-Pflaumen und Tamarisoße. Tierische Nahrung, die große Mengen Natrium enthält, ist übersalzen und kann zu Nierenverhärtungen und zur Überbelastung des Herzens führen.

In der makrobiotischen Küche versuchen wir mit jeder Mahlzeit, eine breite Skala verschiedener Geschmacksrichtungen zu bieten. Die natürliche Süße ganzer Getreidekörner und des Gemüses macht etwa 60 bis 70 Prozent der Mahlzeit aus. Die anderen Geschmacksrichtungen finden sich in Beilagen, Soßen und anderen Zugaben. Je nach Saison und persönlichem Befinden der Familienmitglieder kann das Mahl geschmacklich individuell zubereitet werden.

Die fünf Farben

Farbe ist eine weitere Form der Energie. Grünliche oder hellblaue Nahrung wie ungefärbte Zitronen, haben oft einen sauren Geschmack und sind gut für Leber und Gallenblase. Rötliche und orangefarbene Nahrung wie Mais, stehen mit Herz und Dünndarm in Verbindung. Gelbe Nahrung wie Hirse, Kürbis und Mohrrüben haben eine besonders gute Wirkung auf Magen, Milz und Bauchspeicheldrüse. Weiße oder farblose Nahrung einschließlich Gerste, Reis und Rettich wirken wohltuend auf Lunge und Dickdarm. Meeresgemüse, Bohnen und andere dunkle Lebensmittel stärken Nieren und die Blase.

Farbe regt den Appetit an, schafft Schönheit und Ordnung und macht eine Mahlzeit befriedigend und genußreich. Ideal ist eine harmonische Balance verschiedener Farben auf dem Tisch. Da unsere Hauptnahrung normalerweise aus süßem ganzen Getreide und Gemüse besteht, herrschen naturbedingt gelbe, orange und hellbraune Töne vor. Die anderen Farben finden sich gewöhnlich in den restlichen vierzig oder fünfzig Prozent des Gerichts. Helles Grün ist besonders beruhigend und friedlich und sollte idealerweise zu jeder Mahlzeit gehören, und wenn es nur ein paar Scheiben Schalotten sind.

In der makrobiotischen Küche ist man besonders darum besorgt, die frischen Farben der Gemüse zu erhalten, und es gibt einige Methoden, wie die Ohitashi-Zubereitung, nach der die natürliche Farbe des Gemüses leuchtender erscheint als in rohem Zustand. Umeboshi-Pflaumen, Umeboshi-Essig und Shiso-Blätter schaffen effektvolle rote und rosa Schatten ebenso wie ganze oder in Scheiben geschnittene Radieschen. Es muß nicht immer jede Farbe und jede Geschmacksrichtung als eigene Beigabe vorhanden sein. Oft genügt ein Farbtupfer als Garnierung, etwa mit hellgrüner Petersilie oder ein paar schwarzen Sesamsamen. Gewürze und Pickles sind ebenfalls sehr farbenfroh und können das Menü auf attraktive Weise vervollständigen.

Schließlich können verschiedenfarbige Schüsseln, Teller und Serviergedecke die Mahlzeit für das Auge noch verschönern. Sie schaffen harmonische Muster von Licht und Schatten, und man mag sie vielleicht passend zu den Speisen auswählen. Blumen, Blätter, Tannenzweige, Seemuscheln und andere natürliche Materialien können als Dekoration benutzt werden, um eine gemütliche und fröhliche Stimmung zu schaffen. Kerzen, Lampen und künstlerische Ornamente können das ihrige beitragen.

Die fünf Wandlungsphasen

Temperatur, Geschmack und Farbe sind nur drei Beispiele eines universellen Kreislaufs der Energie, der im Fernen Osten als die „fünf Wandlungsphasen" bekannt ist. So wie Gott oder die Ewigkeit sich in Yin und Yang teilen, teilen sich die

Tabelle der fünf Wandlungsphasen (Transformationen)

5 Transformationen	**Holz**	**Feuer**	**Erde**	**Metall**	**Wasser**
5 feste Organe	Leber	Herz	Milz	Lunge	Nieren
5 hohle Organe	Gallen blase	Dünn-darm	Magen	Dickdarm	Blase
5 physische Wurzeln	Augen	Zunge	Lippen	Nase	Ohren
5 physische Systeme	Gewebe	Blut-gefäße	Muskel-fleisch	Haut	Knochen
5 Himmelsrichtungen	Osten	Süden	Zentrum	Westen	Norden
5 Jahreszeiten	Frühling	Sommer	Spät-sommer	Herbst	Winter
5 Farben	Blau	Rot	Gelb	Farblos	Schwarz
5 Geschmacks-richtungen	Sauer	Bitter	Süß	Scharf	Salzig
5 Gerüche	Ölig/ Schmierig	Brennend	Duftend	Fischig	Faulig
5 Umwelteinflüsse	Windig	Heiß	Feucht	Trocken	Kalt
5 Emotionen	Ärger	Lachen	Wundern	Sorgen	Furcht
5 Getreidearten	Weizen	Mais	Hirse	Reis	Bohnen

zwei Ursprungsenergien in fünf Hauptzweige. Als erstes haben wir den Samen, dann Sprießen und Wachstum, gefolgt von Reife und Blüte zu Ernte und Lagerung und schließlich Ruhestand und Neuaussaat. Die Jahreszeiten, die Stunden des Tages und auch unser Leben durchlaufen diese fünf Stationen. Die folgende Tabelle zeigt einige der traditionellen Wechselbeziehungen. Es gibt eine Reihe weiterer Beispiele, aber sie folgen alle mehr oder weniger denselben Mustern.

Die makrobiotische Grundernährung

Der makrobiotische Weg zur Gesundheit basiert auf der traditionellen Philosophie, daß Nahrung unsere beste Medizin ist, zusammen mit harter Arbeit, körperlicher Bewegung, Entspannung und einem natürlichen Lebensstil im allgemeinen. Ob wir nun die tägliche Gesundheit unserer Familie erhalten wollen oder eine ernsthafte Krankheit behandeln, unsere Nahrung ist immer einfach, köstlich und attraktiv und mit einer breiten Palette von Zutaten bestückt.

Zum Kochen wird Holz oder Gas empfohlen. Diese Brennmaterialien garantieren eine stetige, gleichmäßige Hitze und erhalten die natürlichen Qualitäten der Nahrung. Elektrische oder Mikrowellen-Hitze zerstört die natürliche Energie der Nahrung und sollten wenn möglich gemieden werden. In einer gemäßigten Klimazone umfaßt die makrobiotische Grunddiät, die auf traditionellen Eßgewohnheiten des Ostens und Westens beruht und, wo notwendig, an heutige Zeiten angepaßt ist, folgende Kategorien an Nahrungsmitteln:

Ganzes Getreide — Die Hauptnahrung jeder Mahlzeit ist ganzes Getreide und sollte fünfzig bis sechzig Prozent der Mahlzeit ausmachen. Es umfaßt Naturreis, Hirse, Gerste, Hafer, Weizen, Roggen, Buchweizen und Mais. Getreide- und Mehlprodukte wie Weizen- oder Buchweizennudeln, Teigwaren, Seitan, Brot, Bulgour, Cous-Cous und Haferflocken können gelegentlich serviert werden.

Suppen — Etwa fünf bis zehn Prozent (ein bis zwei Suppenteller) können pro Tag in Form von Suppen eingenommen werden. Die Suppenbrühe kann mit Miso oder Tamarisoße zubereitet werden, die aus natürlich fermentierten Sojabohnen, Meersalz und Getreide hergestellt werden. Während des Kochens kann verschiedenes Land- und Meeresgemüse, vor allem Wakame oder Kombu, zugegeben werden. Der Geschmack der Suppe sollte mild sein, weder zu salzig noch zu fade. Suppen mit Getreide, Bohnen, Gemüsen und manchmal auch etwas Fisch oder Meerestieren können von Zeit zu Zeit serviert werden.

Gemüse — Etwa fünfundzwanzig bis dreißig Prozent jeder Mahlzeit sollten aus frischem Gemüse bestehen, das auf verschiedene Art zubereitet sein kann. Jeden Tag sollte eine ausgewogene Mischung aus Wurzel-, rundem und grünem Blattgemüse gereicht werden. Bis zu einem Drittel des Gemüses kann als frischer Salat oder in traditioneller Weise gemachten Pickles serviert werden. Wildes Gemüse sollte nur in kleinen Mengen und seltener gegessen werden. In gemäßigten Klimazonen sollten tropische Gemüsearten gemieden werden.

Bohnen — Eine kleine Portion (etwa zehn Prozent) der täglichen Nahrung besteht aus gekochten Bohnen oder Bohnenprodukten wie etwa Tofu, Tempeh und Natto. Sie können extra oder zusammen mit dem Getreide, mit Gemüse oder Meeresgemüse, aber auch als Suppe aufgetischt werden.

Meeresgemüse — Meeresalgen sind reich an Mineralien und Vitaminen und gehören in kleinen Mengen zur täglichen Nahrungsaufnahme (etwa fünf Prozent). Sie können Suppen, Gemüse oder Bohnen beigegeben oder als kleine Beilagen extra bereitet werden.

Salz, Öl, Gewürze — Unraffiniertes Meersalz, Miso, Tamarisoße oder Umeboshi-Pflaumen können zum Salzen verwendet werden. Unraffiniertes dunkles Sesamöl ist am geeignetsten für die tägliche Küche. Helles Sesamöl, Maisöl oder andere unraffinierte pflanzliche Öle guter Qualität können ebenfalls ab und zu verwendet werden. Zum Säuern sind vor allem Essig aus Naturreis, aus süßem Reis und aus Umeboshi geeignet. Die Speisen sollten niemals übersalzen sein, und Gewürze fügt man besser während des Kochens als am Tisch bei, scharfe Gewürze, Kräuter und andere stimulierende oder aromatisierende Substanzen sind besser zu meiden. Kuzu-Wurzelmehl und Pfeilwurzelmehl benutzt man zum Andicken von Soßen.

Zugaben — Eine kleine Menge kann auf Getreide, Bohnen oder Gemüse am Tisch serviert werden. Hierzu zählen Gomashio (geröstetes Sesamsalz), geröstetes und zermahlenes Meeresgemüse und Tekka, eine Mischung verschiedener Wurzelgemüse.

Pickles — eine kleine Menge selbstgemachter Pickles jeden Tag unterstützt die Verdauung. Herkömmlich werden Pickles aus verschiedenem Wurzel-, runden-, Boden-, und Blattgemüse hergestellt und mit Meersalz, Reis oder Weizenkleie, Tamarisoße, Miso oder Umeboshi-Pflaumen fermentiert. Scharfe, süße und Essig-Pickles sollte man vermeiden.

Getränke — Quellwasser oder Wasser guter Qualität sollte zum Kochen, Trinken und zur Bereitung von Tees und anderen Getränken genommen werden. Normalerweise wird Bancha-Zweigtee zu den Mahlzeiten gereicht, obwohl auch jeder andere herkömmliche unbehandelte Tee ohne aromatiche Duftzugaben oder anregende Wirkung getrunken werden kann. Tee und Kaffee aus geröstetem Getreide können ebenfalls gelegentlich genossen werden.

Wer sich einer guten Gesundheit erfreut, kann zusätzlich verschiedene Nahrungsmittel zu sich nehmen. Wer krank ist oder an Kräfteverlust leidet, sollte bestimmte dieser Speisen meiden oder reduzieren, je nach der speziellen Kondition. Weitere Nahrungsmittel sind:

Tierische Nahrung: — Wenn gewünscht, können mehrmals pro Woche kleinere Mengen Fisch oder Meerestiere gegessen werden. Weißes Fischfleisch enthält weniger Fett als rotes oder das der blauhäutigen Arten. Hochseefische sind weniger verseucht als Süßwasserfische. Andere tierische Nahrung einschließlich Rindfleisch, Geflügel, Eier und Milchprodukte sollten strikt gemieden werden.

Samen und Nüsse — Geröstete Samen und Nüsse, leicht mit Salz oder Tamarisoße gewürzt, können gelegentlich als Snack gereicht werden. Nußbutter ist sehr ölig, und man sollte sparsam mit ihr umgehen.

Früchte — Früchte können mehrmals in der Woche serviert werden. Sie sollten in der heimatlichen Klimazone wachsen und vorzugsweise gekocht oder getrocknet als Dessert oder Snack gereicht werden. Frische Früchte können auch während ihrer Reifezeit in Maßen genossen werden. Fruchtsäfte sind grundsätzlich zu konzentriert für den normalen Gebrauch, und man sollte sie nur bei sehr heißem Wetter trinken. Tropische Früchte auf keinen Fall essen, wenn man nicht in ihrem Heimatland lebt.

Desserts — Desserts können mehrmals pro Woche serviert werden. Zu ihnen gehören Kekse, Puddings, Kuchen und andere Speisen, die mit natürlichen süßen Zutaten wie Reismalz, Gerstenmalz, Amasake oder Apfelsaft zubereitet werden sollten. Honig, Melasse, Sirup, Carob, Fructose und alle Typen raffinierten Zuckers und künstlicher Süßstoffe sollte man tunlichst meiden. Für besondere Rezepte mag man Ahorn Sirup nehmen.

Sind die vier Grundnahrungsmittel in der Nahrung enthalten, und wird jeder Bissen sorgfältig gekaut, können die Familienmitglieder so viel essen wie sie mögen bei zwei bis drei Mahlzeiten pro Tag. Am besten ist es, nur zu essen, wenn man hungrig ist, und den Tisch gesättigt aber nicht überfüllt zu verlassen. Ebenso sollte man nur trinken, wenn man durstig ist, und unnötiges Nachgießen vermeiden. Für eine bessere Verdauung sollte man drei Stunden vor dem Schlafengehen nichts mehr essen, da sonst Nieren und Verdauungsorgane überbeansprucht werden. Während jeder Mahlzeit sollte einen Moment lang in Dankbarkeit Gott, der Natur oder des Universums für die Geschenke der Erde gedacht werden. Dies kann in Form eines Gebets, eines Moments des Schweigens, eines Liedes oder was immer passend und angenehm erscheint geschehen.

Kochen mit Intuition

Die makrobiotische Grundernährung erlaubt einen weiten Rahmen für persönliche Kreativität und ist einfach zu übernehmen. Die Übergangsphase sollte langsam und nicht von einem Tag auf den anderen erfolgen. Wir fangen an mit Naturreis im Dampfdrucktopf, mit Misosuppe, einigen Gemüsesorten, Bohnen und Algenspeisen, während wir die bisherige Nahrung langsam herabsetzen. Nach und nach fügen wir weitere Zutaten, Pickles und natürlich gesüßte Nachspeisen hinzu und variieren die Kombinationen und den Kochstil gelegentlich, um den Reiz und die appetitanregende Wirkung der Speisen zu gewährleisten.

Je länger wir die Nahrung in dieser Weise zubereiten, umso besser werden auch unsere eigene Gesundheit und unser Urteilsvermögen. Unser Geschmack für natürliche Nahrung wird vertieft, und unsere Möglichkeit, die frischesten Zutaten auszuwählen, sie richtig zuzubereiten und in ansprechender Weise zu arrangieren, wird sich ganz von allein entwickeln. Ganzes Getreide, Gemüse und andere naturbelassene Lebensmittel führen selbst zu unzähligen Kombinationen und Variationen. Eine komplette Mahlzeit kann leicht innerhalb einer Stunde zubereitet sein.

Während Kochbücher wie dieses nur eine Einweisung in die makrobiotische Küche geben können, da es für den Leser keine realen Vergleichsbeispiele gibt, keine Speisen, die er kosten und bei deren Zubereitung er zuschauen kann, um sie mit seinen Kochkünsten zu vergleichen, ist es am Anfang ratsam, bei einem erfahrenen makrobiotischen Koch in die Lehre zu gehen. Ein paar Unterrichtsstunden reichen aus. Jedes Familienmitglied sollte ermuntert werden, richtiges Kochen zu lernen, und an der Zubereitung des Essens im Hause in irgendeiner Weise beteiligt sein. Am Ende dieses Buches sind einige makrobiotische Zentren aufgelistet, die Kochunterricht erteilen und makrobiotische Beratung durchführen. Fast alle der in diesem Buch angeführten Lebensmittel gibt es heute in den meisten Naturkostläden. Bei einigen Produkten mag es jedoch Schwierigkeiten geben, und besonders diejenigen, die in abgelegeneren Gegenden wohnen, mögen es vorziehen, sie per Post zu bestellen.

Mit wachsender Erfahrung wird man irgendwann den Punkt erreichen, wo man weder ein Kochbuch noch einen Lehrer braucht, und wo einen nur noch die eigene Intuition leitet mit der Natur und dem Universum als wichtigsten Beratern. Wir hören den Tönen des Essens zu, wenn es kocht und beobachten seine sich bewegenden Energien, Farben, Düfte und Aromen und nehmen so teil am endlosen Kreislauf des Lebens.

Kapitel 3

Kochgeschirr und -utensilien

Die Qualität des Kochgeschirrs und der Kochutensilien verbessert den Duft und den Geschmack der Nahrung und macht diese nahrhafter und zufriedenstellender. Natürliches Material wie Holz, Glas, Keramik oder Ton und Metall, z.B. Gußeisen, rostfreier oder glasierter Stahl, die die Nahrung nicht beeinflussen, sind vorzuziehen. Auf Plastik, Teflon und anderes synthetisches Material sowie Aluminium und Asbest sollte lieber verzichtet werden. In der täglichen Küche sind Zubereitungen per Hand elektrischen Rührmaschinen, Mixern und anderen Verarbeitungsgeräten vorzuziehen, da sie ruhige, verträgliche Energie spenden. Für größere Feste und spezielle Gelegenheiten können zeitsparende Hilfsgeräte verwendet werden zwecks Verarbeitung größerer Nahrungsmengen.

Backutensilien

Unentbehrlich zum Backen sind Backbleche, Kuchen- und Brotformen und eine Nudelrolle. Stahl und Blech werden gewöhnlich zum Backen benutzt, obwohl Glas und Keramik bei bestimmten Speisen auch gute Ergebnisse bringen kann.

Reisspachtel aus Bambus

Diese dünnen, flachen Spachtel gibt es in verschiedenen Größen. Man verwendet sie beim Rösten von Getreide, Mehl und Samen und zum Servieren. Bambusspachtel sind äußerst haltbar und vielseitig in der Küche verwendbar.

Stäbchen

Sie werden zum Sautieren, Fritieren, Servieren und Essen gebraucht. Beim Kochen eignen sich Bambusstäbchen am besten. Japanische Stäbchen spitzen sich zu, während chinesische eckige Enden haben.

Sieb

Ein perforiertes Metallgefäß zum Waschen von Gemüse und Getreide und zum Spülen von gekochten Teigwaren. Ein feinmaschiges Sieb ist speziell zum Waschen von Sesam, Hirse und anderen kleinen Getreidesorten nützlich.

Tontopf

Tontöpfe werden für die Zubereitung und Reifung von Miso und Pickles verwendet. Ihre breiten Öffnungen erleichtern das Mischen, Umrühren und die Herausnahme von Zutaten. Es gibt sie in verschiedenen Größen.

Schneidebrettchen

Ein rechtwinkliges oder ovales Brett wird benutzt zum Schneiden von Gemüse und Kneten von Teig. Holzbrettchen werden denen aus Plastik oder anderen synthetischen Materialien vorgezogen, weiche orientalische Hölzer sind ebenfalls für westliche Küchen ungeeignet.

Schneidebrettchen zum Zerkleinern von Gemüse sollten nicht zur Vorbereitung von Fisch oder anderen tierischen Produkten verwendet werden. Außer daß sich die Energien vermischen, enthält tierische Nahrung Bakterien, die in Berührung mit pflanzlichen Produkten eine vergiftende Wirkung haben können. Für Meeresfrüchte also immer ein extra Brettchen bereithalten.

Druckdeckel

Das ist ein Deckel, der im Topf auf den Lebensmitteln liegt und nicht, wie üblich, auf dem Topf. Der Druckdeckel wird zum Kochen von Gemüse und Bohnen sowie zum Einlegen von Miso und Pickles verwendet. Er gibt ein wenig Druck auf die Zutaten. Während des Kochens erlaubt er dem Dampf zu entweichen, beim Reifen und Einlegen läßt er genügend Luft zirkulieren. Gewöhnlich ist der Deckel aus Holz, aber Metall oder Prozellan können ebenso benutzt werden.

Flammenverteiler

Diese Unterlage aus Leichtmetall wird zwischen den Kochtopf und die Herdflamme gelegt. Sie verteilt die Hitze gleichmäßig und schützt vor Anbrennen. Der Flammenverteiler oder ein dreibeiniger Untersetzer ist beim Kochen mit Tontöpfen auf jeden Fall zu verwenden. Keine Asbest-Untersetzer benutzen!

Passiersieb

Ein kleines Handsieb, gewöhnlich mit einer Kurbel zu betreiben, mit der man Getreide, Früchte, Gemüse, Babynahrung, Kayu, Apfelmus und andere Artikel püriert und durchpassiert.

Bratpfannen

In der Naturkost-Küche sind mehrere Bratpfannen notwendig. Eine 22 cm große gußeiserne Bratpfanne ist ideal zum langsamen Sautieren von Gemüse, für Kinpira- und Nishime-Zubereitungen und zum Braten von Reis und Nudeln. Gußeisen erwärmt sich langsam, hält die Hitze lange und brät gleichmäßig bei mittlerer und kleiner Hitze. Eine leichtere 16 oder 22 cm große Pfanne aus rostfreiem Stahl ist ideal zum Kurz-Sautieren, für Tempura, Crêpes und zum Rösten von Getreide, Samen, Nüssen und Mehl. Stahl hält keine Hitze und brät auch nicht gleichmäßig, aber erhitzt schnell und ist gut geeignet für mittlere bis hohe Temperaturen. Gußeiserne Pfannen waschen, aber nicht in heißem Abwaschwasser einweichen, über kleiner

Hitze trocknen und unbedeckt aufbewahren, um Rosten zu vermeiden. Nahrungsreste können mit etwas heißem Wasser eingeweicht und dann mit einer Gemüsebürste entfernt werden. Zur Vorbeugung gegen Rost und zum Schutz sollte eine gußeiserne Pfanne gründlich gewaschen und getrocknet und anschließend mit einem Papiertuch oder einem anderen sauberen Lappen mit Sesamöl eingerieben werden. Zur weiteren Behandlung kann man zwei bis drei Teelöffel Öl in die Pfanne geben und sie über der Flamme so drehen und wenden, daß Boden und Seiten mit Öl bedeckt sind. Nun die Pfanne bei niedriger Hitze (110 bis 120 C°) für zwei bis drei Stunden in den Backofen geben, danach die Hitze abstellen und die Pfanne für mehrere Stunden oder über Nacht abkühlen lassen. Rostfreier Stahl wird mit einem weichen Schwamm oder Tuch in warmem Wasser gereinigt, Spülmittel kann bei Bedarf verwendet werden. Bei angebranntem oder verklebtem Boden die Pfanne über Nacht in warmem Wasser einweichen. Zu hohe Kochtemperaturen können bei einer Stahlpfanne Verbiegungen und Flecken verursachen.

Manche Eisen- oder Stahlpfanne ist emailliert. Sie rostet natürlich nicht, aber sie kann splittern oder springen, wenn sie leer über einer Flamme stehen gelassen wird. Zur Reinigung der Emaille weichen und waschen wir mit warmem Wasser und etwas Spülmittel, wenn nötig. Stahlwolle und Topfkratzer sollten auf dieser sensiblen Oberfläche tabu sein.

Gläser

Große Gläser sind nützlich zum Aufbewahren von Getreide, Samen, Nüssen, Bohnen, Seegemüse und anderen getrockneten Lebensmitteln. Dosen aus Holz oder Keramik, die luftdurchlässig sind, sind noch besser zum Lagern geeignet, aber sie sind sehr teuer und schwer zu bekommen.

Getreidemühle

Eine kleine Handmühle zum Mahlen von Getreide, Bohnen, Samen und Nüssen. Frisches selbstgemahlenes Mehl enthält sehr viel mehr Nährstoffe, als im Laden gekauftes.

Reibe

Eine kleinzahnige Reibe aus Porzellan oder rostfreiem Stahl wird benutzt, um Ingwerwurzel oder andere Gemüse zu raspeln. Vor allem für den medizinischen Gebrauch ist Porzellan vorzuziehen.

Faß

Ein hölzerner Behälter, in dem Miso oder Pickles fermentiert werden.

Messer

Scharfe Messer sind unabdingbar zum Schneiden von Gemüse und anderen Zutaten. Das große orientalische viereckige Hackmesser ist am effektivsten und langlebigsten. Orientalische Messer unterstützen eine sanfte Auf- und Abbewegung, die die natürliche Energie der Nahrung erhält, während andere Küchenmesser die Nahrung eher zerdrücken, ihre Energie reduzieren und ihren Geschmack verringern. Kohlenstahlmesser bleiben länger scharf als rostfreier Stahl, können aber splittern oder rosten, besonders wenn sie mit Früchten oder anderen sauren Nahrungsmitteln in Berührung kommen. Gereinigt werden Kohlenstahlmeser in warmem Seifenwasser. Man sollte sie sofort trocknen. Gegen Unebenheiten kann man sie leicht mit Stahlwolle abreiben. Nach jedem Gebrauch sollten sie mit Pflanzenöl zur Vorbeugung gegen Rost eingerieben werden. Ein Messer aus rostfreiem Kohlenstahl verbindet die nichtrostenden Qualitäten des Edelstahls mit den scharfen Kanten des Kohlenstahl. Alle Messer sollten von Zeit zu Zeit geschärft werden. Rechtshänder sollten nur die rechte Seite, Linkshänder nur die linke Seite der Klinge schärfen. Den Schleifstein vorher einölen oder unter Wasser halten. Rostfreie Stahlmesser, die härter als Stein sind, können an der unglasierten Standfläche von Keramikgeschirr geschärft werden. Messer sollten lieber einzeln in einem Regal als zusammen im Schrank aufbewahrt werden, um Eintrübungen zu vermeiden.

Ölpinsel

Ein kleiner Pinsel, mit dem man Bratpfannen einpinselt. Diese Technik wird vor allem dann angewendet, wenn aus medizinischen Gründen Ölmengen sehr sorgfältig zu bemessen sind. Ein neuer, sauberer Malpinsel kann für diese Zwecke zurückgelegt werden.

Schaumlöffel

Dieses feinmaschige Sieb mit einem Henkel wird zur Entfernung von Teigresten oder Getreide im Tempura-Öl verwendet.

Pickles-Presse

Ein kleiner geschlossener Behälter aus Glas oder anderem Material mit einer verstellbaren Drehplatte zum Pressen von Salat und zur Bereitung leichter Pickles.

Dampfdrucktopf

Es gibt verschiedene Dampfdrucktöpfe. Ich bevorzuge rostfreien Stahl, der gleichmäßig kocht und einfach zu säubern ist. Aluminium dagegen zerkratzt leicht und kann oxidieren, und Metallpartikel können ins Essen geraten. Auch kann reflektierende Wärme die Temperatur in Aluminumtöpfen erhöhen und die Nahrung im Topf schnell verderben lassen.

Soßentöpfe

Mehrere dieser Töpfe mit Deckel sind unentbehrlich für die tägliche Küche. Ein kleiner (1-Liter) Soßentopf aus rostfreiem Stahl ist gut geeignet zum Kochen kleiner Gemüsemengen, zum Erhitzen von Resten und zum Servieren. Ein größerer, 4-Liter Topf aus rostfreiem Stahl ist für die Zubereitung von Suppen, Gemüsen und Soßen geeignet. Ein großer 6-Liter Topf aus emailliertem Gußeisen ist ideal für lange bei niedriger Temperatur kochende Gerichte wie Getreide, Bohnen, Gemüseeintöpfe oder auch für schnelle Suppen und Gemüse.

Suppentopf

Ein schwerer Kessel oder Topf aus Gußeisen, emailliertem Gußeisen oder rostfreiem Stahl mit einem gut dichtenden Deckel wird benutzt, um Nudeln und Teigwaren zu garen, zum Dämpfen (mit einem Einlagesieb) und zur Herstellung von Suppenstock und großen Suppenmengen. Schwere Kochtöpfe kochen sorgfältiger. Ein 8-Liter Topf ist die geeignete Größe für eine Familie.

Dämpfer

Es gibt verschiedene Typen von Dämpfern, um Gemüse, leichtes Getreide oder andere Zutaten zu dämpfen. Ein kleiner, zusammenfaltbarer Metallkorb wird in den Topf gesetzt. Ein Dämpfer aus Bambus wird auf den Topf gesteckt.

Tamari-Spender

Eine kleine Glasflasche mit einem Gießschnabel ist sehr nützlich zum Abmessen der Sojasoße.

Teekessel

Es gibt Teekessel in verschiedener Form und Größe. Zuhause benutzen wir einen großen Glaskessel mit einem festsitzenden Deckel zur Bereitung von Bancha Tee. Ein kleiner hitzebeständiger Glaskessel, etwa aus Pyrex oder ähnlichem kann zum Aufkochen kleiner Mengen benutzt werden.

Ein regulärer rostfreier Stahl-Pfeifkessel bringt Wasser für Getreidekaffee oder andere Getränke, denen heißes Wasser direkt zugegeben wird, schnell zum Kochen.

Teesieb

Ein kleines billiges Teesieb aus Bambus ist ideal zum Abseihen von Banchatee.

Traditionelle Tonwaren

Keramik aus Ton, der bei sehr hohen Temperaturen gebrannt wurde, ist das älteste und natürlichste Kochgeschirr der Welt. Wie moderne Dampfdrucktöpfe braucht es wenig Wasser, und der schwere Deckel hindert die Nährstoffe daran, mit dem Dampf zu entweichen. Verschiedene Arten von Keramik sind Steingut, Tongefäße, Terrakotta und Porzellan. Steingut wird mit doppelter Hitze gebrannt, absorbiert mehr Wärme und hält weniger Gerüche zurück als andere Arten von Keramik. Beim Kochen mit Steingut- oder Keramiktöpfen sollte immer ein Flammenverteiler benutzt werden. Auch Brattöpfe zum Backen im Ofen können aus Ton sein. Unglasierte Keramik muß vor dem ersten Gebrauch behandelt werden. Tontöpfe, die nur innen glasiert sind, absorbieren die Hitze am besten. Einige Glasuren dienen ausschließlich dekorativen Zwecken und sind zum Kochen nicht geeignet, da ihnen Gifte beigemischt sind. Daher immer aufpassen, ob das Gefäß für Kochzwecke geeignet ist. Einige Töpfe müssen vor jedem Gebrauch gewässert werden. Tonwaren sollten gut eingeweicht und mit warmem Wasser und einer Gemüsebürste gereingt werden. Niemals Spülmittel oder Seife verwenden.

Gemüsebürste

Dies sind kleine Handbürsten aus natürlichen Borsten, die dicht gebunden sind. Sie sind hervorragend zum Reinigen von Wurzelgemüsen und anderen Produkten, da sie die Haut nicht verletzen. Sie können auch zur Säuberung von Töpfen und Pfannen gebraucht werden.

Hölzerne Löffel, Schüsseln und andere Utensilien

Holz ist ein ideales Material zum Servieren von Speisen. Es ist ein natürliches Material, das die Oberfläche der Töpfe nicht zerkratzt. Weniger wärmeleitend als Metall, gibt es der Nahrung keinen Metallgeschmack und hat eine ästhetische Ausstrahlung. Am besten geeignet sind Kirschbaum, Pfirsichbaum, Mandelbaum und Buchsbaum. Sie absorbieren am wenigsten Nahrungsgerüche, splittern nicht so schnell, sind langlebig und am besten für Servierschüsseln geeignet. Bambus ist ein ideales Material für Reisspachtel, Teesieb, und kleine Matten, in denen Sushi eingewickelt und Nahrung bedeckt werden kann. Bambusmatten lassen die Hitze entweichen und erlauben einen Luftaustausch in dem Maße, daß die Speisen eine Stunde und länger warm bleiben. Speisereste können ebenfalls mit Bambusmatten bedeckt werden und verderben so weniger leicht als wenn sie offen stehen oder mit Plastik oder Folie bedeckt sind.

Wok

Ein Wok ist eine traditionelle chinesische Pfanne auf einem kleinen Ständer, mit dem man auf dem Ofen kocht. Die innere runde Form ist vor allem für schnelles Anbraten, zum Sautieren von Tempura und zum Fritieren geeignet. Gußeiserne Woks geben beständigere Hitze, während solche aus rostfreiem Stahl für schnelle Kochmethoden geeignet sind. Für eine normale Familie genügt ein 35 cm großer Wok.

Kapitel 4

Salz, Öl und Gewürze

Jeder beginnt
Die Erde umzugraben.
Der Pflaumenbaum blüht.
- Toshiko

Es gibt drei Schlüssel zu richtigem Kochen:
1. die Auswahl der besten Lebensmittel und Getränke,
2. das Erlernen der richtigen Anwendung von Wärme und
3. die richtige Balance von Salz und Öl.

Diese Faktoren bestimmen hauptsächlich unsere tägliche Gesundheit und Lebensfreude. In der makrobiotischen Küche gebrauchen wir gewöhnlich unraffiniertes Meersalz zum Würzen, ebenso Miso, Tamari-Sojasoße und Umeboshi-Pflaumen, die gesalzen und gepökelt sind. Als gebräuchlichstes Öl zum Kochen nehmen wir unraffiniertes Sesamöl, obwohl auch anderes gutes, naturbelassenes, unraffiniertes Pflanzenöl von Zeit zu Zeit verwendet wird. Essig aus Naturreis, aus süßem Reis und Umeboshi-Essig sowie frisch geriebener Ingwer können gelegentlich als Würzmittel oder als Garnierung verschiedener Gerichte dienen.

Salz

Salz ist lebensnotwendig. Ohne Salz können wir nicht leben. Die Bedeutung von Salz ist seit alten Zeiten allgemein anerkannt. In der Bibel werden vernünftige Menschen „Salz der Erde“ genannt. In Japan enthielt der Ise-Schrein das hochwertigste Salz, an dem alle anderen Salze gemessen wurden. Während der Feudalherrschaft in Japan galt Salz als so kostbar, daß rivalisierende Kriegsherren niemals den Transport dieses Minerals von der Küste ins Land und in die Berge störten.

Als ich klein war, kauften meine Eltern Meersalz in hundert-Pfund-Säcken, grobes zum Einlegen und feines zum Kochen. Heutzutage hat hochindustrialisiertes Tafelsalz, hergestellt aus Steinsalz oder raffiniertem Meersalz, das herkömmliche Salz verdrängt. Viele Japaner haben die Veränderung der Salzqualität beobachtet. Der Geschmack der Nahrung hat sich verschlechtert, und Pickles werden schneller schlecht.

Unraffiniertes Salz wird auf verschiedene Weise hergestellt. Gewöhnlich gewinnt man es durch Verdunsten von Salzwasser. In der Sonne getrocknet wird es erneut in Wasser aufgelöst, gefiltert, wieder verdunstet und in erhitzten Pfannen kristallisiert. Unraffiniertes Meersalz der traditionellen Art enthält etwa zwei bis drei Prozent Spurenelemente, dazu Natrium-Chlorid und winzige Mengen von etwa sechzig weiteren organischen Stoffen, die sich im Meerwasser finden, einschließlich Gold, Silber, Zinn und Blei. Das unraffinierte Meersalz, das es in den Naturkostläden der USA zu kaufen gibt, kommt hauptsächlich von europäischen und mexikanischen Küsten. Die Anteile der Spurenelemente schwanken je nach Verarbeitung und liegen gewöhnlich zwischen 0,5 und 3 Prozent. Hochwertiges Meersalz ist sehr delikat. Etwas davon auf der Zungenspitze sollte einen süßlichen Geschmack haben, bevor es langsam ins Salzige umschlägt. Je stärker es raffiniert ist, umso salziger schmeckt es. Ist das Salz zu grob, rollt sich die Zunge bei seiner Berührung sofort zusammen, weil es zuviel Nigari enthält. Wenn ich Salz auswähle, entscheide ich mich für eine süßliche Qualität, also weder für das salziger schmeckende noch für das grobe, graue Meersalz, das einen zu hohen Anteil an Mineralverbindungen enthält. Falls nur graues Meersalz zur Hand, spült man es in kaltem Wasser solange, bis die graue Farbe verschwunden ist und röstet es anschließend in einer schweren Pfanne trocken.

Handelsübliches Tafelsalz ist hochgradig raffiniert und besteht zu 99,5 Prozent aus Natriumchlorid. Die meisten der anderen Spurenelemente gehen während des Verarbeitungsprozesses verloren. Statt dessen fügt man Magnesium-Karbonat, Natrium-Karbonat, jodiertes Kalium und Dextrose (eine Form von Zucker zur Stabilisierung des Jods) bei. Wie weißes Brot und weißer Reis zehrt raffiniertes Tafelsalz den wertvollen Mineralgehalt im Körper aus und kann zu hohem Blutdruck oder anderen Krankheiten führen.

Die Salzmengen, die unser Körper braucht, hängen von unserer Kondition und der Art unserer täglichen Alltagsbeschäftigung ab. Es ist wichtig, die richtige Menge für sich zu finden, und den Salzkonsum weder zu unter- noch zu übertreiben. Zu wenig oder kein Salz kann zu einem Mangel an Vitalität, zu langsam fließendem Blut und dem Verlust klaren Denkens führen. Zuviel Salz bringt Überaktivität, aggressives Verhalten und übermäßige Flüssigkeitszufuhr und damit Nierenprobleme mit sich.

Babies und Kleinkinder brauchen weniger Salz als größere Kinder und Erwachsene. Kleine Kinder sollten stufenweise kleine Mengen Salz in der Nahrung bekommen. Ihre Speisen können anfänglich mit denen der restlichen Familie gekocht und vor dem endgültigen Würzen beiseitegenommen werden. Mit vier Jahren kann die Salzmenge langsam erhöht werden, bis sie etwa im Alter von sieben Jahren dasselbe Quantum wie Erwachsene erhalten. Frauen brauchen gewöhnlich weniger Salz als Männer und ältere Menschen weniger als Erwachsene im mittleren Alter.

In einer großen Familie wie meiner kann jeder seine Speisen entsprechend eigenen Bedürfnissen nachsalzen. Ich koche normale Gerichte mit gerade soviel Salzu oder anderen Würzmitteln, die jedermanns Grundbedürfnisse befriedigen, und stelle ein Sortiment verschiedener Zutaten auf den Tisch, von denen sich jeder individuell bedienen kann. Gewöhnlich ermuntern wir nicht zum Nachsalzen am Tisch. Grundsätzlich sind während des Kochens gewürzte Speisen ausgewogener und leichter verdaulich. Aber für die persönlichen Bedürfnisse können Zutaten, die gekochtes Meersalz oder andere Würzmittel enthalten, auch am Tisch dem Essen beigefügt werden. Am gebräuchlichsten ist Gomasio (geröstetes Sesamsalz), das dem Getreide und Gemüse, den Suppen und Salaten und anderen Speisen beigemengt werden kann.

Mit den Jahren haben mein Mann und ich herausgefunden, daß die original makrobiotische Küche für die meisten Amerikaner und Europäer viel zu salzig ist. Das hiesige Klima ist wesentlich trockener als das japanische, und aufgrund früherer Eßgewohnheiten haben die meisten Westler in ihrer Jugend große Mengen tierischer Nahrung konsumiert, die einen hohen Gehalt an Natrium und anderen Mineralien hat. Infolgedessen braucht man im Westen sehr viel weniger Salz als im Osten. Die Rezepte in diesem Kochbuch tragen diesem Umstand Rechnung. Die angegebenen Mengen von Meersalz, Miso, Tamari-Sojasoße und anderen Gewürzen sind auf ein Viertel dessen reduziert, was in Japan Brauch ist. Verglichen mit der amerikanischen Standardernährung repräsentiert diese Menge etwa 25 Prozent der Natriumzufuhr derer, die regelmäßig Fleisch, Geflügel, Eier, Milchprodukte sowie gefrorene, konservierte und Imbiß-Nahrung essen, die schon für sich große Mengen raffinierten Salzes enthalten. Dennoch stellen die Mengenangaben in diesem Buch nur Durchschnittswerte dar. Die Ansprüche Ihrer Familien mögen sich unterscheiden, und während Sie ihre Kochkünste verbessern, lernen Sie, der eigenen Intuition zu vertrauen, und selbst kleinere Veränderungen vorzunehmen, je nachdem, welche Zutaten Sie benutzen, welche Kochtechnik Sie anwenden, welche Jahreszeit gerade herrscht, und was jeder individuell braucht.

Beim Kochen wird Salz folgendermaßen verwendet:

Getreide — Eine Prise Meersalz pro Tasse Getreide ist üblich bei Dampfdruck- oder normalem Kochen. Das Salz läßt die Körner süßer schmecken, macht sie kaubarer und erhöht ihre Energie.

Suppen — Ich gebe für gewöhnlich am Anfang des Kochens nur eine kleine Salzmenge bei, außer wenn ich Suppenstock mache, der am Schluß gesalzen wird. Misosuppen brauchen nicht gesalzen zu werden, da Miso selbst schon Salz enthält.

Gemüse — Salz macht Gemüse zarter und entzieht ihm Wasser. Zum Einlegen oder Picklen kann Salz direkt und ohne Kochen beigemengt werden. Beim Kochvorgang bringt Salz das Wasser schneller zum Sieden. Will ich Wurzel-, rundes oder Bodengemüse sautieren, dämpfen oder kurz kochen, nehme ich gewöhnlich zu Beginn einen Hauch von Salz. Es macht die Produkte süßer, frischer und beläßt die Farben schön strahlend. Bei leicht bitterem Blattgemüse dagegen wie Rettichblättern, Senfblättern und Wasserkresse sollte Salz vermieden werden, weil es sie noch bitterer macht.

Bohnen — Bohnen salzt man meistens während des Kochens mit einfachem Meersalz. Es sollte erst beigegeben werden, wenn die Bohnen zu 70 Prozent gar sind, da sie sonst innen und außen ungleichmäßig garen. Bohnen werden gewöhnlich etwas stärker gesalzen oder gewürzt als Getreidegerichte.

Meeresgemüse — Algen enthalten bereits Meersalz und viele Mineralien. Sie werden während des Kochens mit Sojasoße gewürzt. Zusätzliches Salz würde sie zu salzig und herb machen.

Fisch — Ein wenig Salz, oben auf den gebackenen Fisch gestreut, macht ihn hübsch knusprig.

Obst — Eine Prise Salz auf frische Erdbeeren, Melonen oder andere Früchte macht sie besonders süß und delikat.

Nüsse — Röstet man Nüsse und Samen in etwas Salz oder Sojasoße, bleibt ihr natürlich hoher Ölanteil erhalten.

Salz richtig einzuschätzen, ist eine Lebensarbeit, und ein Gefühl für seine Wirkungen zu entwickeln, ist ein Barometer der Gesundheit und des Urteilsvermögens. Mein Lehrer George Ohsawa pflegte lächelnd zu sagen, Salz sei der große Zauberer. Der Koch, der Salz, Öl und andere Zutaten wahrhaft begreift, könne über das Schicksal der Familie bestimmen.

Miso

Miso ist eine fermentierte Speise aus Sojabohnen und gewöhnlich verschiedenen Getreiden wie Naturreis oder Gerste, Meersalz und einem Enzym-Bereiter, Koji genannt. Miso hat einen süßen, reichhaltigen Geschmack und wirkt kräftigend auf Blut, Magen und Darm. Es befriedigt den Wunsch nach starkem Geschmack und gibt sehr warme Energie. Es gibt viele verschiedene Formen von Miso. Einige schmecken süßlicher, andere salziger oder scharf. Gewöhnlich reift es zwischen einigen Monaten und mehreren Jahren, und unter anderem bestimmt die Reifezeit Geschmack, Struktur und Energie des Miso.

In der täglichen Küche benutze ich gewöhnlich Gersten-Miso mit einer Reifezeit zwischen 18 und 24 Monaten. In dem Kapitel über Misosuppe werden wir uns näher mit den verschiedenen Sorten befassen.

Traditionelles Miso wird aus hochwertigsten, organischen Zutaten gewonnen und natürlich gereift. Im heutigen Japan ist die Qualität des Miso gesunken. Die meisten handelsüblichen Misosorten enthalten Chemikalien, sind künstlich gereift und sind gesundheitlich bedenklich. Als wir Erewhon gründeten, war hochwertiges, herkömmlich hergestelltes Miso das erste Produkt, das wir aus Japan importierten. Inzwischen haben verschiedene makrobiotische Freunde in den Vereinigten Staaten, in Lateinamerika und Europa Miso-Produktionen aufgebaut, die mit heimischen Zutaten und nach traditionellen Herstellungsmethoden arbeiten. Wir können diese Waren wärmstens empfehlen.

Wegen seines ausgezeichneten Geschmacks tendiert man leicht dazu, zuviel Miso zu verwenden. Ich mache die Mengenzugabe von der Art des Miso als auch von dem individuellen Gericht abhängig. Für Misosuppe nehme ich gewöhnlich einen Teelöffel Miso auf eine Tasse Flüssigkeit. Diese Grundregel gilt auch für die Zubereitung von Getreide-, Bohnen- und Gemüsegerichten mit Miso. Hier einige Beispiele, wie ich Miso benutze:

Getreide — Mit Miso kann man hervorragende Soßen und Tunken für Getreide und Nudeln bereiten. Gelegentlich nehme ich es statt Salz zum Würzen von Getreide und beim Backen.

Suppen — Die typische Verwendung von Miso ist für gehaltvoll schmeckende Suppen mit vielerlei Land- und Seegemüse gedacht. Es ist ebenfalls für Nudelbrühen geeignet und kann als Würzmittel in Getreide-, Bohnen- oder Gemüsesuppe genutzt werden.

Gemüse — Normalerweise wird Miso am Ende des Kochvorgangs zugegeben, nachdem man es in etwas Wasser verrührt hat. Dann gibt man es in den Topf und läßt alles für ein bis zwei Minuten leicht köcheln. Miso sollte nicht kochen. Manchmal, für sehr langsam kochende Gemüsegerichte wie Zwiebeln, wird Miso vor dem

Kochen zugegeben, damit es während des Kochens in das Gemüse einziehen kann. Auch beim Backen, Grillen oder Rösten kann Miso vorher beigegeben werden. Gekochtes Miso schafft normalerweise einen süßeren Geschmack, den weder Salz noch Tamari-Sojasaoße erreichen. Miso dient auch zur Bereitung von köstlichen Salatsoßen, Dressings, Dips und Pickles. Kleine Misobälle, in Sesamöl fritiert, schmecken ebenfalls sehr gut.

Bohnen — Einigen Bohnen, besonders Nieren- und Sojabohnen gibt Miso einen feinen süßlichen Geschmack. Ich selbst bevorzuge Miso auch mit Tofu. Gebratene Tofuscheiben mit einer dünnen Schicht Miso und Tofu mit Miso gepicklet schmecken ausgezeichnet.

Meeresgemüse — Die meisten Algen werden mit Sojasoße gewürzt. Nur Wakame verträgt sich gut mit Miso in Suppen, Salaten und Soßen.

Beilagen — Miso ist in vielen Zutaten enthalten, z.B. in Tekka. Es paßt auch gut zu gerösteten Sesamsamen, zu Nüssen, Gerstenmalz und Ahornsyrup. Miso kann mit saurem Geschmack, zum Beispiel mit Essig aus Naturreis oder mit Zitrone oder mit scharfem Geschmack wie mit Ingwer und Pfeffer kombiniert werden.

Fisch — Miso auf einen gebratenen Fisch gestrichen, gibt eine sehr geschmackvolle Speise. Man kann es auch für Fisch- und Meeresfrüchte-Marinaden verwenden.

Miso ist eine vielseitige, wohlschmeckende Speise. Einmal benutzt, ist es aus der Küche nicht mehr wegzudenken.

Sojasoße

Sojasoße ist im Westen sehr populär geworden. Sie wird aus fermentierten Sojabohnen, etwas Weizen, Wasser und Meersalz hergestellt, ist einfach in der Anwendung, reichhaltig im Geschmack und gibt starke Energie. Sojasoße schmeckt in der Tat so gut, daß die Tendenz besteht, sie überall zuzukippen, was großen Durst und den Geschmack auf Süßes schafft. Darauf sollte man achten. In der makrobiotischen Küche wird Sojasoße gewöhnlich während des Kochens und nicht am Tisch beigegeben. Das macht das Essen leichter verdaulich.

In Japan steht gewöhnlich für Sojasoße der Begriff Shoyu. Um das natürlich verarbeitete Shoyu von den chemisch hergestellten Sorten, die überall in Japan verbreitet sind, zu unterscheiden, hat George Ohsawa den Namen „Tamari“ gewählt. Tamari ist ein flüssiges Nebenprodukt bei der Gewinnung von Miso. Es gibt eine berühmte Tamarisoße aus hundertprozentigem Sojabohnen-Miso und Meersalz in der zentralen Region von Japan, wo der Shogun Tokagawa aufwuchs. In den vergangenen Jahren hat natürliche Sojasoße „Tamari" oder „original Tamari" genannt, Eingang in den Westen gefunden. Es gab einige Verwirrung zwischen diesem Produkt und Shoyu-Sojasoße. Echtes oder Original-Tamari ist Sojasoße ohne Weizen, ähnlich dem Abfallprodukt der Misoverarbeitung. Es ist etwas stärker im Geschmack als reguläre Sojasoße und teurer. Ich benutze dieses weizenfreie Tamari manchmal als Soßentunke für Tempura. Zum täglichen Kochen benutze ich die normale Shoyu-Sojasoße, die aus der sprachlichen Verwirrung heraus manchmal als Tamari-Shoyu etikettiert ist. In diesem Kochbuch beziehen sich alle Rezepte mit Sojasoße auf dieses Produkt.

Als wir Erewhon in den frühen 60ern eröffneten, gab es keine qualitativ gute Sojasoße in diesem Land. Sogar in Japan ist sie kaum mehr zu finden, da die meisten Sojasoßen heute mit Chemikalien versetzt, mit überhöhten Temperaturen behandelt und ihre Reifezeit künstlich verkürzt wird. Auch wird sie aus zweitklassigen Bohnen, Getreidekörnern und raffiniertem Meersalz gemacht. Nach längerem Suchen organisierten wir schließlich den Import organischer Sojasoße in den Westen. Heute bieten sogar die Supermärkte in den Vereinigten Staaten oft hochwertige Sojasoße an. (Bei uns in Europa ist sie in allen Naturkostläden unter der Bezeichnung „Shoyu" erhältlich, d.Ü.). So verfügt heute die durchschnittliche Familie hier, in Lateinamerika und in Europa über eine bessere Shoyusoße als die normale japanische Familie. Wir ermutigen unsere Freunde hier, Sojasoße aus heimisch gewachsenen Zutaten herzustellen.

Sojsoße kann man in den verschiedensten Weisen verwenden:

Getreide: — Sojasoße wird manchmal zum Kochen von Getreide benutzt. Gelegentlich gebe ich dampfdruckgekochtem Naturreis einen Hauch bei, aber vor allem benutze ich es bei gebratenem Reis und gebratenen Nudeln oder für eine Kuzu-Soße, die ich über das Getreide gieße. Ein halber Teelöffel Sojasoße entspricht etwa einer Prise Meersalz. Zwei bis drei Teelöffel Sojasoße genügen gewöhnlich, um eine Speise für vier bis sechs Leute zu würzen.

Suppen — Sojasoße ist der Grundstock für Shoyu- oder Tamaribrühe, für Dashi-Suppengrundlagen und die meisten klaren Brühen. Sie kann auch Kürbis-, Zwiebel- und andere natürlich süße Gemüsesuppen würzen. Da sie einen stärkeren Geschmack als Salz hat, füge ich sie manchmal auch Bohnen- und Getreidesuppen bei.

Gemüse — Sojasoße findet vielseitige Anwendung bei Gemüse. Gewöhnlich fügt man sie am Ende des Kochvorgangs bei und läßt alles zusammen noch für wenige Minuten köcheln. Beim Kochen nach Nishime-Art wird ein milder Shoyu-Geschmack zu Beginn beigegeben, vor allem bei Tofu, Seitan oder Tempeh. Sie kann auch als Marinade oder Dressing für frische Salate, um schnell säuernde

Pickles zu machen, oder als Dip für Tempura verwendet werden. Der würzig-salzige Geschmack der Sojasoße läßt sich gut mit sauren, süßen oder scharfen Geschmacksrichtungen kombinieren.

Bohnen — Sojasoße gibt einigen Bohnen, vor allem gelben und schwarzen Sojabohnen, einen köstlich herzhaften Geschmack. Auch Azukibohnen können einen Hauch während des Kochens vertragen. Meistens gibt man den Bohnen etwas Salz bei, wenn sie zu siebzig Prozent gar sind, würzt mit Shoyu am Schluß und läßt alles noch ein paar Minuten köcheln.

Meeresgemüse — Die meisten Algen würzt man während des Kochens mit Shoyu-Sojasoße, besonders Kombu, Hiziki und Arame.

Zutaten — Obwohl normalerweise nicht am Tisch der Nahrung zugegeben, machen Nudeln eine Ausnahme, denen man mit ein paar Tropfen einen besonderen Geschmack verleiht.

Getränke — ein Tropfen Shoyu-Sojasoße wird oft in Tee gegeben, da es beruhigt und Kraft gibt. Mit Shoyu gewürzte Getränke haben verschiedene medizinische Wirkungen.

Wie hochwertiges Meersalz und Miso ist die Shoyu-Sojasoße eine der besten Freundinnen der makrobiotischen Küche. Lernen Sie bitte, bedächtig mit ihr umzugehen. Um die Gesundheit unserer Familie zu sichern, sollten wir immer nur die beste Ware auswählen.

Umeboshi-Pflaumen

Die Umeboshi-Pflaume, der Aprikose ähnlich, wächst im kühleren Norden Japans. Der Baum blüht zu Beginn des Frühlings und bietet ein wunderschönes Bild mit seinen weißen Blüten. Die in den ersten Sommermonaten gepflückten Früchte sind sehr sauer und machen, roh gegessen, krank. Wenn sie aber in Meersalz und speziellen Enzymen und Bakterien für ein Jahr oder länger eingelegt werden, wandeln sie sich zu einer sehr wirksamen Medizin. Umeboshis haben einen starken Geruch und einen salzig-sauren Geschmack. In Japan gibt es den Spruch: „Iß eine Umeboshi-Pflaume, bevor du auf Reisen gehst, und du wirst eine sichere Fahrt haben." Umeboshis sind hervorragend für Reisen geeignet und ich führe ständig eine kleine Menge davon mit mir, wo immer ich bin. Eine Pflaume neutralisiert gewöhnlich schnell einen verdorbenen Magen, See- und Flugkrankheit und hilft, den Körper zu entgiften und ihn von den Auswirkungen schlechter Nahrung zu befreien.

Wir gebrauchen Umeboshi-Pflaumen auch zum regulären Kochen. Sie können in vielen Rezepten als Ersatz für Salz, Miso oder Shoyu beigegeben werden. Längere Reifung macht die Pflaume weniger herb und salzig. Ich probierte einmal eine zwanzig Jahre alte Umeboshi-Pflaume. Sie war sehr mild und köstlich. Dem Brauch gemäß in Shiso-Blättern eingelegt, haben Umeboshis eine reizvolle rötliche Tönung, was sehr hübsch auf dem Teller aussieht. Im heutigen Japan sind die handelsüblichen Umeboshi-Pflaumen künstlich gereift, gefärbt und mit mangelhaften Zutaten bereitet.

Obwohl meine Familie keine eigenen Umeboshi-Bäume besaß, hatten wir doch einen Freund, der uns jedes Jahr mit genügend frischen Pflaumen versorgte. Nach dem Waschen ließen wir sie für eine Woche in Salzwasser wässern und dann in der heißen Julisonne trocknen. Diese Prozedur des Wässerns und Trocknens wiederholten wir mehrmals, bis das Salz total in die Pflaumen eingedrungen war. Dann legten wir sie zum endgültigen Trocknen auf einen kleinen Schuppen im Hintergarten. Der Tau der Nacht schien ihrem Geschmack besonders gut zu bekommen. Schließlich legten wir sie ein letztes Mal in Salzwasser zusammen mit roten Shiso-Blättern. Bedeckt mit Reispapier, ließ man dann die Pflaumen ein bis zwei Jahre fermentieren. Der Saft der eingelegten Umeboshis ist der „Ume-Su“ oder Umeboshi-Essig, und auch er findet vielseitige Verwendung.

Vor einigen Jahren kam ein Naturkost-Lieferant mit einer fertigen Umeboshi-Paste heraus. Sie war cremig, die Haut war von den Pflaumen entfernt worden, und sie erspart ihre Bearbeitung im Suribachi, dem traditionellen Mörser zum Zerstoßen von Zutaten für Soßen und Dressings. Die Paste ist sehr gut für diese Zwecke. Aber für kräftigeres Kochen und für medizinische Zwecke ist nach wie vor die ganze Umeboshi-Pflaume vorzuziehen, da sie eine ausgeglichenere Energie hat.

Getreide — Umeboshi eignet sich hervorragend für Naturreis und anderes ganzes Getreide. Ein kleines Umeboshi-Stück steckt man traditionell in die Mitte eines Reisballs. Entsteinte und rohe Umeboshis werden mit weichem Reis oder anderem Getreide verzehrt. Als Dressing erzeugt pürierte Umeboshi oder Umeboshi-Essig eine köstliche Soße für Nudeln, Getreide und Gemüse, das dadurch einen leicht säuerlichen Touch erhält. Ab und zu koche ich Getreide mit Umeboshi statt mit Salz. Das gibt einen ganz besonderen Duft und Geschmack. Ich benutze etwa eine drittel Pflaume pro Tasse rohen Getreides. Als würzige Zutat streicht man etwas pürierte Umeboshi oder Umeboshipaste statt Butter auf einen Maiskolben.

Gemüse — Vor allem findet Umeboshi in Soßen für Gemüse Verwendung. Gewöhnlich verdünne ich die Pflaumen mit etwas Wasser oder Brühe und vermische sie mit Schalotten und geröstetem Sesam. Ein hübsches rosafarbenes Dressing ergeben Umeboshi und Tofu. Frisches Gemüse kann auch in Umeboshi und Shisoblättern eingelegt werden.

Getränke — Umeboshi ergibt schon selbst einen kraftvollen Tee, kann aber auch

Bancha-Tee beigefügt werden. Umeboshi-Tee ist traditionell ein Sommergetränk. Kühl serviert löscht es den Durst und kühlt den Körper besser als Säfte oder andere eisgekühlte Getränke.

Oliven

Wie Umeboshi-Pflaumen enthalten Oliven einen natürlichen, ausgewogenen Geschmack. Ich entdeckte Oliven zuerst in den Vereinigten Staaten, mochte sie aber nicht besonders, bis ich Süd-Frankreich besuchte. Dort beobachtete ich, wie sie auf traditionelle Weise hergestellt werden. Besonders gefallen mir die kleinen schwarzen Oliven, die in der Mittelmeer-Küche Brauch sind. Grüne Oliven sind aber auch gut. Ich habe nicht besonders viel Erfahrung im Umgang mit Oliven, aber ich benutze sie ab und zu als Garnierung. Oliven, die nicht in Essig oder Kräuter eingelegt sind, haben weniger Säure und sind leichter verdaulich.

Öle

Hochwertiges Pflanzenöl ist wichtig für die Gesundheit. Es stärkt die Zellen und die Kapillaren, senkt den Cholesterinspiegel im Blut und sorgt für eine ausreichende Fettzufuhr für Haut und Haare. Reich an Nährstoffen, wie Vitamin A und E, ist es geschmackvoll und leicht verdaulich. In der makrobiotischen Küche wird unraffiniertes, naturbelassenes Pflanzenöl zum Sautieren, Braten, Fritieren und Braten nach Tempura-Art benutzt wie auch für die Herstellung von Dressings, Salaten und Dips.

Pflanzenöle haben generell einen hohen Anteil an ungesättigten Fettsäuren. Diese Fettsäuren, die auch in Getreide, Bohnen, Samen und einigen Meeresprodukten enthalten sind, braucht der Körper für seinen Stoffwechsel. Außer Fisch und bestimmten Meeresfrüchten haben tierische Produkte einen hohen Anteil an gesättigten Fettsäuren und Cholesterin, einer wachsigen, fettähnlichen Substanz, die, wenn im Übermaß genossen, sich in den Arterien und um die Organe absetzt und zu Herzkrankheiten führt. Pflanzliche Nahrung enthält kein Cholesterin. Etwa vierzig Prozent der modernen Ernährung besteht aus Fetten und Cholesterin, die sich in hartem gesättigtem Fett von Fleisch befinden, in Geflügel, Eiern, Milchprodukten, schweren Schmier- und Bratfetten wie Butter und Schmalz, raffiniertem Pflanzenöl wie Kokos- oder Palmöl, die vorwiegend gesättigte Fettsäuren enthalten, und in Margarine, Aufstrichen und Lebensmitteln, die „veredelt“ sind, um sie bei Raumtemperaturen stabil zu halten.

Unraffiniertes Pflanzenöl wird auf verschiedene Weise gewonnen und in unterschiedlicher Qualität geliefert. Die beste Qualität wird bei relativ geringer Temperatur gepreßt, gefiltert und abgefüllt. Sie sieht nahrhaft und leicht trübe aus und enthält das natürliche Aroma der Preßfurcht. Schlechtere Qualitäten unraffinierten Öls werden bei extrem hoher Hitze und durch die Zumischung hochgradig giftiger Chemikalien, die aus Petroleum gewonnen werden, extrahiert. Einige Öle tragen die Bezeichnung „kalt gepreßt" auf dem Etikett als Zeichen dafür, daß sie nicht chemisch gewonnen wurden. Diese Bezeichnung ist jedoch von einigen industriellen Speiseöl-Herstellern übernommen worden und wegen dem Fehlen einer allgemein verbindlichen Definition nicht unbedingt ein Zeichen für Qualität.

Raffiniertes Pflanzenöl entsteht entweder durch Pressung oder durch chemische Lösung. Im Gegensatz zu unraffiniertem Öl ist es gewöhnlich zusätzlich entharzt, in einer scharf ätzenden Lösung oder Lauge gewaschen, um wesentliche Fettsäuren zu entfernen, gebleicht, desodoriert und manchmal tiefgefroren. Während dieses Prozesses gehen die natürliche Farbe, Geschmack, Aroma und Nährstoffe verloren, und heraus kommt ein farbloses Produkt, das sich lange Zeit auf dem Regal oder im Kühlschrank hält. Die Vitamine A und E, Lezithin und andere Nährstoffe, die dem natürlichen Öl entzogen wurden, liegen dafür in den Verkaufsregalen der Supermärkte als Vitamin- und Mineraltabletten. Wie weißes Brot, weißer Reis und raffiniertes Salz ist auch raffiniertes Öl der Gesundheit unzuträglich und sollte strikt gemieden werden.

Ein anderer Prozeß der Raffininierung ist das Hydrieren, mit dem Pflanzenöle wie Margarine chemisch behandelt werden, um sie bei Raumtemperatur zu verfestigen. Während des Hydrierens wandeln sich die mehrfach ungesättigten Fettsäuren in gesättigte verschiedener Grade. Dieses behandelte Öl ist weit verbreitet zur Herstellung von Pommes Frites und Imbißware (und in Deutschland auch als Brotaufstrich und zum Kuchenbacken, d.Ü.). Auch wenn in Naturkostläden verkauft, vermeide ich Soja-Margarine und andere hydrierte Produkte.

Öl gibt dem Essen Ausgeglichenheit und Zufriedenheit, und wie bei Salz nimmt man leicht zuviel. Übermäßig viel Öl zerstört den Geschmack der Nahrung, vor allem von natürlich süßem Gemüse, erzeugt fettige und trockene Haut und verdünnt das Blut und die Lymphflüssigkeit. Bei einer auf Getreide basierenden Ernährung, ist es im Gegensatz zu Salz kaum möglich, zu wenig einzunehmen, da Getreide, Bohnen und Samen naturgemäß alle mehrfach ungesättigte Fettsäuren enthalten, die der Körper braucht. Öl schützt die Haut vor Hitze im Sommer und Kälte im Winter. Sehr wärme- oder kälteempfindliche Menschen nehmen vielleicht nicht genügend Öl zu sich, um sich ausreichend nach außen zu schützen.

Die ideale Art und Weise der Ölaufnahme für den Körper ist der Verzehr von ganzheitlichen Produkten wie geröstetem Sesam. Für einen gesunden Menschen gilt gewöhnlich, ein bis zwei Mahlzeien am Tag mit etwas Öl zuzubereiten, zum Beispiel als Beigabe von sautiertem Gemüse oder Meeresgemüse und einer ölhaltigen Soße oder Dressing. Beim Fritieren oder bei der Zubereitung nach Tempura-Art braucht man große Mengen Öl. Wenn richtig gehandhabt, sind aber fritierte oder im Tempura-Stil zubereitete Speisen nicht ölig und schwer, sondern knusprig und leicht. Trotzdem empfehle ich diese reichhaltige Zubereitungsweise nicht öfter als einmal pro Woche. Für Schwerkranke empfehlen wir oft eine makrobiotische Diät, die Öl vermeidet oder minimiert; das gilt auch für hochwertiges, unraffiniertes Öl, bis sich ihr Zustand gebessert hat.

Öl schafft nach außen gehende, expandierende Energie. Ein bis zwei Eßlöffel genügen, um eine große Pfanne mit Gemüse, Nudeln oder Getreide für die ganze Familie zu sautieren. Gewöhnlich benutze ich gerade soviel, um den Boden der Pfanne zu bedecken. Für diejenigen, deren Ölkonsum genau kontrolliert werden muß, pinselt man die Pfanne mit einem dünnen Ölpinsel ein, der nur für diese Zwecke benutzt und sehr sauber gehalten wird.

Einige Speisen passen nicht gut zu Öl. Dazu gehören Kombu, Herbst- und Winterkürbis, Azuki-Bohnen und Kichererbsen. Zur besseren Verdauung besonders von Tempura- und fritierten Speisen serviere ich immer etwas geriebenen Daikon-Rettich oder frisch geriebenen Ingwer oder Umeboshi-Pflaumen zum Essen. Fisch und Meerestiere sind naturgemäß fetthaltig, wobei das weiße Fleisch magerer ist als das rote oder das der blauhäutigen Arten. Nüsse sind sehr ölhaltig und können gelegentlich geröstet und als Snacks oder geraspelt zu Getreide und Schmortöpfen serviert werden. Nußmuß ist sehr viel öliger und fetthältiger als rohe Nüsse und Samen und sollte seltener benutzt werden. Dabei sollte man immer auf eine sehr gute Qualität achten.

Die wichtigsten Pflanzenöle sind:

Sesamöl — Es gibt zwei Arten unraffinierten Sesamöls. Dunkles Sesamöl wird aus geröstetem Sesam gewonnen und hat ein herrliches rauchiges Aroma, einen nussigen Geschmack und ist leicht trüb. Es ist ein hervorragendes Produkt und ideal zum täglichen Kochen und Backen, für Soßen und Tunken geeignet. Helles Sesamöl ist milder im Geschmack, klarer in der Konsistenz und weniger duftend. Es ist billiger als das geröstete Sesamöl. Ich benutze es vorwiegend für große Nahrungsmengen oder für sehr delikate Speisen, deren Eigengeschmack zu sehr von dem starken Aroma gerösteten Sesamöls gestört würde. Sesamöl hält sich sehr lange, bevor es schlecht wird. Nach dem Öffnen sollte man die Flasche immer gut verschlossen halten und im Kühlschrank oder an einem anderen dunklen, kühlen Ort aufbewahren.

Senföl — Dieses delikate Öl wird aus den Samen derselben Pflanze gewonnen, aus der die grünen Senfblätter wachsen. Wie Sesamsamen sind diese kleinen Samen Gegenstand vieler Legenden und Gleichnisse, so im Neuen Testament. In Japan kochte meine Mutter manchmal mit Senföl, das für die tägliche Küche hervorragend geeignet ist. Leider ist es hier kaum erhältlich.

Maiskeimöl — Unraffiniertes Maiskeimöl duftet stark und hat eine weiche, dickflüssige Konsistenz. Dunkleres Maisöl wird aus dem ganzen Maiskolben gewonnen, helleres Maiskeimöl aus den Maiskörnern. Nach Sesamöl benutze ich Maiskeimöl am häufigsten zum Sautieren, Backen und für Soßen und Dressings. Maiskeimöl nicht zum Fritieren und für Tempura verwenden, da es leicht schäumt.

Distelöl — ist sehr milde und daher gut für Dressings und Soßen geeignet. Während des Krieges wurde es in Japan zu einem beliebten Ersatz für das immer knapper werdende Sesamöl. Distelöl wird allerdings schnell schlecht, und wir benutzen es nicht einmal zum Fritieren oder bei Tempura.

Sonnenblumenöl — Sonnenblumenöl hat einen angenehmen Geschmack und eine klare Konsistenz. Es ist sehr beliebt in der Sowjetunion, Kanada und anderen kalten, nördlichen Klimazonen. Es hält sich gut und kann gelegentlich in gemäßigten Klimazonen statt Sesam- oder Maiskeimöl verwendet werden.

Sojaöl — Das Öl der Sojabohne hat einen strengen Geschmack, den viele als unangenehm empfinden. Handelsübliches Sojaöl ist weit verbreitet in der Imbiß-Ketten-Industrie. Unraffiniertes Sojaöl gibt es in den Naturkostläden, und diejenigen, die der Geschmack nicht stört, können es gelegentlich benutzen.

Olivenöl — Olivenöl ist das einzige wichtige Öl, das keine höhere Temperatur oder höheren Druck zur Gewinnung braucht. Die beste Qualität, aus der ersten Pressung der Oliven gewonnen, wird „1. Pressung, kaltgepreßt“ (extra vierge) genannt. Hochwertiges Olivenöl ist lange haltbar und kann ungekühlt bis zu einem Jahr lagern. Olivenöl hat meistens einfach gesättigte Fettsäuren, was es schwerer und öliger als mehrfach ungesättigte Öle macht. Es ist für Salate und gelegentlich zum Kochen geeignet.

Andere unraffinierte, naturbelassene Öle wie Erdnuß-, Baumwollsamen- und Leinöl können ebenfalls von Zeit zu Zeit verwendet werden.

Essig

Guter Essig ändert den Geschmak und den Charakter der Nahrung total und schafft einen sanften, sauren Geschmack. Ich pflegte Apfelessig zum Würzen zu verwenden, aber jetzt haben wir hervorragenden organischen Essig aus Naturreis und aus süßem Reis. Mit ihnen kann man köstliche Soßen und Dressings machen. Essig kommt auch für die Zubereitung von Sushi, in Getreidesalat oder in Couscous, Bulgur und geschrotetem Weizen infrage. Er kann mit Öl, Salz und süßen oder scharfen Zutaten gemixt werden und ergibt außerordentlich gute Pickles. Ich benutze Essig weniger direkt zum Kochen, außer gelegentlich einen Hauch bei Klettenwurzeln. Ich nehme ihn auch nicht für Suppen, aber manchmal gebe ich Meeresgemüsen einen Hauch bei, um es weicher zu machen, wenn es sehr hart und salzig ist. Umeboshi-Essig, der übriggebliebene Saft vom Pickeln der Umeboshi-Pflaume, ist auch hervorragend zum Würzen geeignet, und ich gebe ihn manchmal Radieschen, Blumenkohl oder anderen Kohlsorten vor dem Kochen bei. Umeboshi-Essig gibt auch delikate Dressings und Soßen ab und kann Nudeln und Salaten beigemengt werden.

Sake und Mirin-Wein

Sake-Reiswein und Mirin, ein natürlicher süßer Kochwein aus süßem Reis, wird traditionell für Feiertage und andere spezielle Ereignisse gereicht. In meinem Dorf gab es eine große Sake-Fabrikation direkt gegenüber der Kirche. In meiner Familie gab es keinen Alkohol, und ich trank Sake zum ersten Mal im College. Mit Sake süßt man Getreide, Bohnen, Meeresgemüse und Gemüse oder kombiniert ihn mit anderen Zutaten in Dressings und Soßen. Ich erinnere mich, wie meine Mutter einmal 25 Pfund Reis in einem riesigen Kessel über dem Feuer kochte. Sie wurde gestört, und aus Versehen wurde der Reis nicht gar. Um ihn zu retten, ging sie zur Nachbarin und borgte sich ein oder zwei Tassen Sake, den sie über den Reis kippte und ihn köcheln ließ, bis er gar war. Die Fermente im Sake ermöglichten dem Reis, gleichmäßig zu garen, und der Sake-Geschmack verschwand während des Kochens.

Mirin hat einen einzigartigen, vollmundigen süßen Geschmack. Er kann verschiedentlich beigegeben werden, um zu salzig oder zu scharf geratene Speisen zu mildern. Einige Tropfen in Nudelsuppe, Dressings oder Marinaden schaffen einen ganz eigenen subtilen Geschmack. Mirin gibt es in ausgewählten Naturkostläden.

Ingwer

Ingwerwurzel ist unentbehrlich in der makrobiotischen Küche. Ingwer regt den Appetit und den Kreislauf an und gibt dem Essen eine markante Variante. Er kann gerieben oder zerdrückt als Saft verwendet werden. Etwa ein Viertel Teelöffel geriebenen Ingwers für vier bis sechs Leute verleiht Getreide, Nudeln und Gemüsegerichten einen besonderen Reiz, wenn man es am Ende des Kochvorgangs zugibt und bis zu einer Minute köcheln läßt. Er kann auch roh als Garnierung auf die fertigen Gerichte gestreut werden. Ingwersaft ist sehr viel stärker und konzentrierter als geriebener Ingwer. Zur Herstellung von Ingwersaft die Wurzel reiben und dann mit den Händen oder einem sauberen Tuch ausdrücken und der Speise zugeben. Etwa ¼ Teelöffel Ingwersaft entspricht einem Teelöffel geriebenem Ingwer. Ingwersaft wird oft zum Würzen von Suppen gebraucht. Er löst sich vollkommen in der Flüssigkeit auf, während bei geriebenem Ingwer winzige Teilchen schwimmen bleiben.

Ingwer kann auch gepicklet oder Würzmitteln und Getränken beigegeben werden. Er hat viele innere und äußere medizinische Wirkungen.

Richtiges Würzen

Da der Salzgeschmack von Meersalz, Miso, Shoyu-Sojasoße und Umeboshi-Pflaumen variiert, können nur annähernde Maßangaben gemacht werden.

1 Prise Meersalz	= ½ Teelöffel Shoyu-Sojasoße
	= ⅔ Teelöffel Miso
	= ⅓ Umeboshi-Pflaume
¼ Teelöffel Meersalz	= 1 ½ Teelöffel Shoyu-Sojasoße
	= 1 ⅔ Teelöffel Miso
	= 1 Umeboshi-Pflaume
½ Teelöffel Meersalz	= 1 Eßlöffel Shoyu-Sojasoße
	= 1 Eßlöffel + 1 Teelöffel Miso
	= 2 Umeboshi-Pflaumen
1 ½ Teelöffel Umeboshipaste	= 1 Umeboshi-Pflaume
1 Teelöffel Umeboshi-Essig (Ume-Su)	= ⅔ Umeboshi-Pflaume
¼ Teelöffel ausgepreßter Ingwersaft	= 1 Teelöffel geriebener Ingwer
1 Eßlöffel Naturreisessig	= 1 Eßlöffel Zitronensaft
1 Eßlöffel Pfeilwurzelmehl	= 1 Teelöffel Kuzu
1 ¼ Tassen Gersten- oder Reis-Malz	= ½ Tasse Ahornsyrup
2 ¼ Eßlöffel Gersten- oder Reismalz	= 1 Eßlöffel Ahornsyrup
1 Tofustück	= 450 g (für die Rezepturen
	= in diesem Buch)

Maße

3 Teelöffel	= Eßlöffel	8 Eßlöffel	= ½ Tasse
4 Eßlöffel	= ¼ Tasse	16 Eßlöffel	= 1 Tasse
5⅓ Eßlöffel	= ⅓ Tasse	4 Tassen	= 1 Liter

Back- und Fritiertemperaturen

niedrig	100 - 140° C	heiß	200 - 230° C
mittel	180 - 190° C	Tempura	175 - 180° C

Entsprechungen von Maßen und Gewichten

1 Teelöffel	= 5 g	1 Teelöffel	= 5 ml
1 Eßlöffel	= 15 g	1 Eßlöffel	= 15 ml

Kapitel 5

Naturreis

Reissäcke!
Wie weit zieht ihr
Auf der verschneiten Straße?
- Yoshie

Reis und Evolution

In dem Kalender der Evolution hat die Erde den galaktischen Herbst betreten. Menschen sind die höchst entwickelte Form von Leben. Gekochtes Getreide ist die ideale Nahrung. Vor fünfzig Millionen Jahren, im galaktischen Sommer, aßen Affen, Schimpansen und andere höher entwickelte Wesen Früchte, Nüsse und Samen als Hauptnahrung. Vorher, im galaktischen Frühling, bestimmten Dinosaurier die Umwelt und ernährten sich von Farn, Moos und anderer primitiver Vegetation.

Von allen Getreidesorten ist Naturreis am vollwertigsten. Seine Größe, Form, Farbe, Struktur und das Verhältnis von Kohlehydraten, Fett, Eiweiß und Mineralien liegt genau in der Mitte, wenn man es mit den anderen sieben Hauptgetreiden vergleicht. Weizen, Gerste, Hafer und anderes Getreide sind durch eine Kerbe in der Mitte des Korns in zwei Teile gespalten. Reis hat solch eine Einkerbung nicht und ist biologisch das am meisten angepaßte Getreide — unser evolutionäres Gegenstück in der Pflanzenwelt. Reis wirkt besonders besänftigend auf Gehirn und Nervensystem, unsere am höchsten entwickelten Organe. Reis wird heutzutage auf allen Kontinenten angebaut, und man kann ihn als universelles Grundnahrungsmittel der Menschheit betrachten.

Reisqualität

Ich besorge immer den hochwertigsten Naturreis aus organischem Anbau, der auf dem Markt zu finden ist, und halte immer einen gewissen Vorrat auf Lager. Danach kommt der natürliche oder ökologisch angebaute Naturreis, der mit einem Minimum an Düngemitteln und Pestiziden kultiviert wird. Ich kaufe, wenn möglich, größere Mengen und prüfe vorher einzelne Körner in der Hand. Eine leicht grüne Farbe signalisiert, daß die Körner zu früh geerntet wurden. Ich prüfe auch die Hülsen oder die dunkleren Außenschalen. Ein größeres Maß an unreifen Körnern oder Hülsen zeigt eine minderwertige Qualität an. Auch prüfe ich, ob es viele zerbrochene oder zersplitterte Körner gibt, die ihre Energie verloren haben und nicht mehr keimen. Stark verunreinigter Reis sollte ebenfalls vermieden werden. Zuhause prüfe ich die Güte der Körner manchmal ein weiteres Mal, indem ich eine Tasse Reis in eine Wasserschüssel gebe. Wenn mehr als ein bis zwei Prozent der Körner obenauf schwimmen bleiben, ist der Reis von minderwertiger Qualität.

Bis vor kurzem gab es grundsätzlich nur geschälten Naturreis. Neuerdings gibt es kleine elektrische Schäl-Maschinen für den Privathaushalt, und einige Reisbauern bieten für diesen Zweck jetzt auch ungeschälten Naturreis an. Frisch geschälter Reis enthält die höchste Energie und die meisten Nährstoffe. Obwohl teuer, lohnt sich die Anschaffung einer Schälmaschine und zahlt sich in besserer Gesundheit und Bewußtsein aus.

Runder, medium, Langkorn- und süßer Reis

Naturreis gibt es in vier verschiedenen Formen. Rundkorn-Reis ist der kleinste und härteste und enthält am meisten Mineralien und Kleber. Er hat einen natürlich süßen Geschmack und ist für den täglichen Verbrauch am besten geeignet. Mediumkorn-Reis ist etwas größer, weicher und saftiger. Er ist zu delikat für den täglichen Verzehr. Langkorn-Reis ist leicht und flockig im gekochten Zustand. Dieser Typ wird in den Tropen und in den südlichen Regionen der Vereinigten Staaten bevorzugt. Hier im gemäßigten Neu-England verwende ich Langkorn-Reis ab und zu bei warmem Wetter. Man kann ihn auch in Pudding und anderen Nachspeisen verwerten. Süßer Reis klebt am meisten, ist sehr eiweißreich und so schmackhaft, wie sein

Name erahnen läßt. Ich verwende ihn manchmal für reguläre Mahlzeiten zusammen mit Rundkorn-Reis. Gewöhnlich aber macht man aus süßem Reis Mochi und festliche Speisen für Feiertage und andere festliche Gelegenheiten. Gerichte aus süßem Reis sind auch besonders gut für Babies, Kinder und stillende Mütter geeignet.

Lagerung von Getreide

Ich kaufe, wenn möglich, einen Sack und lagere ihn zuhause. Bei der Bestellung größerer Mengen gibt es gewöhnlich Rabatt, und der lokale Naturkostladen liefert, wenn möglich, die 25- bis 50-Kilo-Säcke frei Haus. Ich lagere die Säcke an einem kühlen, dunklen Ort, etwas oberhalb des Fußbodens, um sie vor Feuchtigkeit und Nässe zu schützen. Auch halte ich das Getreide sorgsam von Heizungen, dem Herd, dem Kühlschrank oder direktem Sonnenlicht fern.

Um das Getreide vor Feuchtigkeit und Moder zu schützen, sollte es in luftdichten Behältern aufbewahrt werden. Offener Reis kann in Kästen, vorzugsweise aus Holz, obwohl auch Plastik geht, geschüttet werden. Die Säcke ebenfalls in eine große Plastiktüte oder einen neuen Abfallsack stellen. Kleinere Mengen kann man in großen Gläsern aufbewahren. Die Deckel sollten nach jedem Gebrauch immer gut verschlossen werden. Getreide zieht Mäuse und anderes kleines Getier an, und es ist daher wichtig, den Reis gut zu schützen. Manchmal sind kleine Insekteneier schon auf dem Feld oder im Lagerhaus zwischen das Getreide geraten. Diese Eier sind quasi unsichtbar und werden meist erst ausgebrütet, wenn das Getreide im Behälter auf dem Küchenregal steht. Liegt der Befall bei unter zehn Insekten pro Pfund, kann das Getreide gerettet werden. Man streut die Körner (oder das Mehl) in einer dicken Schicht auf ein Backblech und stellt das Backblech für drei bis vier Tage bei etwa Null Grad in den Tiefkühlschrank, oder für dreißig Minuten bei 60 Grad in den Backofen. Beide Methoden zerstören Insekten und Eier. Anschließend das Getreide durchsieben und in einen frischen, sauberen Behälter geben.

Diese Plage kommt selten vor. Gewöhnlich hält sich Getreide bei richtiger Lagerung unbegrenzt. Es gibt viele Geschichten von Körnern, Bohnen und Samen, die nach hunderten von Jahren keimten. Umweltbedingungen können aber zwischen einjährigem und frischem Getreide eine große Differenz in bezug auf Energie und Geschmack schaffen. Reis fällt auch von Gegend zu Gegend und von Land zu Land unterschiedlich aus. Europäischer Reis ist grundsätzlich kleiner als der amerikanische und braucht weniger Wasser beim Kochen. Japanischer Reis, oft auf vulkanischem Boden gewachsen, hat gewöhnlich einen höheren Mineralgehalt und benötigt weniger Würzmittel. Auf meinen Reisen habe ich viele verschiedene Proben Reis gesammelt, und von ganz besonderen Sorten habe ich etwas für spezielle Gelegenheiten beiseite gelegt.

Reiswaschen und Einweichen

Vor dem Kochen gebe ich jeweils eine Handvoll Reis auf einen Teller und sortiere kleine Steine, Erdkrumen oder größere Staubkörner aus. Dann gebe ich ihn in einen Topf oder eine Schüssel und bedecke ihn mit kaltem Wasser. Ich wasche nun den Reis, indem ich mit meiner Hand entgegen dem Uhrzeigersinn rühre. Danach gieße ich das Wasser weg. Ist der Reis sehr schmutzig, wiederhole ich diesen Schritt mehrmals, bis das Wasser so gut wie klar ist. Ich rühre und spüle so schnell wie möglich, um die natürliche Süße des Reiskorns zu erhalten, die es sonst verliert. Schließlich gebe ich den Reis in ein Sieb, um die letzten Staubpartikel abzuspülen.

Nach dem Waschen lasse ich den Reis gewöhnlich für zwei bis drei Stunden oder über Nacht weichen. Dazu gebe ich den Reis mit der entsprechenden Wassermenge in den Dampfdrucktopf und bedecke ihn. Eingeweichter Reis ist weicher und leichter verdaulich. In heißem Wasser lasse ich den Reis nicht zu lange weichen, da er leicht matschig wird. Bleibt keine Zeit mehr zum Einweichen, kann der Reis auch direkt nach dem Waschen gekocht werden. Generell aber ist Einweichen sinnvoll und mit etwas Planung leicht in den täglichen Stundenplan einzuschieben.

Kochutensilien

Der Dampfdrucktopf, den ich wie in Kapitel 3 beschrieben benutze, ist aus rostfreiem Stahl. Beim Kochen sind Holzlöffel denen aus Metall vorzuziehen. Sie zerkratzen die Töpfe und Pfannen nicht und hinterlassen keinen Metallgeschmack in der Nahrung. Ein kleiner Bambus-Reisspachtel ist unentbehrlich, um den Reis aus dem Dampfdrucktopf zu entnehmen. Bleibt das Getreide am Spachtel hängen, hilft etwas Wasser. Reisspachtel sind billig und in den meisten Naturkostladen erhältlich.

Reis und andere Gerichte sollten am besten in Schüsseln aus natürlichem Material wie Holz, Glas oder Ton serviert werden. Plastik kann man für die Lagerung verwenden, wenn bessere Behälter nicht vorhanden sind. Die Schwingungen synthetischen Materials können allerdings die Qualität und den Geschmack der Nahrung beeinflussen und sollten auf dem Tisch vermieden werden. Das gilt vor allem für heiße Nahrung, die Plastik zum Schmelzen bringen kann.

Dampfdruckkochen

Im alten China, in Mexiko, Europa und im Mittleren Osten kochte man Getreide unter Dampfdruck in schweren Töpfen und Kesseln. Die dicken Deckel wurden oft zusätzlich mit Steinen beschwert. Druck wurde neben Feuer, Salz und Wasser als wichtiger Faktor beim Kochen erkannt, vor allem während sich das Klima auf der Erde langsam abkühlte.

Dampfdruckkochen ist die schnellste und wirksamste Weise, Getreide, speziell Naturreis, zuzubereiten. Jedes Korn sollte einzeln für sich gekocht und der Geschmack süßlich sein. Druck bringt die natürliche Süße des Getreides heraus, und Reis, der in dieser Form gekocht wird, ist die am leichtesten verdauliche Form von Getreide für den täglichen Konsum. Andere Nahrungsmittel können ebenfalls von Zeit zu Zeit im Dampfdrucktopf zubereitet werden, besonders Bohnen. Jedoch gibt diese Art des Kochens eher unruhige Energie, und für ein ausbalanciertes Gericht ist es ratsam, für die restlichen Zutaten andere Kochmethoden zu verwenden. Gelegentlich mische ich Gemüse mit Reis und lasse beides gemeinsam unter Dampfdruck kochen. Für die täglichen Mahlzeiten aber bereite ich das Gemüse extra zu, indem ich es koche, dämpfe, sautiere oder ähnliches.

Beim Kochen mit Dampfdruck sollte der Topf höchstens bis zu 70 Prozent gefüllt sein. Ist er zu voll, kann das Ventil verstopfen, was die Qualität des gekochten Reises beeinträchtigen kann.

In seltenen Fällen kann es passieren, daß der Topf auf dem Herd vergessen wird und mehrere Stunden kocht. Selbst in solchen Fällen werden die Ventile bei den modernen Dampfdrucktöpfen nicht herausfliegen. Mehrere Stunden gekochter Reis ist hart aber immer noch eßbar, und die angebrannten Körner am Boden sind nach dem Einweichen leicht zu entfernen.

Wasser

Wasser beeinflußt die Qualität des Reises und anderer Nahrungsmittel während des Kochens. Es ist wichtig, klares, sauberes oder Quellwasser zu haben. Normales Leitungswasser, das oft Chlor, Seifenrückstände und andere Unreinheiten enthält, kann zum Waschen und Spülen, aber nicht zum Einweichen und Kochen benutzt werden, da es die Qualität der Nahrung beeinträchtigen kann. Zuhause bestellen wir abgefülltes Quellwasser bei einem örtlichen Lieferanten, der ein- oder zweimal im Monat große 20 l-Behälter vorbeibringt. Quellwasser gibt es in den meisten Naturkostläden und Supermärkten in Flaschen. Nicht alle Quellwasserarten haben dieselbe hohe Qualität, und ich habe herausgefunden, daß sich nach dem Wechseln einer Marke manchmal die Qualität meiner Speisen bemerkenswert verbessert hat. Quellwasser kann auch einem Fluß oder einer Quelle auf dem Land oder in den Bergen entnommen werden. Ich habe ein ganzes Sortiment von Flaschen und Behältern zusammengesammelt, und eine Nachmittagswanderung nach Wasser ist eine gute Übung und ökonomischer als es im Laden zu kaufen. In Gegenden, die ich nicht kenne, bin ich vorsichtig und vergewissere mich, daß das Wasser nicht mit Umweltgiften belastet ist.

Salz und Gewürze

In der makrobiotischen Küche gilt als Standardregel der Gebrauch von einer Prise Salz pro Tasse Reis. Eine Prise ist eine durchschnittliche Menge, die zwischen Daumen und Mittelfinger gefaßt wird. Der Geschmack des Reises nach dem Kochen sollte weder zu salzig noch zu fade sein. Für ein salzigeres Gericht nehme ich ab und zu eine drei-Finger-Prise. Für eine weniger salzige Speise genügt die Hälfte.

Beim Kochen mit Dampfdruck füge ich gewöhnlich das Salz 10 bis 15 Minuten nach dem Erhitzen zu, wenn das Wasser gerade anfängt zu kochen, und schließe dann den Deckel. Gebe ich das Salz früher hinzu, beginnt das Wasser zu schnell zu kochen, und die Zutaten garen innen und außen ungleichmäßig. In der makrobiotischen Küche würzen wir generell während des Kochens und nicht am Tisch.

Als Alternative zu Salz kann auch ein Drittel einer Umeboshi-Pflaume pro Tasse Reis beigegeben werden. Statt Salz bringt auch ½ Teelöffel Shoyu eine Abwechslung im Geschmack. Gelegentlich kann man Bancha-Tee oder grünen Tee zum Kochen statt Quellwasser benutzen, wenn ein kräftigerer Geschmack erwünscht ist.

Brennmaterial

Bis ich nach Tokio kam, war meine Nahrung immer über Holz- oder Holzkohlefeuer gekocht worden, sogar im College, wo ein großer Holzbrenner in der Küche stand. Holz ist die ideale Brennenergie. Es ist natürlich, erneuerbar und schafft Nahrung besonders starker und friedlicher Energie und ergibt einen delikaten Geschmack. Unglücklicherweise ist Holz nicht immer zu beschaffen oder unpraktisch, besonders in modernen städtischen Gegenden. Holzfeuer braucht auch mehr Zeit und Arbeit.

Während meiner Zeit in Tokio und New York lernte ich mit Gas zu kochen. Moderne Gasherde sind sehr effektiv und ihre Flammen leicht zu regulieren. Gas erhält die natürlichen Schwingungen der Nahrung und ist optimal für Stadtbewohner. Wir haben einen Gasherd zuhause, und auch das Kushi-Institut benutzt für seinen Kochunterricht Gas.

Elektroherde sind heutzutage weit verbreitet, haben aber ernst zu nehmende Nachteile. Elektrizität produziert chaotische Schwingungen in der Nahrung. Die meisten Menschen empfinden auf einem Elektroherd bereitete Nahrung nicht annähernd so schmackhaft als die über der Gasflamme gekochte. Elektrische Herdplatten reagieren auch viel langsamer und sind so schwieriger auf die gewünschte Temperatur zu bringen. In seiner Arbeit mit Krebspatienten hat Michio herausgefunden, daß neun von zehn elektrisch oder mit Mikrowelle kochen, der chaotischsten Methode. Nach dem Überwechseln auf einen Gasherd erleben diese Menschen gewöhnlich eine sofortige Verbesserung ihrer Gesundheit, und essen und kochen macht ihnen wieder mehr Spaß.

Kohle ist ein weiteres Brennmaterial. Es hat viele derselben Vorteile wie Holz.

Holzkohle ist ebenfalls geeignet. Hier immer darauf achten, daß die Holzkohle nicht chemisch behandelt ist.

Temperatur

Der Geschmack und die Reisqualität wird auch von der Intensität und Qualität der Wärme beeinflußt. Beim Dampfdruck-Kochen gibt es immer verschiedene Möglichkeiten, die Hitze zu variieren je nach der Menge des Getreides und abhängig davon, ob es eingeweicht wurde.

1. Wird Reis ohne vorheriges Einweichen zubereitet, beginnt man mit niedriger Hitze und läßt den Druck langsam steigen. Das erzeugt eine beruhigende und stabile Reisqualität und einen süßen Geschmack. Diese Methode wird auch bei kleinen Reismengen von ein bis zwei Tassen angewandt.

2. Mehrere Stunden eingeweichter Reis sollte ebenfalls bei niedriger Hitze zum Kochen gebracht werden, dann aber kann man die Temperatur langsam steigern und bei hoher Temperatur zwischen 15 und 20 Minuten kochen lassen. Diese Methode gibt dem Reis mehr Energie und ist vor allem bei kühlerem Wetter oder zur Steigerung der Energie zu empfehlen.

3. Längere Zeit oder über Nacht gewässerten Reis bringt man bei hoher Hitze zum Kochen und läßt ihn nach etwa zehn Minuten bei kleiner Hitze weiterkochen. Diese Methode macht den Reis sehr energetisch und ist besonders bei extrem kaltem Wetter oder vor starken körperlichen Anstrengungen wie Haus- und Gartenarbeit zu empfehlen.

Druck

Nachdem der Reis Dampfdruck-gekocht ist, nehme ich ihn von der Flamme. Bei kleinen Mengen, etwa ein bis zwei Tassen rohem Reis, erlaube ich dem Druck, langsam für 15 bis 20 Minuten zu sinken, dann öffne ich den Topf, bevor der Reis kalt wird. Dieser Reis gibt besonders beruhigende Energie und hat einen delikaten Geschmack. Außerdem löst die Feuchtigkeit im Topf angeklebte oder angebrannte Körner am Boden. Bei der Zubereitung von drei bis vier Tassen Reis lasse ich den Topf für etwa zehn Minuten ungeöffnet stehen. Bei großen Mengen von fünf oder mehr Tassen öffne ich den Topf nach fünf Minuten, da der Reis sonst am Topfrand naß und matschig wird.

Grundrezept für Naturreis

2 Tassen Naturreis aus biologischem Anbau
1 ¼ bis 1 ½ Tassen Quellwasser pro Tasse Reis
eine Prise Meersalz pro Tasse Reis

Den Reis waschen (Rund- oder Mediumkorn) und vorsichtig in einen Dampfdrucktopf geben. Dabei die Oberfläche glattstreichen. Langsam Quellwasser am Topfrand zugeben, sodaß die Oberfläche ruhig und gleichmäßig bleibt. Erlaubt es die Zeit, den Reis zwei bis drei Stunden wässern. Dann den Dampfdrucktopf offen oder leicht bedeckt auf die Flamme stellen und über niedriger Hitze zum Kochen bringen. Wenn das Wasser sprudelt (nach etwa 10 bis 15 Minuten), Salz hinzufügen. Dann den Deckel fest schließen und den Druck langsam hochkommen lassen. Dies wird gewöhnlich durch das Zischen und Herausdrücken des Meßstabs angezeigt. Ist der Druck hochgekommen, legt man einen metallenen Flammenverteiler unter den Topf und dreht die Flamme kleiner. 50 Minuten kochen lassen.

Wenn der Reis gar ist, nimmt man den Topf vom Feuer und läßt ihn wenigstens für 5 Minuten stehen, bevor man den Druck reduziert und den Deckel öffnet. Läßt man dem Druck 10 bis 15 Minuten Zeit, von selbst herunterzugehen, erhöht das die Reisqualität. Das Warten erlaubt es angeklebtem oder angebranntem Korn, sich vom Boden zu lösen.

Den Reis mit einem Bambus-Reisspachtel aus dem Topf heben, und einen Löffel nach dem anderen in einen große hölzerne Schüssel geben. Dabei wird der schwerere, gut gekochte Reis auf den Boden der Schüssel und der leichtere, lockerere Reis obenauf gekippt. Das ergibt eine ausbalancierte Reisschüssel.

Auf diese Weise zubereitet, hat Reis einen delikaten, nussigen und natürlich süßlichen Geschmack und verleiht ein starkes, friedvolles Gefühl.

Kochen in größeren Mengen

Eine Tasse roher Reis ergibt drei Tassen gekochten Reis. Ich berechne etwa pro Person und Mahlzeit eine Tasse gekochten Reis. Zuhause kommen wir mit Familie, Mitarbeitern und Gästen meist auf fünfzehn bis zwanzig Personen, und ich koche gewöhnlich mindestens zwölf Tassen rohen Reis pro Mahlzeit. Der Haushalt verbraucht einen 50-Pfund-Sack Reis in etwa zwei Wochen.

Kleinere Reismengen (ein bis zwei Tassen) brauchen etwas mehr Wasser, niedrigere Temperaturen und mehr Zeit als die gewöhnlichen drei bis vier Tassen für eine durchschnittliche Familie zwischen vier und sechs Personen. Sonst wird der Reis leicht zu trocken. Bei größeren Reismengen (ab fünf Tassen rohem Reis) reduziere ich das Kochwasser um ¼ bis ½ Tasse pro Reistasse und verlängere die Kochzeit um 5 bis 10 Minuten auf eine Stunde. Das bewahrt den Reis davor, zu weich oder matschig zu werden.

Für Groß- oder Restaurantküchen wenden wir eine total andere Kochmethode an. Bei extrem großen Mengen, 15 Pfund und mehr, ist es nicht immer leicht, den Reis gleichmäßig gar zu bekommen. Oft ist der Reis am Boden gar, bevor die Körner obenauf überhaupt warm geworden sind. Um solches zu vermeiden, läßt man das Wasser im Topf erst zum Kochen kommen, fügt dann Reis und Salz hinzu, rührt gut um und schließt den Deckel. Ist der Druck gestiegen, läßt man bei niedriger Hitze weiterkochen.

Angebrannter, trockener, nasser oder matschiger Reis

Ist der Reis am Boden des Topfes angebrannt, war die Hitze zu hoch oder die Kochzeit zu lang. Läßt man den Druck von alleine fallen, können die angebrannten Körner in etwas Wasser eingeweicht leicht gelöst werden. Diesen Reis benutze ich, um Reisbrei oder Reis-Kayu-Brot zu machen. Auch kann man ihn ein paar Tage trocknen lassen und dann als knusprigen Snack fritieren. Angebrannter Reis ist gut zum Kauen und sehr delikat. Ist der Reis zu naß, drehe ich die Hitze beim nächsten Mal etwas höher. Matschiger Reis wurde in zuviel Wasser gekocht, trockener Reis in zuwenig.

Reis servieren

Sofort nachdem der Druck sich normalisiert hat, gebe ich den Reis mit einem hölzernen Reisspachtel oder Löffel in eine große Holzschüssel. Bleibt der Reis im Topf, dehnt die verdunstende Feuchtigkeit die Körner aus, der Reis wird klebrig und verliert an Geschmack. Ich bedecke die Schüssel mit einer Bambus-Sushi-Matte, die dem Reis genügend Luft läßt und ihm erlaubt, langsam abzukühlen und Feuchtigkeit entweichen zu lassen. Außerdem hält das Bambus den Reis für eine Stunde oder länger warm.

Aufwärmen von übriggebliebenem Reis

Übriggebliebener Reis hält sich einige Tage. Nach dem Abkühlen gebe ich ihn in einen geschlossenen Behälter und bewahre ihn im Kühlschrank oder an einem anderen kühlen, dunklen Ort auf. Das Aufwärmen von übriggebliebenem Reis geht schnell und einfach. Den Reis in eine kleine Keramikschüssel geben und in einen großen Topf stellen, dessen Boden mit 1 cm Wasser bedeckt wird. Deckel schließen und zum Kochen bringen. Aufpassen, daß das Wasser nicht in die Keramikschüssel gerät. Nach ein paar Minuten ist der Reis fertig zum Servieren. Diese Methode erhält dem Reis seine Süße und Stärke, ohne pappig zu werden. Reisreste können auch direkt in Suppen oder als Bratreis zusammen mit Gemüse sautiert werden.

Andere Einflüsse

Neben Wasser, Salz, Feuer, Zeit, Druck und Wärme gibt es noch andere Faktoren, die die Zubereitung unserer täglichen Nahrung beeinflussen. Kosmische Energien, Jahreszeiten, das Klima, Wetter, die Kraft der verschiedenen Zutaten und unsere eigene körperliche und geistige Verfassung bestimmen unser Kochergebnis. In der makrobiotischen Küche lernen wir, die innere und äußere Welt zu harmonisieren. Eine perfekte Reisschüssel spiegelt ein erleuchtetes Wesen und einen friedlichen, aktiven Haushalt wider.

Kapitel 6

Gerichte aus Naturreis

Neben dem Grundrezept für Dampfdruck-gekochten Reis gibt es eine Reihe verschiedener Reisgerichte, die ich für normale Mahlzeiten oder bei speziellen Gelegenheiten zubereite. Bitte halten Sie sich an das vorangegangene Kapitel, was die grundsätzliche Zubereitung von Reis einschließlich Waschen und Wässern betrifft.

Gekochter Reis

Ist ein Dampfdrucktopf nicht vorhanden, kann man den Reis auch normal kochen. Ich benutze dafür einen gußeisernen oder Keramiktopf mit schwerem Deckel. Das Extra-Gewicht des Deckels verleiht etwas Druck und bringt die natürliche Süße beim Reis hervor.

2 Tassen Naturreis
2 Tassen Quellwasser pro Tasse Reis
eine Prise Meersalz pro Reistasse

Den Reis waschen und für einige Minuten in einer rostfreien Stahlpfanne bei niedriger Hitze trocken rösten. Vorsichtig mit einem hölzernen Reisspachtel oder Löffel umrühren, um Anbrennen zu vermeiden. Den gerösteten Reis in einen Topf geben, Wasser und Salz hinzufügen und Deckel schließen. Zum Kochen bringen, Hitze reduzieren und etwa eine Stunde köcheln lassen bis alles Wasser absorbiert ist. Vom Feuer nehmen und servieren.

Variante: Für besonders lockeren Reis gibt man ihn nach dem Kochen in eine Kasserole und läßt ihn etwa eine Stunde bei 90 bis 120° C backen.

Weicher Reis (Reisbrei)

Weicher Reis wird traditionell in Japan, China und anderen östlichen Ländern zum Frühstück gegessen. Er wird auch bei Erkältung, Fieber und ernsthafteren Krankheiten gereicht. Als ich klein war, hieß es „Mache weichen Reis und serviere ihn mit einer Umeboshi-Pflaume", wann immer jemand krank war. Wenn meine Mutter, was selten war, erkrankte, ging ich mit meinen Schwestern und Brüdern zu einem abgeschiedenen Ort in den Bergen, um reines Quellwasser für dieses Gericht zu holen. Wir kochten den Reis in einem Steingut-Topf mit reichlich von diesem klaren, sauberen Wasser und etwas Meersalz, und ließen ihn lange bei niedriger Hitze garen. Zusammen mit dünnen Scheiben Umeboshi (salzige, gepicklete Pflaumen) wurde die Mutter zwei- bis dreimal am Tag damit ernährt. Nach ein oder zwei Tagen dieser Diät ist gewöhnlich die natürliche Balance des Körpers wiederhergestellt, und normaler Appetit und Kraft kehren zurück.

Heutzutage haben die meisten Japaner moderne Eßgewohnheiten übernommen. Degenerative Krankheiten und Familienprobleme sind das traurige Ergebnis. Aber immer noch essen viele Leute weißen Reis und Misosuppe am Morgen. Ich hörte neulich von einem 109 Jahre alten buddhistischen Mönch, der jeden Tag weichen Reis aß und bis zu seinem Tode stark und aktiv blieb.

1 Tasse Naturreis
5 Tassen Quellwasser
1 Prise Meersalz

Den Reis waschen und dampfdruckkochen wie im Grundrezept. Nicht alles Wasser wird dabei absorbiert. Der Reis sollte cremig sein und noch einzelne Körner enthalten. Wenn das Wasser überkocht, drehen Sie das Feuer ab und lassen den Reis abkühlen. Dann Hitze wieder andrehen und weiterkochen lassen. Warten, bis der Druck sich normalisiert hat, öffnen und servieren.

Varianten: Reisbrei kann auch über Nacht bei niedriger Hitze fünf bis acht Stunden gegart werden. Für diese Methode nehmen Sie 10 Tassen Wasser auf eine Tasse Reis. Bei der Zubereitung von Reisbrei für Babies und Kleinkinder sollten Salz und Gewürze vermieden werden. Während des Kochens kann auch Gemüse wie Kürbis, Rettich oder Chinakohl beigegeben werden. Eine nahrhafte Mineralquelle ist auch ein 2 cm großes Stück getrockneten Kombus, das vor dem Kochen beigegeben wird. Als Abwechslung können auch Rosinen, Aprikosen oder andere getrocknete Früchte zugefügt werden.

Reisbrei mit Miso (weicher Misoreis)

Reisreste mit Miso gewürzt ergeben andere verschiedene delikate Gerichte für die Morgenmahlzeit.

2 Tassen gekochter Naturreis
7-8 Tassen Quellwasser
1 Tasse diagonal geschnittener Sellerie
1 15-20 cm langes Stück Kombu, eingeweicht und zerkleinert
2 Shiitake-Pilze, eingeweicht und zerkleinert
Püriertes Gerstenmiso
Zwiebelgrünringe

Reis, Sellerie, Kombu und Shiitake-Pilze in einen Topf geben, zum Kochen bringen und bedeckt bei mäßiger Hitze für eine Stunde, bei Dampfdruckkochen für 45 bis 50 Minuten, leicht kochen lassen. Das pürierte Gerstenmiso am Ende beigeben und ein paar Minuten ziehen lassen. Ganz zum Schluß die Schalottenscheiben zugeben und heiß servieren.

Reiscreme

Wie Reisbrei ergibt auch Reiscreme eine köstliche Morgenmahlzeit. Sie wird aus medizinischen Gründen vor allem Menschen empfohlen, die Schwierigkeiten beim Schlucken haben oder Nahrung nicht bei sich behalten. Viele Krebspatienten und andere Menschen, die sonst nichts mehr zu sich nehmen konnten, verdauten Reiscreme oder Reisbrei ohne Schwierigkeiten und erhielten dadurch ihre Kraft und Vitalität zurück.

1 Tasse Naturreis
10 Tassen Quellwasser
eine Prise Meersalz oder
⅓ Umeboshi-Pflaume pro Tasse Reis

Den Reis vor dem Kochen spülen, dann in einer gußeisernen oder rostfreien Stahlpfanne bei mäßiger Hitze trocken rösten bis er goldbraun ist, und das Korn einen nussigen Duft ausströmt. In einen Topf geben, Wasser und Gewürze zugeben und zum Kochen bringen. Deckel schließen, Wärme reduzieren und einen Flammenverteiler unter den Topf legen. Etwa 1½ Stunden kochen bis die Hälfte des Wassers verdunstet ist. Reis abkühlen lassen und dann in ein Käsetuch oder ein anderes ungebleichtes Tuch geben. Die Enden zusammenknoten und die Creme durchdrücken. Die passierte Creme erhitzen und servieren. Gegebenfalls nachwürzen.

Der Restbrei ist ebenfalls eßbar, und man kann ihn als kleine Kugel zusammen mit geriebener Lotoswurzel oder Mohrrüben dünsten oder mit vollwertigem Weizenmehl mischen und fritieren.

Variante: Mit Schalotten, gehackter Petersilie, Nori, Gomasio oder gerösteten Sonnenblumenkernen garnieren. Dieses Gericht kann auch im Dampfdruck-Verfahren hergestellt werden. Dafür die Wassermenge auf fünf Tassen reduzieren.

Gerösteter Reis

In meiner Jugend war gerösteter Reis meine liebste Leckerei. Mitte September, kurz vor der Ernte, gingen wir auf die Felder und sammelten eine kleine Menge rohen Reis. Dann rösteten wir ihn mit der Schale in einem Steingut-Topf. Danach entfernten wir die Schale und aßen die Körner kochendheiß. Auch auf Reisen oder bei langen Wanderungen trugen wir immer gerösteten Reis mit uns, weil er in der Zubereitung nur halb solange brauchte wie normaler Reis. Gerösteter Reis ist knusprig und delikat und leicht zu kauen. Frisch gepflückter und gerösteter Reis ist eine Speise, die ich am meisten in Amerika vermisse. Am nächsten kommt dieser Erfahrung das Essen frisch gepflückter Maiskolben aus dem Garten. Jedes Korn verliert bereits kurz nach dem Pflücken einen Teil seiner Energie. Schon ein paar Stunden nach dem Pflücken verändert sich sein Geschmack. Ist einmal die Grundmethode des Röstens erlernt, können die verschiedensten appetitanregenden Getreide- und Gemüsespeisen bereitet werden.

Dies ist eines meiner Lieblingsrezepte.

½ Tasse Lotoskerne
2 Tassen Naturreis
½ Tasse in 1 cm große Stücke geschnittenen und fritierten Seitan
½ Tasse geviertelte und in Scheiben geschnittene Mohrrüben
½ Eßlöffel gehackte Schalottenwurzeln
3 Tassen Quellwasser

Lotoskerne drei bis vier Stunden oder über Nacht einweichen. Den Reis in einer Pfanne trocken rösten und sorgsam mit einem hölzernen Spachtel rühren, bis er goldbraun ist und einen nussigen Duft ausströmt. Das dauert bei niedriger Temperatur etwa 10 bis 15 Minuten. Die Reismischung mit den restlichen Zutaten in einen Dampfdrucktopf geben und gut mischen. Wasser zugeben und 30 Minuten kochen lassen. Gewöhnlich wird keine weitere Würze zugegeben, da der Seitan bereits mit Shoyu-Sojasoße zubereitet wurde. Speise aus dem Topf nehmen und servieren.

Variante: Ist der Reis nicht geröstet, kann man ihn zusammen mit den Lotoskernen einweichen.

Gebackener Reis

Backen macht das Getreide leicht und flockig.

1 Tasse Naturreis
2 ½ Tassen Quellwasser pro Tasse Reis
eine Prise Meersalz pro Tasse Reis

Den Reis waschen und in einer Pfanne trockenrösten. Mit Wasser und dem Salz in einen Topf geben und eine Stunde lang kochen. Dann den Reis in einen feuerfesten Topf geben, bedecken und in vorgeheiztem Backofen eine Stunde bei 150° C backen. Der Reis sollte leicht und feucht, weder trocken noch naß sein.

Gebratener Reis

In Japan benutzten wir in unserer Gegend wenig Öl. Wir machten auch keinen gebratenen Reis. Nachdem ich in New York verschiedene chinesische Restaurants besucht hatte, begann ich mit diesem Kochstil herumzuexperimentieren. Besonders für übriggebliebenen Reis und während der Wintermonate ist er eine köstliche Alternative. Öl wird täglich in kleinen Mengen vom Körper benötigt. Von Menschen mit starker Gesundheit kann gebratener Reis ein- bis zweimal die Woche gegessen werden. Die beiden folgenden Reisrezepte verlangen geradezu nach Schalottenwurzeln. Sie sind der stärkste Teil dieser Pflanze, sehr nahrhaft und sollten während des Gemüseschneidens niemals weggeworfen werden. Hier sind zwei Gerichte für verschiedene Jahreszeiten:

Gebratener Reis nach Winterart

1 bis 2 Eßlöffel geröstetes Sesamöl
½ Tasse zerkleinerte Sellerie
1 Tasse geschnittene Zwiebeln
1 Eßlöffel gehackte Schalotten-Wurzeln
½ Tasse geviertelte und in sehr dünne Scheiben geschnittene Mohrrüben
½ Tasse auf dieselbe Weise zerkleinerte Klettenwurzel
1 bis 2 Eßlöffel Quellwasser bei sehr trockenem Reis
2 Tassen gekochter Naturreis
Shoyu-Sojasoße oder Meersalz
1 Eßlöffel gehackte Petersilie oder Schalotten samt Wurzeln

Die Pfanne einölen und erhitzen und Sellerie, Zwiebeln, Schalottenwurzeln, Mohrrüben und Klettenwurzel lagenweise hineingeben, Wasser dazugeben und den Reis oben auf dem Gemüse verteilen. Die Pfanne bedecken und bei mäßiger Hitze für 15 bis 20 Minuten dünsten, bis das Gemüse weich und der Reis warm ist. Hitze so niedrig halten, daß das Gemüse nicht anbrennen kann. Kurz vor dem Garwerden etwas Shoyu-Sojasoße oder Meersalz und die gehackte Petersilie oder Schalotten zufügen. Dann Reis und Gemüse mischen und nach zwei bis drei Minuten servieren.

Gebratener Reis nach Sommerart

1 bis 2 Eßlöffel geröstetes Sesamöl
1 Tasse zerbröckelten Tofu
½ Tasse geschnittene Zwiebeln
1 Eßlöffel gehackte Schalottenwurzeln
1 Tasse frische Maiskörner (von einem mittelgroßen Maiskolben)
2 Tassen Naturreis
1 bis 2 Eßlöffel Shoyu-Sojasoße oder Meersalz
½ Tasse gehackte Petersilie oder Schalotten geröstete Noristreifen

Pfanne erhitzen und Öl beigeben. Tofu dazufügen und 2 bis 3 Minuten schlagen. Zwiebeln, Schalottenwurzeln, Mais und Reis einfüllen, bedecken und bei mäßiger Hitze 5 bis 10 Minuten dünsten. Etwas Shoyu-Sojasoße oder Meersalz zufügen, ein paar weitere Minuten kochen lassen und kurz vor Schluß die gehackte Petersilie oder Schalotten zugeben. Reis und Gemüse gut mischen. Beim Servieren mit den gerösteten Noristreifen garnieren. Sollen Petersilie und Schalotten grün bleiben, nicht mit dem Reis kochen, sondern einfach zum Garnieren benutzen.

Azuki-Reis

Reis mit Azukibohnen ist als „roter Reis" bekannt. Im Fernen Osten ist traditionsgemäß rot die Farbe der Freude, und diese kleinen roten Bohnen wurden immer als glücksbringend angesehen. Wir bereiteten roten Reis anläßlich von Geburtstagen, Schulabschlüssen und anderen fröhlichen Festen. Diese Speise wird während des Shinto-Festes am ersten und fünfzehnten jeden Monats aufgetragen und ist besonders schmackhaft mit süßem Reis. Medizinisch stärken Azukibohnen die Nieren.

¾ Tasse Azukibohnen
2 Tassen Quellwasser
3 Tassen Naturreis
eine Prise Meersalz pro Tasse Reis

Die Azukibohnen waschen und in etwa 2 Tassen Wasser 10 bis 15 Minuten kochen. Die Flüssigkeit sollte sich dabei rot färben. Die Bohnen sollten während des Kochens sorgfältig beobachtet werden. Wenn sie zu lang kochen, geht die Farbe wieder verloren. Anschließend Bohnen und Wasser lauwarm abkühlen lassen. Den Reis waschen, in einen Dampfdrucktopf geben, und die Bohnen zufügen. Bohnenwasser und zusätzlich drei Tassen Wasser zugießen. Noch nicht salzen. Bei mäßiger Hitze 15 bis 20 Minuten kochen. Salz zugeben und die Hitze hochstellen. Deckel schließen und Druck hochkommen lassen, dann die Hitze auf eine mittlere Höhe stellen. Flammenverteiler unter den Topf legen und Reis und Bohnen 50 Minuten kochen lassen. Den Deckel erst öffnen, wenn der Druck runtergegangen ist, und 5 Minuten stehen lassen, damit sich die Körner vom Boden lösen. In einer Holzschüssel servieren.

Variante: Um die Speise besser verdaulich zu machen, sollte man Reis und Bohnen zusammen für 3 bis 4 Stunden oder über Nacht einweichen. Andere getrocknete Bohnen wie Linsen, Kichererbsen oder Nierenbohnen können ebenfalls in dieser Weise zusammen mit Reis gekocht werden. Jedoch sollte das Verhältnis von Bohnen zu Reis so verändert werden, daß ⅛ bis ½ Tasse Bohnen auf eine Tasse Reis kommt. Die Wassermenge beläuft sich auf 1¼ bis 1½ Tassen pro Tasse trockener Zutaten.

Reis mit schwarzen Sojabohnen

In einigen Gegenden Japans wird Reis mit schwarzen Sojabohnen an Beerdigungstagen serviert, wahrscheinlich wegen der dunklen, an Trauer erinnernden Farbe. In anderen Teilen des Landes wird die Speise bei fröhlichen Anlässen genossen. Auf jeden Fall ist es eine solide und nahrhafte Basis für jedes Gericht.

½ Tasse schwarze Sojabohnen
2 Tassen Naturreis
1 ¼ Tassen Quellwasser pro Tasse Reis und Bohnen
2 Teelöffel Shoyu-Sojasoße

Streue die Bohnen auf ein sauberes, nasses Handtuch und reibe den Staub ab. Die Bohnen nicht waschen, da sich sonst die Haut löst. Einige Minuten die Bohnen bei konstantem Rühren in einer Pfanne trocken rösten, um Anbrennen zu vermeiden. Sind die Bohnen innen leicht bräunlich, sind sie fertig. Zwischenzeitlich den Reis waschen und ihn mit den Bohnen in einen Dampfdrucktopf geben. Ebenso Wasser und Shoyu-Sojasoße. Langsam zum Kochen bringen (dauert gewöhnlich 15 bis 20 Minuten), dann den Deckel verriegeln und die Hitze vergrößern. Ist der Druck hoch genug, einen Flammenverteiler unter den Topf legen und 50 Minuten kochen lassen. Danach den Druck sinken lassen und 5 Minuten stehen lassen.

Gomoku (Fünf-Variationen-Reis)

Meine Mutter servierte immer ein köstliches Reisgericht zu Weihnachten. Ihr Gomoku enthielt winzige rote Muscheln vom nahen See. Diese Muscheln waren weithin berühmt und galten als etwas ganz besonderes.

2 Tassen Naturreis
2 Eßlöffel in Scheiben geschnittene, getrocknete Lotoswurzel
2 Stücke in Scheiben geschnittenen, getrockneten Tofu
6 mittlere geschnittene Shiitake Pilze
2 Eßlöffel geschnittenen, getrockneten Daikon-Rettich
2 fünf cm große Kombustücke
1 Teelöffel zerhackter Schalottenwurzeln
1 große zerkleinerte Mohrrübe
⅓ Tasse zerkleinerten Seitan
1½ Tasse Quellwasser pro Tasse Reis
Gehacktes Zwiebelgrün oder Petersilie zum Garnieren

Den Reis in einer Pfanne unter ständigem Rühren etwa 10 bis 15 Minuten trocken rösten. Die getrockneten Lotoswurzeln für dreißig Minuten in warmem Wasser, den getrockneten Tofu und die Shiitake-Pilze 10 Minuten, Daikon und Kombu 5 Minuten einweichen. Die Zutaten schneiden, aber nicht hacken. Den gerösteten Reis zusammen mit allen anderen Zutaten in den Dampfdrucktopf geben und gut mischen. Weil der Seitan bereits Shoyu-Sojasoße enthält, ist weiteres Würzen nicht nötig. (Wird kein Seitan benutzt, eine Prise Meersalz pro Tasse Reis zugeben.) Wie beim normalen Reis 45 bis 50 Minuten unter Druck kochen. Topf vom Feuer nehmen und 5

Minuten oder länger stehen lassen. Dann öffnen und garniert mit Schalotten und Petersilie servieren.

Variante: Dieses Gericht kann auch mit ungeröstetem Reis gemacht werden. In diesem Fall den Reis vor dem Kochen einweichen in 1 ¼ Tasse Quellwasser pro Tasse Reis.

Reissalat

In meiner Jugend hatten wir im Sommer öfters kalten Reis mit gekochtem Gemüse. Chirashi Sushi, wie sich die Speise nannte, bestand aus grünen Erbsen, Mohrrüben und gebratenem Ei und sah mit seiner rot-grün-gelben Sprenkelung sehr appetitlich aus. In Amerika habe ich den westlichen Reissalat kennen- und lieben gelernt, speziell als Abendessen bei heißem Wetter. Hier ein Rezept.

1 bis 1 ½ geviertelte und in dünne Scheiben geschnittene Mohrrüben
2 Tassen Broccoli (Blume und Stil)
1/2 Tasse zerkleinerter Sellerie
3 Tassen gekochten Naturreis
2 Tassen gekochte Kichererbsen
1/4 Tasse Zitronensaft
1 Teelöffel Shoyu-Sojasoße
zerkleinerte Petersilie und Zitronenscheiben zum Garnieren

Das Gemüse kurz kochen. Es sollte knackig bleiben. Abtropfen lassen und mit dem Reis und den Kichererbsen mischen. Zitronensaft und Shoyu-Sojasoße zugeben und alles gut mischen. Mit Petersilie und Zitronenscheiben garnieren und servieren.

Variante: Weiteres Gemüse wie Lotoswurzeln, Klettenwurzeln oder gepickelter Seitan können je nach Geschmack beigegeben werden. Auch kleine Krabben passen gut. Statt Zitronensaft kann auch ein Dressing aus einem Eßlöffel Süßreis-Essig und einem Teelöffel Shoyu-Sojasoße oder einem Eßlöffel Ume-Essig (oder den ausgepreßten Saft von zwei Umeboshi-Pflaumen) oder ½ Teelöffel von aus frisch geraspeltem Ingwer gewonnenem Saft bereitet werden.

Sushi

Sushi ist heute weltweit berühmt. Die bekannteste Art besteht aus Reis und Gemüse, Fisch oder Pickles, eingerollt in Nori und in Scheiben geschnitten. Dies ist aber nur eine von vier Hauptarten. In Japan wird Sushi gewöhnlich bei Versammlungen oder an Feiertagen und zu besonderen Gelegenheiten gereicht wie zum Ahnenfest am 15. August.

Maki-Sushi

Maki-Sushi ist die vertraute Sushi-Rolle. Beliebte Varianten sind Nori-Maki, bestehend aus kurz gedünsteten Mohrrüben, Schalotten und Ei, Kappa-Maki mit Gurken und Tekka-Maki mit rohem Thunfisch. Das Grundrezept ist wie folgt:

1 Blatt Nori
1 bis 2 Tassen gekochter Naturreis
1 Mohrrübe
1 Prise Salz
2 bis 3 ganze grüne Schalotten
⅛ Teelöffel Umeboshi Paste

Das Noriblat über mäßiger Hitze ein paar Sekunden rösten, bis es grün wird, und auf eine flache Bambus-Sushi-Matte legen. Hände spülen, um ein Kleben zu vermeiden, und den Reis mit den Händen gleichmäßig auf das Noriblatt streuen. Den oberen Rand 1-2 cm, den unteren Rand 3-6 mm freilassen.

Mohrrüben in ½ cm dicke Streifen schneiden und 2 bis 3 Minuten mit einer Prise Salz kochen. Sie sollten noch knackig sein, wenn man sie aus dem Wasser nimmt. Während die Mohrrüben abkühlen, das Schalotten-Grün in 20-25 cm lange Streifen schneiden und einige Sekunden in kochendem Wasser blanchieren. Mohrrüben- und Schalottenstreifen der Länge nach auf das Noriblatt legen, dabei 1 bis 2 cm am unteren Rand freilassen. Umeboshi pürieren und auf das Gemüse geben.

Die Sushi-Matte einrollen, dabei fest gegen den Reis drücken. Das Gemüse sollte in der Mitte der Rolle liegen. Die Nori-Ränder anfeuchten und festkleben.

Zum Schneiden ein scharfes Messer naßmachen und die Sushi-Rolle in 1 bis 2 cm dicke Scheiben schneiden. Vor jedem Schnitt das Messer erneut befeuchten, um das Reißen des Noriblattes oder Ankleben von Reis am Messer zu vermeiden. Die Scheiben auf einer Platte arrangieren, immer mit der Schnittseite nach oben.

Variante: Andere Variationen enthalten Gurke, Umeboshi und Seitan, alles in dünne Längsstreifen geschnitten, mit Petersilie oder Wasserkresse (frisch oder blanchiert). Mischt man etwas süßen Reis dazu (etwa 10 bis 30 Prozent), klebt das Sushi besonders gut zusammen. Statt Reis kann man auch gekochte Buchweizennudeln als Füllung verwenden.

Nigiri Sushi

Nigiri bedeutet „einhüllen“. Sushi dieser Art besteht aus mit Gemüse oder Meerestieren gefüllten kleinen Reisbällen, die mit Noristreifen aneinandergebunden sind. Oft wird Sashimi, d.h. roher Fisch wie Thun- oder Tintenfisch auf diese Weise angerichtet. Ich mache sie am liebsten mit Broccoli und Seitan. Das Noriblatt wird mit der Schere in lange, dünne Streifen geschnitten und um den Reisball gewickelt.

Chirashi Sushi

Chirashi Sushi ist dem westlichen Reissalat sehr ähnlich. Das Gemüse wird einzeln gekocht. Hierzu gehören in kleine Streifen oder Quader geschnittene Mohrrüben, blanchierte grüne Erbsen und Mais, der nach dem Kochen von dem Kolben geschält wird. Das Gemüse mit Naturreis mischen und mit einer Prise Meersalz und etwas Naturreis-Essig würzen. Statt regulärem kann man auch süßen Reis verwenden. Als Salat servieren, garniert mit sehr klein geschnittenen Schalotten und Nori. Wenn gewünscht, können der Speise auch Kamm-Muscheln und Krabben beigemengt werden.

Kitsune Sushi

Kitsume heißt „Fuchs" und einer Legende nach lieben Füchse gebratenen Tofu. Sushi nach Fuchs-Art wird mit 4-5 cm großen fritierten Tofuwürfeln zubereitet. Der fritierte Tofu wird 5 bis 10 Minuten in Wasser und ein paar Tropfen Shoyu-Sojasoße gekocht. Dann die Würfel diagonal zerschneiden, so daß man jeweils zwei Dreiecke erhält. Das weiche Tofu-Innere mit einem Löffel ausschaben und die Tofuecken mit Reissalat oder Reis, gemischt mit Reisessig, füllen. Mit der Spitze nach oben servieren.

Reisbälle

Reisbälle gehören zu den fundamentalsten, befriedigendsten Speisen und sind ganz einfach in der Zubereitung. Man kann sie mit den Händen essen, sie ergeben für sich eine vollwertige Mahlzeit, sind bequem auf Reisen und perfekt in allen Lebenslagen.

In Japan werden auf dem Land für alle Feldarbeiter während des Pflanzens oder der Ernte Reisbälle zubereitet. Während dieser Zeit verbringen die Bauern den ganzen Tag auf dem Feld und nehmen sich nicht viel Zeit zum Mittagessen. Nachbarn tun sich zu diesen Gelegenheiten zusammen nach dem Motto „Viele Hände machen bald ein Ende". Nahe der Felder wird eine Kochstelle aufgebaut, und viele Mütter und Töchter kommen hier zusammen, um für die ganze Gemeinde Reisbälle herzustellen. Ein junges Mädchen, das sich besonders geschickt anstellt, wird als gute, künftige Schwiegertochter betrachtet. Viele Verbindungen werden während dieser Zeit in die Wege geleitet. Zur Essenszeit liegen Hunderte von Reisbällen ordentlich nebeneinander auf Tabletts oder in Kartons für die hungrigen Feldarbeiter bereit. In unserer schmutzigen Kleidung ruhten wir uns dann am Rande der Reisfelder aus, aßen und waren fröhlich.

Als Kinder nahmen wir auch Reisbälle bei unseren Wanderungen in die Berge mit. Jedes von uns wickelte fünf oder sechs Bälle in ein großes Bambusblatt und band es mit einem Schal fest, den wir über die Schultern schlangen. Am Anfang des Ausflugs war das Gewicht noch etwas schwer. Aber am Ende war nur der Schal übrig. Die Bambusblätter benutzten wir auch zum Trinken des Quellwassers, indem wir sie zu Tüten rollten.

In den USA erinnern mich Reisbälle immer an unsere Anfänge mit Erewhon. Als wir 1965 nach Boston kamen, mieteten wir einen winzigen Laden in der Newbury Street. Die eine Hälfte des Ladens war vollgestopft mit Miso, Umeboshi-Pflaumen, Tamari-Sojasoße und anderen naturbelassenen Nahrungsmitteln, in der anderen Hälfte gab Michio Unterricht.

Donnerstags bereitete ich für Michios Schüler, damals waren es nur fünf oder sechs, Reisbälle zu. So fing es mit der Makrobiotik in Boston an.

Heute sind Reisbälle bei makrobiotischen Freunden in aller Welt beliebt. Kinder nehmen sie mit zur Schule, Eltern zur Arbeit, Feiernde nehmen sie mit auf Feste. Ob zum Picknick oder auf Reisen, Reisbälle ergeben stets eine bequeme und geschmackvolle Mahlzeit. Sie halten sich mehrere Tage frisch, auch ohne Kühlschrank, und zum Essen braucht man weder Teller noch Bestecke. Sie hinterlassen keine Reste, und so bleibt nichts übrig, was man hinterher säubern müßte. Sie sind energiespendend, ausgleichend und schmecken gut. Sie können mit verschiedenen Zutaten einschließlich Resten in allen Formen, Größen und Konsistenzen hergestellt werden. Wahrhaft umweltfreundlich, sind Reisbälle die makrobiotische Alternative zum Schnellimbiß.

Reisball-Grundrezept

1 Blatt Nori
1 Tasse gekochten Naturreis
½ bis 1 Umeboshi Pflaume

Das Noriblatt mit der glänzenden Seite nach unten 25-30 cm über einer kleinen Flamme drei bis fünf Sekunden halten, oder bis die schwarze Farbe grünlich wird. Das Blatt vierteln. Eine kleine Schüssel mit Salzwasser (1 Prise Salz) für die Hände bereit halten. Eine Handvoll Reis zu einer runden Kugel formen. Mit dem Daumen ein Loch in die Mitte bohren und ein kleines Stück Umeboshi hineinlegen. Loch schließen und den Ball noch einmal fest kneten. Den Reisball mit dem geviertelten Noriblatt einwickeln. Hände ab und zu befeuchten, damit Reis und Nori nicht an den Händen kleben bleiben, und das Nori fest auf den Reis pressen, bis es festklebt. Nicht zuviel Wasser benutzen.

Variante: Man kann den Reis auch statt zu Bällen zu Dreieicken formen, wenn man mit den Händen ein V formt. Die Bälle und Dreiecke können auch ohne Nori gegessen und stattdessen in geröstetem Sesam gerollt werden. Kleine Stücke Salz, gepickelte Kleie, Gemüse, eingelegter Fisch oder andere Zutaten können statt der

Umeboshi in die Mitte gesteckt werden. Statt Nori können gerösteter und zerstoßener Sesam, Shiso-Blätter, eingelegte Reisblätter, getrocknete Wakame oder die Blätter von grünem Blattgemüse verwendet werden.

Reis mit anderem Getreide

Naturreis mischt sich gut mit anderen Getreidesorten, und dies ist eine hervorragende Methode, sie in die Mahlzeiten einzubeziehen. Dampfdruckgekochte Gerste mit Reis ist besonders leicht, und ich kombiniere beide gern bei heißem Wetter. Frische Maiskörner mit Reis ergeben eine erfrischende Spätsommer- oder Herbstmahlzeit. Hirse mit Reis ist ebenfalls schmackhaft aber etwas trocken. Mit etwas mehr Wasser gekocht oder mit einer Soße serviert wird dieses Gericht schmackhafter. Weizen mit Reis ist ein köstlicher Weg, ganze Weizenkörner zu verwenden. Allein ist Weizen sehr schwer verdaulich, mit Reis ist er gut zu kauen und befriedigend. Auch Roggen wird kaum allein gekocht, und man kocht ihn besser zusammen mit Reis, Gerste oder Hafer.

Das übliche Verhältnis zwischen Reis und anderem Getreide ist 3 Teile Reis zu 1 Teil anderes Getreide, eine Prise Salz pro Tasse und 1¼ bis 1½ Tassen Quellwasser pro Tasse Getreide.

Das folgende Rezept kombiniert Reis mit Weizen und Kichererbsen, und man kann es auch für andere Kombinationen anwenden.

½ Tasse getrocknete Kichererbsen
¼ Tasse Weizenkörner
2 Tassen Naturreis
1¼ Tassen Quellwasser pro Tasse Getreide/Bohnen
1 Prise Meersalz pro Tasse

Die Kichererbsen und den Weizen separat waschen und über Nacht wässern. Am nächsten Tag das Einweichwasser wegkippen, den Reis waschen und zusammen mit den Kichererbsen und dem Weizen in einen Dampfdrucktopf geben. Alles gut mischen und Wasser zugeben. Über kleiner Hitze 15 bis 20 Minuten bei offenem Deckel zum Kochen bringen. Erst dann Salz zugeben und Deckel schließen. Flamme hochstellen und Druck hochkommen lassen. Dann die Hitze wieder auf ein Mittelmaß reduzieren und den Flammenverteiler unter den Topf legen. 50 Minuten kochen lassen. Dann den Druck herunterkommen lassen, wie bei normalem Reis, Deckel abnehmen und 4 bis 5 Minuten stehen lassen. Zum Servieren in eine Holzschüssel geben.

Naturreis mit Mais

2 Tassen Naturreis
1 Tasse frische Maiskörner (von zwei mittelgroßen Kolben geschält)
1¼ bis 1½ Tassen Quellwasser pro Tasse Reis
1 Prise Meersalz pro Tasse Reis

Den Reis waschen und zusammen mit dem Mais und Wasser in einen Dampfdrucktopf geben. Gut mischen. Noch kein Salz zugeben. Weiter siehe Grundrezept für Naturreis auf Seite 72.

Reis mit Samen, Nüssen und anderen Zutaten

Ich habe eine besondere Vorliebe für Reis mit Lotosnüssen. Sie sind groß, cremefarben und sehen ähnlich aus wie Kichererbsen. Lotosnüsse schmecken mild und geben jedem Gericht eine gut zu kauende Struktur. Damit sie richtig weich werden, sollte man sie immer vorher einweichen.

Mandeln und Walnüsse passen ebenso gut zu Reis, auch Shiso-Blätter, die bei der Reifung von Umeboshi-Pflaumen verwendet werden. Bancha-Tee kann gelegentlich statt Quellwasser zum Kochen verwendet werden und gibt dem ganzen einen stärkeren Geschmack.

Naturreis mit Lotosnüssen

2 Tassen Naturreis
½ Tasse Lotoskerne, die drei bis vier Stunden gewässert sind
1¼ bis 1½ Tassen Quellwasser pro Tasse Getreide und Nüsse
1 Prise Meersalz pro Tasse Reis

Den Reis waschen und mit den eingeweichten Lotoskernen und dem Wasser in einen Dampfdrucktopf geben. Bei mäßiger Hitze 15 bis 20 Minuten erhitzen, dann Salz zugeben, die Hitze hochstellen, Deckel verriegeln und Druck hochkommen lassen. In derselben Weise wie Naturreis kochen (Seite 72).

Naturreis mit Mandeln

½ Tasse Mandeln
2 Tassen Naturreis
1¼ bis 1½ Tassen Wasser pro Tasse Reis
1 Prise Meersalz pro Tasse Reis
Petersilie oder gehackter Schnittlauch zum Garnieren

Die Mandeln in etwas Wasser 2 bis 3 Minuten kochen. Abtropfen lassen, die Haut entfernen und mit dem gewaschenen Reis in einen Dampfdrucktopf geben. Reis und Mandeln gut miteinander vermischen. Wasser zugießen und über kleiner Hitze 15 bis 20 Minuten ankochen. Meersalz zufügen und Deckel verriegeln. Druck hochkommen lassen und etwas 50 Minuten kochen lassen (s. Rezept für Naturreis S. 72). Vor dem Servieren mit den Petersilienblumen oder gehacktem Schnittlauch verzieren.

Variante: Statt Mandeln kann man auch Walnüsse nehmen. Sie brauchen nicht vorgekocht und gehäutet zu werden.

Naturreis mit Shisoblättern

2 Tassen Naturreis
1¼ bis 1½ Tassen Quellwasser pro Tasse Reis
1 Prise Salz pro Tasse Reis
1/4 Tasse fein gehackte Shisoblätter

Den Reis waschen und in üblicher Weise mit Druck kochen. Ist er fertig, in eine Holzschüssel geben und die gehackten Shisoblätter zugeben. Gut durchmischen.

Naturreis mit Bancha-Tee

2 Tassen Naturreis
1¼ bis 1½ Tassen abgekühlten Bancha-Tee pro Tasse Reis
1 Teelöffel Shoyu-Sojasoße
1 Prise Meersalz pro Tasse Reis
gehacktes Zwiebelgrün, Petersilie oder anderes Grün zum Garnieren

Den Reis waschen und mit dem Bancha-Tee in einen Dampfdrucktof geben. Bei niedriger Hitze 15 bis 20 Minuten ankochen. Sojasoße und Meersalz zugeben. Deckel verriegeln und Druck hochkommen lassen. Weiter wie gewohnt, nach Wunsch mit gehacktem Zwiebelgrün, Petersilie oder anderem Grün garnieren und servieren.

Spanische PAELLA

Normalerweise liegt mir nicht viel an Reis, der mit tierischer Nahrung zubereitet wird. Bei einem kürzlichen Besuch in Spanien nahmen Freunde Michio und mich mit in ein Restaurant in Barcelona. Sie bestellten Paella, das traditionelle spanische

Reisgericht, das mit Meeresfrüchten gemacht wird. Die Paella kam mit Garnelen, Muscheln und verschiedenen kleineren Fischsorten, und wir waren beide überrascht über ihren köstlichen Geschmack. Etwas Saffran wurde benutzt, um den Fischgeruch zu tilgen. Hier das Grundrezept einer vegetarischen Paella:

1 mittelgroße Mohrrübe
2 Tassen trocken gerösteter Naturreis
½ Tasse gekochter und in 2 cm große Stücke zerkleinerter Seitan
½ Tasse Lotoskerne
½ Tasse fritierter Tempeh oder Tofu
2 Eßlöffel fein gehackte Frühlingszwiebelwurzeln
3½ Tassen Quellwasser
frischer Ingwersaft
gehackte Petersilie oder Zwiebelgrün zum Garnieren

Die Mohrrübe in kleine Stücke schneiden, alle Zutaten in den Dampfdrucktopf geben und gut mischen. Wenn der Druck oben ist, etwa 30 Minuten kochen lassen. Da der Reis geröstet ist, braucht er nicht länger. Druck herunterkommen lassen, öffnen und den Inhalt in eine Holzschüssel geben. Frischen Ingwersaft untermischen und mit Petersilie oder Zwiebelgrün garnieren. Fertig.

Süßer Reis und Mochi

Süßer Reis ist klebriger als normaler Reis. Er wird für sich oder kombiniert mit anderen Getreidesorten gegessen. Aus ihm macht man Mochi, Amasake, Sake oder besondere Gerichte und Getränke. Ich gebe ab und zu etwas süßen Reis dem normalen Rundkornreis, den ich für unsere täglichen Mahlzeiten bereite, zu.

Mochis sind Reiskuchen. Man stellt sie her, indem man gekochten süßen Reis zuerst mit einem schweren hölzernen Stampfer schlägt, dann zu kleinen Vierecken formt und trocknen läßt. In Japan wird Mochi den ganzen Januar über gegessen, um das neue Jahr zu feiern. Während ich unterrichtete, kamen meine Schüler nach den Feiertagen immer mit Mochis für ihre Lehrer zur Schule. Fünf bis zehn herrlich süße Reiskuchen waren in buntes, fröhliches Papier eingewickelt. Wir spendeten diese Mochis immer für das Schulfest, und alle Mochis unterschieden sich in Geschmack und Struktur.

Ähnlich hat auch jede Gegend in Japan ihr eigenes Mochi-Rezept. Einige bevorzugen es in klarer Brühe. Andere reichen es zu Meeresfrüchten oder süßen es mit Reismalz als Snack oder Nachtisch. In Tokio war der gebratene oder gebackene Mochi mit Shoyu-Sojasoße und Ingwer besonders beliebt. Meine Familie bereitete Mochi sehr schlicht zu. Gewöhnlich aßen wir es mit Nori, mit Bonito-Fischflocken, etwas Daikon-Rettich und Zwiebelgrün. Auch mochte ich besonders die Sakura-

Mochis. Das ist ein weicher Reiskuchen, in Kirsch-Blütenblätter gewickelt, ähnlich den gefüllten Weinblättern in Griechenland.

Mochis werden auch an Feiertagen gegessen. Am 4. Januar, dem Feiertag der buddhistischen Mönche, machten wir Mochis mit „Kinako" oder gelbem Sojamehl, und keiner aß Fleisch an diesem Tag.

Am 15. Januar gab es das Pinien-Fest, oder Tannenbaum-Fest. Ähnlich dem westlichen Weihnachtsfest suchen die Familien einen kleinen Nadelbaum, den sie aber vor und nicht in das Haus stellen. Wir bauten große Lagerfeuer im Schnee und rösteten Mochis an langen Stöcken, wie man es im Westen mit Maronen macht.

Am 3. Mai ist Mädchentag, wenn die Mochis mit Beifuß und weißem Reis zubereitet werden. Sie werden grüne Mochis genannt wegen ihrer Verfärbung durch das Kraut. Wir machten auch rote Mochis an diesem Tag, indem wir roten Saffran süßem Reis beimischten.

Am 5. Mai ist Jungentag. Wir mischten dafür die Mochis mit Reismehl und machten Klöße, die sehr attraktiv in Bambusblätter gewickelt waren. Diese Klöße wurden gedämpft und gekocht und anschließend entweder in Ingwersaft oder Shoyu-Sojasoße oder als Süßspeise in Reis- oder Gerstenmalz getaucht.

Der 7. Juli wird am Abend als Fest der Sterne der jährlichen Wiederkehr von zwei mythologischen Liebenden in der Milchstraße gefeiert. In dieser Nacht decken wir einen besonderen Tisch unter dem Sternenhimmel mit Mochis, Klößen, Origami (gefaltete bunte Papiermuster), kleinen Bambustassen und Tierfiguren, die wir aus Gartengemüse bastelten. Wir machten diese Vögel und Säugetiere aus Gurken, gelbem Kürbis und Auberginen mit Eßstäbchen als Beinen. Nach Gebeten vor Tisch genossen wir die Speisen in Gedenken an dieses Kosmische Ereignis.

Am 15. August, dem Feiertag der Ahnen, servierten wir den süßen Reis pur oder in Klößen mit Kinako-Sojabohnenmehl. Normale Mochis sind zu schwer für diese Jahreszeit.

Süßer Reis

1 Tasse süßer Reis
1 Tasse Quellwasser pro Tasse Reis
1 Prise Meersalz pro Tasse

Den Reis waschen und in den Dampfdrucktopf geben. Wasser und Salz zufügen und wie normalen Reis (siehe Rezept Seite 72) zubereiten.

Mochi

Mochis werden immer populärer in den Vereinigten Staaten und Kanada und es gibt sie inzwischen in den Naturkostläden gefroren (oder luftdicht verpackt, d.Ü.). Sie sind aber auch sehr einfach zuhause zuzubereiten. Sie können im Kühlschrank aufbewahrt und in wenigen Minuten heiß gemacht werden.

2 Tassen süßer Naturreis
1 bis 1¼ Tassen Quellwasser pro Tasse Reis
1 Prise Meersalz pro Tasse Reis

Den süßen Reis waschen und vorzugsweise einige Stunden oder über Nacht einweichen. Entsprechend dem Grundrezept für Naturreis unter Druck kochen. Wenn er fertig ist, den Reis in eine Holzschüssel geben und mit einem schweren Stößel oder Schläger zerstampfen, bis alle Körner zerdrückt sind und die Masse eine gleichmäßig klebrige Paste ergibt. Den Stößel ab und zu anfeuchten, um ein Verkleben mit dem Reis zu vermeiden. Gute Mochis müssen etwas 30 Minuten geschlagen werden.

Den Reisbrei zu kleinen Kugeln, Kuchen, Vierecken oder einem großen rechteckigen Brot, etwa 1-2 cm dick, formen und auf ein eingeöltes oder mit Mehl bestreutes Backblech geben. Ein bis zwei Tage trocknen lassen. Bedeckt im Kühlschrank oder an einem dunklen, kühlen Ort aufbewahren.

Zum Servieren in mundgerechte Stücke schneiden und trocken in einer Bratpfanne etwa 5 Minuten auf beiden Seiten rösten. Die Kuchen werden aufgehen, wenn sie gar sind, und sollten eine leicht bräunliche Färbung haben.

Mochis können auch gedämpft, gebacken, sautiert, fritiert oder Suppen und Eintöpfen zugegeben werden. Man kann sie auch pur essen und mit verschiedenen Dips, etwa Shoyu-Sojasoße oder Reismalz, servieren.

Ohagi

Ohagis sind aus leicht zerstampftem Reis gemachte Bälle mit einem Überzug aus Nüssen, Samen oder pürierten Bohnen oder Gemüse. Ohagis sind einfacher herzustellen als Mochi. Sie sind ein herzhafter Snack, hervorragend für Picknick und Feste.

2 Tassen süßer Reis
1¼ Tassen Quellwasser pro Tasse Reis
1 Prise Salz pro Tasse Reis

Den Reis wie dampfdruckgekochten normalen Naturreis zubereiten (s. Seite 72). Wie im Rezept für Mochis den Reis zerstampfen, aber nur etwa 20 Minuten, bis die

Körner zur Hälfte zerstoßen sind. Aus dem Teig kleine Bälle formen und mit verschiedenen Überzügen versehen. Am liebsten nehme ich dafür gemahlene Sesamsamen, zerstoßene geröstete Walnüsse, Azukibohnen mit etwas Reismalz vermischt, pürierte Kastanien, Kinako-Sojamehl oder Kürbismus. Sortieren Sie die verschiedenen Reisbälle appetitlich auf einem Tablett oder einer Platte zum Servieren.

Klöße aus süßem Reis

2 Tassen Mehl aus süßem Reis
1 Tasse kochendes Quellwasser

Das Mehl in eine Schüssel geben, Wasser zufügen und mischen. Etwa 5 Minuten lang kneten, dann Klöße formen, je nach Phantasie, aber sie sollten nicht dicker als 1 cm sein. In kochendes Wasser geben. Wenn die Klöße an die Oberfläche kommen, sind sie gar. Man serviert sie in klarer Brühe, in Misosuppe oder überzieht sie wie Ohagis mit Kinako oder anderen Überzügen.

Süßer Reis mit Maronen

Ich erinnere mich gern daran, wie wir als Kinder im Herbst in die Berge gingen, um frische Maronen zu sammeln. Wie andere Kinder rund um die Welt liebten wir es, sie über dem Feuer zu rösten und nach dem Schälen noch heiß zu essen. Maronen sind sehr süß und passen hervorragend zu Reis. Man kann mit ihnen auch Nachspeisen machen. Getrocknete Maronen gibt es das ganze Jahr über.

2 Tassen süßen Reis
½ Tasse getrocknete Maronen
1¼ bis 1½ Tassen Quellwasser pro Tasse Reis
1 Prise Meersalz pro Tasse Reis

Den Reis waschen. Die getrockneten Maronen waschen, nachdem alle farblosen aussortiert wurden, in einer Bratpfanne einige Minuten und bei dauernder Bewegung trocken rösten. Zusammen mit dem Reis in einen Dampfdrucktopf geben und nach dem Grundrezept für Naturreis zubereiten (s. Seite 72).

Variante: Statt des Röstens kann man die getrockneten Maronen auch über Nacht einweichen, um sie leichter verdaulich zu machen. Es können auch frische Maronen verwendet werden. Nach dem Rösten schälen. Azukibohnen sind eine schmackhafte Zugabe zu diesem Rezept. Einfach ½ Tasse Bohnen für 20 Minuten oder über Nacht einweichen und zusammen mit dem Reis und den Maronen kochen.

Wilder Reis

In New York entdeckte ich wilden Reis und war begeistert von seinem lockeren und natürlichen Geschmack. Zu der Zeit gab es noch keinen organisch angebauten Naturreis, und diese traditionell von den Indianern handgepflückten Körner wurden von uns hoch geschätzt. Gekocht hat wilder Reis eine fast mehlige Konsistenz. Ich mag ihn pur oder zusammen mit Naturreis (etwa ⅓ *Tasse wilder Reis auf 1 Tasse Naturreis). Wilder Reis ist besonders gut im Sommer in einem Salat aus Mais, grünen Erbsen und Gurken zu genießen. Hier das Grundrezept:*

2 Tassen wilder Reis
2 Tassen Quellwasser pro Tasse Reis
1 Prise Meersalz pro Tasse Reis
1 Tropfen Sesamöl

Den wilden Reis in einer Bratpfanne trocken etwa 5 Minuten rösten, bis er braun ist und zu duften beginnt, dann zusammen mit dem Wasser und Salz in einen Topf geben, ebenso den Tropfen Sesamöl. Hitze hochstellen und den Reis zum Kochen bringen. Dann die Flamme niedriger stellen und 45 Minuten kochen lassen. In einer hölzernen Schüssel servieren.

Variante: Wilder Reis kann auch dampfdruckgekocht werden. Dafür braucht man nur 1½ Tassen Wasser statt 2. Da das Korn sehr leicht ist, genügen 30 Minuten Garzeit, wenn der Druck hochgekommen ist. Wilder Reis kann auch mit Naturreis kombiniert werden. Dann kommt ⅓ Tasse wilder Reis auf eine Tasse Naturreis.

Kapitel 7

Vollkorngetreide

Ein Baby schreit.
Jeder erntet fleißig das Korn.
Nur der Hund paßt auf.
- Takako

Ganze Getreidekörner machen etwa fünfzig bis sechzig Prozent der makrobiotischen Ernährung aus und sind der Hauptbestandteil jeder Mahlzeit. Jedes Getreide hat seine eigene Charakteristik, und die Naturkost-Köche lernen schnell seine speziellen Qualitäten, Eigenschaften und Wirkungen kennen. Getreide versorgt den Körper mit einer ständigen, gleichmäßigen Energiequelle. Am besten verdaut man es, wenn man es als ganzes Korn ißt. In den letzten beiden Kaiteln haben wir uns mit der Zubereitung von Naturreis beschäftigt. Dieses Kapitel umfaßt Gerste, Hirse, Hafer, Weizen, Roggen, Buchweizen und Mais. Auch gibt es Wildgräser und Getreidesorten bestimmter Regionen wie Amaranth, die täglich gegesssen und auf verschiedene Weise zubereitet werden können.

Mehlprodukte und natürlich behandeltes Getreides sind die zweite Nahrungskategorie, die aus ganzem Korn hergestellt wird. Sie umfaßt Seitan, Fu, Nudeln, Teigwaren, Brot, Cracker und gebackene Produkte — die alle in nachfolgenden Kapiteln behandelt werden — Weizenschrot, Bulgour, grobe und feine Haferflocken, Maisgrütze, Roggenflocken, Couscous und anderes verarbeitetes Getreide. Gelegentlich bereite ich diese gemahlenen oder zerkleinerten Getreideprodukte zu leckeren Speisen. Im Gegensatz zu ganzem Korn haben diese Produkte während der Verarbeitung einen Großteil ihrer natürlichen Energie verloren, und daher verwende ich sie nur gelegentlich und als Beigabe zu ganzem Getreide in einer Mahlzeit.

Die dritte und ärmste Kategorie umfaßt weißes Mehl, polierten Reis und andere raffinierte, gebleichte oder künstliche konservierte und mit Zusatzstoffen angereicherte Getreideprodukte. Weißbrot, zum Beispiel ist die Kleie entzogen, die äußerste Schutzschicht des Korn, und der Keim, der innerste Kern, aus dem der Keimling und die Wurzeln wachsen. Diese Lebensmittel sind ohne Leben und werden in der makrobiotischen Küche vermieden.

Gerste

Gerste ist eines der ältesten Getreide der Welt und wird seit tausenden von Jahren im Osten und Westen kultiviert. Es war das Haupterzeugnis Ägyptens unter den Pharaonen, im antiken Griechenland und in Rom, im Heiligen Land in biblischen Tagen und in Tibet. Gerste ist gut zu kauen, besonders leicht verdaulich und nahrhaft. Hippokrates, der Vater der westlichen Medizin, empfahl Gerstensuppe zur Stärkung von Gesundheit und Vitalität und variierte ihre Stärke passend zu den verschiedenen Krankheiten. Jesus verteilte Gerstenbrot auf dem Berg von Sermon und beim letzten Abendmahl.

Im Fernen Osten wird traditionell Perlgerste benutzt, um übermäßiges Eiweiß und Fett durch den Konsum tierischer Nahrung auszuscheiden und um Hautunreinheiten zu behandeln. Diese kleinere, weißere, kompaktere Sorte gibt es inzwischen in einigen Naturkostläden, und wie wilder Reis ist sie ziemlich teuer. Perlgerste ist nicht zu verwechseln mit Gerstengraupen, eine bearbeitete Form des Getreides, dem alle Vitamine und Mineralien entzogen wurden. Für den alltäglichen Gebrauch wird die normale entspelzte Gerste empfohlen. Es gibt sie gewöhnlich in jedem Naturkostladen.

Allein ist Gerste etwas fade im Geschmack, und man gibt sie normalerweise Suppen, Eintöpfen, Geschmortem oder anderem Getreide bei. Sie macht anderes Getreide knackiger und hat eine eher kühlende Wirkung, besonders in den warmen Sommermonaten. Gerste kann auch Gemüsegerichten zugegeben werden, z.B. als Füllung von Kürbis oder Kohl, oder als ganze Körner Brot- und Kuchenteig oder andere Backwaren veredeln. Geröstete Gerste kann man für herzhaftes Brot und

Pasteten verwenden. Mit Schale geröstet ergibt sie, in Wasser gekocht, einen aromatischen Tee, den wir in Japan *„Mugi cha“* nennen.

Druckgekochte Gerste

2 Tassen Gerste
1 ¼ bis 1 ½ Tassen Quellwasser pro Tasse Getreide
1 Prise Salz pro Tasse Getreide

Die Gerste waschen und, wenn es die Zeit erlaubt, 4 bis 8 Stunden einweichen. Mit dem Wasser in einen Dampfdrucktopf geben und auf dieselbe Weise wie Naturreis (siehe Kapitel 5) kochen.

Gerstenbrei

Diese Speise gibt eine leckere Morgenmahlzeit ab.

1 Tasse Gerste
4 bis 5 Tassen Quellwasser
1 Prise Meersalz
gehackte Schalotten, Petersilie, Noristreifen oder Gomasio zum Garnieren

Die Zutaten in einen Topf geben und für 1 ¼ bis 1 ½ Std. kochen. Garnieren und heiß servieren.

Gerste mit Naturreis

1 Tasse eingeweichte Gerste
2 Tassen Naturreis
¼ bis ½ Tassen Quellwasser pro Tasse Getreide
1 Prise Meersalz pro Tasse Getreide

Die Gerste für einige Stunden einweichen. Den Reis waschen. Beides in einen Dampfdrucktopf geben und nach dem Rezept für Naturreis (Kapitel 5) kochen.

Hirse

Hirse wird in den nördlichen Regionen Chinas, in Korea, Japan und einigen Teilen Europas und in Afrika gegessen. Es gibt viele verschiedene Sorten. Die in Europa angebaute Hirse ist meistens gelb. Die kleinen Körner sind rund und kompakt, gehen aber beim Kochen auf und ergeben ein leichtes, bekömmliches Gericht. Weil sie in den kälteren, nördlichen Klimazonen wächst, gibt Hirse dem Körper Wärme und ist daher vor allem im Spätsommer und Herbst zu bevorzugen. Hirse kann für sich gegessen werden, obwohl sie dann etwas trocken ist. Daher reicht man sie gewöhnlich mit einer Soße oder gemischt mit Linsen oder Azukibohnen. Hirse kann auch Suppen, Eintöpfen, Salaten oder Brotteig beigegeben, als Füllung oder bei der Herstellung von Croquetten, Backwaren und Keksen verwendet werden. Medizinisch gesehen ist Hirse gut für Magen, Milz und Bauchspeicheldrüse. Um ihren delikaten, nussigen Geschmack zu verstärken, röste ich sie manchmal vor dem Kochen für etwa 5 Minuten in einer Bratpfanne, bis sie eine goldene Tönung erhält. Aber sie schmeckt auch ungeröstet.

Gekochte Hirse

2 Tassen Hirse
2 ½ Tassen kochendes Wasser pro Tasse Hirse
1 Prise Meersalz pro Tasse Hirse

Die Hirse waschen. In einer Bratpfanne unter ständigem Rühren trocken rösten. Wenn sie zu duften beginnt, heißes Wasser und Salz zugeben, zum Kochen bringen, dann Hitze verringern und 30 bis 35 Minuten leicht kochen lassen.

Variante: Die Hirse in etwas Sesamöl rösten oder vorher Zwiebeln für 3 bis 5 Minuten bei niedriger Hitze sautieren. Dann die Hirse zugeben und für weitere 3 bis 5 Minuten sautieren. Das kochende Wasser zugeben und wie oben kochen.

Merke: Für sich muß Hirse nicht dampfdruckgekocht werden, da sie sehr leicht ist. Soll die Speise aber besonders weich und gut gekocht sein, kann sie 35 Minuten im Dampfdrucktopf garen. Gemischt mit anderen Getreiden wie Reis, Gerste oder Hafer empfiehlt sich generell der Dampfdrucktopf. Hirse paßt auch gut zu hartem Kürbis.

Hirsebrei

Vor allem geeignet als cremige Frühstücksspeise.

1 Tasse Hirse
4 Tassen Quellwasser
1 Prise Meersalz
gehacktes Zwiebelgrün, Petersilie, geröstete Noristreifen oder Gomasio zum Garnieren.

Die Hirse wie im Grundrezept kochen, jedoch nicht rösten. Nach Wunsch garnieren.

Gebackene Hirse mit Kürbis

Dies ist eine köstliche, natürlich süße Speise für Herbst und Winter. Ihre tiefgelbe Farbe und feste Beschaffenheit ergeben eine befriedigende Hauptmahlzeit.

2 Tassen Hirse
2 Tassen zerkleinerten Herbstkürbis
1 ½ bis 1 ¾ Tassen Quellwasser pro Tasse Hirse
1 Prise Meersalz pro Tasse Hirse

Die Hirse waschen und in einer Bratpfanne rösten, bis sie goldbraun ist. Den Kürbis waschen und schneiden und beides in einen Dampfdrucktopf geben, ebenso Wasser und Salz. Zudecken und zum Kochen bringen. Über einem Flammenverteiler 15 bis 20 Minuten unter Druck kochen lassen. Topf von der Flamme nehmen und Druck herunterkommen lassen. Den Brei in eine feuerfeste Schüssel geben und im vorgeheizten Backofen bei 180° C für 30 bis 40 Minuten backen. Fertig sollten Hirse und Kürbis eine feste Masse ergeben. In Stücke schneiden und heiß servieren.

Dampfdruckgekochte Gomoku-Hirse

2 Tassen Hirse
Maiskörner von 2 bis 3 Kolben
½ Tase zerkleinerte Mohrrüben
¼ Tasse zerkleinerte Klettenwurzel
½ Tasse zerkleinerte Sellerie
½ Tasse geschnittene Zwiebeln
½ Tasse gekochter und zerkleinerter Seitan
3 Tassen Quellwasser
gehackte Petersilie zum Garnieren

Hirse waschen und in einer Bratpfanne einige Minuten goldbraun rösten. Hirse mit dem Gemüse in einen Dampfdrucktopf geben, Wasser zuschütten. (Salzen ist nicht notwendig, da Tamari-Sojasoße bereits im gekochten Seitan enthalten ist). Deckel verriegeln und über mittlere Hitze zum Kochen bringen. Ist das Druckventil oben, die Wärme reduzieren und Flammenverteiler unter den Topf legen. 15 Minuten kochen lassen. Topf von der Flamme nehmen und Druck natürlich herunterkommen lassen. Deckel öffnen und Inhalt in eine Schüssel geben. Mit gehackter Petersilie garnieren und servieren.

Variante: Dem Gericht können auch kleine Muscheln oder Garnelen sowie frisch geraspelter Ingwer beigemischt werden.

Hafer

Hafer verbreitete sich mit den römischen Legionen in Nordeuropa und gilt in Irland, Schottland und Nordengland als Hauptgetreide. Als Zusatznahrung wird er auch in anderen Teilen der Welt angebaut. In Japan nannten wir die Haferschoten *Karasamugi* oder „Krähen-Weizen", da ihre Form an eine Krähe erinnert.

Hafer enthält mehr Fett als anderes Getreide und schafft wärmende Energie. Er kocht sehr weich und ist als Morgenbrei beliebt bei hart arbeitenden Menschen. Die Widerstandskraft, die Hafer verleiht, unterstützte den Pioniergeist der ersten weißen Amerikaner.

In den Naturkostläden gibt es Hafer in drei Formen: entspelzte ganze Körner, feine Haferflocken, die gedämpft und in kleine Stücke geschnitten werden, und grobe Haferflocken, die gedämpft und gewalzt werden. Ganze Haferkörner sind cremig und köstlich und für den täglichen Bedarf geeignet, obwohl sie länger in der Zubereitung brauchen. Feine Haferflocken werden gewöhnlich vor dem Kochen geröstet und sind sehr gut zu kauen, haben aber weniger Energie als ganze Körner, da sie maschinell zerschnitten werden. Grobe Haferflocken, aus denen der normale Haferbrei gemacht wird, sind sehr cremig und geschmackvoll, und man mag sie, wie feine Haferflocken, gelegentlich auf den Speiseplan bringen. Außer morgens kann Hafer auch Suppen, Eintöpfen, Brot oder Gemüse-Getreide-Gerichten beigemischt werden. Hafermehl ist besonders süß und hält sich länger frisch als Weizenmehl. Aus Hafer kann man leckere Kekse, Puddings und anderes Gebäck zaubern.

Haferbrei

1 Tasse Haferkörner
5 bis 6 Tassen Quellwasser
1 Prise Salz pro Tasse Hafer

Den Hafer waschen und für einige Stunden oder über Nacht einweichen. In einen Topf geben, Wasser und Salz zufügen, bedecken und zum Kochen bringen. Dann die Hitze verringern und für mehrere Stunden oder über Nacht bis alles Wasser verdunstet ist, auf kleiner Flamme leicht kochen lassen. Um Anbrennen zu verhindern, Flammenverteiler benutzen.

Variante: Die Kochzeit kann per Dampfdrucktopf verkürzt werden. Befolgen Sie dafür das Rezept für Naturreis (Kapitel 5).

Feine Haferflocken

1 Tasse feine Haferflocken
3 Tassen Quellwasser
1 Prise Salz
gehacktes Zwiebelgrün, Petersilie, gerösteten Nori, und Sonnenblumenkerne oder Sesam zum Garnieren

Die Flocken in einer Bratpfanne 5 bis 10 Minuten bei ständigem Rühren trocken rösten. Das Wasser in einem Topf zum Kochen bringen und die gerösteten Flocken plus Salz zufügen. Wenn sie kochen, die Hitze reduzieren, Topf bedecken und mit einem Flammenverteiler zwischen 20 und 30 Minuten leicht kochen lassen, bis das Wasser verdunstet ist. Nach Wunsch garnieren.

Grobe Haferflocken

1 Tasse grobe Haferflocken
1 Prise Salz
3 Tassen Quellwasser, Dulse, Sesam oder Gomasio zum Garnieren.

Haferflocken und Salz in kochendes Wasser geben, zum Kochen bringen und dann bedeckt und bei mäßiger Hitze und mit Flammenverteiler 20 bis 30 Minuten kochen, bis die Flocken cremig sind. Mit Dulse, Sesam oder Gomasio garnieren.

Variante: Zum Süßen fügt man eine kleine Handvoll Rosinen oder Korinthen zu den Haferflocken und kocht beides wie oben.

Weizen

Weizen ist in Europa, Asien und im Mittleren Osten beheimatet. In alten Zeiten war er rarer als Gerste oder anderes Getreide, und man verzehrte ihn an Feiertagen und zu besonderen Gelegenheiten. Nur die Reichen konnten es sich leisten, ihn jeden Tag zu essen. Heute wird Weizen in aller Welt angebaut, und er hat Reis als Hauptgetreide verdrängt. Als ganzes Korn ist Weizen ziemlich hart und muß gut gekaut werden. Wir weichen ihn immer ein, und danach wird weich und süß. Er braucht auch eine längere Kochzeit als anderes Getreide. Bulgour, zerstampfter Weizen und andere bearbeitete Sorten sind leichter verdaulich und einfacher in der Zubereitung. Weizenmehl wird verwendet zu Teigwaren, Nudeln, Brot und anderen Backwaren.

Weizen wird nach seinem Eiweißgehalt und seinem jahreszeitlichen Wachstum klassifiziert. Hartweizen enthält mehr Kleber (Getreideeiweiß) als Weichweizen und wird vorwiegend zum Brotbacken verwendet. Weichweizen enthält mehr Kohlehydrate, und man verarbeitet ihn beim Kuchenbacken oder mischt ihn mit Hartweizenmehl. Sommerweizen ist Korn, das im Frühling gesät und im Herbst geerntet wird, und kann hart oder weich sein. Ebenso der Winterweizen, der im Herbst ausgesät wird und im Frühling reif ist. Eine Sorte Sommerweizen ist der Konditor-Weizen mit wenig Kleber, aus dem man Pasteten und Cracker macht. Eine andere Art wird „Durum“ genannt. Sie ist ebenfalls glutenarm und daher eher zur Herstellung von Nudeln und Teigwaren geeignet. Weizen wird auch nach seiner Farbe gekennzeichnet. Er kann rot, weiß, silber oder gold sein.

Obwohl ich gelegentlich Bulgour, Couscous oder andere bearbeitete Weizenprodukte verwende, ziehe ich doch das ganze Weizenkorn vor. Kombiniert mit Naturreis oder Azukibohnen schmecken ganze Weizenkörner besonders gut. Immer wenn ich nach einer Übung gefragt werde, empfehle ich, gekochte ganze Weizenkörner zu kauen. Kauen stimuliert sämtliche Muskeln im Körper und gibt den Verdauungsorganen Kraft. Außerdem alkalisiert es die Kohlehydrate des Getreides und sorgt für eine bessere Verdauung. Nach dem „Großen Buch des gelben Kaisers der inneren Medizin“, den medizinischen Schriften des antiken China, hilft Weizen bei Leberproblemen.

Ganze Weizenkörner

2 Tassen Weizenkörner
1 ¼ bis 1 ½ Tassen Quellwasser pro Tasse Weizen
1 Prise Meersalz pro Tasse Weizen

Den Weizen waschen und gemäß dem Grundrezept für Naturreis (Kapitel 5) oder gekochten Reis (Kapitel 6) zubereiten. Weizen braucht gewöhnlich eine längere

Garzeit als Reis. Weicht man die Körner vorher etwa 3 bis 5 Stunden ein, werden sie schneller weich und ergeben eine besser verdauliche Speise.

Variante: 1 Teil Weizenkörner mit 3 Teilen Naturreis oder anderem Getreide kombinieren. Eine weitere interessante Variante ergeben 3 Teile Weizenkörner und 1 Teil Azukibohnen.

Bulgour

Bulgour ist ganzer Weizen, der angekocht, getrocknet und zerstampft wurde. Er ist vor allem in Griechenland, dem Balkan, Nordamerika und dem Mittleren Osten sehr populär. Im Sommer dient Bulgour als leichtes Getreide in Salat oder als Füllung und schafft ein leichtes Gefühl.

1 Tasse Bulgour
2 bis 2 ½ Tassen kochendes Quellwasser
1 Prise Salz
gehackte Petersilie zum Garnieren

Bulgour mit dem kochenden Wasser und Meersalz in einen Topf geben, zum Kochen bringen, bedecken und für 15 bis 20 Minuten leicht kochen lassen. Mit gehackter Petersilie garnieren.

Variante: Bulgour wird oft zusammen mit Gemüse gekocht. Eine geschmackvolle Kombination ergibt 1 kleine geschnittene Zwiebel, ½ Tasse zerkleinerte Mohrrüben und ¼ Tasse zerkleinerten Sellerie. Das Gemüse mit dem Bulgour kochen und gut vermischen.

Couscous

Couscous ist eine weitere beliebte Speise im Mittleren Osten. Er wird aus zerstampftem, raffiniertem aber ungebleichtem Weizen hergestellt. Da er während der Verarbeitung seinen nahrhaften Wert verliert, sollte man Couscous nur ganz gelegentlich konsumieren. Ich verwende ihn ab zu in einem Sommer-Salat oder für einen leichten Kuchen.

1 Tasse Couscous
1 Prise Meersalz

Couscous mit dem Salz in einen Dämpfer geben und 5 bis 10 Minuten dämpfen.

Roggen

Roggen ist das Getreide Skandinaviens und anderer nördlicher Regionen Europas und Asiens. Wie Weizen wird er selten als ganzes Korn verzehrt. Vorwiegend findet er Verwendung als Mehl zu Herstellung von Roggenbrot, Crackern und anderne Backwaren. Roggen wird auch in der Whisky-Gewinnung benutzt. Seine harte Beschaffenheit macht gründliches Kauen notwendig, eine gute Übung für den ganzen Körper. In Bosten habe ich verschiedentlich herumexperimentiert und fand Roggen kombiniert mit Naturreis oder mit Wurzelgemüse sehr schmackhaft.

Roggen-Grundrezept

2 Tassen Roggen
2 bis 2½ Tassen Quellwasser
2 Prisen Meersalz

In derselben Weise zubereiten wie dampfdruckgekochten Naturreis (Kapitel 5). Bei normalem Kochen 4 Tassen Wasser nehmen.

Variante: Um Roggen besser kauen zu können, 1 Teil Roggen zu 3 Teilen Naturreis zugeben. Roggen kann auch in einer Pfanne einige Minuten geröstet werden, um ihn leichter verdaulich zu machen. Mehrere Stunden oder über Nacht eingeweicht, machen ihn ebenfalls weicher.

Roggen mit Gemüse

2 Tassen Roggen
5 Tassen Quellwasser
1 Tasse geschnittene Mohrrüben
1 mittelgroße Zwiebel, gepellt und geschnitten
1 Maiskolben
Meersalz
1 Bund Petersilie oder Wasserkresse
1 Umeboshi-Pflaume
1 Eßlöffel geriebene Ingwerwurzel (gelegentlich)

Roggen waschen und etwa 5 Minuten in einer Pfanne trockenrösten. Mit zwei Tassen Wasser in einen Dampfdrucktopf geben und 45 Minuten unter Druck kochen. Die Mohrrüben, Zwiebeln und den Maiskolben und zwei Prisen Salz für eine Minute zum Kochen bringen, um ihre natürliche Süße aufzuschließen. Petersilie oder Wasserkresse 1 Minute in kochendes Wasser halten, hier kein Salz zufügen, da sie sonst bitter werden. Dann abtropfen und hacken. Die Maiskörner vom Kolben schaben und dem Roggen im Dampfdrucktopf zugeben, außerdem die Zwiebeln, Mohrrüben und das Grün obenauf. Verrühre die Umeboshi-Pflaume in etwas Wasser und gib es dem Gericht mit dem Ingwer bei. Gut mischen und als Salat in einer großen Schüssel servieren.

Buchweizen

Buchweizen ist das traditionelle Getreide in Rußland, Sibirien, der Mandschurei und Polen sowie einigen anderen Teilen Europas und Zentralasiens. Er wird als ganzes Korn oder Grütze gegessen, die geröstet „Kasha" genannt wird. In Japan ist Buchweizen in Form von Spaghetti, genannt „Soba", seit Jahrhunderten beliebt.

In Japan wuchs Buchweizen in meiner Gegend an den Berghängen, und ich erinnere mich lebhaft an die dreieckigen Körner, die wunderschönen weißen Blüten, roten Stiele und grünen Blätter, die sich im Wind wiegten. Da er praktisch in jeder Erde, zwischen Felsen und auch in kalten Klimazonen wächst, ist Buchweizen das widerstandsfähigste Getreide. Er hat eine besonders wärmende Wirkung und verleiht Ausdauer und Energiereserven in kalten Wintertagen. George Ohsawa riet mir einst: „Willst du ein braves Kind, gib ihm keinen Buchweizen". Vor der Geburt eines meiner Kinder hatte ich ein starkes Verlangen nach dem vollmundigen Geschmack von Buchweizen. Dieses Kind wurde so aktiv wie die stampfenden und tanzenden Kosaken, deren Hauptgetreide dieses harte Korn ist.

In den Naturkostläden gibt es Buchweizen geröstet und ungeröstet. Die geröstete Sorte braucht nur 3 bis 5 Minuten weitere Röstung, während der ungeröstete etwa 10 Minten braucht. Ich ziehe die ganzen Körner den zerstampften vor. Gibt es nur Grütze, wähle ich die gröbere Ausführung. Zuhause koche ich Buchweizen besonders gern im Gomoku-Stil mit 5 oder 6 Gemüsesorten wie Sellerie, Klettenwurzel, grünen Erbsen, Zwiebeln, Kombu und Shiitake. Buchweizen wird auch in der traditionellen jüdischen Küche verwendet. Buchweizen gibt man in Suppen, kocht ihn mit anderem Getreide, und gemahlen kann man ihn zu nahrhaften Pfannkuchen oder Backwaren verarbeiten.

Medizinisch unterstützt Buchweizen die Entwässerung des Körpers. Er ist besonders wärmend im Herbst und Winter. Aber auch im Sommer mag er in Salaten mit frischem Sellerie, Zwiebeln oder anderem Gemüse zusammen mit frischem Maiskolben verzehrt werden. Wegen seiner stärkenden Wirkung kontrollieren wir seine Ausgabe an Kinder, die gewöhnlich ein Übermaß an Energie besitzen.

Kasha

1 Tasse Buchweizengrütze
2 Tassen kochendes Quellwasser
1 Prise Salz
gehacktes Zwiebelgrün oder Petersilie zum Garnieren

Buchweizen waschen und einige Minuten in der Pfanne trockenrösten. Mit Wasser und Salz in einen Topf geben, zum Kochen bringen und bei kleiner Flamme 20 bis 30 Minuten leicht kochen lassen (bis das Wasser verdampft ist). Mit gehackten Schalotten oder Petersilie garnieren und servieren.

Buchweizencreme

Eine stärkende Speise für kalte Wintermorgen

1 Tasse Buchweizengrütze
5 Tassen Quellwasser
1 Prise Meersalz
gehacktes Zwiebelgrün, Petersilie, gerösteten Nori oder gerösteten Sesam zum Garnieren

Buchweizen waschen und trocken rösten. (Für eine cremige Speise nicht rösten). Buchweizen mit Wasser und Salz in einen Topf geben, zum Kochen bringen, bedecken und bei kleiner Flamme über Flammenverteiler etwa 30 Minuten kochen. Nach Wunsch garnieren und heiß servieren.

Buchweizen-Salat

1 Tasse Buchweizen
2 Tassen Quellwasser sowie Sauerkrautsaft
1 Prise Meersalz
2 Eßlöffel fein gehackte Petersilie
1 Tasse gedämpften und gehackten Grünkohl
1 Tasse abgetropftes und gehacktes Sauerkraut

Buchweizen waschen und in einer Pfanne einige Minuten trocken rösten. Wasser mit dem Sauerkrautsaft zum Kochen bringen und Buchweizen mit dem Salz zugeben. Zudecken und 20 Minuten kochen. Die Petersilie in sehr wenig Wasser sautieren, mit den übrigen Zutaten dem Buchweizen beigeben und mischen. Mit unten beschriebenem Dressing servieren.

Variante: Noch nahrhafter gerät der Salat mit 100 g sautiertem oder gebratenem Tempeh.

Dressing
¼ Tasse Shoyu-Sojasoße
1 Teelöffel ausgepreßter Ingwersaft

Dressing über den Salat gießen und gut mischen.

Buchweizen-Klöße

1 Tasse Buchweizenmehl
2 Tassen Quellwasser
1 Prise Salz
helles oder dunkles Sesamöl
geriebener frischer Ingwer, gehacktes Zwiebelgrün und geröstete Noristreifen zum Garnieren

Das Buchweizenmehl mit dem Wasser und Salz zu einem leichten Teig kneten. Sesamöl 3-5 cm in einem tiefen Bräter erhitzen und den Teig löffelweise (Eßlöffel) dem Öl zugeben. Den Topf nicht überladen. Die Klöße frittieren, bis sie aufgehen und an die Oberfläche kommen. Die knusprigen Klöße mit einem Schaumlöffel herausnehmen und auf einer Papierserviette abtropfen lassen. Mit Ingwer, Zwiebelgrün und Nori garniert servieren.

Buchweizen-Schnellgericht

In Japan nennen wir diese Speise **Sobagaki.** Man genießt sie an frischen Wintermorgen oder zum Aufwärmen, wenn man aus der Kälte hereinkommt.

2 Tassen Buchweizenmehl
2 Tassen kochendes Quellwasser
2 Prisen Salz
Dashi
geriebener Ingwer
gehacktes Zwiebelgrün und geröstete Noristreifen zum Garnieren

Das Buchweizenmehl in einer Pfanne ein paar Minuten trocken rösten. Das kochende Wasser über das Mehl gießen und 2 bis 3 Minuten gut mischen, bis das Wasser total aufgesaugt ist. Salz zugeben. Mit Dashi servieren und nach Wunsch garnieren.

Mais

Der Hybridmais von heute unterscheidet sich in der Qualität sehr von dem Mais der indianischen Ureinwohner. Die traditionellen Maiskolben waren kleiner (oft nur 5-10 cm lang), kompakter und vollwertiger als die kommerziellen, künstlich entwickelten, in die Länge gezogenen Kolben, die 90% des heutigen Maisanbaus in den Vereinigten Staaten ausmachen. Indianischer Mais wächst in verschiedenen Farben: rot, blau, weiß und gelb. In der makrobiotischen Küche bereiten wir Mais gewöhnlich als Gemüsebeilage und nicht als zentrales Hauptgericht einer Mahlzeit zu. Jedoch stehen die herkömmlichen Maissorten vor einem Comeback. Es gibt Samen für den eigenen Gartenbau von verschiedenen Samen-Lieferanten, und dieses robuste indianische Getreide könnte eines Tages wieder zum Hauptgetreide auf diesem Kontinent werden. Es gibt fünf verschiedene Maistypen: Süßer Mais, der heute gewöhnlich gegessen wird; „Kerben-Mais", das sind ganze gelbe Maiskörner mit eingekerbten Kronen, die man in Naturkostläden erhält, und aus dem die meisten Maisgerichte bestehen; mehliger Mais, eine sehr stärkehaltige Sorte, die vorzugsweise in Lateinamerika gegessen wird; „Kiesel-Mais", ein weiterer Feldmais mit hohem Stärkegehalt aus der lateinamerikanischen Küche; und Puffmais oder Popkorn, der Kinorenner, (in den USA, d.Ü.), verwandt mit dem altertümlichen, wild wachsenden und ersten angebauten Mais.

In meiner Kindheit wuchs Mais in der hinteren Ecke des Gartens, und wie die Indianer weichten wir die getrockneten Körner in Wasser und fügten Holzasche hinzu. Die Asche (von hartem Holz, nicht aus Papier oder anderem bedruckten oder pappigen Material) macht die Hülsen weich und gibt dem Getreide Kalzium und andere alkalische Minerale.

In Amerika ist frischer Mais vom Feld die heimische Nahrung, die mir am besten gefällt. Er ist ein herrlicher Sommergenuß, und am liebsten koche oder backe ich ihn.

In Lateinamerika ist Mais immer noch das Hauptnahrungsmittel, und es gibt eine Reihe köstlicher Maisspeisen mit Bohnen, Kürbis und Meeresgemüse. Vor einigen Jahren lernte ich in Venezuela zum ersten Mal „Arepas" kennen, ovale Kuchen aus weißem Maisteig, und sie erinnerten mich an Mochis, die süßen Reiskuchen, die wir in Japan machen.

Neben der Zubereitung aus ganzen Maiskörnern zu Arepas oder Tortillas, wird Mais auch zu Mehl oder Maisgries gemahlen und kann zu Kuchen, Brot und anderen Backwaren verarbeitet werden. Medizinisch gesehen stärkt Mais Herz und Kreislauf. Die Indianer fasteten mit Mais für spirituelle Entwicklung. Die Maiskolbenblätter können Suppenbrühen beigefügt werden und geben einen delikaten süßlichen Geschmack. Maisgrannen, die goldfarbenen Stränge um den Kolben, können getrocknet und als Tee aufgebrüht werden, der gut für die Nieren ist.

Ganzer Mais

2 Tassen getrocknete Maiskörner, vorzugsweise „Kerben-Mais"
2 Tassen Quellwasser
1 Tasse Holzasche
1 Prise Meersalz

Den Mais über Nacht einweichen, mit der Holzasche und zwei Tassen Wasser in einen Dampfdrucktopf geben und Druck hochkommen lassen. Dann bei mäßiger Hitze über einem Flammenverteiler 1 Stunde kochen. Von der Flamme nehmen und Druck fallen lassen. Erst wenn der Druck ganz heruntergegangen ist, Deckel öffnen und den Mais in ein Sieb gießen. Die Holzasche gut wegspülen, dann den Mais in einen sauberen Dampfdrucktopf geben, Meersalz zufügen sowie die verbliebenen zwei Tassen Wasser. Erneut 1 Stunde lang unter Dampfdruck kochen. Dann in eine Servierschüssel geben. In Suppen, Gemüsebeilagen oder Salaten servieren.

Gebackene Maiskolben

Die traditonelle Zubereitung des gebackenen Maiskolbens in seiner Hülse macht ihn süßer und delikater als Kochen oder Dämpfen.

4 bis 8 frische Maiskolben in ihrer Hülle auf ein Backblech legen und 30 Minuten in vorgeheiztem Backofen bei 170° C backen. Die Hülsenblätter und die Grannen erhalten dem Mais beim Backen seinen natürlichen Saft. Anschließend Hülse und Grannen entfernen und heiß servieren.

Statt Butter, Margarine, Salz oder Pfeffer benutzen wir Umeboshi zum Würzen. Einfach ein bis 2 Pflaumen im Suribachi mit etwas Wasser oder Maisöl zerdrücken oder die fertige Umeboshi-Paste verwenden und leicht auf den Mais streichen. Umeboschi hat einen stark salzigen Geschmack, also nicht zu viel nehmen.

Grundrezept für Maisteig

Teig aus ganzen getrockneten Maiskörnern ist die Grundlage für Tortillas, Arepas, Empanadas und andere traditonelle indianische Maisgerichte. Auf spanisch heißt Maisteig „Masa". Maismehl, -gries oder -grütze eignet sich dafür (allerdings vorzugsweise lateinamerikanischer Herkunft). Übriggebliebener Teig hält sich etwa eine Woche im Kühlschrank frisch. Läßt man ihn reifen, wird der Teig sauer und man kann ihn für die Herstellung von Maiskuchen oder anderen süßen Backwaren verwenden. Rosa oder rote Punkte auf dem Teig zeigen an, daß er verdorben ist. Ich lernte die Grundrezepte für Maisteig und einige der folgenden Rezepte von Anna Torconis und Maritza Rojas, zwei makrobiotischen Freundinnen aus Venezuela, die am Kushi-Institut die herkömmliche Mais-Zubereitung unterrichteten. Das Grundrezept ergibt etwa 1 ½ bis 2 Pfund Maisteig.

4 Tassen ganze, getrocknete Maiskörner
1 Tasse gesiebte Holzasche in einem Mullbeutel
8 bis 10 Tassen Quellwasser

Mais, Asche und Wasser in einen Topf geben und 20 Minuten unter Druck kochen. Wasser abgießen und den Mais gründlich waschen, um eventuelle Aschereste zu entfernen. Dafür mindestens viermal das Wasser wechseln. Die losen Schalen der Maiskörner sollten mit weggespült werden. Tun sie es nicht, noch einmal etwa 10 bis 15 Minuten mit mehr Asche kochen lassen.

Nach dem Spülen den Mais zurück in den Topf geben und mit frischem Wasser unter Druck 50 bis 60 Minuten weiterkochen lassen.

Topf vom Herd nehmen und total abkühlen lassen. Den Mais mit der Handmühle zermahlen (keinen Mixer benutzen) und zehn bis 15 Minuten mit den Händen kneten. Etwas Wasser und Salz zugeben. für die Weiterverarbeitung siehe folgende Rezepte.

Arepas

Diese köstlichen Maisbälle gehören zur traditonellen Grundnahrung in vielen Teilen Lateinamerikas und werden anstelle von Weißbrot gegessen. Sie können einfach oder mit verschiedenen Füllungen gemacht werden.

1 ½ Pfund Maisteig
¼ Teelöffel Meersalz
Quellwasser
Sesamöl, vorzugsweise dunkles

Den Teig zerkrümeln und Salz zugeben. Mit etwas Wasser durchkneten, bis der Teig weich ist und etwa die Konsistenz von Brotteig hat. Hat man aus Versehen zuviel Flüssigkeit benutzt, mehr Teig zugeben oder ihn ein paar Minuten an der frischen Luft trocknen. Aus dem Teig 6 bis 8 faustgroße Bälle formen. Eine gußeiserne Bratpfanne mit dunklem Sesamöl einfetten, die Bälle zu Ovalen flachdrücken und etwa zwei bis drei Minuten auf jeder Seite knusprig braten. Dann im vorgeheizten Backofen etwa 20 Minuten bei 170° C backen, bis die Arepas aufgehen. Sie sind gut, wenn sie beim Antippen einen hohlen Ton von sich geben.

Variante: Arepas können auch ohne Backofen in einer zugedeckten Bratpfanne 10 Minuten bei niedriger Hitze gebacken werden. Dann Deckel abnehmen, Hitze hochstellen und weitere 15 Minuten braten. Zur Abwechslung kann man 2 Tassen Sesam oder gehacktes, sautiertes Gemüse in den Teig kneten. Festliche Arepas werden mit Tofu, Tempeh oder Miso-Tahini-Tunke serviert.

Tacos und Tostadas

Tortillas, dünne, flache Maisbrote, sind das Hauptnahrungsmittel der Mexikaner. Sie werden benutzt, um Tacos zu machen, zusammengefaltete Tortillas mit Bohnen und anderen Zutaten gefüllt, und Tostados, flache Tortillas. Dieses Rezept ergibt 10 bis 12 Tortillas.

2 Pfund Maisteig
Meersalz
Quellwasser
Maisöl zum Frittieren

Den Teig zerkrümeln und mit etwas Wasser und Salz ein paar Minuten lang gut durchkneten. Hände feucht machen, damit der Teig nicht klebt. Man kann auch ein kleines Mullstück zu Hilfe nehmen. Den Teig zu Bällen rollen und zu flachen, etwa 12 cm großen Tellern flachdrücken. Ein bis zwei Minuten von beiden Seiten in Öl fritieren, dabei zwei Gabeln zum Umdrehen benutzen. Auf Papierhandtuch legen, damit überschüssiges Öl abtropfen kann. und bis zum Servieren im Ofen warmhalten.

Die Mexikaner essen Tacos und Tostadas traditionall mit schwarzen und bunten Bohnen. Dafür 1 1½ bis 2 Tassen getrocknete Bohnen kochen und gemäß dem Grundrezept in Kapitel 21 zubereiten. Dann in einem Topf oder im Suribachi zerdrücken, wenn nötig etwas Wasser zugeben. Der Bohnenbrei sollte eher saftig sein. Neben Bohnen kann man den Füllungen auch gepickelten Tofu, Seitan oder Reis mit Gemüse zugeben. Geraspelter Salat, klein geschnittene Zwiebeln und gehackte Arame oder Hiziki-Algen ergeben hübsche Garnierungen. Die scharfen Soßen und Würzen, die in Mittelamerika benutzt werden, sollten in unseren gemäßigten Klimazonen lieber vermieden werden. Für etwas Schärfe sorgen auch gehacktes Zwiebelgrün oder Ingwersoße.

Empanadas

Empanadas sind ähnlich wie Tacos oder Tostadas, nur werden sie vor dem Fritieren gefüllt. Einfach die Füllung auf den Teigteller geben, Teig zusammenfalten und die Enden mit den Fingern oder einer Gabel festdrücken. Beide Seiten 4 bis 5 Minuten fritieren und auf einem Papierhandtuch abtropfen lassen.

Bollos Polones

Diese gefüllten Maisbälle werden gekocht. Sie sind besonders für diejenigen geeignet, die auf ihren Ölkonsum aufpassen müssen.

2 Pfund Maisteig
¼ Teelöffel Meersalz
8 Tasssen Quellwasser
Petersilie oder gehacktes Zwiebelgrün zum Garnieren

Hände anfeuchten und den Teig ein paar Minuten mit etwas Wasser und dem Salz gut durchkneten. 10 bis 12 faustgroße Bälle formen. Ein Loch in die Mitte drücken und die Füllung (Bohnen, Seitan, Gemüse oder Fisch) hineingeben. Das Loch schließen, ggf. mit etwas extra Teig. Das Wasser in einem großen Topf zum Kochen bringen, die Bälle hineingeben und 20 Minuten kochen lassen. Mit Petersilie oder gehacktem Zwiebelgrün garnieren. Mit Miso-Mohrrüben- oder anderen Soßen servieren.

Polenta

Polenta ist vor allem in Italien, Südeuropa und Lateinamerika beliebt.

1 15 cm langes Stück Kombu
1 geschnittene Mohrrübe
1 Zwiebel, geschält und zerschnitten
1 ½ Tassen getrocknete Nierenbohnen
250 g Seitan (wahlweise)
4 ½ Tassen Quellwasser
Shoyu-Sojasoße zum Würzen
14 frische kleine Maiskolben
½ Teelöffel Meersalz, wenn kein Seitan benutzt wird

Kombu, Gemüse und Bohnen in Dampfdrucktopf geben und mit Wasser und Salz 45 Minuten unter Druck kochen, bis die Konsistenz dicklich ist. Etwas Shoyu-Sojasoße zugeben. Die Maiskörner von den Kolben schaben und in einer Handmühle mahlen (nicht im Mixer). Die eine Hälfte der zerkleinerten Maiskörner als Unterlage in eine eingeölte Backform geben, das Bohnengemüse als zweite Lage obendrauf verteilen und mit dem verbliebenen Mais bedecken. Im vorgeheizten Backofen bei 170° C ein bis 1 ¼ Stunden backen.

Kapitel 8

Spaghetti und Teigwaren

Ich drehe den Mühlstein
Und mahle Mehl
Mit meiner Mutter
– Yoshie

Spaghetti sind köstlich, eröffnen zahllose Möglichkeiten und sind leichter verdaulich als gebackene Mehlprodukte. In Japan sind Spaghetti unentbehrlich. Es gibt Restaurants, die ausschließlich Spaghetti servieren. Einige bieten nur „Soba“ an, die nahrhaften Buchweizen-Spaghetti, die im Fernen Osten seit Jahrhunderten verzehrt werden. Diese Restaurants werden „Sobaya“ oder „Soba-Häuser“ genannt. Andere servieren lediglich „Udon“, Spaghetti aus ganzem Weizen. Sie heißen „Udonaya“. An den Straßenecken bieten Verkäufer hausgemachte Spaghetti von Handwagen an, und einige spielen Flöte, um Käufer anzuziehen.

Heute werden die meisten Nudeln im Osten und Westen mit raffiniertem Mehl, chemischen Konservierungsstoffen und anderen künstlichen Zutaten industriell hergestellt. In den Vereinigten Staaten haben die Lebensmittelbehörden bestimmt, daß fast alle Produkte, die als Nudeln verkauft werden, Ei enthalten müssen. Nur traditionelle orientalische Nudeln sind davon ausgenommen. In den letzten zwei Jahrzehnten hat die internationale makrobiotische Bewegung die Produktion hochwertiger Nudeln und Backwaren aus ganzem Getreide stimuliert. Diese Produkte sind für den täglichen Gebrauch geeignet und umfassen auch Soba, Udon und andere japanische Waren sowie eine Vielzahl verschiedener Vollweizen-Spaghettis, Muschel-, Spiral-, Band-, und weitere Nudeln westlicher Art.

Eine traditionelle Sylvesterfeier

In meiner Erinnerung ist Soba immer verbunden mit Sylvester. Bei uns zuhause war es Sitte, daß die Kinder den Eltern bei der Zubereitung der Nudeln halfen. Sie wurden aus frisch gemahlenem Buchweizenmehl, etwas Vollweizenmehl, Meersalz und kühlem Quellwasser aus den Bergen zubereitet. Die Vorbereitungen begannen früh am Morgen, als wir den Teig zwischen kleinen, neu geflochtenen Strohmatten kneteten. Das machten wir mit den Füßen ähnlich der Art, wie man den Wein aus den Trauben preßt. Bei uns auf dem Land hatten wir einen Spruch, der hieß „Nudeln und Jungfrauen gedeihen beim Kneten".

War der Teig weich, rollten wir ihn auf einem großen hölzernen Tisch aus. Die Nudelhölzer waren etwa 2,5 cm dick und gaben einen klickenden Ton von sich. Wann immer wir dieses Geräusch hörten, wußten wir, daß jemand Nudeln machte. Der gut ausgerollte Teig wurde dann mit einem schweren rechteckigen Messer in dünne Streifen geschnitten. Professionelle Nudelbäcker machten einen sehr dünnen Teig, wie Crêpes und sehr feine Nudeln. Wir hatten dieses Geschick nicht, und unsere gerieten meist zu Nudeln im „Obi-Stil", benannt nach der Schärpe, die sich die Japaner traditionsgemäß um die Taille binden.

Nach dem Schneiden wurden die Nudeln in großen Kesseln über starkem Feuer gekocht. Zu schwaches Feuer machte die Nudeln matschig, und zu wenig Wasser verwandelte sie in Klumpen. Mochis dagegen, die aus süßem Reisbrei gemacht werden, vertragen nur geringe Hitze. Diese verschiedenen Methoden schufen ein weiteres allgemeines Sprichwort: „Zum Sobakochen bitten wir den Teufel, Feuer zu machen, aber zum Kochen von Mochis bitten wir einen Engel".

Nach dem Kochen gaben wir den Nudeln etwas eiskaltes Quellwasser zu, um weiteres Kochen zu verhindern. Begann der Topf erneut zu kochen, gaben wir weiteres kaltes Wasser zu. Begannen die Nudeln zum vierten Mal zu kochen, waren sie fertig. Das kalte Wasser machte die Nudeln knackig und leichter in ihrer Beschaffenheit. Dies wird die „Schock-Methode" genannt und kann auch in der heutigen Küche angewendet werden. So produzierten wir 25 bis 50 Pfund Soba am letzten, kalten, frostigen Tag des Jahres. Nach dem Abkühlen wurden die Nudeln gewaschen und Hand für Hand in langen Bambus-Kästen gestapelt.

Um Mitternacht schlug die Tempelglocke unseres Dorfes 108 mal, um das neue Jahr einzuläuten. Zu dieser späten Stunde feierten Familien überall in Japan das fröhliche Ereignis mit köstlichen, hausgemachten Soba. Sie wurden entweder in einer heißen Brühe erwärmt oder kalt mit einer scharfen Soße serviert. Am Neujahrsmorgen feierten wir mit Mochis weiter, die ebenfalls in großen Mengen in den letzten Tagen des alten Jahres bereitet worden waren. Buchweizen und süßer Reis, das stärkste und das süßeste Getreide, wurden so Seite an Seite gemacht — ein perfektes Beispiel ausbalancierter, unterschiedlicher Energien, die Yin und Yang in Harmonie bringen, Teufel und Engel vereinen.

Verschiedene Nudelarten

Soba gibt es in vielen Varianten und werden nach ihrem Buchweizen-Anteil klassifiziert. Vierzigprozentige Soba enthalten 40 Prozent Buchweizen und 60 Prozent Vollweizen. Fünfzigprozentige Soba sind aus gleichgroßen Mengen beider Mehle hergestellt. Alle diese Sobasorten sind für den regulären Gebrauch geeignet. Die Soba, welche wir in Japan zu Sylvester zubereiteten, enthielten 70 bis 80 Prozent Buchweizen. Hundertprozentige Soba sind am stärksten, teuersten und eine exquisite Nahrung bei sehr kaltem Wetter oder extrem anstrengenden Tätigkeiten. Eine andere sehr stärkende Variante ist „Jinenjo Soba“, denen das Mehl der länglichen japanischen Bergkartoffel beigemischt ist. Für den Sommer eignet sich die leichte, dünne „Ito-Soba“-Nudel, die man in einer kalten Brühe reicht.

Udon ist die zweite Hauptart der japanischen Nudel-Familie. Udon-Nudeln werden aus Vollweizen-Mehl und manchmal einer kleinen Menge ungebleichten oder feinen Mehls hergestellt. Sie sind weder breiter noch dicker als Soba, und da sie weniger aktivierend sind, werden sie mehr in den Sommermonaten genossen. Beide Nudeltypen können das ganze Jahr über gegessen werden. Udon werden genauso wie Soba zubereitet.

Andere fernöstliche Nudeln sind „Somen“, weiche Vollweizennudeln, etwa halb so dick wie Udon; „Saifun“, Glasnudeln, die aus Mungbohnen-Sprossen gemacht und für Sukiyaki verwendet werden; „Maifun“, Nudeln aus Reismehl; „Ramen“, fritierte Udon- oder Soba-Nudeln; und verschiedene grüne Nudeln, deren Teig Beifuß, Artischocken oder grüner Tee beigemischt sind.

Soba werden traditionell auf sechs verschiedene Arten zubereitet.

1. *Kama-age* sind Soba, die „aus dem Topf genommen werden. Ohne sie unter kaltem Wasser abzuspülen, serviert man die Nudeln heiß in ihrem eigenen Sud, *Soba Yu* genannt. Dieser Sud wird in Japan oft anstelle von Tee serviert und ist ein gutes, dickflüssiges Getränk.

2. *Zara-Soba* sind Soba, die in einzelnen Bambuskörben oder Sieben zubereitet werden. Zuerst kocht man alle Nudeln zusammen in einem großen Topf. Dann legt man sie in kleine Körbe und hält sie für ein bis zwei Minuten erneut in kochendes Wasser. Sie werden zusammen mit verschiedenen Suppen serviert, die über die Nudeln gegossen oder als Dip benutzt werden.

3. *Kake-Soba* sind „schwimmende“ Soba, wieder erhitzt und in einer extra Brühe serviert.

4. *Yaki-Soba* sind gebratene Soba, zubereitet mit Tofu, Zwiebeln, Mohrrüben, Sellerie und anderem Gemüse.

5. *Churashi-Soba* sind gekühlte Soba als Salat mit verschiedenem Gemüse wie frischem Mais, grünen Erbsen, Mohrrüben und Gurken oder mit Sellerie, Schalotten und Sauerkraut.

6. *Nori-Maki-Soba* werden mit Gemüse und Meerestieren zubereitet, in Nori gerollt und nach Suhsi-Art in kleine runde Stücke geschnitten.

Soba als auch Udon schaffen wärmende Energie. Udon werden gewöhnlich mit einer reichhaltigen Soße bedeckt, die verschiedene Zutaten enthält, während Soba meist in einer einfachen Brühe genossen werden. Dies ist ein anderes Beispiel natürliche Ausgewogenheit in der traditionellen Küche. Leichte Soba-Brühen enthalten Kombu oder Shiitake oder beides als Suppengrundlage. Einen stärkeren Geschmack geben getrockneter Daikon-Rettich, Zwiebeln und Mohrrüben oder „Bonito“-Fischflocken. Eine Mischung aus Mohrrüben, Zwiebeln, Shiitake-Pilzen, getrocknetem Daikon und manchmal auch gebratenem Tofu ergeben eine reichhaltigere Soße und passen vor allem gut zu Udon. Kuzu-Soße verwendet man vor allem mit gebratenen Nudeln.

Garnierungen sind sehr wichtig bei Nudeln. Man nimmt einfach etwas gerösteten Nori, geschnittenes Zwiebelgrün, geröstete Sesamsamen oder einen Tropfen geröstetes Sesamöl. Japaner nehmen traditionell eine Mischung aus getrockneten Zutaten wie Gomi, Sichimi und Etomi. Mi heißt Geschmack. Go bedeutet fünf, Shichi heißt sieben und Eto neun. Diese Zahlen beziehen sich auf die Anzahl der Zutaten. Es gibt auch eine medizinische Würzmischung, Yakumi genannt. Sie enthält meistens getrockneten roten Pfeffer und ist sehr scharf. All diese Gewürze geben der Mahlzeit die richtige Ausgewogenheit, aber man sollte sie mit Bedacht und nur gelegentlich verwenden.

Es lohnt sich, die Grundtechnik der Nudelzubereitung zu erlernen und in Ruhe ihre vielseitige Verwendungsmöglichkeit auszuprobieren. Fernöstliche Nudeln enthalten bereits Salz, so daß zusätzliches Würzen beim Kochen nicht nötig ist.

Nudeln und Brühe

Nudeln

6 - 8 Tassen Quellwasser
1 250 g-Packung Soba- oder Udon Nudeln

Brühe

1 Stück Kombu, 5-7 cm lang
4 Tassen Quellwasser
2 getrocknete Shiitake Pilze
2-3 Eßlöffel Shoyu-Sojasoße
Gehacktes Zwiebelgrün, Schnittlauch oder geröstete Noristreifen zum Garnieren

Wasser zum Kochen bringen und Nudeln zugeben. Nach 10 Minuten Kochen prüfen, ob die Nudeln gar sind. Buchweizen kocht schneller als Vollweizen, und dünnere Nudeln brauchen weniger Zeit als dickere. Bei Buchweizen-Nudeln die Schock-Methode anwenden. Haben die Nudeln innen und außen dieselbe Farbe, sind sie gar. Nudeln in ein Sieb geben und gründlich mit kaltem Wasser spülen, damit sie nicht klumpen. Das Wasser kann als Suppenstock oder zum Brotbacken verwendet werden.

Für die Brühe Kombu mit frischem Wasser in einen Topf geben. Die Shiitake Pilze einweichen, Stiele wegnehmen und die Pilze in kleine Scheiben schneiden. Zu dem Kombu geben und den Topf bei niedriger Hitze zum Kochen bringen. 3 bis 5 Minuten leicht kochen lassen. Shoyu-Sojasoße zugeben und weitere 3 bis 5 Minuten kochen. Die gekochten Nudeln zum Aufwärmen in die Brühe geben, aber nicht mehr kochen lassen. Wenn sie heiß sind, nehmen wir die Nudeln wieder heraus und servieren sie sofort mit etwas Brühe. Mit Zwiebelgrün, Schnittlauch oder geröstetem Nori garnieren.

Variante: Man kann etwas geriebenen, frischen Ingwer der Brühe zugeben. Kombu und Shiitake können in der Brühe belassen oder mit den Nudeln serviert werden. Getrockneter Daikon-Rettich, Mohrrüben und Zwiebeln oder „Bonito"-Fischflocken sind ebenfalls geeignete Zugaben. Die Nudeln werden gewöhnlich auch zu gekochtem Seitan, Fu, Tofu, Natto oder Tempeh genossen.

Gebratene Nudeln

4Tassen Quellwasser
1 250 g-Packung Soba oder Udon-Nudeln
1 Eßlöffel geröstetes Sesamöl
2 Tassen geraspelter Kohl
1 bis 2 Eßlöffel Shoyu-Sojasoße
½ Tasse geschnittenes Zwiebelgrün

Nudeln nach vorangegangenem Rezept kochen, unter kaltem Wasser spülen und abtropfen lassen. Die Bratpfanne einölen und den Kohl hineingeben. Nudeln darüber geben. Pfanne zudecken und bei kleiner Hitze 5 bis 7 Minuten garen, bis die Nudeln warm sind. Shoyu-Sojasoße zugeben, und alles gut durchmischen. Nicht schon vorher vermischen. Sie sollten in Ruhe garen, bis sie fertig sind. Noch ein paar Minuten schmoren lassen und zum Schluß das Zwiebelgrün zufügen. Heiß oder kalt servieren.

Variante: Man kann auch anderes Gemüse miteinander kombinieren wie Mohrrüben und Zwiebeln, Zwiebelgrün und Pilze, Kohl und Tofu. Harte Wurzelgemüse brauchen länger zum Garwerden, und sie sollten in der geölten Pfanne sautiert werden, bevor man die Nudeln zugibt. Weiches Gemüse kurz vor der Zugabe von Shoyu hineingeben.

Soba mit Jinenjo

Diese längliche Berg-Kartoffel ergibt eine besonders stärkende Brühe im Winter.

1 250 g-Packung Sobanudeln
5 bis 6 Tassen Brühe
1 Tasse geriebene Jinenjo
gehacktes Zwiebelgrün zum Garnieren

Nudeln und Brühe wie im Grundrezept zubereiten. Die Nudeln einige Minuten in der Brühe erwärmen. Einen Teelöffel geriebene Jinenjo beim Servieren auf jede Nudelportion geben. Mit Zwiebelgrün garnieren und heiß mit der Brühe servieren.

(Anmerkung: Jinenjo sind in Europa kaum erhältlich, aber fertige Jinenjo-Soba werden über den Naturkosthandel importiert.)

Kalte Somen-Nudeln

Diese dünnen, weißen Nudeln werden meistens in fünf zusammengebundenen Einzelpackungen geliefert. Eines dieser Bündel ergibt 3 kleine Suppenportionen. Einige Sorten brauchen weniger Garzeit als Soba oder Udon, weil sie sehr dünn sind. Aufpassen, daß die Nudeln nicht zu lange kochen, da sie sonst matschig werden. Das folgende Gericht ist vor allem im Sommer beliebt.

3 Bündel oder 250 g Somen-Nudeln
3 Tassen kalte Brühe
frischer geriebener Ingwer
geröstetes Nori oder geschnittenes Zwiebelgrün zum Garnieren

Nudeln und Brühe wie im Grundrezept beschrieben zubereiten. Brühe in Kühlschrank stellen oder mit Eiswürfeln kühlen, dann in einzelne Schalen zum Servieren gießen und etwas Ingwer, Nori oder Schalotten als Garnierung zugeben. Nudeln extra servieren.

Variante: Eine andere Methode ist, Eiswürfel in eine große Schüssel zu legen und die gekochten Somennudeln darüberzugeben. Sind die Nudeln gut gekühlt, in einzelne Schalen mit etwas Brühe geben und garnieren, oder die große Schüssel mit den Nudeln und dem Eis auf den Tisch stellen und jeden sich selbst bedienen lassen. Soba und Udon können auf dieselbe Weise zubereitet werden. Statt der Brühe kann man auch einen Dip machen. Dieser sollte individuell serviert sein und 1 Eßlöffel Shoyu-Sojasoße, 1 Eßlöffel Mirin und 4 Eßlöffel Kombu-Suppentstock enthalten.

Spaghetti

Immer wenn ich Italien besuche, genieße ich den herrlichen Geschmack der Spaghetti, wenn deren Qualität sich in letzter Zeit auch verschlechtert hat. Der originale Nudelteig Italiens und Siziliens ist seit langem von raffiniertem Mehlteig verdrängt worden mit einer Küche, deren Grundgemüse Tomaten, Paprika, Auberginen und andere tropische Gemüsesorten sind, die aus Lateinamerika nach Europa gelangt sind. Die orangefarbene Mohrrübensoße im folgenden Rezept paßt besser in unser gemäßigtes Klima als Tomatensoße. Sie ist sehr köstlich, und viele unserer Freunde haben nicht einmal den Unterschied gemerkt. Shoyu-Sojasoße und andere makrobiotische Zutaten können ebenfalls mit Nudelteig genossen werden. Auf meinen Reisen nach Florenz und Rom oder wenn ich hier in ein italienisches Restaurant gehe, habe ich immer einen kleinen Vorrat bei mir.

Im Gegensatz zu asiatischen Nudeln ist der westliche Nudelteig kaum gewürzt, und man sollte dem Kochwasser immer etwas Salz beigeben.

1 Liter Quellwasser
½ Pfund Vollweizen-Spaghetti
Prise Meersalz

Wasser zum Kochen bringen und Nudeln und Salz zugeben. Wasser erneut zum Kochen bringen und bei niedriger oder mittlerer Hitze etwa 10 Minuten kochen, oder bis die Nudeln gar sind. Nudeln unter kaltem Wasser spülen, damit sie nicht kleben.

Grundrezept für Spaghettisoße

1 kleine Rote Beete mit Grün
4 bis 5 Mohrrüben
1 grüne Paprikaschote
4 Selleriestangen
geröstetes Sesamöl
4 gehackte Zwiebeln
2 Eßlöffel Miso

Das Grün der Roten Beete hacken und die Rübe in Scheiben schneiden, ebenso die Mohrrüben, den grünen Paprika und den Sellerie. Zusammen 20 Minuten lang unter Druck kochen oder ohne Druck 45 Minuten. Die Zwiebeln in etwas Sesamöl sautieren, bis sie durchsichtig werden. Dann dem Gemüse zugeben. Alles in einem Suribachi, in einem Passiersieb oder Mixer verrühren, das aufgelöste Miso dazugeben (Reismiso eignet sich besonders gut für diese Soße) und weitere 5 Minuten leicht kochen lassen. Nach Geschmack mit Miso nachwürzen. Über Spaghetti oder anderem Nudelteig servieren.

Variante: Bei italienischen Spaghetti etwas getrockneten Oregano und Basilikum zugeben. Eine reichhaltigere Soße ergeben sautierte Pilze und/oder Seitanstücke. Gekochte Tofustücke geben dem Gericht den Geschmack und die Illusion von Käse. Eine cremigere Soße erhält man durch die Zugabe von 2 Eßlöffeln Tahin.

Gebackene Lasagne mit Tofu

1 Teelöffel geröstetes Sesamöl
½ Tasse geschälte frische grüne Erbsen
Maiskörner von einem frischen Maiskolben
½ Tasse geschälte und geschnittene Zwiebeln
1 Pfund Tofu
1 Teelöffel Shoyu-Sojasoße
12 ganze Weizen-Lasagne-Nudeln, 20-25 cm lang

Erbsen, Mais und Zwiebeln mit Sesamöl in einer Pfanne etwa 5 Minuten sautieren, bis sie fast weich sind. Tofu im Suribachi oder einer anderen Schüssel zerdrücken und dem Gemüse beimischen. Mit Shoyu würzen, gut mischen und 1 bis 2 Minuten weiterkochen. Die Nudeln separat in einem großen Topf garkochen, dem Grundrezept für Nudeln folgend (Seite 116). Spülen und abtropfen lassen. Eine Lage Lasagnenudeln auf den Boden einer Backform legen, eine Lage Gemüse mit Tofu obenauf geben und mit einer zweiten Lage Lasagne zudecken. Backform zudecken und 20 bis 25 Minuten im vorgeheizten Backofen bei 170° C backen. Fertig sollten die Nudeln an den Enden knusprig sein. Mit Mohrrüben-Soße (siehe Rezept auf der Vorseite) oder einer milden Kuzu-Shoyusoße servieren.

Variante: Anderes Gemüse, Seitan oder Tempeh können ebenfalls als Füllung dienen. Neben Lasagne-Nudeln sind auch große Muschel- oder Spiralnudeln geeignet.

Kapitel 9

Seitan und Fu

Nach einem goldenen Herbst
Zeigt der Winterweizen
Sein frisches Grün.
– Yoshiko

Seitan ist ein Produkt aus Vollweizen und wird in einer Brühe aus Kombu, Shoyu-Sojasoße und Wasser gekocht. Er ist nahrhaft, hat einen dynamischen Geschmack, und man kann ihn auf vielerlei Arten zubereiten, als Klopse in Suppen und Salaten und als Einlage in Schmortöpfen. Dem Fleisch in Geschmack und Beschaffenheit ähnlich, wurde Seitan von den Zen-Buddhisten in China und Japan entwickelt und anstelle von Huhn und Schweinefleisch verwendet. Hergestellt durch die Trennung von Stärke und Kleie vom Kleber (Getreide-Protein), ist er auch bekannt als Weizengluten oder Weizenfleisch. In diesem Land ist dieses Weizenfleisch sehr populär und wird als Getreidebulette ein Ersatz für Hamburger oder in anderen Speisen als idealer Fleischersatz serviert. In Europa gehören Weizengluten in einigen Ländern zur traditionellen Ernährung, die man mit etwas Öl zubereitet.

Sehr eiweißhaltig, gibt Seitan Kraft und Vitalität und ist ziemlich sättigend. Er kann zuhause mit Vollweizenmehl aus hartem Sommer- oder hartem, rotem Winterweizen selbstgemacht werden, obwohl Sommerweizen etwas weicher ist und daher meistens vorgezogen wird. Obwohl er ein Teil der traditionellen Tempura-Küche Japans ist, wurde er bei uns auf dem Lande kaum verwendet, und ich lernte seine Zubereitung erst in den Vereinigten Staaten. Heute ist Seitan ein fester Bestandteil unserer Ernährung, und es gibt ihn bei uns etwa zwei- bis dreimal die Woche. Da er in einer Shoyu-Brühe gekocht ist, braucht er keine zusätzlichen Würzmittel. Zur Abwechslung kann man aber etwas geriebenen frischen Ingwer zugeben. An Feiertagen oder für Feste würze ich ihn gelegentlich mit frischer Minze oder anderen Kräutern.

Weizenfleisch ist vorgekocht in vielen Naturkostläden erhältlich. Gewöhnlich wird er in 250 bis 500 g-Portionen verkauft. Ich prüfe beim Kauf generell die Zutaten und vermeide Produkte, die nicht mit natürlicher Shoyu-Sojasoße verarbeitet wurden und Knoblauch oder andere scharfe Gewürze enthalten. Zum Zubereiten einfach die fertigen Seitanstücke 5 bis 10 Minuten braten, dämpfen, kochen oder backen. Seitan hält sich etwa eine Woche lang in einem geschlossenen Behälter im Kühlschrank frisch.

In den folgenden Rezepten mit fertigem Seitan kann entweder hausgemachtes oder im Laden gekauftes Weizenfleisch verwendet werden. Roher Seitan bedeutet immer hausgemachter Glutenteig, der noch nicht mit Kombu und Shoyu-Sojasoße gekocht ist. Hausgemachten Seitan bereitet man in einer knappen halben Stunde zu, und er ist frischer als die im Laden gekauften Sorten.

Hausgemachter Seitan

3½ Pfund Vollweizen aus biologisch-organischem Anbau
8 bis 9 Tassen warmes Quellwasser
¼ bis ⅓ Tasse Shoyu-Sojasoße
1 Teelöffel geriebenen frischen Ingwer (nach Wunsch)

Das Mehl in eine große Schüssel geben und vorsichtig das Wasser zugießen. Mit den Händen verrühren, bis die Beschaffenheit Hafergrütze oder Kuchenteig ähnelt. 3 bis 5 Minuten kneten, bis sich das Mehl gut mit dem Wasser verbunden hat.

Der Teig sollte möglichst für 2 bis 3 Stunden oder über Nacht stehen blieben. Je länger er liegt, umso weicher wird er, und Stärke und Eiweiß lassen sich leichter trennen. Die schnelle Methode ist jedoch, den Teig nach gründlichem Kneten mit Wasser zu bedecken und wenigstens für 5 bis 10 Minuten stehen zu lassen. Dann erneut eine Minute im Einweichwasser kneten. Das milchige Wasser abgießen und aufbewahren.

Den Teig in ein großes Sieb geben, das in einer großen Schüssel hängt. Kaltes Wasser in die Schüssel füllen und den Teig im Sieb kneten. (Es ist üblich, das erste

Spülwasser mit all seiner Stärke und Kleie aufzubewahren. Weitere Verwendung siehe weiter unten). Wiederhole den Spül- und Knetvorgang im Sieb, bis alle Stärke und Kleie herausgewaschen ist. Spüle abwechselnd mit kaltem und warmem Wasser, beginne aber immer mit kaltem Wasser, und auch die letzte Spülung sollte mit kaltem Wasser geschehen, um die Gluten zusammenzuziehen. Nach zwei oder drei Zyklen sollten die Gluten eine klebrige schwammartige Masse ergeben.

Die Gluten in 5 oder 6 Stücke teilen und zu Bällen formen, in 6 Tassen kochendes Wasser geben und 5 Minuten kochen, bis die Bälle auf der Wasseroberfläche schwimmen. Wenn sie am Boden festkleben, mit Stäbchen lösen. Bälle aus dem Wasser nehmen und ein paar Minuten abkühlen lassen. Dem kochenden Wasser ein 7 cm großes Stück Kombu beigeben und die Glutenbälle wieder in den Topf geben, Shoyu-Sojasoße und, nach Wunsch, geriebenen Ingwer zufügen. Alles zum Kochen bringen, dann die Hitze reduzieren und 45 bis 60 Minuten lang kochen. Heiß servieren oder in einem der folgenden Rezepte verwenden. Übriggebliebener Seitan kann mit seinem Kochsud in einem geschlossenen Behälter aufbewahrt werden. Den Rest des Suds für Suppe oder Nudeln verwenden. Das verbliebene Wasser mit der Stärke und Kleie kann zum Andicken von Suppen, Soßen, Eintöpfen, Puddings oder als Starter für Sauerteig verwendet werden.

Der Niederschlag im Wasser kann auch für sich verbraucht werden. In einem Krug stehen lassen, bis sich Stärke und Kleie am Boden gesetzt haben, und das Wasser abgießen. Den Brei auf ein Backblech streichen und trocknen lassen. Ist die Feuchtigkeit verdunstet, wird die Stärkemischung hart und kann wie Kuzu verwendet werden. In einem Krug aufbewahren und nach Bedarf kleine Stücke abbrechen, in Wasser auflösen und zum Andicken benutzen.

Statt den Seitan zu kochen, kann man ihn auch fritieren. Das macht ihn sehr viel weicher, aber wegen der großen Mengen Öl, die dabei verbraucht werden, sollte man ihn nur gelegentlich auf diese Art zubereiten. Nach den abwechselnden Kalt- und Warmbädern alles Wasser aus den Gluten pressen. In einem Fritiertopf dunkles Sesamöl (etwa 4 bis 5 cm tief) erhitzen. Die Gluten in 12 Stücke zerteilen und erneut alle Flüssigkeit herausdrücken, ggf. mit etwas extra Mehl oder Pfeilwurzelpulver kneten. Hat das Öl die richtige Temperatur erreicht (siehe Kapitel über Tempura und fritierte Nahrung), die Glutenstücke mit den Händen in die Länge ziehen und flachdrücken und für 2 bis 3 Minuten in das heiße Öl geben, bis sie goldbraun sind. Immer nur zwei Stücke auf einmal fritieren, herausnehmen und das nächste Paar hineingeben. Am Schluß das überschüssige Öl mit einem trockenen Papierhandtuch abtupfen oder mit heißem Wasser abspülen. Den fritierten Seitan mit etwas Quellwasser in einen Topf geben, ⅓ Tasse Shoyu-Sojasoße zufügen und 5 bis 10 Minuten kochen. Dieses Rezept ergibt etwa 1½ Pfund Seitan und reicht für 6 bis 8 Leute.

Seitan Kinpira

2 Eßlöffel geröstetes Sesamöl
½ Tasse diagonal geschnittener Sellerie
½ Tasse Klettenwurzel, streichholzgroß geschnitten
1 ½ Tasse Mohrrüben, streichholzgroß geschnitten
1 Tasse gekochter, gewürfelter Seitan

Öl in der Pfanne erhitzen. Sellerie, Klettenwurzel und Mohrrüben dazugeben und Seitan obenauf schichten. Zugedeckt bei niedriger Hitze etwa 5 bis 10 Minuten köcheln. Deckel abnehmen und gut durchmischen. Ist der Seitan noch nicht heiß, 1 bis 2 Eßlöffel Wasser zugeben und zugedeckt weitere 5 bis 10 Minuten dünsten.

Sautierter Seitan mit Zwiebeln

2 Eßlöffel geröstetes Sesamöl
4 Tassen Zwiebeln, in Ringe geschnitten
2 Tassen gekochter und geschnittener Seitan
gehackte Petersilie zum Garnieren

Das Öl in einer Pfanne erhitzen. Zwiebeln zugeben. Den Seitan auf die Zwiebeln schichten, zudecken und etwa 30 Minuten bei kleiner Flamme köcheln, bis die Zwiebeln durchsichtig und sehr süß im Geschmack sind. Der Saft des Seitans wird von den Zwiebeln aufgesogen und bringt ihre natürliche Süße nach außen. Mischen und weitere 3 bis 5 Minuten dünsten. Mit gehackter Petersilie garnieren und servieren.

Variante: Um knusprige Zwiebeln zu erhalten, erst den Seitan in die Pfanne geben und die Zwiebeln obenauf schichten. Zudecken und bei kleiner Hitze 3 bis 5 Minuten dünsten, dann mischen und servieren.

Seitan mit Sauerkraut

2 Tassen gekochter Seitan, in Scheiben oder Stücke geschnitten
½ Tasse Sauerkrautsaft von abgetropftem Sauerkraut
1 Tasse abgetropftes Sauerkraut
gehacktes Zwiebelgrün zum Garnieren

Den Seitan mit dem Sauerkrautsaft in einen Topf geben und etwa 5 Minuten kochen. Sauerkraut obenauf geben, zudecken und bei kleiner Hitze etwa 5 Minuten köcheln oder bis alle Zutaten warm sind und das Sauerkrautaroma in den Seitan gezogen ist. Mit gehackten Schalotten garnieren und servieren.

Seitan Croquetten

10 fünf cm lange Klettenwurzelstücke
10 fünf cm lange Möhrenstücke
Quellwasser
eine Prise Salz
2 Tassen ungekochter Seitan (Gluten)
Geröstetes Sesamöl
1 Streifen Kombu, 15-20 cm lang, eingeweicht und in Streifen geschnitten
2 Eßlöffel Shoyu-Sojasoße
1 Tasse Zwiebeln, in Würfeln
Seitanstärkewasser vom Seitanmachen oder 1 Eßlöffel Kuzu
½ Teelöffel geriebenen frischen Ingwer
kleingeschnittene Petersilie zum Garnieren

Kochen Sie die Klettenwurzel- und Möhrenstücke 5 Minuten in ½ Tasse Wasser. Fügen Sie eine Prise Salz bei, gießen das Wasser ab und verwahren es zum späteren Gebrauch.

Teilen Sie den Seitan in 10 gleichgroße Stücke auf. Wickeln Sie ein Stück ungekochten Seitans um 1 Stück Klettenwurzel und Möhre. Fritieren Sie dies in einer Pfanne, die mindestens 3 cm hoch geröstetes Sesamöl enthält, bis es goldbraun ist. Lassen Sie die Stücke dann auf Papier abtropfen.

Fügen Sie den Kombu in einen schweren Topf und legen den fritierten Gluten darauf. Wasser zufügen, einschließlich dem Klettenwurzel- und Möhrensaft, bis der Gluten bedeckt ist. Mit Shoyu abwürzen. Zudecken und auf kleiner Flamme etwa 25-30 Minuten köcheln.

Fügen Sie nun die gewürfelten Zwiebeln in den Topf sowie ½ Tasse Seitanstärkewasser oder 1 Eßlöffel Kuzu, um das Kochwasser anzudicken. Dies ergibt eine dickflüssige Soße, 10-15 Minuten weiter köcheln lassen. Gegen Ende kann ½ Teelöffel frisch geriebenen Ingwers zugefügt werden. Etwa 1 Minute kochen lassen. Garnieren Sie mit kleingeschnittener Petersilie und servieren das Gericht.

Seitan mit Gemüse und Kuzusoße

Quellwasser
2 Tassen geschnittene Zwiebeln
2 Tassen süßer Mais
½ Tasse geschnittener Sellerie
1 Tasse gewürfelter und gekochter Seitan
1 Eßlöffel Kuzu
1 Tasse frische grüne geschälte Erbsen

Den Boden eines Topfes etwa 2,5 cm hoch mit Wasser bedecken und zum Kochen bringen. Zwiebeln, Mais, Sellerie und Seitan zugeben, Topf zudecken und 3 bis 5 Minuten köcheln lassen. Kuzu in ½ Tasse Wasser auflösen, Hitze reduzieren und das Kuzu unter ständigem Rühren zugeben, um Klumpenbildung zu vermeiden. Währenddessen die Erbsen zufügen. Mit dem Kuzu kochen, bis es durchsichtig wird (etwa 3-5 Minuten). In Servierschüssel geben und servieren.

Variante: statt Sellerie grünen Paprika verwenden. Das ergibt ein schärferes Aroma.

Fritierter Seitan mit Gemüse

1 Tasse Seitan, in langen Streifen oder 2,5 cm große Bälle
1 Streifen Kombu, 15-20 cm lang, eingeweicht und geschnitten
2-3 Shiitake-Pilze, eingeweicht und in Scheiben geschnitten
½ Tasse Sellerie, diagonal geschnitten
1 Tasse langer weißer Rettich, gestückelt
1 Tasse gestückelte Mohrrüben
½ Tasse Klettenwurzel, in dicke diagonale Streifen geschnitten
½ Tasse Lotoswurzeln, grob gestückelt
Quellwasser
½ bis 1 Teelöffel geriebenen frischen Ingwer

Seitan fritieren (siehe Rezept „Hausgemacher Seitan"). Kombu mit Shiitake, Sellerie, Rettich, Klettenwurzel, Mohrrüben und Lotoswurzel in einen Dampfdrucktopf geben, fritierten Seitan obenauf plazieren. 4 bis 5 Tassen Wasser zugeben, so daß gerade alle Zutaten bedeckt sind. 5 bis 10 Minuten unter Druck kochen. In eine Schüssel geben und servieren.

Bei Kochen ohne Druck muß die Garzeit auf 40 bis 45 Minuten verlängert werden. Das Wasser sollte leicht salzig sein. Mit 1 bis 2 Teelöffeln Shoya-Sojasoße würzen, wenn gewünscht. Mit dem Ingwer garnieren und noch einmal 1 Minute vor dem Servieren kochen.

Variante: Das Rezept kann auch für gekochten Seitan verwendet werden. Den Eintopf kann man mit Kuzu oder mit ½ Tasse Glutenwasser andicken.

Seitan-Eintopf

1 Streifen Kombu, eingeweicht und geschnitten
1 Tasse Zwiebeln, in etwa ½ cm dicke Monde geschnitten
½ Tasse Sellerie, in ½ cm dicke diagonale Scheiben
1 Tasse Mohrrüben, in dicke Scheiben geschnitten
1 bis 1½ Tassen gekochter Seitan in Würfeln
3 bis 4 Tassen Kombu-Shoyu-Wasser (Brühe von der Seitanherstellung)
½ bis 1½ Tassen Stärke-Kleie Wasser (Spülwasser von der Seitanherstellung)
gehacktes Zwiebelgrün oder Petersilie zum Garnieren

Kombu mit dem Gemüse und Seitan in einen Topf geben, die Kombu-Shoyu-Brühe darübergießen und zum Kochen bringen. Zudecken und bei kleiner Hitze etwa 30 bis 40 Minuten kochen, bis das Gemüse weich ist. Das Stärkewasser oder einen Eßlöffel Kuzu zugeben und gut rühren. Weitere 15 bis 20 Minuten köcheln lassen. Mit gehacktem Zwiebelgrün oder Petersilie garnieren und servieren.

Seitan-Burger

Dieses Rezept reicht für zwei Mahlzeiten.

100 g gekochte und zu kleinen Frikadellen geformte Seitanstücke
1 Teelöffel geröstetes Sesamöl
Vollweizen-Brötchen oder Sesamstangen

Den gekochten Seitan 5 bis 10 Minuten in einer Pfanne braten. In Brötchen oder Sesamstange servieren mit gedünsteten Zwiebelscheiben, Sauerkraut, grünem Salat, Miso-Tahintunke oder anderen Dips.

Süß-saurer Seitan

Diese stimulierende Speise, die verschiedene Aromen und Düfte in sich vereinigt, ergibt einen geschmackvollen Appetitanreger oder eine Beilage zur Mahlzeit.

2 Tassen gekochter und geschnittener Seitan
1 Tasse Klettenwurzel, in dicke Stücke geschnitten
1 Tasse Apfelsaft
3 Tassen Kombu-Shoyu-Brühe von der Seitanproduktion
3 bis 4 Eßlöffel Kuzu
Naturreisessig
¼ Tasse gehackte Schalotten

Seitan, Klettenwurzel, Apfelsaft und Seitan-Brühe in einen Topf füllen, zum Kochen bringen. Zudecken und bei mäßiger Hitze köcheln bis die Klettenwurzeln weich sind. Dann Hitze verringern und den aufgelösten Kuzu mit etwas Naturreisessig zugeben. 2 bis 3 Minuten leicht kochen lassen. In Servierschüssel geben und die gehackten Schalotten untermischen. Heiß servieren.

Fu

Fu ist ein Weizengluten-Produkt wie Seitan, jedoch geröstet, gedämpft und getrocknet. Fu hat eine leichte Beschaffenheit, saugt Flüssigkeit auf und dehnt sich beim Kochen um ein mehrfaches seines Volumens aus. Wie Seitan ist er leicht verdaulich und gibt Energie. Fu genießt man pur, mit frischem geriebenem Ingwer und geröstetem schwarzem Sesam garniert oder in Suppen, Brühen, Eintöpfen, Salaten, oder man kocht ihn zusammen mit Gemüse.

Fu kann auf dieselbe Weise wie Seitan hergestellt werden (siehe Rezept „Hausgemachter Seitan"). Dann röstet man ihn vorsichtig in einem mäßig heißen Ofen einige Minuten, läßt ihn abkühlen und dämpft ihn dann bis er aufgeht. In kleine runde Stücke schneiden und an einem kühlen Ort trocknen lassen. In einem luftdichten Behälter aufbewahren.

Getrockneten Fu gibt es in verschiedenen Formen in Naturkostläden oder asiatischen Geschäften: als flache Streifen, große, kuchenförmige Stücke oder kleine Kugeln. Ein hochwertiges Vollweizenprodukt ist Kurunafu, der eine hellbraune Färbung hat. Wir baten eine japanische Firma, ein Vollweizen-Fu für den Nordamerikanischen Markt zu liefern. Er ist etwas dunkel geraten, aber gut im Geschmack, und ich kann ihn empfehlen. Asiatische Läden führen meist einen sehr weißen, raffinierten Fu. Er ist sehr ansehnlich zu dekorativen Blumen und anderen modischen Mustern verarbeitet, aber er enthält künstliche Farbe und sollte vermieden werden.

Getrockneten Fu weicht man 5 bis 10 Minuten in heißem Wasser auf, bis er weich ist. Dann drückt man ihn zwischen den Handflächen und preßt das Wasser heraus, schneidet ihn in Stücke und gibt ihn Misosuppe zu, dämpft, kocht, dünstet, backt oder fritiert ihn.

Fu-Broccoli-Brühe

1 Streifen Kombu, eingeweicht
4 bis 5 Tassen Quellwasser
1 Tasse Fu, eingeweicht und geschnitten
1 Tasse Broccoli (Blumen und Stiele)
Shoyu-Sojasoße

Kombu und Wasser in einen Topf geben und zum Kochen bringen. Zudecken und bei mäßiger Hitze 10 Minuten kochen. Kombu herausnehmen und für späteren Gebrauch beiseite legen. Fu ins Wasser geben und 5 Minuten leicht kochen. Broccoli zugeben und weiter köcheln lassen, bis er gar ist. Der Broccoli sollte hellgrün sein, wenn er fertig ist. Kurz vor Ende etwas Shoyu zugeben und zusammen weitere 2 bis 3 Minuten kochen. In Suppenschalen füllen und heiß servieren.

Kapitel 10

Brot und Backwaren

Die Arbeit ist getan,
Der Duft gebackener Kastanien
In der Asche.
– Tsuneko

Im Westen wird ganzes Korn gewöhnlich gemahlen und zu Brot verarbeitet. Im Fernen Osten war Backen bis vor kurzem nicht üblich. Von klein auf hatte ich viele Geschichten über Brot in der Bibel gelesen. Aber wie die meisten Familien hatten wir keinen Backofen, und so lernte ich Brot erst auf dem College kennen. Nach dem Krieg, als es Unmengen an Maismehl gab, experimentierten wir mit diesem Getreide und backten und kochten es, aber die Ergebnisse waren nicht berühmt. Während ich bei George Ohsawa studierte, lernte ich Vollweizenbrot kennen, das es oft an Feiertagen und zu Geburtstagen gab.

Animiert durch Ohsawa wuchs die moderne Naturkost-Bewegung in Europa und natürlich kam fermentiertes Brot aus organisch angebautem und gemahlenem Vollweizenmehl wieder auf. In den vergangenen hundert Jahren hat weißes Mehl das naturbelassene Vollweizenmehl fast gänzlich verdrängt. Modernes Brot wurde gewöhnlich mit raffiniertem Salz, Zucker und anderen Beigaben zubereitet. In Belgien gründeten Pierre Gevaert und seine Familie die Lima-Bäckerei, so getauft nach George Ohsawas Frau Lima. Ihr wundervolles Sauerteigbrot, im Stil herkömmlicher europäischer Dorfbäcker zubereitet, wurde weltweit bekannt.

In der Limabäckerei machte Pierre mit Michio und mir eine Besichtigungstour und zeigte uns die Brotverarbeitung Schritt für Schritt. Der Sauerteiglaib ist groß und rund und ich habe ihn seither oft mit nachhause gebracht. Einer unserer amerikanischen Freunde besuchte die Gevaerts und erlernte ihre Technik. Als er nach Neu-England zurückkam, gründete er 1975 die Baldwin Hill Bakery. Seine runden Laibe aus organisch gewachsenem Vollweizen, hochwertigem Wasser und Meersalz sind in Holzöfen gebacken und wurden zum Vorbild natürlich verarbeiteten Brots an der Ostküste. Ich mag dieses traditionelle Brot ganz besonders. Es hält sich lange, und wenn es hart wird, kann man es zum Auffrischen für ein paar Minuten in den Ofen legen. Mit etwas Umeboshi-Pflaume, Erdnußbutter, Sauerkraut oder einer Sandwich-Creme ist es sehr nahrhaft und fast eine vollwertige Mahlzeit für sich.

In Amsterdam besuchten wir die Bäckerei von Manna Foods. *Adalbert Nelissen* erklärte uns, daß Brot in alten Tagen manchmal zum Reifen an eine Leine gehängt wurde. Dieses Brot hielt das ganze Jahr über, ohne schlecht oder schimmelig zu werden. Zum Essen nahm man das Brot herunter, weichte es in kaltem Wasser und erhitzte es im Ofen. Wie bei Wein werden Aroma und Duft besser, je länger das Bort reift. Diese Methode erinnert mich an die Nudelbäcker in Japan, die sagen, daß getrocknete Soba- und Udon-Nudeln bei längerer Lagerung an Geschmack gewinnen.

Ein weiteres herrliches Brot ist Pumpernickel aus Vollroggen. In den frühen Siebzigern kam ein Paar aus Westberlin nach Boston, um an einem Seminar der East-West-Foundation teilzunehmen und wohnte bei uns. Sie gaben Michio und mir ein spezielles Pumpernickel-Brot mit ausschließlich natürlichen Zutaten. Es war ganz besonders süß, und man konnte es als Sandwichbelag zwischen anderen Brotscheiben genießen. Ich habe diesen Geschmack niemals vergessen, und immer wenn ich nach Deutschland komme, suche ich danach, bisher leider ohne Erfolg.

In der makrobiotischen Küche empfehlen wir kein Hefebrot für den regulären Verbrauch. Herkömmliches Brot wird seit tausenden von Jahren nur mit gründlichem Kneten, wilder Hefe, die in der Luft herumfliegt, oder einem Sauerteig als Starter gemacht. Erst als das Vollweizenmehl zu weißem Puder raffiniert und ihm alle Kleie und Keime entzogen wurden, entwickelte die Brotindustrie Hefe, um dem handelsüblichen Brot etwas Leben zurückzugeben.

Der Unterschied zwischen Hefe und Fermentierung sollte klar sein. Hefe (wild oder kultiviert) ernährt sich von natürlichem Zucker, der im Weizen enthalten ist, und produziert Alkohol und Kohlenstoff, der den Teig zum Gehen bringt. Ein aufgetriebener Teig nimmt Wärme schneller auf als ein nicht gegangener.
Er backt innen besser durch und ist weicher, was ihn besser verwertbar und

leichter verdaulich macht. Beim Fermentieren sind es Bakterien, die die lebenswichtigen Nährwerte des Weizens aufschließen. Dieser Prozeß kann Vorverdauung genannt werden und hat einen ähnlichen Effekt wie der Konsum von Miso oder anderen fermentierten Nahrungsmitteln. Ideal ist, wenn das Brot fermentiert und aufgeht. Natürlicher Sauerteig vereinigt diese beiden Schritte. Schließlich ist es wichtig, jeden Bissen Brot sehr gründlich zu kauen, auch die beste Sauerteig-Qualität. Kauen ist der letzte Schritt in der Vorverdauung, sonst bleibt ein Großteil des Nährwerts dem Körper verschlossen. Einmal beriet Michio den Besitzer einer modernen Bäckerei. Er riet ihm, seinen Brotkonsum zu reduzieren. Sogar qualitativ hochwertiges Brot, im Übermaß genossen, neigt dazu, Schleim im Körper zu bilden. Außerdem hat es weniger Energie als ganze Körner. Dies ist ein weiterer Grund für gründliches Kauen. Das Einspeicheln des trockenen, gebackenen Mehls stoppt die Schleimbildung im Körper, Brot aus raffinierten Zutaten staut sich in den Verdauungsorganen, verdünnt das Blut und führt zu Energieverlust. Der Mann erwiderte, daß er und seine Familie nie ihr eigenes Brot wegen seiner Chemikalien und anderen Zutaten essen würden. Ich war sehr traurig, als ich die Geschichte hörte. Er verstand nicht, daß seine eigene Gesundheit und die der Gesellschaft untrennbar sind.

Vollweizenbrot

Weizen ist das am meisten verbreitete Getreide zum Brotbacken. Er ist leicht, knackig, hat eine natürliche Süße und hält gut die Feuchtigkeit. Das Grundrezept für zwei mittlere Brote folgt hier zusammen mit den wichtigsten Erklärungen zum Brotbacken.

8 Tassen Vollweizen aus biologischem Anbau
¼ bis ½ Teelöffel Meersalz
Quellwasser

Mehl und Salz in einer großen Schüssel mischen. Genügend Wasser zugeben und einen geschmeidigen Teig kneten. Dazu braucht man eine Tasse oder etwas weniger Flüssigkeit pro Tasse Mehl. Ist der Teig zu naß, mehr Mehl zugeben, ist er zu trocken, braucht er mehr Wasser. Lege den Teig in eine leicht mit Sesamöl eingepinselte Schüssel und laß ihn an einem kühlen Ort 8 bis 12 Stunden zum Fermentieren stehen. Mit einem feuchten Käse- oder Geschirrtuch bedecken. Der Teig wird auf natürliche Weise aufgehen, da er wilde Hefepilze in der Luft anlockt. Ist der Teig gut gegangen, wieder für einige Minuten kneten, bis er weich ist. In die gewünschte Form bringen oder in zwei Brotformen geben. An einen warmen Ort stellen und wieder mit einem Käse- oder Geschirrtuch bedecken und gute 2 Stunden stehen lassen. Den aufgegangenen Teig mit dem Messer mehrmals oben aufritzen. Im vorgeheizten Backofen bei 160 bis 180° C für ein bis zwei Stunden backen.

Mehl — Das im Weizen enthaltene Eiweiß (Gluten) bringt das Mehl auf natürliche Weise zum Aufgehen. je kühler das Klima, umso eiweißhaltiger ist der Weizen. Harter roter Winterweizen aus Kanada ergibt das beste Brotmehl. Harter Sommerweizen ist ebenfalls gut geeignet. Ungebleichtes Auszugsmehl ist gewöhnlich für Pfannkuchen oder Pasteten gedacht und kann in kleinen Mengen dem Brotteig beigegeben werden, um ihn leichter zu machen. „Durumweizen" wird für Nudelteig und weißer Weizen, ebenfalls mit niedrigem Eiweißgehalt, für das Morgenmüsli verwendet. Die Frische des Mehls ist ebenfalls sehr wichtig. Der Verfall beginnt beim Mahlen und innerhalb von fünf Tagen gehen wichtige Nährwerte, wie Vitamin E verloren. Weißes Mehl hält sich auch ungekühlt, da es leblos ist. Mehl aus organisch angebautem Weizen ist lebenswichtig und ergibt köstliches, nahrhaftes Brot.

Mahlen — Herkömmliches Mehl wurde zwischen sich langsam drehenden Mühlsteinen und bei kühlen Temperaturen aus ganzen Weizenkörnern gewonnen. Dieser Prozeß erhält den wertvollen Weizenkeim, erlaubt eine natürliche Fermentierung und beläßt ihm seine Säure und Oxydierungsgrade. Die heutigen Hammer- und Zylindermühlen schlagen den Weizen bei hohen Temperaturen, zerstören Keime und Kleie und lassen das natürliche Öl des Korns sofort ranzig werden. Raffiniertem Mehl müssen dann, um es zum Quellen zu bringen, chemische Substanzen wie Alaun, Kreide, Methyl-Bromid, Ammonium-Karbonat und Stickstoff-Trichloride zugesetzt werden. Danach bleicht man es und gibt Konservierungsstoffe zu. Insgesamt gehen 90 verschiedene Nährstoffe bei dieser Verarbeitungsmethode verloren, und nur vier davon werden wieder zugesetzt. Der Rest wird den Konsumenten in Form von Vitamin- und Mineraltabletten wieder zurückverkauft. Ich kaufe nur das 100-prozentige Vollweizenmehl aus natürlichem Anbau und steingemahlen. Frisches Mehl kann auch selbstgemacht werden mit einer kleinen Stein-Handmühle.

Ist das Korn sehr hart, kann es beim Mahlen brechen statt zerdrückt zu werden. Um das zu verhindern, das Getreide 3 bis 4 Stunden vor dem Mahlen mit etwas Wasser besprühen oder 2 Minuten dämpfen und vor dem Mahlen zwei Stunden stehen lassen. Normalerweise ist das nordamerikanische Weizenkorn trockener als das weichere europäische. Am besten sollte das Mehl pulverig sein, eher wie Maismehl denn wie Sand. Mahlt die Handmühle langsam, erhält man diese Beschaffenheit nach einmaligem Mahlen. Ist sie aber schnell, so macht das zwei Durchgänge nötig, einen ersten groben und einen zweiten feinen. Ist das Mehl zu fein, erhält das Brot eine kuchenähnliche Struktur, ist es zu grob, hält es schwer zusammen. Jedes Mehl sollte kühl aufbewahrt und nur in den gerade benötigten Mengen gekauft oder selbst hergestellt werden.

Wasser — Wasser gibt dem Brot die Süße. Gutes Quellwasser ist chemisch behandeltem Wasser aus dem Wasserhahn oder destilliertem Wasser vorzuziehen. Auch kann man Wasser, in dem vorher Nudeln gekocht haben, verwenden. Es gibt dem Teig einen ganz besonderen Geschmack.

Weiches Wasser ergibt einen weichen, klebrigen Teig. Zum Härten kann man etwas Salz zugeben. Hartes Wasser festigt die Gluten und verzögert die Fermentierung. Um es weicher zu machen, kann man das Wasser vorher kochen.

Die Wassermenge in den einzelnen Rezepten wird je nach der Beschaffenheit des Mehls variieren und hängt davon ab, wie gut es Feuchtigkeit absorbiert. Generell gilt als Faustregel: beim Kneten immer lieber etwas Wasser zugeben als Mehl. Es hält Hände und Schüssel sauberer, läßt die Gluten besser kleben und verhütet zu trockenen Teig am Ende. Um die richtige Konsistenz zu erhalten, bei jedem Rezept eine kleine Wassermenge zurückbehalten und nach und nach während des Knetens zugeben. Der Teig ist dann richtig, wenn er nicht am Schüsselboden klebt und sich ziehen läßt ohne gleich zu brechen.

Würze — Salz gibt Fermente, erhält die Feuchtigkeit des Teigs, macht ihn leichter formbar und verbessert den Geschmack des Brots. Unraffiniertes Meersalz, hoch an Mineralien, ergibt das beste Brot. Je frischer das Mehl, umso mehr Salz kann es aufnehmen. Die Salzmenge wird von den anderen Zutaten abhängen, außerdem von der Jahreszeit und dem persönlichen Geschmack. Ich benutze gewöhnlich wenig Salz, ¼ Teelöffel für einen Laib. Andere nehmen mehr. Anstelle von Salz kann man auch Miso nehmen. Das gibt einen leicht süßlichen Geschmack.

Natürliche Starthilfen — Wilde Hefe aus der Luft reicht für Vollweizenmehl zum Aufgehen. Wenn gründlich geknetet und feucht, fermentiert der Teig ganz natürlich und quillt ohne die Hilfe anderer Zutaten. Traditionell wird ein saurer Starter dem Teig zugegeben, um seinen Geschmack und sein Aroma zu verstärken (siehe nächstes Rezept).

Öl — Öl ist ebenso wenig notwendig für die Zubereitung guten Brots. Im Gegenteil macht es das Brot sehr viel schwerer, und es verdirbt sehr viel schneller. Gelegentlich kann etwas Öl zugegeben werden, um eine weichere Kruste zu erhalten und das Brot vor dem Austrocknen zu bewahren. 1 bis 2 Teelöffel pro Laib sind ausreichend. Sesamöl gibt dem Brot einen nussigen Geschmack. Maisöl ist eher butterähnlich und gibt ein sanftes Aroma. Olivenöl gibt einen leichten Geschmack und einen frischen Duft.

Hefe und Süßmittel — Brauhefe ist eine ausdehnende Substanz. Zuviel davon kann den Darm ausweiten, Verstopfung hervorrufen und die Verdauungsorgane zukleben. Hefebrote verderben sehr viel eher als herkömmliches Brot. Aber für Partybrote oder bei wenig Zeit ist getrocknete Hefe, die frei von anderen Zusatzstoffen ist, gelegentlich verwertbar. Man braucht nur eine kleine Menge, die man in den Teig mischt. In Vollwertbäckereien benutzt man auch Bierhefe, die während des Bierbrauens entsteht und einen leicht bitteren, hopfenähnlichen Geschmack hat. Eine Tasse Bierhefe entspricht einem Teelöffel trockener Hefe. Süßmittel wie

Zucker, Honig oder Ahornsyrup sind unnötig, da fermentiertes Brot eine natürliche Süße enthält. Um jedoch besonders süßes Brot für Feiertage zu machen, kann man etwas Amazake, Reis- oder Gerstenmalz beigeben. Einige Vollwertbäcker verwenden auch ein spezielles Malz, das der Kruste nussiges Aroma und Duft verleiht. Man bekommt es in Brauereibedarfsläden oder kann es selbst machen, indem man Gerstensprossen trocknet und pulverisiert. Man benötigt nur eine winzige Menge. Auch etwas frisch gepreßter Ingwersaft, etwa ⅓ Teelöffel pro Laib, kann den Fermentierungsprozeß beschleunigen.

Kneten — Nach dem Vermischen der Zutaten arbeitet man das Wasser in das Mehl ein, bis es einen biegsamen Teig ergibt. Für einen natürlich fermentierten Teig eignet sich ein Holzbrett am besten, das man leicht anfeuchtet. Für Hefeteig verwendet man lieber eine ölige oder mit Mehl bestreute Oberfläche. Die Hände sollten während des Knetens immer feucht und sauber sein. Klebrige Hände können den Teig zerreißen und die Gluten beschädigen. Der Teig sollte mindestens 300 bis 350 mal, etwa 10 Minuten lang, geknetet werden. Er sollte, wenn fertig, elastisch sein und zurückfedern, wenn man ihn anstößt. Er sollte weder ein harter Ball sein noch zwischen den Händen zerfließen, wenn man ihn hochhebt. Ein ruhiger ausgeglichener Geist während des Knetens ist sehr wichtig, da sonst der Teig die negative Energie des Bäckers aufsaugt und weitergibt.

Absicht des Knetens ist es, die Gluten im Mehl zu verbinden und Luft in den Teig zu bringen. Während des Knetens wird auch eine Spannung im Teig erzeugt. Kneten wir zu hart, bricht der Teig auseinander statt sich zu binden. Das passiert zum Beispiel wenn die Oberfläche des Teigs beginnt, auseinanderzureißen. Richard Bourdon, Meisterbäcker bei Manna Foods in Amsterdam, empfiehlt folgende Technik: Sind die Zutaten zusammengemischt, sanft mit dem Kneten beginnen, indem man ihn zusammenfaltet für etwa 5 Minuten, oder bis der Teig zu reißen beginnt oder zu fest wird. Dann 5 Minuten stehen lassen. Kneten und Knetpausen etwa viermal wiederholen (insgesamt fünfmal während einer Zeitspanne von 50 Minuten). Kneten sollte sanft und nicht unter Aufwendung von zuviel Kraft geschehen.

Reifen — Nach dem Kneten sollte der Teig mehrere Stunden fermentieren. Das wird reifen genannt. Den gekneteten Teig in eine leicht geölte Schüssel geben, mit mehreren Lagen feuchter Käse- oder Geschirrtücher bedecken und an einem kühlen Ort bei 12 bis 18° C, aber nicht im Kühlschrank stehenlassen.

Wird der Teig zu kühl aufbewahrt, dauert die Fermentierung entsprechend länger. Je langsamer das Fermentieren, umso besser gerät das Aroma. Der Geschmack und die Qualität des Brots sind generell nicht temperaturabhängig. Um die Reifezeit zu verkürzen, speziell bei Sauerteig, kann man ihn etwas wärmer stellen, etwa zwischen 20 und 25° C. Zu hohe Temperaturen bringen den Teig zu schnell zum Gehen und er übersäuert leicht. Im Sommer sollte man ihn über Nacht reifen lassen. Die Reifezeit hängt von den Zutaten, vom Wetter, der Höhenlage und anderen Faktoren ab. Generell gilt eine Zeit von 8 bis 12 Stunden. Am Morgen zubereiteter und abends gebackener Teig gerät meist besser, als der am Abend vorbereitete und morgens gebackene. Der Teig geht auch besser an sonnigen Tagen als an regnerischen, und Vollmond wirkt auf ihn günstiger als andere Nächte.

Läßt man ihn zu lange gehen, wird der pH-Wert des Teigs zu hoch, d.h., die Gluten stehen unter zuviel Spannung. Dann geht das Brot nicht mehr beim zweiten Reifen, das „Formen" genannt wird. Wir erkennen das hinterher daran, daß der Teig im Ofen nicht mehr hochgeht und der Geschmack zu sauer ist, auch wird oben oder seitlich ein Riß sichtbar, so als wenn das Brot seinen Hut lüftet. Eine zu kurze Reifezeit läßt es flach bleiben. Hinterher erkennt man das daran, daß sich ein breiter Riß in der Mitte des Brotes zeigt und es weniger sauer schmeckt. Die richtige Balance zwischen den beiden Reifezeiten ergibt einen guten runden, gut aufgequollenen Teig und ein Brot ohne Risse, das genau richtig schmeckt. Dieses Balance kann nur die Erfahrung lehren.

Formen — Nach dem ersten Aufgehen des Teigs knetet man ihn ein paar Minuten, bis er weich ist, und bringt ihn dann in die gewünschte Form. Mir gefallen besonders die runden Laibe, aber rechteckige Formen sind auch gut. Der Teig kommt nun auf ein eingeöltes Backblech. Blech, Stahl oder Glas geben die beste Unterlage ab. Keramik und Gußeisen sind weniger geeignet. Das Blech mit dem Teig zum zweiten Gehenlassen an einen warmen Ort stellen, mit einem Tuch bedecken und für ein paar weitere Stunden stehen lassen. Um den Prozeß zu verkürzen, gibt man das Blech bei sehr kleiner Hitze (unter 60° C) für etwa eine halbe Stunde in den Backofen.

Backen — Nach dem zweiten Aufgehen den Teig oben mehrmals mit einem scharfen Messer aufschlitzen. Das erlaubt dem Dampf während des Backens zu entweichen und verhindert eine harte Kruste. Die Schlitze sind gewöhnlich flach, können aber auch tiefer bis zur Mitte des Bortlaibs gehen. Bei rechteckigen Broten genügt ein Längsschlitz von einem Ende zum anderen. Bei runden Broten schlitzt man sternförmig. Die Brote dann in den vorgewärmten Backofen geben und bei 160 bis 180° C ein bis zwei Stunden backen. Hefebrot braucht lediglich 45 Minuten bis 1 Stunde. Man benutzt die mittlere Schiene. Die Brote sollten mindestens 3-5 cm von den Seiten entfernt sein. Die Backzeit variiert und hängt von den Zutaten, dem Brottyp, der Größe, Feuchtigkeit und Höhe ab. Das Brot ist fertig, wenn die Kruste mittelbraun ist. Ein Schlag gegen den Boden des Brots sollte einen hohlen Ton produzieren.

Man kann praktisch den Unterschied feststellen, indem man ein Brot nach 20 Minuten herausnimmt und auf seinen Boden wie auf eine Trommel schlägt, und es nach einer Stunde aus dem Ofen nimmt und erneut schlägt.

Ist das Brot abgekühlt, schneidet man eine Scheibe ab und prüft sie. Sie sollte porös aber nicht klebrig und ohne sichtbare Glutenfäden sein. Drückt man leicht mit dem Daumen in den Teig, sollte kein Loch zurückbleiben, sondern der Teig in seine vorige Form zurückfedern. Der Geschmack sollte weder rohem Mehl noch Nudeln ähneln.

Um dem Brot eine bessere Form, eine feinere Kruste und eine hübschere Farbe zu geben, empfiehlt Richard Bourdon eine spezielle Dämpf-Methode. Dafür den Ofen auf 260° C vorheizen und eine feuerfeste Schale mit heißem Wasser gefüllt unten in den Backofen schieben. Das Brot separat ebenfalls in den Ofen geben, Backofen schließen und die Temperatur auf 200° C reduzieren. Bei dieser Temperatur 20 Minuten backen und wiederum die Hitze auf 160° C verringern und weitere 50 Minuten backen.

Kühlung und Lagerung — Ist das Brot fertig, nimmt man es aus dem Ofen, pinselt die Oberfläche leicht mit etwas Öl ein und läßt es auf einem Brotbrett abkühlen.

Am besten hält sich natürlich fermentiertes oder Sauerteigbrot bei frischer Luft in einer Papiertüte. In einer Plastiktüte oder in luftdichten Behältern schimmelt es schnell. Läßt man das Brot austrocknen, kann man es bis zu einem Jahr aufbewahren. Vor Gebrauch dämpft man den ganzen Laib oder einige Scheiben in einem Dampftopf. Es wird wie frisch gebackenes Brot schmecken. Es ist nicht nötig das Brot im Kühlschrank aufzubewahren oder es einzufrieren. In frischer Luft kann es altern und nur besser im Geschmack werden. Im Kühlschrank aufbewahrtes Brot schmeckt dumpf.

Backtips — Ein perfektes Brot zu backen hängt von der Harmonisierung verschiedener Faktoren ab und braucht Erfahrung. Ein Brot kann beurteilt werden nach seiner Kruste oder seinem weichen Inneren. Ein klebriger Teig kann auf zu schneller Fermentierung oder zu niedriger Ofentemperatur beruhen. Ein krümeliger Teig kann durch zuviel Flüssigkeit, ungenügendes Kneten, zu niedriger Ofentemperatur oder Überreife verursacht sein. Große Löcher im Teig sind ein Zeichen für zuviel Hefe, zu wenig Salz oder eine unzureichende Mischung der Zutaten. Ein zu schwerer Teig kann das Resultat von zuviel Hefe, einem schwachen Sauerteigstarter, zuviel Salz, zu viel Backhitze, unzureichender Reifung, übermäßigen Knetens oder zu schneller Fermentierung sein. Eine übermäßig dicke Kruste kann bedeuten, daß die Backhitze zu niedrig und die Backzeit nicht lang genug war, eine zähe Kruste entsteht, wenn Feuchtigkeit zwischen Teig und Kruste festsitzt und sie beim Abkühlen hart macht. Brüche oder Blasen bedeuten zuviel Flüssigkeit, zuviel Backhitze oder einen zu schwachen Teig. Eine fahle Kruste hat zu wenig Backtemperatur bekommen, oder das Brot wurde zu weit unten in den Ofen geschoben. Eine zu dunkle Kruste ist das Resultat von zu hoher Backtemperatur oder zuviel Süßmittel oder anderen Zutaten. Wenn der Brotteig aus der Brotform quillt, war die Menge zu groß, oder der Teig war ungenügend gesalzen. Brot, das schnell schal wird, ist meistens nach dem ersten Kneten zu schnell aufgegangen, oder der Teig stand zu warm, auch kann Salz fehlen, der Teig zu weich oder zu trocken gewesen oder die Ofentemperatur zu niedrig gewesen sein.

Weizen mit anderem Getreide kombiniert

Andere Getreidekörner haben wenig Kleber und halten daher Brot nicht so gut zusammen wie Weizen. Man macht aus ihnen wunderbare, nicht getriebene flache Maisfladen wie z.B. Maistortillas. In kleinen Mengen mit Weizen vermischt aber gibt anderes Getreide dem Brot köstliche unterschiedliche Geschmacksrichtungen und Beschaffenheiten. Es kann als Mehl oder vorgekochte ganze Körner beigegeben werden. Weichgekochtes Getreide, das man drei Tage zum Säuern stehen läßt, ergibt ein hervorragendes Triebmittel. Gewöhnlich beträgt die Menge des zugesetzten Getreides nicht mehr als 10 bis 20 Prozent.

Gerste — Gerste gibt dem Brot eine schwere, feuchte, kuchenähnliche Konsistenz. Geröstetes Gerstenmehl verleiht einen nussigen Geschmack. Benutzt man gekochte, übriggebliebene Gerste, wird das Brot besonders knackig.

Naturreis — Reismehl macht das Brot besonders knusprig und verleiht ihm einen nussigen Geschmack. Süßer Reis macht den Teig zu klebrig und wird eher für Kuchenteig empfohlen. Weich gekochter Naturreis mit etwas Vollweizenmehl vermischt ergibt ein köstliches Brot, Reis-Kayu-Brot genannt.

Buchweizen — Buchweizen-Mehl ist schwer und fest und wird eher für Pfannkuchen und Waffeln verwendet. Da es Feuchtigkeit gut speichern kann, ergibt es, in kleiner Menge beigegeben, ein besonders herzhaftes Brot.

Mais — Maismehl ist süßlich und hat eine eher rauhe, krümelige Beschaffenheit. Es ist saugfähiger als Weizenmehl. Weißer Mais ist süßer als gelber, aber der gelbe schmeckt delikater. Frische Maiskörner vom Kolben machen das Brot besonders saftig und köstlich.

Hirse — Hirsemehl gibt dem Brot eine kuchenähnliche Beschaffenheit und eine schöne Farbe.

Hafer — Hafermehl schmeckt süß und nahrhaft. Es ist besonders fetthaltig und verleiht dem Brot eine feuchte, zähere Beschaffenheit.

Roggen — Roggenbrot und Pumpernickel sind weltweit berühmt. Gewöhnlich besteht ein Roggenbrot jeweils zur Hälfte aus Roggen- und Weizenmehl.

Außer Getreide können dem Brot auch andere Zutaten beigemischt werden. An Feiertagen und zu besonderen Gelegenheiten sind Samen- und Nußbrote besonders beliebt. Sie enthalten Sesam, Sonnenblumenkerne, gehackte Walnüsse und andere Nüsse. Ab und zu kann man dem Brot auch Mohrrüben, Zwiebeln, Kürbis, Zucchinis, Äpfel, Rosinen und anderes Gemüse oder Obst beimischen, um ihm einen anderen Geschmack zu geben.

Sauerteigbrot

Traditionell wird Vollweizenbrot mit einem Sauerteigstarter getrieben. Man kann ihn selbst machen, indem man Vollweizenmehl mit etwas Wasser vermischt und ein paar Tage stehen läßt. Ein geeignetes Triebmittel gibt auch gekochtes Vollgetreide ab, das ein paar Tage gestanden hat und etwas säuerlich schmeckt, oder abgestandenes Nudel- oder Stärkewasser aus der Seitan-Herstellung, wenn es drei bis vier Tage an einem wärmeren Ort fermentieren konnte. Saure Triebmittel können auch für die Verarbeitung von Pfannkuchen, Waffeln oder Kuchen verwendet werden. Das Verhältnis von Mehl zu Wasser hängt von der Beschaffenheit der einzelnen Zutaten, der Jahreszeit und anderen Faktoren ab.

Ich bin Richard Bourdon, dem Bäcker von Manna Foods in Holland, dankbar für das Sauerteig-Grundrezept sowie die folgenden Anleitungen für Rosinen-, Gersten- und Sesambrot. Er hat sich wirklich seiner Kunst total verschrieben. Zuhause erzielten wir mit seinen Methoden ausgezeichnete Resultate.

Das Verfahren zur Herstellung von Sauerteigbrot erfolgt in vier Etappen: 1) den Teig herstellen und zum Aufgehen stehen lassen, 2) eine kleine Menge abnehmen und daraus das Triebmittel machen, 3) den endgültigen Sauerteig mit dem Triebmittel herstellen 4) backen. Der ganze Prozeß ist ziemlich einfach, zieht sich aber über 5 Tage, und man sollte entsprechend planen. Das fertige Triebmittel kann aufbewahrt und für weitere Brote, die dann 2 ½ Tage brauchen, verwendet werden. Ein köstliches natürlich getriebenes Brot kann ebenfalls in 2 ½ Tagen gemacht werden, indem man nur Schritt 1 folgt. Das Rezept ergibt ein Brot. Für größere Mengen einfach die Zutaten proportional erhöhen.

Schritt 1: Natürliches fermentiertes Brot

700 g Vollweizenmehl
300 g ungebleichtes Weizenmehl Typ 1050
3 Tassen Quellwasser
1 Teelöffel Meersalz

Alle Zutaten in einer Schüssel zusammenmischen und zu einem Teig verarbeiten (siehe Anleitung unter „Kneten". Das ungebleichte Weizenmehl Typ 1050 wird dem Vollweizenmahl ca. in einem Verhältnis 1:2 zugegeben, um genügend Stärkeanteil zum Treiben zu haben.

Den gekneteten Teig mit einem feuchten Käse- oder Geschirrtuch bedecken und über Nacht stehen lassen. Am nächsten Morgen den Teig mehrmals kneten und bis zum Abend stehenlassen. Damit der Teig nicht am Tuch hängenbleibt, kann man ihn mit etwas Wasser besprenkeln. Am Abend wieder kurz durchkneten und wieder stehenlassen. Am dritten Morgen dieselbe Prozedur wiederholen und bis mittags stehenlassen. Den Teig formen und in eine geölte Backform legen. Bei Raumtemperatur (nicht unter 6° C) bis zum Abend stehen lassen. Zu diesem Zeitpunkt sollte die Größe des Teigklumpens um ⅓ gewachsen sein.

Zwei Eßlöffel von diesem Teig benutzt man nun, um das Sauerteig-Triebmittel zu machen (Schritt 2). Aus dem übrigen Teig kann man ein normales Vollweizenbrot machen, indem man es auf einem eingeölten Backblech 20 Minuten bei 200° C bäckt, dann die Temperatur vermindert und weitere 50 Minuten bei 160° C bäckt.

Dieses ohne Hilfsmittel getriebene Brot ist dem im Grundrezept ähnlich. Es geht nicht besonders hoch, da die wilde Hefe aus der Luft es nur in Maßen zum Treiben bringt. Lockerer wird das Brot mit dem Triebmittel, wie in Schritt 2 beschrieben.

Schritt 2: Herstellung des Sauerteigstarters

2 Eßlöffel des in Schritt 1 zubereiteten Teigs
1 Tasse Vollweizenmehl
etwas Wasser

Die zwei Eßlöffel Teig in etwas Wasser auflösen. Eine Tasse Vollweizen dazumischen und einen zähflüssigen Teig herstellen. Vier Minuten gut mischen, dann bedecken und in einem Glas bei Raumtemperatur (nicht unter 6° C) 24 Stunden stehen lassen, ab und zu umrühren. Während dieser Zeit brauchen die wilde Hefe und die Bakterien Luft, um sich zu vermehren. Fertig sollte der Teig leicht säuerlich riechen und auf der Zunge etwas prickeln. Fehlen diese Eigenschaften, Teig für ein paar weitere Stunden stehen lassen, wobei man ihn in eine Schüssel mit warmem Wasser stellen kann. Am Mittag des vierten Tages sollte das Triebmittel fertig sein.

Schritt 3: Die Zubereitung des Sauerteigs mit dem Starteransatz

1 Tasse Vollweizenmehl
3 Eßlöffel Triebmittel von Schritt 2
⅔ Tasse Quellwasser

Am Abend des 4. Tages (hat man bei Schritt 1 begonnen) alle Zutaten mischen und kneten. Der Teig sollte die Konsistenz eines Ohrläppchens haben. Den Teig in eine Form geben, die wenigstens doppelt so groß ist, bedecken und warm stellen (etwa 22° C). Am nächsten Morgen (des 5. Tags) sollte der Sauerteig zu seiner doppelten Größe aufgetrieben sein. Ist das nicht der Fall, den Teig für weitere Stunden oder bis zum Abend an einen wärmeren Ort stellen. Ist er immer noch nicht gegangen, die Runde aufgeben und Schritt 3 mit drei neuen Eßlöffeln des Triebmittels wiederholen. Geht der Teig dann immer noch nicht auf, ist irgend etwas verkehrt, und man sollte noch einmal ganz von vorn anfangen. Ansonsten ist der Teig nun fertig, um in Schritt 4 oder einem der folgenden Rezepte weiterverarbeitet zu werden.

Wer öfter Brot backen will, sollte einen Eßlöffel des Triebmittels in einer halben Tasse Wasser auflösen, etwas Mehl zufügen und zu einem zähflüssigen Teig verrühren. Man kann ihn bis zu einem Monat im Kühlschrank aufbewahren und als Triebmittel für spätere Brote verwenden (wobei man dann mit Schritt 3 beginnt).

Schritt 4: Grundrezept für Sauerteigbrot

500 g Vollweizenmehl
120 g Weizenmehl Typ 1050
¾ bis 1 Tasse warmes Quellwasser (etwa 38° C)
4 ½ Eßlöffel Sauerteig von Schritt 3
1 Teelöffel Meersalz

Wer bei Schritt 1 begonnen hat, sollte nun am Morgen oder Nachmittag des 5. Tages angelangt sein. Alle Zutaten gut mischen, dabei etwas Wasser zurückbehalten (siehe Grundrezept für Vollweizenbrot) und gründlich durchkneten. Bedecken und für etwa 1 ½ Stunden an einen warmen Ort stellen (22-30° C). In Brotform bringen und auf ein eingeöltes Backblech geben. Zudecken und weitere 4 Stunden warm stellen, bis der Teig um ⅔ seines Volumens aufgegangen ist. Ofen auf 260° C vorheizen und eine leere, flache Kuchenform hineinstellen. Das Backblech mit dem Brot in den Ofen schieben und etwas heißes Wasser darunterstellen. Tür schließen und Temperatur auf 200° C reduzieren. 20 Minuten backen, dann Temperatur auf 160° C vermindern und weitere 50 Minuten backen.

Rosinenbrot

1 Pfund Vollweizenmehl
150 g Sauerteig
½ Eßlöffel Meersalz
ca. 300 g warmes Quellwasser (etwa 38° C)
50 g geröstete Sesamsamen
130 g gekochte Gerste

Mehl, Sauerteig (siehe Schritt 3 für Sauerteig-Rezept), Salz, Wasser und Öl mischen und kneten entsprechend den Anleitungen im Grundrezept. Gegen Ende den Sesam und die Gerste zugeben. Zudecken und 1½ Stunden an einen warmen Ort stellen (zwischen 22 und 30° C). Dann ein Brot formen und auf ein eingeöltes Backblech legen. Zudecken und weitere 4 Stunden warm stellen, bis der Teig um ⅔ seines Volumens aufgegangen ist. Im vorgeheizten Backofen bei 200° C backen. Nach 20 Minuten die Temperatur auf 160° C vermindern und weitere 50 Minuten backen.

Gerstenbrot

550 g Vollweizenmehl
160 g Sauerteig
½ Eßlöffel Meersalz
300-330 g warmes Quellwasser (ca. 38 Grad C.)
1 ⅓ Eßlöffel Sesamöl (normales oder geröstetes)
50 g geröstete Sesamsaat
130 g gekochte Gerste

Mischen Sie Mehl, Sauerteig (siehe Schritt 3 im Sauerteigbrotgrundrezept), Salz, Wasser und Öl und beachten die Grundempfehlungen beim anschließenden Kneten des Teiges. Gegen Ende des Knetvorgangs fügen Sie Sesamsaat und Gerste zu. Bedecken Sie den Teig und stellen ihn an einen warmen Ort, ideal zwischen 22 und 24 Grad C., etwa 1 ½ Std.. Dann den Teig zu einem Laib formen und auf ein geöltes Backblech legen. Wieder abdecken und an einen warmen Ort stellen, bis der Teig etwa 4 Stunden später ca. ⅔ an Umfang zugenommen hat. Dann in einem vorgewärmten 200 Grad heißen Backofen 20 Minuten backen, danach die Temperatur auf 170 Grad senken und weitere 50 Minuten backen.

Variation: Dieses Brot kann auch ohne Sauerteig gemacht werden, indem man der Grundmethode für Sauerteigansatz folgt (siehe Schritt 1 des Sauerteigbrotrezepts). In diesem Falle fügen Sie die Gerste und die Sesamsaat eine Stunde vor dem Formen zu.

Sesambrot

1 Pfund Vollweizenmehl
350 g warmes Quellwasser (etwa 38° C)
90 g Sauerteig
½ *Teelöffel Meersalz*
300 g gerösteter Sesam

Alle Zutaten außer dem Sesam mischen (siehe Schritt 3 für das Sauerteig-Rezept). Entsprechend den Anleitungen im Grundrezept gründlich durchkneten und ganz zum Schluß die Sesamsamen zugeben und hineinkneten. Bedecken und für 1 ½ *Stunden warmstellen (zwischen 22 und 30°* C). Das Brot formen und auf ein eingeöltes Backblech geben. Zudecken und weitere 4 Stunden warmstellen, bis der Teig um ⅔ seines Volumens aufgetrieben ist. Im vorgeheizten Backofen die ersten 20 Minuten bei 200° C, dann für weitere 50 Minuten bei 160° C backen.

Variante: Dieses Brot kann auch ohne Sauerteig gemacht werden. Dabei entsprechend der Anleitung für natürlich fermentiertes Brot (Schritt 1 des Sauerteig Rezepts) folgen und die Sesamsamen eine Stunde bevor man den Laib formt in den Teig kneten.

Roggenbrot

Roggen ist härter als anderes Getreide und als ganzes Korn muß man es gut kauen. Als Mehl mit Weizen vermischt ergibt es ein ganz besonderes, gut verdauliches Brot. Das folgende Rezept ist für zwei Brote konzipiert.

5 Tassen Vollweizenmehl
3 Tassen Roggenmehl
½ Teelöffel Meersalz
etwa 4 Tassen Quellwasser

Die beiden Mehlsorten und das Salz gut miteinander vermischen. Nach und nach das Wasser zugeben und zu Teig verarbeiten. Etwa 350 mal kneten, 10 bis 15 Minuten lang, und etwas Mehl zugeben, wenn der Teig zu sehr klebt. Zwei Brotformen einölen, den Teig teilen und zu zwei Broten formen. In die Form geben und die Oberfläche des Teigs mit dem Messer einritzen. Mit etwas Öl einpinseln, mit einem feucht-warmen Tuch zudecken und 8 bis 12 Stunden an einen warmen Ort stellen. Im vorgeheizten Backofen bei 150° C backen, dann die Temperatur auf 190° C erhöhen und weitere 1½ Stunden backen.

Varianten: Nach Wunsch zwei Eßlöffel Sesam- oder anderes unraffiniertes Öl zugeben. Ein Sauerteig-Roggenbrot setzt man mit ¼ Tasse Triebmittel an und reduziert dafür das Wasser auf 3 Tassen oder weniger. Als Geschmacksvariante kann man dem Teig auch Kümmel beigeben.

Maisbrot

Maisbrot hat eine eher krümelige Struktur und eine gelbe Farbe. Ich bereitete es früher gelegentlich zu, mache aber heute lieber Arepas und andere Produkte, bei denen ich das Maiskorn als ganzes verwenden kann.

2 Tassen Maismehl
2 Tassen kochendes Quellwasser
½ Teelöffel Meersalz
1 Teelöffel Maisöl
1 Tasse Vollweizenmehl
½ Tasse gehackte, geröstete Walnüsse

Das Maismehl mit zwei Tassen kochendem Wassers überbrühen. Salz und Öl dem Weizenmehl zugeben und alles gut vermischen. Die gehackten Walnüsse zugeben und ggf. etwas mehr Wasser, bis ein zähflüssiger Teig entsteht. In eine geölte 12-22 cm große Kuchenform gießen und in vorgeheiztem Backofen 30 bis 40 Minuten bei 180° C backen, bis die Kruste leicht braun ist. In dicke Scheiben oder Stücke schneiden und servieren.

Variante: Den Teig mit etwas Gersten- oder Reismalz süßen. Maiskuchen können nach demselben Rezept hergestellt werden. 30 bis 40 Minuten bei 200° C backen. Die Menge ergibt ein Dutzend Maiskuchen.

Reis-Kayu-Brot

Kayu ist das japanische Wort für Getreide, das so lange gekocht wird, bis es weich und cremig ist. Der in diesem Rezept verwendete Reisbrei kann nach dem Rezept in Kapitel 6 gemacht werden. Dieses delikate Brot ist eine Erfindung von George Ohsawa und bei Makrobioten in aller Welt besonders beliebt. Man kann für dieses Rezept auch übriggebliebenen Reis oder anderes Getreide verwenden, wenn man die Körner vorher einweicht. Die Kombination von Reis und Weizen ist eine wahre Hochzeit zwischen Ost und West.

2 Tassen Vollweizenmehl
1/8 bis 1/4 Teelöffel Meersalz
2 Tassen weich gekochter Naturreis

Mehl und Salz mischen, den Reis dazugeben und einen Teigball formen. Den Teig 350 bis 400mal kneten. Wenn er klebt, gibt man etwas mehr Mehl hinzu. Ist der Reis sehr weich, wird zusätzliches Wasser nicht benötigt. Sonst gibt man etwas Wasser hinzu. Eine 20 cm große Pfanne mit etwas Sesamöl einpinseln und mit etwas Mehl bestäuben, damit das Brot nicht am Boden kleben bleibt. Den Teig zu einem Brot formen und in die Pfanne legen. Leicht bis in die Ränder pressen, damit das Brot schön rund wird. Die Oberfläche mit einem scharfen Messer leicht einritzen. Den Teig mit einem feuchten Tuch zudecken und 8 bis 10 Stunden warm stellen. Gelegentlich das Handtuch mit warmem Wasser anfeuchten, wenn es trocken geworden ist. Den aufgegangenen Teig im vorgeheizten Backofen 30 Minuten bei 100 bis 120° C backen, dann die Temperatur auf 180° C erhöhen und weitere 1 bis 1½ Stunden backen. Das fertige Brot auf ein Brettchen zum Abkühlen legen.

Variante: ein paar Rosinen oder geröstete Samen machen das Brot süßer und knuspriger.

Misobrot

Miso fördert die natürliche Fermentierung und ergibt einen süßlichen, leichten Brotteig. Dieses Rezept ist für zwei Brote gedacht.

8 Tassen Vollweizenmehl
2 bis 3 Eßlöffel Miso
3 Tassen Quellwasser

Das Mehl in eine Rührschüssel geben. Miso mit etwas Wasser zu Brei rühren und dem Mehl beigeben. Wasser zugießen und den Teig etwa 10 Minuten kneten, bis er eine elastische, weiche Struktur hat. In eine eingeölte Schüssel legen, mit einem feuchten Tuch bedecken und über Nacht warm stellen. Am folgenden Tag zwei Brote formen, zwei Brotformen im Ofen erhitzen und einölen und die Brote hineinlegen. Mit einem feuchten Tuch zudecken und für 2 bis 4 Stunden warm stellen. In den kalten Ofen stellen und 1 ¼ Stunde bei 180° C backen. Eine Pfanne mit kaltem Wasser auf der unteren Schiene des Ofens garantiert gleichmäßiges Backen.

Varianten: Eine Hälfte des Miso zurückbehalten und den Teig wie im Rezept weiterbehandeln. Bevor man das Brot formt, den Teig ausrollen. Er sollte 2 ½ cm dick und so lang wie die Brotform sein. Das Miso auf den Teig streichen, aufrollen und in die Backform geben. Backen wie oben. Beim Aufschneiden zeichnet die Misofüllung eine aparte Spirale. Einen reichhaltigeren Geschmack gibt eine Schicht Tahin auf der Misofüllung.

Weizensprossen-Brot

Brot aus Weizensprossen ist leicht, gut zu kauen und ähnelt eher einem Dessert als einem Brot. Das folgende Rezept erschien im East-West-Journal und stammt von Rebecca Theurer Wood, eine meiner Schülerinnen und hervorragende Köchin und Lehrerin der makrobiotischen Küche in Colorado.

7 Tassen ganze Weizenkörner
Quellwasser
Prise Meersalz

Den Weizen waschen und über Nacht in einem 4 l großen Glaskrug weichen. Das Wasser am folgenden Morgen abgießen (und für Suppenstock oder ähnliches verwenden). Am Abend die Körner erneut spülen und abgießen. Dieses Verfahren 2 bis 3 Tage lang wiederholen, bis der Weizen sprießt und die Sprossen etwa 2 ½ cm hoch sind. Die Sprossen so fein wie möglich mahlen, etwa durch einen Fleischwolf drehen oder durch eine Stein-Handmühle mahlen. Keinen Mixer verwenden. Wenn nötig zweimal mahlen. Die zermahlenen Sprossen mit dem Salz mischen und in eine leicht geölte, flache Kasserole oder Pfanne geben. Zudecken und im vorgeheizten Backofen 4 Stunden bei 100° C backen, bis das Brot sich von den Seiten der Backform löst. Den Deckel die letzten 20 Minuten abnehmen.

Variante: Roggensprossen können dem Weizen beigefügt oder statt seiner verwendet werden. Je nach Geschmack kann man auch etwas gehackte Zwiebeln, zerstoßene Sesamsamen und andere Zutaten zugeben.

Blaubeer-Maisküchlein

1 Tasse ungebleichtes Weizenmehl Typ 1050
1 Tasse geröstetes Maismehl oder Maisgries
¼ Tasse Reismehl
½ Teelöffel Meersalz
2 Tassen Apfelsaft
1 Tasse frische Blaubeeren

Das Mehl mit dem Salz mischen. Apfelsaft und Blaubeeren zugeben und zu einem Teig rühren. Mit einem feuchten Tuch zudecken und für ein paar Stunden an einen warmen Ort stellen. Den Teig erneut gut verrühren und in eingeölte kleine Kuchenformen geben. Im vorgeheizten Backofen 30 Minuten oder länger bei 180° C backen.

Varianten: Dem Teig andere Früchte, Nüsse und Samen beigeben. Preiselbeeren, Rosinen, Korinthen, Walnüsse, Sesam und Sonnenblumenkerne sind besonders beliebt.

Getreidekekse

½ Tasse zerstoßener Weizen
½ Tasse Vollweizenmehl
½ Teelöffel Meersalz
Quellwasser
½ bis 1 Tasse geröstete Sesamsamen
1 Teelöffel geraspelte Orangenschale

Den zerstoßenen Weizen 1 Stunde weichen lassen. Das Mehl mit dem Salz mischen und mit dem Sesam dem Weizen zugeben. Mit genügend Wasser zu einem zähflüssigen Teig verarbeiten. Orangenschale untermischen. Ein Backblech mit Maismehl bestäuben und den Teig 3 mm dick verteilen. Die Finger dafür ab und zu in Wasser tauchen, um Kleben zu vermeiden. Je nach Geschmack den Teig mit einem Messer einritzen. 15 Minuten im vorgeheizten Backofen bei 230° C backen. Die Kekse hinterher schneiden oder auseinanderbrechen.

Buchweizen-Pfannkuchen mit Erdbeer-Kuzusoße

Buchweizenmehl in Pfannkuchen, Waffeln oder Kuchen ist nahrhaft, leicht und gut verträglich. Ich mag besonders die Pfannkuchen aus 100%-igem Buchweizen, aber die meisten Leute ziehen ein Gemisch mit Vollweizen vor.

Pfannkuchen

1 Tasse Buchweizenmehl
1 Tasse ungebleichtes Weizenmehl Typ 1050
2 Eßlöffel helles Sesamöl
1 Tasse Amazake
¼ Teelöffel Meersalz
Quellwasser

Die trockenen Zutaten mischen. Öl, Amazake und Salz zugeben (älteres Amazake, das etwas sauer geworden ist, eignet sich am besten). Mit genügend Wasser einen Pfannkuchenteig rühren. Gut mit einem Löffel oder Schneebesen mischen. Mit einem Tuch bedecken und über Nacht warmstellen. Das natürliche Fermentieren macht die Pfannkuchen leichter und lockerer. Am folgenden Morgen ein Waffeleisen oder eine Bratpfanne einölen und erhitzen. Etwas Teig hineingeben und einen runden Fladen formen. Kleine Blasen auf der Oberseite zeigen an, daß die Unterseite fertig ist. Pfannkuchen umdrehen und von der anderen Seite braten. Zuviel Hitze läßt Pfannkuchen schnell anbrennen. Die fertigen Fladen im Ofen warmhalten und mit Erdbeer-Kuzusoße servieren.

Erdbeer-Kuzusoße

3 Tassen Erdbeeren
3 Tassen Quellwasser
Prise Meersalz
3 bis 4 Eßlöffel Kuzu

Die Erdbeeren waschen und teilen. Mit dem Wasser in einen Topf geben und zum Kochen bringen. Salz zugeben, bedecken und bei mäßiger Hitze 5 bis 10 Minuten köcheln lassen oder bis die Erdbeeren weich sind. Kuzu in etwas Wasser auflösen und den Erdbeeren beigeben. Dabei ständig rühren, um Klumpen zu vermeiden. 3 bis 5 Minuten weiter köcheln lassen, bis die Soße dick und durchsichtig ist. Über die Pfannkuchen gießen und heiß servieren.

Französische Crêpes

Crêpes sind ein besonders leichtes Mehlprodukt, und man kann sie mit verschiedenem Gemüse, Früchten oder Apfelmus füllen. Wie bei Brot und Pfannkuchen werden Crêpes besser, wenn man den Teig über Nacht stehenläßt.

2 Tassen ungebleichtes Weizenmehl Type 1050
2 Tassen Quellwasser
¼ Teelöffel Meersalz
ggf. dunkles Sesamöl

Die Zutaten gut mischen und im Mixer oder mit dem Schneebesen schlagen. Das macht den Teig lockerer. Etwas Teig in eine leicht geölte Pfanne gießen und mit dem Löffelrücken glattstreichen. Crêpes sollten sehr dünn sein. Vorsichtig braten und aufpassen, daß sie nicht verbrennen. Je nach Wunsch füllen, zusammenrollen und mit einem Zahnstocher zuspicken. Die Menge reicht für etwa 6 Crêpes.

Weizen-Pizza

Diese Pizza mit natürlichen Zutaten ist für Parties oder andere besondere Ereignisse gedacht. Dieses Rezept reicht für zwei 30 cm große Pizzen.

Pizzaboden
2 ½ Tassen ungebleichtes Weizenmehl Typ 1050
½ Teelöffel Meersalz
1 Eßlöffel dunkles Sesamöl
1 Tasse Quellwasser

Zwei Tassen des Mehls in eine Schüssel geben und mit dem Salz mischen. Öl und Wasser zugeben und mit den Händen zu einem Teig verarbeiten. Den Teig schlagen, bis er weich und elastisch ist. Das restliche Mehl zugeben. Der Teig wird nun härter. Auf ein mit Mehl bestäubtes Brett legen und kneten, bis der Teig weich ist. 15 Minuten stehen lassen. Eine Hälfte des Teigs rund ausrollen und in eine eingeölte 32 cm große Pizzapfanne legen. Dabei vorsichtig den Teig auseinanderziehen und strecken, um ihn der Pfannengröße anzupassen. Die Ecken umkippen, um einen dickeren Rand zu erhalten. Die Füllung auf den Teig geben und im vorgeheizten Backofen 30 Minuten bei 190° C backen. Der Rand sollte leicht braun sein. Heiß servieren.

Pizza-Füllung

dunkles Sesamöl
½ Tasse klein geschnittene Zwiebeln
½ Tasse gehackter Sellerie
1 Tasse Pastinaken, in große Scheiben geschnitten
2 Tassen Mohrrüben, in große Scheiben geschnitten
½ Tasse Quellwasser
1 Prise Meersalz
½ Eßlöffel Gerstenmiso
ein paar Tropfen Ingwersaft oder etwas frisch geriebener Ingwer
½ Tasse grüne Paprika, in kleine Scheiben geschnitten
½ Tasse Zwiebelgrün, in kleine Scheiben geschnitten
1 Tasse Tofu, gewürfelt

Den Drucktopf einölen, erhitzen und das Gemüse in folgender Reihenfolge hineingeben: Zwiebeln, Sellerie, Pastinaken und Mohrrüben. Jedes Gemüse gut andünsten, bevor das nächste dazugegeben wird. Wasser und Salz zugeben, Deckel verriegeln und unter Druck 15 Minuten kochen. Das Gemüse pürieren und mit Miso und Ingwer würzen. Eine Bratpfanne erhitzen und einölen. Paprikaschoten und Zwiebelgrün leicht dünsten. Mit dem pürierten Gemüse vermischen und die Füllung auf den Pizzateig geben. Die Tofustücke obendrauf dekorieren.

Kapitel 11

Suppen

Unsere täglichen Mahlzeiten spiegeln unsere Evolutionsentwicklung wider. Ernähren wir uns richtig und in Maßen, stärken wir unseren Körper und Geist und geben diese Kraft, Vitalität und Stärke an die nächste Generation weiter. Ist unsere Ernährungsweise unausgeglichen und chaotisch, verlieren wir unsere Gesundheit und unsere Familie fällt auseinander.

Bei Tisch beginnen wir mit Suppe, einem Abbild des Urmeers, in dem das Leben einst begann. Die ideale Suppe enthält etwas Seegemüse und Miso oder Shoyu-Sojasoße, entsprechend der salzigen Zusammensetzung des Ozeans, aus dem sich die ersten primitiven Lebewesen formten. In der Mitte unserer Mahlzeit stehen die Landgemüse. Wir essen diese in ihrer natürlichen Ordnung, von den am meisten zusammengezogenen zu den ausgedehnten, von Yang zu Yin. Wir beginnen mit festem Wurzelgemüse, gefolgt von Boden- und Stangengemüse bis hin zu grünem Blattgemüse und gelegentlich etwas frischen Salat. Als Nachtisch mag es, in Einklang mit der Primaten-Phase unserer Evolution jahreszeitliche Früchte, Nüsse oder Samen geben. Natürlich essen wir Vollgetreide die ganze Mahlzeit hindurch, die Nahrung, mit der wir zu allererst unsere Gesundheit und unser menschliches Verständnis sicherstellten.

Eine Schale Suppe wirkt beruhigend, entspannend und regt den Appetit an. Ich spüre, wie wir unsere Lebenskraft täglich erneuern, wenn wir zu dieser Urquelle zurückkehren. Suppe beeinflußt die Stimmung während des ganzen Essens. Ideal sollte sie in Geschmack, Aroma, Farbe und Beschaffenheit eine Ergänzung zum nachfolgenden Gang sein. In der Makrobiotik lernen wir, das Ganze in jedem Teil und jedes Teil in Beziehung mit dem Ganzen zu betrachten. Ist die Hauptmahlzeit an sich reichhaltig und nahrhaft oder enthält sie viele verschiedene Zutaten, stelle ich eine einfache Misosuppe oder eine klare Suppe aus Kombu oder Shiitake-Pilz voran. Bei einem leichten Hauptgericht bereite ich eine reichhaltige Misosuppe, eine appetitanregende Gemüsevorspeise, Bohnen, Getreidesuppe oder einen herzhaften Eintopf zu.

Dasselbe Prinzip der Ausgewogenheit gilt auch für andere Faktoren. Bei kaltem Wetter bereite ich eher wärmende Suppen mit schweren Zutaten wie Wurzelgemüse und etwas mehr Miso oder Salz zu. Ist es warm, koche ich eine kühlende Suppe mit leichten Zutaten wie Blattgemüse und salze weniger. Ist die Suppe leicht süßlich, etwa bei Kürbissuppe, betone ich im Hauptgericht andere Geschmacksrichtungen. Enthält die Suppe kein Miso, würze ich eine der anderen Speisen damit.

Enthält die Suppe Bohnen oder andere Hülsenfrüchte, vermeide ich diese Eiweißträger im Hauptgericht. Enthält der Hauptgang verschiedene Gemüsesorten, sollte die Suppe nur ein Gemüse enthalten und umgekehrt. Ist das Suppengemüse kleingeschnitten, bereite ich es für die Hauptmahlzeit in dicken Scheiben oder großen Stücken und umgekehrt.

Die Vielfalt der Suppen in der makrobiotischen Küche ist endlos. Ich habe einige Dutzend ausgesucht, die ich am liebsten mag. Einige sind schlicht, mild und einfach in der Zubereitung. Andere haben viele Zutaten, sind herzhaft und brauchen einige Zeit. Jede hat ihre spezielle Jahreszeit und ihren besonderen Anlaß. Wenn wir das Spiel des Ausbalancierens mit Suppen gelernt haben, beginnen unsere Mahlzeiten in Harmonie und schaffen ein tiefes Gefühl der Freude, Befriedigung und Ganzheit.

Misosuppen

Miso ist ein weicher, dunkler Pürée, der aus Sojabohnen, fermentierter Gerste oder Reis und Meersalz bereitet und mehrere Monate oder Jahre zum Reifen gelagert wird. Miso ist etwas süßlich und sehr delikat und man benutzt es zum Würzen von Suppen, Soßen und Tunken, zum Ansetzen von Pickels oder ab und zu als Ersatz für Salz beim Kochen. Miso enthält lebende Enzyme, die das Blut stärken, die Verdauung unterstützen und den Körper mit einer ausgewogenen Mischung aus Kohlehydraten, essentiellen Fettsäuren, Eiweiß, Vitaminen und Mineralien versorgen. Einer Legende zufolge war Miso ein Geschenk der Götter an die Menschen, um deren Gesundheit, Glück und Langlebigkeit zu gewährleisten. Miso ist seit der Zivilisierung der Menschheit im Fernen Osten ein wichtiges Nahrungsmittel und wird nun auch im Westen immer populärer.

Als ich in die Vereinigten Staaten kam, gab es kein gutes, natürliches Miso. Während wir in New York lebten, ließen wir uns ein- bis zweimal im Jahr ein Fäßchen aus Japan kommen für unseren täglichen Bedarf. Später begann Erewhon mit dem Import von Miso in großen Mengen, und es wurde zum Standard sämtlicher Naturkostläden im ganzen Land. In den letzten Jahren haben makrobiotische Pioniere in Nord-Carolina, im Westen von Massachusetts und an anderen Orten Miso-Produktionen aufgebaut und sie gewinnen die Würze aus organisch angebautem lokalen Getreide und Bohnen.

In Japan ist der Miso-Verbrauch in den letzten dreißig Jahren stark gefallen. Außer einer Handvoll Familien, die Miso noch in der traditionellen Weise herstellen, wird Miso heute in Japan gewöhnlich mit Chemikalien, Konservierungsstoffen und Zucker hergestellt, und auch der Reifeprozeß wird künstlich von einem oder zwei Jahren auf zwei bis drei Monate herabgedrückt. In jüngster Zeit ist das Interesse an den traditionellen Methoden neu erwacht. 1981 veröffentliche Japans „National Cancer Center" (Nationales Krebszentrum) die Ergebnisse einer landesweiten medizinischen Studie, die zeigte, daß Leute, die täglich Misosuppe aßen, weniger oft an Krebs, Herzkrankheiten oder anderen Leiden erkrankten als der Durchschnitt. Das bestätigt die orientalische traditionelle Medizin und Volksweisheit, die Miso immer als beste Medizin zur Vorbeugung und Behandlung von Krankheiten geschätzt hat.

Bei uns zuhause gab es zweimal täglich Misosuppe. Am Morgen bereitete sie meine Mutter einfach nur mit Quellwasser zu. Für den Abend benutzte sie meist Suppenstock für eine nahrhaftere Suppe und gab gelegentlich Fisch dazu. Bei uns in Brookline, Massachusetts, haben wir morgens zum Frühstück eine leichte Misosuppe. Zum Mittag- und Abendessen gibt es eine nahrhafte Misosuppe, Nudeln in einer Shoyu-Brühe oder eine andere leichte Gemüse-, Bohnen- oder Getreidesuppe, wie in diesem Kapitel beschrieben. Wenigstens eine Schale Misosuppe mit Wakame wird jeden Tag empfohlen. In makrobiotischen Familien ist Misosuppe eine wirksame, billige und natürliche Form der Gesundheitsvorsorge geworden.

Es gibt sehr unterschiedliche Sorten von Miso, abhängig von der Güte der Zutaten, der Reifezeit und der Herstellungsweise. Generell ist Gerstenmiso (auch unter seinem japanischen Namen Mugi-Miso bekannt) am süßesten und am besten für die tägliche Zubereitung geeignet. Es gibt hundertprozentiges Sojabohnen-Miso, Hatcho-Miso genannt, das einen strengeren Geschmack hat und vorzugsweise zum längeren Pickeln, für Zusatzwürzen wie Tekka aber auch für normale Suppen verwendet wird. Das leichte Naturreis-Miso (oder Genmai-Miso) eignet sich vor allem für den gelegentlichen Gebrauch im Sommer. Die Misosorten können auch miteinander vermischt werden. Es gibt außerdem rotes, weißes und gelbes Miso, daß gewöhnlich nur wenige Monate gereift ist. Ihr leichter Geschmack eignet sich besonders zu Fischgerichten. Natto-Miso aus leicht fermentierten Sojabohnen und Ingwer ist besonders würzig.

Für die alltägliche Misosuppe benutze ich Gerstenmiso, das wenigstens 18 Monate, besser noch zwei bis drei Jahre gereift ist. Natürlich vergewissere ich mich, daß das Miso keine Chemikalien enthält und auf natürliche Weise hergestellt wurde. Das lose Miso, das in den Naturkostläden angeboten wird, ist meistens dem in verschlossenen Behältern vorzuziehen, da letzteres pasteurisiert und daher Enzymärmer ist.

Für Reisen gibt es pulverisiertes Miso. Wenn möglich, sollte Instant-Miso einige Minuten in Wasser gekocht werden. Zuhause ist das normale Miso vorzuziehen. Miso kann man auch selber machen mit einem Getreidetreibmittel, Koji-Malz genannt. Es enthält bestimmte Bakterien, die Sojabohnen zum Gären bringen. Koji ist inzwischen in Naturkostläden erhältlich. Nährere Informationen zum Misomachen gibt mein Buch „Mit Miso kochen" (in deutsch erschienen im Pala-Verlag).

Allgemein sollte das Gemüse für Misosuppe weich gekocht sein und im Munde zergehen. Da Miso lebende Mikroorganismen enthält, läßt man die Suppe nach dessen Beigabe nur noch 3 bis 5 Minuten sehr leicht köcheln, aber nicht mehr kochen.

Miso kann das ganze Jahr über genossen werden, wobei die Sorten, Zutaten oder die Zubereitung je nach Jahreszeit wechseln können. Misobrühe ohne Zugabe ist ebenfalls köstlich. Ich genieße ihre Schlichtheit und stelle sie mit etwas Quellwasser her, in das ich ganz wenig Meeresalgen und vielleicht etwas Grün als Garnierung gebe.

Die zweite Methode ist die der Lagen, bei der verschiedenes Gemüse schichtweise in den Topf kommt, sortiert von Yin nach Yang, d.h. mit dem weichen Gemüse unten und dem harten oben. Kaltes Wasser auffüllen, bis es das Gemüse fast bedeckt, langsam kochen, bis alles weich ist und am Schluß Miso zugeben. Ggf. vor dem Miso Wasser oder Suppenstock zugeben, um die Suppe flüssiger zu machen. Wird das Gemüse in zuviel Wasser gekocht, verliert es seine ursprüngliche Form und schmeckt leicht wässrig. Daher weitere Flüssigkeit erst nach dem Kochen zugeben.

Eine dritte Variante für die Zubereitung von Misosuppe ist die, in der das Gemüse zuerst in etwas Sesamöl sautiert wird, um sein herbes, rohes Aroma zu erhalten. Dann gießt man Wasser zu und kocht das Gemüse wie üblich. Miso am Schluß zugeben. Misosuppe mit gedünstetem Gemüse ist nahrhafter und besonders im Winter zu empfehlen.

Ganz gelegentlich gebe ich etwas Fisch oder Meeresfrüchte bei. Das gibt besonders viel Energie. Kraft geben auch Mochis, Tofu, Seitan oder Tempeh-Würfel.

Langfristig gesehen ist pflanzliches Eiweiß beständiger als tierisches Eiweiß, und ich ziehe es daher vor.

Ich nehme etwa einen Teelöffel pro Suppentasse, das variiert aber je nach dem Salzgehalt des Misos. Es wird in der drei- bis vierfachen Menge Wasser (z.B. ein Eßlöffel Wasser auf einen Teelöffel Miso püriert, bevor man es der Suppe zugibt. Wegen seines delikaten, süßlichen Geschmacks nimmt man leicht zuviel. Das macht dann Appetit auf Flüssigkeit, Früchte und Süßigkeiten, da der Körper den starken Salzgehalt des Miso auszugleichen sucht. Misosuppe sollte weder zu salzig noch zu fade sein. Für eine schnelle einfache Misosuppe benutze ich gewöhnlich einen kleinen rostfreien Stahltopf. Schwere Suppen und Eintöpfe bereite ich in einem gußeisernen Topf, einem Keramiktopf oder einem großen Kessel zu. Die Schöpfkelle lege ich auf einen leeren Teller zwischen Topf und Servierschüsseln.

Grundrezept für Misosuppe

ein 7 cm langes Stück getrocknete Wakame-Algen
1 Tasse dünn geschnittene Zwiebeln
1 Liter Quellwasser
1 ¼ bis 1 ½ Eßlöffel Miso
gehacktes Zwiebelgrün, Petersilie, Ingwer oder Wasserkresse zum Garnieren

Die Wakame 3 bis 5 Minuten in kaltem Wasser spülen und in 1 cm große Stücke schneiden. Wakame und Zwiebeln mit dem Wasser in einen Topf geben, zum Kochen bringen und bei mäßiger Hitze 10 bis 20 Minuten kochen. Hitze dann soweit reduzieren, daß die Flüssigkeit nicht mehr kocht. Miso in eine Schüssel oder Suribachi geben und mit ¼ Tasse der Brühe verrühren. Zur Suppe geben, 3 bis 5 Minuten köcheln lassen und servieren. Mit Zwiebelgrün, Petersilie, Ingwer oder Wasserkresse garnieren.

Misosuppe mit Daikon-Rettich und Tofu

In Japan gibt es Daikon-Misosuppe bei den Bauern oft im Herbst und Winter. Der Geschmack dieser Wurzelpflanze ergänzt Miso hervorragend. In der Suppe mitgekocht wird sie weich, ohne an Form zu verlieren.

1 ½ Tasse Daikon (langer, weißer Rettich) in 1 cm großen Stücken
1 Liter Quellwasser
mehrere 7 cm lange Stücke Wakame
1 Tasse Tofu in 2 cm großen Würfeln
1 Teelöffel Miso
1 Zwiebel, gehackt, zum Garnieren

Daikon ins Wasser geben und 5 Minuten kochen. Währenddessen die Wakame 3 bis 5 Minuten einweichen und in kleine Stücke schneiden. Wakame und Tofu in den Topf geben und alles zum Kochen bringen, bis der Tofu aufgeht und oben schwimmt. Miso mit ¼ Tasse der Brühe in einer Schüssel oder im Suribachi verrühren, in die Suppe geben und 3 Minuten köcheln lassen. Mit Zwiebelgrün garnieren und servieren.

Variante: Man kann die Suppe auch ohne Daikon oder Tofu machen.

Misosuppe mit Reis und Schalotten

Dies ist ein herzhaftes Winter-Frühstück, daß den ganzen Tag warm hält.

ein 7 cm langes Stück getrocknete Wakame
2 Tassen geschnittene Frühlingszwiebel mit Wurzel
1 Liter Quellwasser
2 Tassen gekochten Naturreis
1 ¼ bis 1 ½ Tassen Miso
Zwiebelgrün, geschnitten, zum Garnieren

Wakame spülen und wässern, bis sie weich sind. In 1 cm breite Stücke schneiden. Wakame mit den Zwiebelstreifen und etwas Wasser in einen Topf geben und schnell zum Kochen bringen. Reis und restliches Wasser zufügen, Topf zudecken und 10 Minuten bei kleiner Hitze köcheln lassen. Miso mit ¼ Tasse der Brühe pürieren und der Suppe zugeben, ein paar Minuten leicht kochen lassen, mit Zwiebelgrün garniert servieren.

Misosuppe mit Hirse und Kürbis

½ Tasse Hirse
½ Tasse geschnittene Sellerie
1 Tasse geschnittene Zwiebeln
1 Tasse ungeschälter, gewürfelter Kürbis
1 Liter Quellwasser
1 ¼ bis 1 ½ Eßlöffel Miso
1 Blatt Nori, geröstet, zum Garnieren
gehackte Petersilie zum Garnieren

Hirse waschen und in einer Pfanne trocken rösten. Schichtweise das Gemüse in einen Topf geben, zuerst die Sellerie, dann die Ziebeln, dann der Kürbis. Die Hirse obenauf geben und gleichmäßig verteilen. Soviel Wasser zugeben, daß es gerade den Kürbis bedeckt. Zudecken und bei mittlerer Hitze 25 bis 30 Minuten kochen, dabei ab und zu etwas Wasser zugießen. Ist die Hirse weich, den Rest Wasser zugeben, kurz zum Kochen bringen, dann Hitze reduzieren. Das Miso mit etwas Brühe vermischen und kurz vor dem Servieren in die Suppe rühren. Mit Noristreifen und Petersilie garnieren.

Sellerie-Misosuppe

Sellerie wird in Japan gewöhnlich nicht angebaut. Als ich nach Amerika kam, entdeckte ich zu meiner Freude, wie gut er zu Miso paßt.

½ Tasse Sellerie, in 2 cm großen Würfeln
½ Tasse fein geschnittene Zwiebeln
1 Teelöffel geröstetes Sesamöl
1 Liter Quellwasser
1 ¼ bis 1 ½ Eßlöffel Miso
1 Blatt Nori, geröstet

Sellerie und Zwiebeln in Öl dünsten. Etwas Wasser zugeben, sodaß es gerade das Gemüse bedeckt, und zum Kochen bringen. Restliche Flüssigkeit zugießen, Topf zudecken und kochen, bis das Gemüse weich ist. Miso mit ¼ *Tasse der Brühe pürieren und in die Suppe geben, ein paar Minuten köcheln lassen, mit Noristreifen garnieren und servieren.*

Miso-Cremesuppe mit Zwiebeln

3 Eßlöffel geschnittene Zwiebeln
1 Teelöffel geröstetes Sesamöl
6 ganze mittlere Zwiebeln, geschält
1 Liter Quellwasser
3 Eßlöffel Vollweizenmehl
1 ¼ bis 1 ½ Eßlöffel Miso
1 Teelöffel gehackte Petersilie

Die geschnittenen Zwiebeln in Öl dünsten. Die ganzen Zwiebeln senkrecht bis zur Mitte einschneiden und mit dem Schnitt nach unten auf die gedünsteten Zwiebeln legen, mit 3 Tassen Wasser bedecken und 20 bis 30 Minuten garen lassen. Die Zwiebeln sollten weich sein aber nicht auseinanderfallen. Während die Zwiebeln weichkochen, das Mehl im verbliebenen Öl rösten und abkühlen lassen, dann mit der verbliebenen Tasse Wasser zu einer Paste verrühren. In die Suppe geben, dabei vorsichtig rühren, ohne die Zwiebeln zu zerstören, und kochen, bis die Suppe dicklich ist. Miso mit ¼ *Tasse der Brühe pürieren, der Suppe zugeben und noch ein paar Minuten leicht kochen lassen. Mit fein gehackter Petersilie garnieren.*

Variante: Diese Suppe kann auch mit einem Kombu-Suppenstock bereitet werden. Dann sollte man auf Öl und Mehl verzichten.

Misosuppe mit Sesam und Broccoli

Der üppige Sesamgeschmack macht diese Suppe zu einem besonderen Liebling in unserem Haushalt.

1 große Broccolistaude
1 Teelöffel geröstetes Sesamöl
1 Liter Quellwasser
½ Tasse geröstete Sesamsamen
1 ¼ bis 1 ½ Eßlöffel Miso

Die Blumen des Broccoli vom Stiel trennen und zerkleinern. Den Stiel in 2 cm lange Stücke schneiden und in Öl dämpfen. Mit etwas Wasser bedecken, Deckel schließen und zum Kochen bringen. ½ Tasse Wasser zurückbehalten und den Rest in den Topf gießen. Zum Kochen bringen, Hitze verringern und Broccolistücke garen. Um den Broccoliblumen ihr Grün zu erhalten, gibt man sie mit der ½ Tasse restlichen Wassers in einen Extratopf und kocht sie unbedeckt, bis sich ihre Farbe vertieft. Das Wasser der Suppe zugeben, die Broccoliblumen beiseite stellen. Den Sesam gründlich im Suribachi zermahlen, Miso dazugeben und ½ Tasse von der Brühe. Alles gut vermischen, in die Suppe rühren und ein paar Miunten köcheln lassen. Beim Servieren ein paar Broccoliblumen in jede Schale geben.

Mochi-Misosuppe

1 Liter Quellwasser
1 Tasse geschnittener Chinakohl
1 ¼ bis 1 ½ Eßlöffel Miso
einige Stücke gebratenes oder gebackenes Mochi
1 Blatt Nori, in Streifen geschnitten
1 Tasse geschnittenes Zwiebelgrün

Wasser zum Kochen bringen und Chinakohl zufügen. Hitze vermindern und 3 bis 5 Minuten köcheln, bis er fast gar ist. Flamme klein stellen und das pürierte Miso zugeben. Zwei weitere Minuten leicht köcheln lassen. Heiße Suppe über ein bis zwei Stücke gebratenes oder gebackenes Mochi gießen. Mit Noristreifen und Zwiebelgrün garnieren und servieren.

Fu-Misosuppe

Fu sind getrocknete Weizenglutenkuchen oder -Blätter. Sie sind in Suppen oder Brühen zusammen mit Nudeln sehr delikat. Falls das Wakameeinweichwasser salzig ist, benutzen Sie dies nicht in der Suppe. Wenn jeoch das Einweichwasser nicht salzig ist, fügen Sie es der Suppe zu.

¼ Tasse Wakame, gewaschen, eingeweicht und in Streifen geschnitten
1 Tasse Daikon in Rechtecke geschnitten
1 Tasse getrockneten Fu, eingeweicht und in Scheiben geschnitten
5 bis 6 Tassen Quellwasser einschließlich dem Wakameeinweichwasser, falls erwünscht
2 Eßlöffel Miso
¼ Teelöffel geriebenen frischen Ingwer (wunschweise)
Zwiebelgrün, kleingeschnitten zum Garnieren

Fügen Sie den Wakame, Daikon und Fu in einen Topf und Wasser hinzu. Zum Kochen bringen, bedecken und die Hitze klein stellen. Etwa 30-40 Minuten köcheln lassen bis der Daikon weich ist. Reduzieren Sie die Hitze bis auf kleinste Einstellung und fügen in etwas Wasser püriertes Miso bei. Einige Minuten köcheln lassen und falls erwünscht ¼ Teelöffel geriebenen frischen Ingwer zufügen und eine kurze Zeit weiterköcheln. Schöpfen Sie die Suppe in Schalen, garnieren mit etwas Zwiebelgrün und servieren.

Misosuppe mit Okara und getrocknetem Daikon-Rettich

Okara ist der grobe Sojabohnenbrei, der bei der Produktion von Tofu anfällt. Man kann es gut für Suppen verwenden, sollte es aber nicht zu lange kochen, um seinen Geschmack zu erhalten.

½ Tasse getrockneter Daikon (langer weißer Rettich)
3 Tassen Quellwasser
1 Shiitake-Pilz
1 Streifen Kombu, eingeweicht und geschnitten
½ Tasse Okara
2 Eßlöffel Miso
geschnittenes Zwiebelgrün zum Garnieren

Daikon in 1 ½ Tassen Wasser einweichen. Shiitake in ½ Tasse Wasser und Kombu in einer Tasse Wasser weichen. Daikon, Shiitake und Kombu abgießen und Einweichwasser in einen Topf geben. Daikon in feine Scheiben schneiden und in den Topf geben, dann Shiitake und Kombu zerkleinern und hinzufügen. Zum Kochen bringen, zudecken und etwa bei 30 Minuten köcheln lassen. Flamme klein stellen und Okara und Miso zugeben (das Okara kann vorher in etwas Sesamöl angedünstet werden). Suppe noch 1 bis 2 Minuten köcheln lassen, mit kleingeschnittenem Zwiebelgrün garnieren und servieren.

Jinenjo-Misosuppe

Jinenjo ist eine längliche Bergkartoffel, die in Japan heimisch ist. Sie ist in manchen Naturkostläden erhältlich. Diese Misosuppe sollte einfach nach einer Grundmethode bereitet werden mit Meeresgemüsen, Miso und Wasser, so daß Jinenjo erschmeckt werden kann.

1 Eßlöffel geriebene Jinenjo
1 Tasse heiße Misosuppe
kleingeschnittenes Zwiebelgrün zum Garnieren.

Fügen Sie die geriebene Jinenjo in eine Suppenschale, gießen die heiße Misosuppe über die Jinenjo und garnieren mit Zwiebelgrün und servieren.

Waschen Sie die Gemüse und weichen diese 5 Minuten in Wasser ein. Zum Kochen bringen und etwa 3 Minuten kochen. Entnehmen Sie die Gemüse und bewahren sie für eine Beilage auf. Verwenden Sie den Suppenstock.

Klare Suppe und Suppenstock

Klare Brühe ist schlicht und elegant — eine Augenfreude. In Japan nennen wir sie „Osumashi“, das bedeutet „klares Wasser“ oder „klarer Teich“. Sie wird aus Kombu und Gemüse oder Shiitake-Pilz zubereitet und enthält gewöhnlich ein kleines Stück

Tofu, ein oder zwei Scheiben Mohrrüben im Blumenmuster, ein Stück Radieschen oder anderes dekorativ zubereitetes Gemüse, etwas Ingwer, Zwiebelgrün oder Petersilie zum Garnieren.

Klare Brühe ist mild, mit weicher Einlage, und schafft ein Gefühl der Ruhe und Gelassenheit. Sie wird gewöhnlich an Feiertagen und bei formellen Anlässen als einer von vielen Gängen serviert.

Shoyu-Sojasoße benutzt man gewöhnlich nicht zum Würzen klarer Brühen, da sie eine sehr dunkle Farbe gibt. Ein paar Tropfen können aber am Ende des Kochvorgangs zugegeben werden. Shoyu-Brühe macht man, indem man einfach etwas Shoyu in den Suppenstock gibt. Man ißt sie gewöhnlich mit Nudeln.

Kombu Suppenstock

Kombu ist ein breites, dickes, dunkelgrünes Meeresgemüse mit einem hohen Gehalt an Kalzium und anderen Mineralien. Sein besonderer Geschmack paßt zu einer Reihe von Gemüsen und tierischer Nahrung. Kombu ist die beliebteste Suppengrundlage in der makrobiotischen Küche. In der herkömmlichen japanischen Kochkunst ist sie als *Dashi* bekannt.

1 Stück Kombu, 7 cm lang, oder Kelp
1 Liter Quellwasser

Kombu von Sand befreien, dabei aber die weißen Ablagerungen nicht abwischen. 5 Minuten einweichen, ins Wasser legen und erhitzen. Ist der Kombu sehr dick, kurz vor dem Kochen aus dem Suppenstock nehmen und aufbewahren für das nächste Gericht. Sehr dicker Kombu sollte in Suppen nicht verwendet werden, da er zu lange kochen muß, bis er weich ist, und dem anderen Gemüse Aroma entzieht. Dünner Kombu oder Kelp dagegen geben der Suppengrundlage einen kräftigen Geschmack. 5 bis 10 Minuten kochen. Kombu-Suppenstock verwendet man für klare Suppen oder Brühen.

Shiitake-Suppenstock

Diese getrockneten Pilze sind sehr aromareich und werden medizinisch als Ausgleich für vergangenen starken Konsum tierischer Nahrung verwendet. Shiitake wird bei schwächeren Menschen nicht für den regelmäßigen Gebrauch empfohlen. Menschen mit starker Gesundheit können pro Tag ein paar Scheiben vertragen. Diese Pilze passen gut zu Kombu, und mit beiden kann man eine Suppengrundlage herstellen.

2 mittelgroße getrocknete Shiitake-Pilze
1 Liter Quellwasser

Die Pilze 5 Minuten einweichen und in kleine Stücke schneiden. Der Stiel, der faserig ist und oft Sand enthält, wird entnommen. Pilze mit dem Einweichwasser zum Kochen bringen, Flamme kleinstellen und 5 Minuten köcheln lassen. Die Shiitakestücke können im Suppenstock belassen oder für eine andere Speise aufbewahrt werden.

Gemüsestock

Man bereitet ihn gewöhnlich aus Mohrrüben, Zwiebeln und manchmal etwas Klettenwurzel und natürlich süßlichem Gemüse zu. Man kann auch welkes Gemüse oder Gemüseabfälle verwenden wie Kohlstrünke. Erbsenhülsen, Maisblätter, harte Außenblätter und Kürbisschale (Ich vermeide grünes Gemüse, das bitteren Geschmack verleiht, wie Mohrrübengrün, Spinat und ähnliches). Ich bewahre diese Abfälle und Enden in einem Behälter auf und wenn genug zusammengekommen ist, mache ich daraus eine kräftige Suppeneinlage. Einige Gemüsereste können nach dem Kochen als geschmackvolle Beilage serviert werden. Einfach mit etwas Shoyusoße aufkochen. Nach Wunsch Kombu oder Shiitake zugeben.

In kleine Stücke geschnittenes Gemüse mit Quellwasser bedecken

5 bis 10 Minuten kochen und Gemüse herausnehmen.

Suppenstock aus getrocknetem Gemüse

Um einen süßeren Geschmack zu erhalten, benutze ich getrocknetes Gemüse, etwa getrockneten Daikon oder getrocknetes Wurzelgemüse wie Mohrrüben und Steckrüben.

½ Tasse getrocknetes Gemüse
5 Tassen Quellwasser

Die Gemüse waschen und 5 Minuten einweichen. Zum Kochen bringen und 3 Minuten kochen lassen. Entnehmen Sie die Gemüse und bewahren sie für eine Beilage auf. Verwenden Sie die Brühe für Suppe.

Getreide-Suppenstock

Dies ist die Lieblingsspeise in vielen Zen-Klöstern.

½ Tasse Naturreis, Gerste oder anderes Getreide
1 Liter kaltes Quellwasser

Das Getreide trockenrösten und mit dem kalten Wasser in einen Topf geben. Zum Kochen bringen und 2 bis 3 Minuten garen. Die Brühe für Suppen verwenden, das Getreide kann man im Brot, Tempura oder anderen gebackenen Speisen verarbeiten.

Fisch-Suppenstock

Fischköpfe und Gräten können ebenfalls für Suppenstock verwendet werden. Man bindet die Fischzutaten in ein Käsetuch und kocht sie einige Minuten in Wasser. Man kann sie auch direkt dem Wasser zugeben und das Wasser anschließend durch ein Käsetuch seien. Diese Suppengrundlage kann für Gemüsebrühen oder Getreidesuppen verwendet werden.

Bonito-Suppenstock

Bonito-Fischflocken (Thunfischflocken) werden ebenfalls im Fernen Osten oft für Suppenstock verwendet. Gute Bonitos riechen nicht fischig und harmonieren gut mit Gemüse. Im Idealfall nehme ich geräucherten Bonito-Fisch und schuppe ihn selber. Dann gebe ich 3 Eßlöffel dieser Flocken in Kombustock und lasse alles 1 Minute kochen. Von der Platte nehmen und abgießen. Die Flocken können mit dem Kombu als Beilage serviert werden.

Klare Brühe

Diese Brühe kann mit einer der oben beschriebenen Suppengrundlagen bereitet werden.

1 Liter Kombu- oder anderen Suppenstock
1 Mohrrübe, im Blumenmuster geschnitten
1 Tasse Tofustücke, 1 cm groß
1 Bund Wasserkresse, fein geschnitten
½ Blatt Nori, in schmale Streifen geschnitten
frisch geriebener Ingwer oder Ingwersaft

Das Gemüse klein schneiden und getrennt einige Minuten weichkochen. Tofu im Kombustock 1 bis 2 Minuten kochen bis die Stücke oben schwimmen (auf diese Weise zubereitet ist er zart. Wird er zu lang gekocht, gerät er zäh). 1 bis 2 Stücke Mohrrüben und etwa einen Löffel Kresse in jede einzelne Suppenschale geben, den heißen Kombustock drübergießen und 1 bis 2 Stücke Tofu zugeben. Das Gemüse sollte eine leuchtende Farbe haben. Kocht man es vermischt, verliert es seine Farbe. Mit Nori und Ingwer garnieren und servieren.

Varianten: Statt Mohrrüben sind auch andere Gemüsesorten wie Broccoli, Blumenkohl, Sellerie, Pastinaken, Chinakohl oder Kürbis geeignet. Getrocknete oder fritierte Brotkrumen geben eine delikate Garnierung für alle diese klaren Brühen ab.

Klare Brühe mit Taro-Kartoffel

Taro ist eine kleine Kartoffel mit einer dicken, haarigen Schale. Sie ist auch unter dem Namen *Arbi* bekannt. Für den regulären Gebrauch zu teuer, verwendet man sie nur gelegentlich, vorwiegend in den Wintermonaten. Ihr leichter aromatischer Geschmack paßt gut zu klaren Suppen.

6-8 kleine Taro Kartoffeln
1 Streifen Kombu, 15-20 cm lang, eingeweicht
4-5 Tassen Quellwasser
Shoyu-Sojasoße
geschnittenes Zwiebelgrün zum Garnieren
1 Blatt Nori, geröstet und in Streifen geschnitten, zum Garnieren

Taro-Kartoffeln schälen, waschen und halbieren. Kombu mit Wasser zum Kochen bringen, Topf zudecken und bei mittlerer Hitze 5 bis 7 Minuten köcheln lassen. Kombu herausnehmen und für eine spätere Speise beiseite legen. Die Taro zugeben und leicht köcheln lassen, bis sie weich sind. Hitze verringern und etwas Shoyu zugeben, weitere 5 Minuten kochen. Die Suppe in Suppenschalen gießen und jeweils 3 bis 4 Stücke Taro dazugeben. Mit den Schalotten und einigen Noristreifen garnieren. Heiß servieren.

Klare Suppe mit fritierten Gemüsebällchen

Mohrrüben oder anderes Gemüse schaben und mit Vollweizenmehl und etwas Meersalz mischen. Bällchen formen und in geröstetem Sesamöl fritieren. Ein bis zwei Bälle in jede Suppenschale geben und Brühe zugießen. Mit Petersilie, Nori oder etwas Ingwer garnieren und servieren. Anstelle von fritierten Bällen kann man auch geröstete Brotkrumen verwenden.

Klare Suppe mit Meeresfrüchten

Einige Muscheln oder kleine Garnelen in klare Brühe geben und leicht kochen, bis sie eine rote Tönung erhält. Mit verschiedenem Gemüse in die einzelnen Suppenschalen geben.

Shoyu-Sojasoßen-Brühe

Diese Brühe ist der klaren Suppe ähnlich, nur ist sie stärker und dunkler. Zuhause essen wir sie oft, um den vollmundigen Geschmack des Shoyu zu genießen. Shoyu-Suppe paßt besonders gut zu Nudeln und Vollweizen-Teigwaren.

2 Shiitake-Pilze
4 Tassen Quellwasser
ein 7 cm großes Stück Kombu
2 Tassen Tofu, gewürfelt
2-3 Eßlöffel Shoyu-Sojasoße
¼ Tasse geschnittenes Zwiebelgrün zum Garnieren
1 Blatt Nori, geröstet und in Streifen geschnitten

Shiitake-Pilze 10 bis 20 Minuten einweichen, abtropfen und das Wasser aufbewahren. Stiele entfernen. Kombu mit Shiitake in Wasser (einschließlich Einweichwasser) 3 bis 4 Minuten kochen. Kombu und Shiitake aus dem Wasser nehmen und für später aufbewahren. Tofu zugeben und kochen, bis er an die Oberfläche kommt. Tofu nicht zu lange kochen, weil er sonst zäh wird. Shoyu zugeben und weitere 2 bis 3 Minuten köcheln lassen. Mit Zwiebelgrün und Nori garnieren.

Gemüsesuppen

Gemüsesuppen sind einfach und leicht zuzubereiten. Sie können mit einer Gemüsesorte oder mit verschiedenen gemischt zubereitet werden. Einzel-Gemüsesuppen wie Sellerie-, Mohrrüben- oder Kürbissuppe kann man auf verschiedene Weise herstellen. Ein Weg ist, die geschnittenen Gemüsestücke zu kochen, bis sie weich sind und ihr Saft die ganze Suppe aromatisiert. Die rustikale Methode ist, das weichgekochte Gemüse in einer Mühle oder im Suribachi zu pürieren. Etwas aufgelöstes Kuzu oder eine andere natürliche Pflanzenstärke wie Pfeilwurzelmehl macht diese Suppen noch cremiger. Gemischtes Gemüse ergibt ebenfalls eine delikate, vollmundige Suppe. Vorschläge werden in den Rezepten am Ende dieses Kapitels gegeben.

Kürbissuppe

Diese natürlich süße Suppe ist bei uns besonders im Herbst und Winter beliebt. Man sollte genügend für den Nachschlag zubereiten.

1 mittelgroßer Hokkaido oder anderer Kürbis
4-5 Tassen Quellwasser
¼ bis ½ Teelöffel Meersalz
geröstetes Nori, kleingeschnitten
gehackte Petersilie oder geschnittenes Zwiebelgrün zum Garnieren

Den Kürbis waschen und Schale und Kerne entfernen (diese können aufbewahrt und geröstet oder kleingeschnitten mit Tempura fritiert werden). Das Kürbisfleisch in große Stücke schneiden, (4 bis 5 Tassen). Zusammen mit dem Wasser und etwas Salz in einen Topf geben, zum Kochen bringen, zudecken und bei mäßiger Hitze etwa 40 Minuten bis eine Stunde kochen, bis der Kürbis weich ist. Dann den Kürbis durch ein Sieb passieren, zurück in den Topf geben, mit etwas Meersalz nachwürzen und ein paar Minuten köcheln lassen. Die Suppe in Schalen gießen und mit ein paar Noristreifen und gehackter Petersilie garnieren.

Selleriesuppe

5-6 Tassen Kombustock
2 Tassen geschnittener Sellerie
1 Tasse geschnittene Zwiebeln
⅛ Teelöffel Meersalz
⅓ Tasse Vollreismehl
Shoyu-Sojasoße
Geschnittenes Zwiebelgrün oder getoasteter Nori zum Garnieren

Den Suppenstock, Sellerie und die Zwiebeln in einen Topf geben. Etwas Salz zugeben und zum Kochen bringen. Temperatur reduzieren und 15 bis 20 Minuten köcheln lassen. Das Mehl in etwas Wasser gut verrühren und langsam der Gemüsebrühe beigeben, dabei ständig rühren, um Klumpen zu vermeiden. Mit dem Rest Salz und Shoyu abschmecken und über kleiner Flamme weitere 15 bis 20 Minuten köcheln lassen. Garnieren und servieren.

Mohrrübensuppe

Diese köstliche Suppe ist besonders kühlend und daher vor allem im Sommer zu genießen.

3 Tassen geriebene Mohrrüben
1 Tasse geschnittene Zwiebeln
5 bis 6 Tassen Quellwasser
¼ Teelöffel Meersalz
Geschnittenes Zwiebelgrün oder gerösteten Nori zum Garnieren

Mohrrüben und Zwiebeln in einen Topf geben, Wasser und eine Prise Salz zufügen, zum Kochen bringen und bei kleiner Flamme 20 bis 25 Minuten köcheln lassen. Das restliche Salz zugeben und weitere 10 bis 15 Minuten köcheln. Mit Zwiebelgrün oder Nori garnieren und servieren.

Variante: Um die Suppe cremiger zu machen, schneidet man die Mohrrüben und püriert sie nach dem Kochen zusammen mit den Zwiebeln.

Blumenkohlsuppe

1 Blumenkohl
4-5 Tassen Quellwasser
Prise Meersalz
½ Tasse Mohrrüben, in Blumen geschnitten
gehackte Petersilie
1 Blatt Nori, geröstet und in Streifen geschnitten

Blumenkohl waschen und in Stücke schneiden, dann mit Wasser in einen Topf geben, Meersalz zufügen und zum Kochen bringen. Zudecken und bei mäßiger Hitze kochen, bis der Kohl weich ist, dann in einer Handmühle pürieren und zurück ins Wasser geben. Die Mohrrüben in einem extra Topf vorkochen, herausnehmen und abtropfen lassen. Die Blumenkohlsuppe mit etwas Salz nachwürzen und ein paar Minuten köcheln lassen, in einzelne Suppenschalen gießen und mit zwei Mohrrüben-Blumen, Petersilie und Nori garnieren.

Gemischte Gemüsesuppe

Nur ganz bestimmte Gemüsesorten passen in einer Suppe und einem Eintopf gut zusammen. Verschiedene Nahrungsmittel zusammen zu kochen, ist ein bißchen wie eine Symphonie zu arrangieren: Zuerst muß man mit der Violine, der Flöte oder dem Horn Erfahrungen machen, bevor man ein ganzes Orchester leitet. Allgemein gehen bei gemischten Speisen der Geschmack, die Struktur und die Farben verloren. Zum Beispiel haben Radieschen und Pastinaken sehr individuelle starke Aromen, und man sollte sie sehr sparsam und nicht zu oft mit anderem Gemüse mischen. Wenn ich verschiedenes Gemüse zusammen koche, bereite ich es gewöhnlich in unterschiedlichen Mengen, Formen und Größen zu. Das gibt der Speise Abwechslung in sich, erhöht das Aroma und sieht hübsch aus.

Zusätzlich zu diesem Rezept kann man folgende Gemüsesorten miteinander kombinieren:

a) Mohrrüben, Zwiebeln, Kohl, Broccoli
b) Mais, Zwiebeln, Mohrrüben
c) Mais und Kohl
d) Daikonrettich, Klettenwurzel, Sellerie, Chinakohl und eine kleine Arbi oder Taro Kartoffel

¼ Tasse diagonal geschnittene Sellerie
2 Tassen geschnittene Zwiebeln
1 Tasse Mohrrüben, in Streichholzgröße geschnitten
½ Tasse Klettenwurzel ebenfalls
5 bis 8 Tassen Quellwasser
1 Teelöffel Meersalz
1 Eßlöffel Kuzu, aufgelöst
geschnittene Schalotten und gerösteten Nori zum Garnieren

Gemüse in einen Topf geben, angefangen mit Sellerie, dann Zwiebeln, Mohrrüben und Klettenwurzeln. 3 bis 4 Tassen Wasser zugießen, zum Kochen bringen, Hitze vermindern und etwa 35 bis 40 Minuten kochen, bis das Gemüse weich ist. Einen Teelöffel Salz und den Rest Wasser zugeben, zum Kochen bringen und mit dem aufgelösten Kuzu andicken. Hitze verringern, und 2 bis 3 Minuten köcheln lassen, umrühren, um Klumpen zu vermeiden. Suppe in Servierschüsseln gießen und garnieren.

Bohnensuppen

Jeder genießt die nahrhaften Suppen aus Bohnen und Hülsenfrüchten. Die weichen Bohnen, attraktiv garniert, ergeben eine kräftigende Speise. Mit Vollkornbrot oder einer Schüssel Getreide ist Bohnensuppe eine herzhafte Hausmannskost.

Linsensuppe

1 Tasse getrocknete Linsen
2 Zwiebeln, geschnitten
1 Mohrrübe in Stücken
1 kleine Klettenwurzel, geschnitten
1 Liter Quellwasser
¼ bis ½ Teelöffel Meersalz
1 Eßlöffel gehackte Petersilie
Shoyu-Sojasoße (nach Wunsch)

Die Linsen waschen und abtropfen lassen. Das Gemüse schichtweise in einen Topf geben, beginnend mit Zwiebeln, dann Mohrrüben und Klettenwurzeln. Die Linsen obenauf geben, Wasser zugeben und salzen. Zum Kochen bringen, Flamme klein stellen, Topf zudecken und 45 Minuten köcheln lassen. Die gehackte Petersilie und das restliche Salz zugeben, weitere 20 Minuten leicht kochen lassen und servieren. Shoyu nach Geschmack zugeben.

Variante: Das Gemüse kann man vor dem Kochen andünsten.

Azuki-Bohnensuppe

ein 2 cm-Stück Kombu
1 Tasse Azuki-Bohnen
1 Liter Quellwasser
1 mittelgroße Zwiebel, geschnitten
½ Tasse geschnittene Mohrrüben
¼ bis ½ Teelöffel Meersalz
Shoyu-Sojasoße (nach Geschmack)
Zwiebelgrün oder Petersilie zum Garnieren

Kombu 5 Minuten einweichen und kleinschneiden. Die Bohnen waschen, mit Wasser in einen Topf geben und zum Kochen bringen. Bei kleiner Flamme 1 ¼ Stunde kochen oder bis die Bohnen zu 80% weich sind. Die Zwiebeln in einen weiteren Topf geben, Mohrrüben, Azukibohnen und Kombu obenauf schütten. Salz zugeben. 20 bis 25 Minuten kochen, bis das Gemüse weich ist. Zum Schluß mit Shoyu abschmecken. Mit geschnittenen Schalotten oder gehackter Petersilie garnieren.

Variante: An Stelle von Mohrrüben und Zwiebeln kann man auch Winterkürbis verwenden. Diese Suppe ist speziell für Leute mit schwachen Nieren, Milz, Bauchspeicheldrüse oder Leber zu empfehlen.

Kichererbsen-Suppe

ein 7 cm langes Stück Kombu
1 Tasse Kichererbsen, über Nacht eingeweicht
4 bis 5 Tassen Quellwasser einschließlich Einweichwasser d. Kichererbsen
1 Zwiebel, geschnitten
1 Mohrrübe, zerkleinert
1 Klettenwurzel, geviertelt
¼ bis ½ Teelöffel Meersalz
Zwiebelgrünringe
gehackte Petersilie oder geröstete Brotwürfel zum Garnieren

Kombu, Kichererbsen und Wasser in einen Drucktopf geben und 1 bis 1 ½ Stunden kochen. Den Druck entweichen lassen und die Bohnen in einen anderen Topf geben. Gemüse und Salz zugeben, etwa 20 bis 25 Minuten bei mäßiger Hitze weichkochen. Garnieren.

Variante: Eine delikate kalte Kichererbsensuppe wird aus 3 Tassen gekochten und pürierten Kichererbsen und etwas Quellwasser gemacht. ½ Tasse geriebene Mohrrüben, ½ Gurken, in Streichholzgröße geschnitten, und ½ Tasse gehackten Schnittlauch oder Schalotten mit ein paar Tropfen Shoyu-Sojasoße marinieren und 30 Minuten einziehen lassen. Einen Eßlöffel des marinierten Gemüses auf jede Tasse Kichererbsen-Suppe geben und mit 2 oder 3 gerösteten oder fritierten Brotwürfeln garnieren.

Getreidesuppen

Jedes Getreide hat seinen eigenen Geschmack. Zusammen mit ein paar Beilagen ergibt Getreidesuppe mit Gemüse ein ausgezeichnetes Mittagessen oder eine leichte Abendmahlzeit. Suppe oder Eintopf ist ideal für die Verwendung übriggebliebenen Getreides.

Gerstensuppe

¼ Tasse Linsen
1 Selleriestange, diagonal geschnitten
3 Zwiebeln, geschält und gestückelt
1 Mohrrübe, zerkleinert
1 Tasse gekochte Gerste
5 bis 6 Tassen Quellwasser
¼ bis ½ Teelöffel Meersalz
Shoyu-Sojasoße (nach Geschmack)
geröstete Noristreifen oder gehackte Petersilie zum Garnieren

Linsen waschen und abtropfen lassen. Das Gemüse schichtweise in einen Topf geben, beginnend mit dem Sellerie, dann folgen die Zwiebeln, Mohrrüben, Linsen und die Gerste. Mit Wasser knapp bedecken und zum Kochen bringen. Kurz vorm Kochen Salz zugeben. Hitze vermindern und leicht kochen, bis das Gemüse weich ist. Mit Shoyu abschmecken und mit Nori oder Petersilie garnieren.

Naturreissuppe

3 Shiitake-Pilze
ein 7 cm langes Stück Kombu
1 Liter Quellwasser
2 Tassen gekochter Naturreis
¼ Tasse getrockneter Sellerie
1-2 Eßlöffel Shoyu-Sojasoße
kleingeschnittene Zwiebelgrünringe zum Garnieren

Die Pilze und den Kombu 2 bis 3 Minuten kochen. Herausnehmen und in dünne Streifen oder kleine Stücke schneiden, ins Wasser zurückgeben. Reis dazuschütten und zum Kochen bringen. Die Hitze reduzieren und 30 bis 40 Minuten leicht kochen. Mit Shoyu abschmecken und weitere 5 Minuten köcheln lassen. Mit Schalotten garnieren und servieren.

Variante: Eine wärmende Suppe ergibt die Beigabe von etwas Miso.

Buchweizensuppe

Sesamöl
1 Zwiebel, geschnitten
½ Tasse Buchweizen, trocken-geröstet
5-6 Tassen Quellwasser
Prise Meersalz
zum Abschmecken Shoyu-Sojasoße
½ Tasse gehackte Petersilie zum Garnieren

Den Boden eines Topfs mit geröstetem Sesamöl einpinseln. Die Zwiebeln dämpfen, bis sie klar sind, Buchweizen, Wasser und Salz zugeben, alles zum Kochen bringen, dann Hitze vermindern und 25 bis 30 Minuten köcheln lassen. Mit Tamari abschmecken und 10 weitere Minuten garen. Garnieren und servieren.

Frische Maissupppe

4 Frische Maiskolben
1 Selleriestange, geschnitten
2 Zwiebeln, geschält und geschnitten
5 bis 6 Tassen Quellwasser oder Kombustock
¼ Teelöffel Meersalz
Shoyu-Sojasoße (nach Wunsch)
gehackte Petersilie, Kresse, Zwiebelgrün oder gerösteten Nori zum Garnieren

Die Körner vom Kolben schaben. Mit Sellerie und Zwiebeln in einen Topf geben. Wasser zugeben, salzen und zum Kochen bringen. Bei mäßiger Hitze garen, bis das Gemüse weich ist. Mit restlichem Salz und Shoyu abschmecken, garnieren und servieren.

Kapitel 12

Zubereitung und Schneiden von Gemüse

Getreidekörner und Gemüse ergänzen einander auf ganz natürliche Weise. Essen wir tierische Nahrung, kombinieren wir sie einfach mit einer Gemüse- oder Salatbeilage. Wenn wir aber vorwiegend Getreide essen, entwickeln wir den Wunsch nach verschiedenen Gemüsesorten und unterschiedlichen Zubereitungen für eine nahrhafte, befriedigende Mahlzeit. In der makrobiotischen Ernährung macht Gemüse etwa 25 bis 30 Prozent der täglichen Mahlzeiten aus. Man kann Getreide und Gemüse auf vielerlei Art kombinieren. Getreide und Bohnen sind in ihren Sorten begrenzt, aber die Zahl der Gemüsearten ist fast unbegrenzt. Getreide und Bohnen brauchen viele Monate bis zur Reife, während Gemüse sich oft in nur wenigen

Wochen entwickelt. Getreide und Bohnen haben eine lange Kochzeit und werden vorwiegend mit oder ohne Druck gekocht. Gemüse kann man schnell oder langsam zubereiten, man kann es roh essen als Salat, pickeln, dünsten, dämpfen, backen, grillen oder mit und ohne Druck kochen. Bei der Auswahl von Gemüse ist es wichtig, seine Wachstumsenergie, seine Formen, Düfte, Geschmack und Beschaffenheit gut zu kennen. Ich lernte all diese natürlichen Merkmale kennen, während ich als Kind im Garten arbeitete. Ich sah das Gemüse wachsen und wie es von den Jahreszeiten abhing. Zuhause zogen wir fast all unser Gemüse selbst, einschließlich Chinakohl, Klettenwurzel, Frühlingszwiebeln, Grüne Bohnen, Nierenbohnen, Mohrrüben, Daikon, Kürbis, Paprika, Kohl, Senfgemüse, Gurken, Sommerkürbis, Petersilie und Arbi-Kartoffeln. Das einzige Gemüse, das wir regelmäßig im einzigen Gemüsegeschäft des Dorfes oder bei benachbarten Bauern kauften, waren große Mengen Daikon, die wir pickelten. Als ich während des Krieges eine fünfte Klasse unterrichtete, zogen meine Schüler im Schulgarten Kartoffeln und gewannen damit den ersten Preis bei der Herbstmesse. Meine liebsten Erinnerungen gehen zurück an meine Zeit der Gartenarbeit. Ich erinnere mich noch, wie ich mit meiner Mutter im Garten stand, als ich fünf Jahre alt war, und wir den Sonnenuntergang über dem entfernten Bergdorf betrachteten.

Später hatte ich einige Schwierigkeiten mit der Zubereitung westlicher Gemüsesorten, da ich sie nicht in ihrer natürlichen Umwelt gesehen hatte. Mein Verständnis für Endivien z.B. war sehr mager. Dann, als ich sie in Belgien in ihrer natürlichen Umgebung wachsen sah, begann ich sie intuitiv zu begreifen.

Ernten und Säubern von Gemüse

Der frühe Morgen ist die ideale Zeit, um Gemüse aus dem Garten für den Tagesbedarf zu ernten. Die Pflanzen hatten während der Nacht Zeit, abzukühlen, sind ruhiger und besser im Geschmack als wenn man sie später am Tag pflückt. Gurken sind zum Beispiel sehr süß, wenn man sie vor Sonnenaufgang pflückt.

Ich säubere die Pflanzen so gut es geht im Garten, entsande die Wurzeln, pelle die äußeren Schalen ab. Das düngt den Boden und bringt weniger Staub in die Küche. Das Gemüse sollte nur mit kaltem Wasser abgewaschen werden, da warmes Vitamine und Mineralien entzieht. Die Waschzeit sollte kurz sein, also langes Einweichen vermeiden, da die Pflanzen schneller verderben. Die beste Methode ist, das Gemüse vollständig in einen Topf oder eine Schüssel mit Wasser zu tauchen. Biologisch gezogenes Gemüse hat viele kleine Insekten, Insekteneier, Schnecken oder andere kleine Lebewesen, die unter laufendem Wasser nicht vollständig weggespült werden. Wurzelgemüse sollte gründlich mit einer Gemüsebürste aus Naturfasern geschrubbt werden, die es in jedem Naturkostladen gibt. Beim Schrubben nicht zu grob vorgehen, damit die Haut nicht verletzt wird. Grüne Blätter brauchen nicht geschrubbt zu werden, sie sollten aber gründlich unter fließendem Wasser Blatt für

Blatt gesäubert werden. Lauch ist am schwersten zu reinigen, da der Schmutz sich oft noch in den inneren Schichten der Stange befindet. Manchmal schneide ich die Stange längsseitig auf und löse dann die Erde unter fließendem Wasser. Gründliches Waschen von Gemüse ist sehr wichtig. Es verhindert Sand zwischen den Zähnen und entfernt Mikroorganismen.

Das Gemüse, das ich nicht am selben Tag gebrauche, lagere ich ungewaschen. Dann hält es besser frisch. Bei Gemüse aus nicht biologischem Anbau gebe ich einen Teelöffel Meersalz in das Waschwasser und spüle sehr gründlich, um die Chemikalien zu entfernen.

Im Laden gekauftes Gemüse

Im Gegensatz zu chemisch behandelten Lebensmitteln ist Gemüse aus biologischem Anbau gewöhnlich kleiner, weniger leuchtend und einheitlicher in Form und Größe. In den meisten Naturkostläden werden biologische Produkte deutlich gekennzeichnet und klassifiziert. Man kann aber auch selber die Formen und Größen von Obst und Gemüse betrachten und vergleichen. Biologische Ware ist meistens harmonisch in den Proportionen und symmetrisch. Die Blätter haben normalerweise dieselbe Länge und Form. Chemisch behandelte Produkte sind oft ungleich, und ihre Blätter sind unterschiedlich. In biologisch gezogenen Pflanzen ist das Herz in der Mitte, während es bei nicht biologischen oft daneben liegt. Zum Beispiel hat eine mit Chemikalien während des Wachstums behandelte Mohrrübe, wenn man sie durchschneidet, einen stark zur Seite abweichenden inneren Kern. Eine mit tierischem Dünger gezogene Mohrrübe hat meistens einen leicht unregelmäßigen Kern. Bei einer mit natürlichem Mulch gedüngten Karotte liegt das Innenmark direkt im Zentrum. Natürlich übertragen sich diese Balancegrade auf diejenigen die sie essen.

Wenn ich in einem Laden biologische Produkte kaufe, suche ich die aus, die am frischesten aussehen, schöne Farben und hübsche Formen haben. Sie sollten weder zu groß noch zu klein noch verunstaltet sein. Ware, die stumpf aussieht, schrumplig oder weich ist, hat nur noch wenig Vitalität, weniger Geschmack und verdirbt schneller.

Grünes Gemüse, das am Gelbwerden ist, vermeide ich. Es ist entweder zu spät geerntet oder zu lange oder zu warm gelagert worden. Gelbe Blätter schmecken schal und stumpf. Bei Wurzel- und Stangengemüse achte ich auf lange Wurzelfasern. Sie sind ein Zeichen für Stärke. Das Alter ist leicht an einer bräunlichen Verfärbung und Verhärtung an den Enden von Stangengemüse zu erkennen. Bei der Auswahl von rundem und Bodengemüse und Früchten lassen Runzeln und weiche Stellen auf einen Verlust an Feuchtigkeit schließen. Ich ziehe lose, nicht verpackte Ware vor, da fertigverpackte meist schneller verdirbt.

Zuhause schneide ich alle schlechten Stellen sofort weg, bevor ich die Ware lagere. Auch gelbe Blätter und andere alten Teile sollten entfernt werden, dann verdirbt der Rest weniger schnell. Wenn möglich, sollten Gemüse und Obst leicht getrennt voneinander aufbewahrt werden, da ein direktes Zusammenliegen den Fäulungsprozeß erhöhen kann. Kürbis ist da ganz besonders empfindlich. In Japan lagerten wir Wurzelgemüse während des Winters draußen unter aufgestapelten Reishülsen. Das hielt sie warm und frisch bis zu ihrem Gebrauch. Zuhause trockneten wir auch Daikon und hängten ihn auf der Veranda auf. Mit der Zeit wurde er sehr süß, und sein Geschmack erinnerte an getrocknete Aprikosen. Es gibt viele traditionelle Wege, Nahrung natürlich frisch zu halten. Zum Beispiel lagert man Lotos- und Ingwerwurzel am besten in einer kleinen Sandkiste. Im Kühlschrank ziehen sie Feuchtigkeit an und verderben leicht.

Grünes Blattgemüse und andere weiche Sorten bewahrt man am besten bis zu ihrem Verbrauch im Kühlschrank auf. Ich halte sie in braunen Papiertüten separat. Plastiktüten sollten vermieden werden, da sie Feuchtigkeit anziehen. Papiertüten erlauben den Lebensmitteln, zu atmen und ihre Frische zu bewahren.

Das Schneiden von Gemüse

Gemüse kann in fast unendlichen Variationen geschnitten werden. Attraktiv geschnittenes Gemüse erhöht die Schönheit und die Freude an einer Mahlzeit. Kochen umfaßt viele Künste, und die Kunst des Schneidens kann man mit der des Modellierens vergleichen.

Die Wahl der Schneidemethode hängt von der natürlichen Energie des Gemüses ab, dem Menü als ganzem und seiner Ausgewogenheit sowie der Zeit, die fürs Kochen bleibt. Dünn geschnittenes Gemüse gart schneller als dickes. Wurzelgemüse behält seine Form und kann in vielen verschiedenen Formen zerkleinert werden, während grünes Gemüse während des Kochens zusammenschrumpft und daher nicht so viele Varianten zuläßt. Die Speisen einer Mahlzeit sollten sich gegenseitig ergänzen. Ist das Gemüse in der Suppe gewürfelt, könnte das Gemüse in der Beilage in große Scheiben geschnitten werden oder umgekehrt. Koche ich viele verschiedene Gemüsesorten, schneide ich sie in unterschiedliche Formen und Größen. Aber man sollte jedes Gemüse für sich in gleichgroße Stücke schneiden, um gleichmäßiges Garen zu gewährleisten.

Es gibt in der makrobiotischen Küche etwa ein Dutzend Arten Gemüse zu schneiden. Alle sind gut und sollten abwechselnd praktiziert werden. Der traditionelle japanische Ausdruck für jede Schneidetechnik wird jeweils am Ende in Klammern genannt.

Scheiben — Das Gemüse wird in dicke oder dünne Scheiben geschnitten. *(Wagiri)*

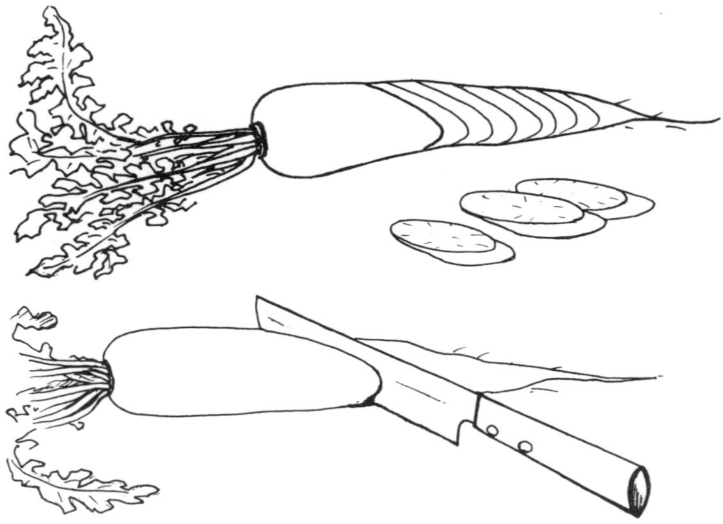

Diagonal — Das Gemüse wird diagonal geschnitten, wobei der Winkel der Schneide die Länge des Stücks bestimmt. *(Hasu-giri)*

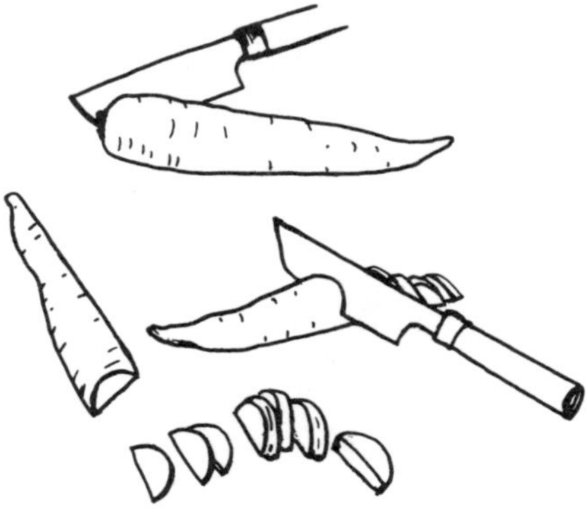

Halbmonde — Das Gemüse wird der Länge nach halbiert. Dann schneidet man jede Hälfte in dünne Scheiben. *(Hangetsu)*

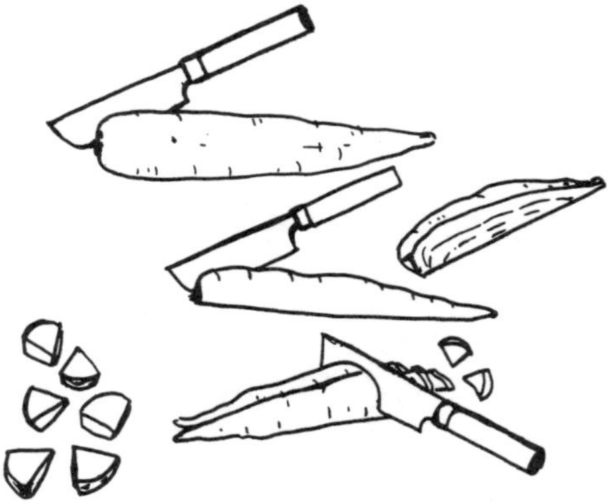

Viertel — Das Gemüse wird der Länge nach geviertelt. Dann schneidet man jedes Viertel in dünne Scheiben, wenn sie Ihnen zu groß sind. *(Ichyo-gata)*

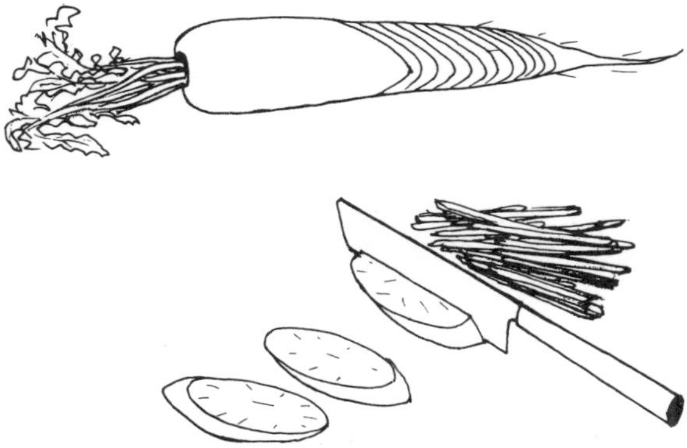

Streichhölzer — Das Gemüse diagonal schneiden, dann jedes diagonale Stück in dünne Stäbchen zerkleinern. *(Sen-giri)*

Unregelmäßiger oder rollender Stil — Das Gemüse diagonal schneiden und bei jedem Schnitt um 90 Grad drehen. Diese Stücke haben dieselbe Größe, aber unterschiedliche Formen. *(Ran-giri und Mawashi-giri)*

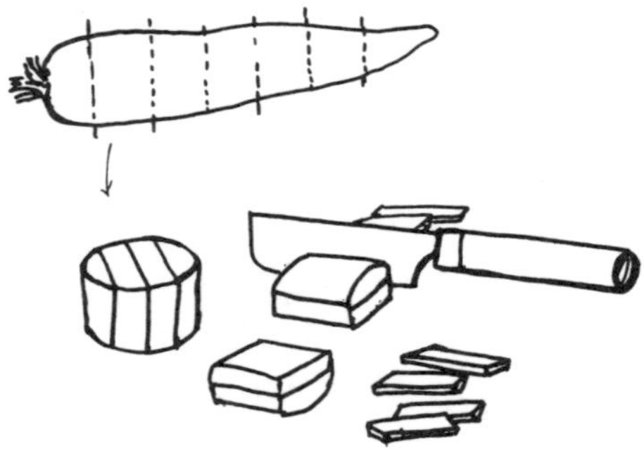

Rechtecke — Das Gemüse in große Stücke schneiden, etwa 3-5 cm dick. Auf den Kopf stellen und in vier bis fünf Stücke, ½ bis 1 cm dick, schneiden. Dann jede Lage in dünne Rechtecke schneiden. *(Tanzaku)*

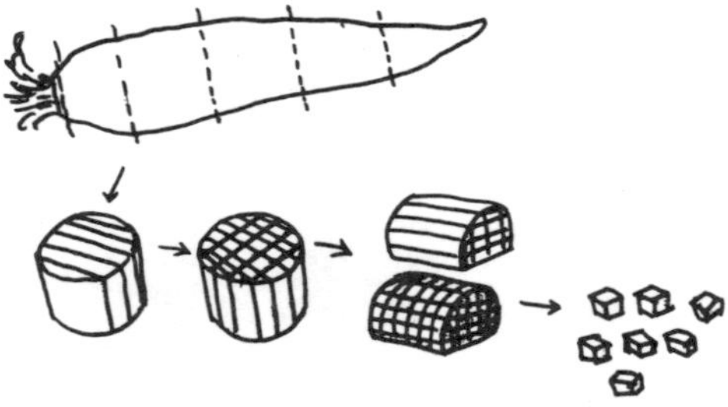

Würfel — Das Gemüse in 3-5 cm große Würfel schneiden. Die Würfel nacheinander auf den Kopf stellen und erst längs, dann quer, dann kreuzweise in ½ bis 1 cm große Würfel schneiden. Zwiebeln werden erst längs aufgeschnitten, in dünne parallele Scheiben geschnitten und dann in entgegengesetzter Richtung zerkleinern. Am Schluß die Wurzelbasis in kleine Würfel schneiden.(*Sainome)*

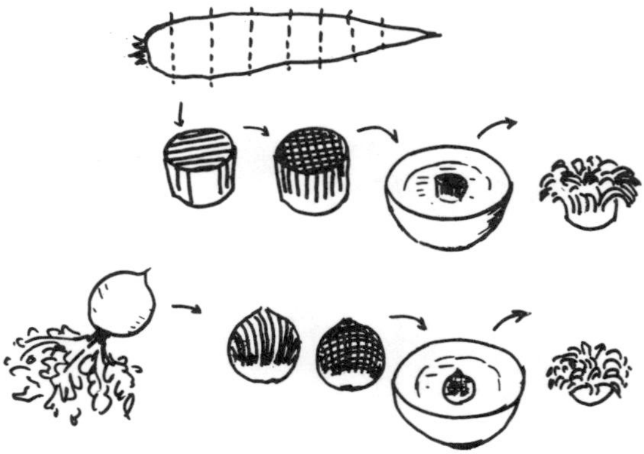

Chrysantheme — Das Gemüse in 3 bis 4 cm dicke Scheiben schneiden. Wir belassen die eine Seite glatt und machen mehrere kleine Einschnitte auf der anderen Seite in Längs- und Querrichtung. Zum Öffnen der Blume in kaltem Wasser weichen. *(Kiku-gata)*

Blumen — 4 bis 5 Furchen der Länge nach in gleichmäßigen Abständen in das Gemüse schneiden. Dann in dünne Scheiben schneiden. *(Hana-gata)*

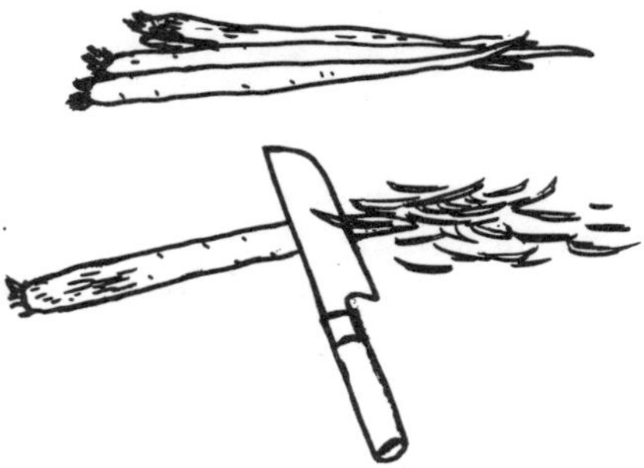

Raspeln — Das Wurzelgemüse von unten wie einen Bleistift anspitzen, dabei das Gemüse leicht drehen. Je nach Schneidewinkel werden die Raspel dicker oder dünner. *(Sasagaki)*

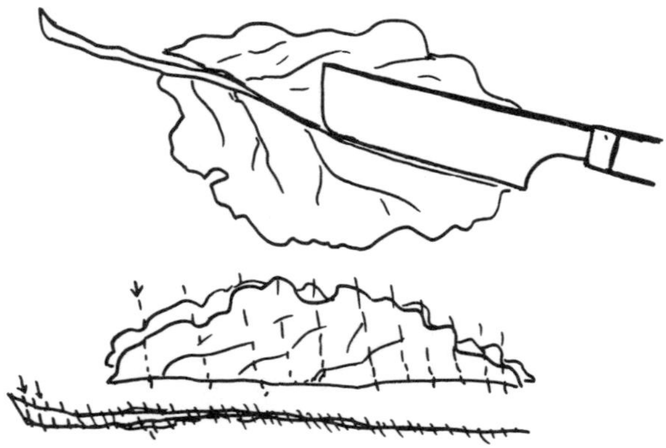

Blätter schneiden — 2 bis 3 Blätter übereinander legen. Längs beidseitig des Strunks entlangschneiden. Die halbierten Blätter gerade oder diagonal in ½ bis 1 cm dicke Streifen schneiden und dann den Strunk sehr fein hacken.

Ich bereite Gemüse auch gerne im Ganzen zu. So bewahrt es seine ganze Energie. Kleine Kürbisse werden oft auf diese Weise gekocht, aber gelegentlich bereite ich auch ganze Zwiebeln, ganze Mohrrüben, Endivien und anderes Gemüse auf diese Weise zu.

Zum Schneiden ein gutes Gemüsemesser benutzen. Ich bevorzuge eins mit einer langen, rechteckigen Schneide aus rostfreiem Stahl oder Kohlenstahl. Man sollte das Messer immer scharf halten, und ein natürlicher Schleifstein ist eine gute Investition. Die Schneideunterlage sollte aus Holz und immer sauber sein. Für Fisch und andere tierische Nahrung hält man am besten eine extra Unterlage und ein extra Messer parat. Andernfalls würde die schwere Ausstrahlung tierischer Nahrung pflanzliche Stoffe nicht unbeeinflußt lassen. Nach dem Schneiden einer Sorte Gemüse wasche ich das Messer, bevor ich an die nächste Sorte gehe. Bei verschiedenem Gemüse sollte man ebenfalls ein Mischen der Energien vor dem Kochen vermeiden. Ich bewahre jedes für sich auf einem getrennten Teller auf.

Beim Schneiden sollte man die ganze Schnittfläche benutzen. Der Schnitt sollte weich, fließend und natürlich sein. Dabei ist Sägen und Quetschen zu vermeiden. Ich versuche fest aber vorsichtig zu schneiden und in Ruhe und Ordnung vorzugehen. Gemüse, das unordentlich oder chaotisch geschnitten wird, überträgt diese Energie auf die, die es essen. Nahrung ist etwas Lebendiges und sollte auf seinem Weg vom Feld auf den Tisch mit Respekt behandelt werden.

Zubereitungsmethoden

Mit ein und demselben Gemüse können wir unterschiedliche Geschmacksrichtungen und Effekte erzielen, jenachdem wie wir es zubereiten. Bei der Planung des Menüs ist es wichtig, die komplette Mahlzeit vor Augen zu haben. Wenn wir ein Haus bauen oder ein Kleid nähen, halten wir uns ebenfalls an ein Muster, wobei Improvisationen erlaubt sind. Wenn wir die Methoden der Zubereitung kombinieren, können wir oft dieselbe Nahrung zum Frühstück, Mittag- und Abendessen servieren, ohne daß sie langweilig wird.

Es gibt acht verschiedene Methoden der Nahrungszubereitung, Gemüse eingeschlossen:

Roh— In gemäßigten Klimazonen sollten etwa ⅔ unseres täglichen Gemüse gekocht sein. Durch Kochen wird es leichter verdaulich und gibt stärkere Energie. Das restliche Drittel kann man als Salat oder gepickeltes Gemüse zu sich nehmen. In tropischen Gegenden kann die Menge ungekochten Gemüses etwas höher sein.

Dämpfen — Das Dämpfen von Gemüse in wenig Wasser geht schnell und gibt einen leichten Geschmack. Blumenkohl und Broccoli zum Beispiel brauchen nur wenige Minuten, sind dann knackig und behalten ihre natürlich leuchtende Farbe. Anderes Gemüse wie Mohrrüben oder Zwiebeln können ganz oder in großen Stücken gedämpft werden. Dämpfen ist auch geeignet, um Kouskous zu machen und Mochis oder Reste aufzuwärmen.

Zum Dämpfen bedeckt man den Topfboden mit 1 cm kalten Wassers und stellt einen kleinen metallenen Gemüsedämpfer hinein oder klemmt einen orientalischen Dämpfer aus Holz auf den Topf. Das Gemüse hineingeben und leicht salzen, das bringt die natürliche Süße nach außen. Zudecken und zum Kochen bringen. 5 bis 10 Minuten dämpfen oder solange, bis das Gemüse weich ist, das hängt von der Größe der Stücke ab. Wennn nicht vermischt serviert, sollte man jedes Gemüse für sich dämpfen. Dafür kann man dasselbe Wasser benutzen, aber man sollte es vorher jeweils abkühlen lassen, damit das folgende Gemüse gleichmäßig garen kann. Das restliche Wasser kann man für Suppenstock oder in Soßen verwenden. Für diejenigen, die Salz und andere Gewürze reduzieren oder vermeiden müssen, ist gedämpftes Gemüse eine ideale Beilage.

Ist kein Dämpfer zur Hand, einfach den Topfboden mit ½ cm Wasser bedecken und Gemüse mit Gewürzen hineingeben. Zum Kochen bringen und bei mittlerer Hitze köcheln lassen.

Eine dritte Methode wäre, ½ bis 1 cm hoch Wasser in einen Topf zu geben und eine kleine Keramikschüssel mit Gemüse oder anderer Nahrung hineinzustellen. Topf zudecken und dämpfen. Dies ist ähnlich wie mit einem Doppel-Kochtopf und gut geeignet, um Reis und anderes Getreide aufzuwärmen.

Beim Dämpfen aufpassen, daß das Gemüse nicht zu lange kocht. Es sollte noch leicht knackig sein. Denn es gart in seiner eigenen Hitze noch weiter, auch wenn die Flamme unter dem Topf abgestellt ist.

Um die leuchtende Farbe zu erhalten, das Gemüse kurz mit kaltem Wasser spülen, hinterher nicht mit einer Bambus Sushi-Matte zudecken, bis sie kalt sind, da sonst die Farbe stumpf wird.

Kochen — Kochen ist eine der Haupt-Zubereitungsmethoden für Gemüse und sollte wenigstens einmal täglich angewandt werden. Es ist vielseitig zu gebrauchen und kann wenig oder viel Zeit beanspruchen, schnelle oder langsame, ausdauernde Energie schaffen. Zum Kochen von Gemüse bedecke ich normalerweise den Topfboden ½ bis 3 cm hoch mit Wasser, bei vielen Zutaten fülle ich ihn bis zur Hälfte. Es ist nicht nötig, das Gemüse mit Wasser zu bedecken. In der japanischen Küche gibt es vier Grundmethoden.

Ohitashi-Stil — Dieses Wort bedeutet „eintauchen" und ist ähnlich wie blanchieren. Die Ohitashi-Methode verwende ich gern für grünes Blattgemüse. Dazu fülle ich 3 cm hoch Wasser in einen Topf und bringe es zum Kochen. Dann tauche ich das Grün 15 bis 30 Sekunden in das Wasser und nehme es schnell wieder heraus. Auch Wurzelgemüse kann, wenn dünn geschnitten, so zubereitet werden. Ohitashi erhält dem Gemüse seine frischen, tiefen Farben und macht es knackig.

Nishime-Stil — Dieses nach rustikaler Art bereitete Gemüse schneidet man in große Würfel und kocht es lange über kleiner Hitze. Der Dampf im Topf erlaubt es den Zutaten, in ihrem eigenen Saft zu garen. Nur wenig Wasser wird verwendet. Man kann vor oder während des Kochens würzen. Fertig ist das Gemüse sehr saftig und wird gewöhnlich in seinem Eigensaft serviert. Im Nishime-Stil gekochtes Gemüse wärmt und man gibt es vor allem Kranken zur Wiederherstellung ihrer Vitalität. Es wird aber genauso gern von Gesunden genossen.

Nitsuke- und Kinpira-Stil — Bei der Nitsuke-Methode kocht man das Gemüse weder zu lang noch zu kurz. Sehr weiches Gemüse wird ohne Wasser in seinem eigenen Saft gegart. Entweder läßt man es ganz herunterkochen oder man behält etwas übrig und serviert das Gemüse darin. Die Kinpira-Methode ist eine Kombination aus Dämpfen und Kochen und dem Schmoren ähnlich. Sie wird vorwiegend für Wurzelgemüse angewandt. man schneidet es in dünne Scheiben und dünstet es 2 bis 3 Minuten in einer eingeölten Pfanne (man kann auch auf Öl verzichten, wenn es die Diät verlangt). Das Wasser sollte das Gemüse höchstens halb, zumindest aber den Boden der Pfanne bedecken. Zudecken und kochen, bis es fast weich ist, dann mit Shoyu abschmecken, wieder zudecken und weitere 2 bis 3 Minuten kochen lassen. Am Ende offen die überschüssigen Flüssigkeiten heraus kochen. Arame und Hiziki Meeresalgen werden gelegentlich auf diese Weise zusammen mit Karotten, Zwiebeln, Tempeh und Tofu zubereitet.

Sukiyaki- und Nabe-Stil — Sukiyaki bedeutet „Gartengabel" und bezieht sich auf ein traditionelles japanisches Tellergericht, das in einer Gußeisenpfanne und dann in einer Brühe gegart und mit einer Tunke serviert wird. Im heutigen Japan enthält Sukiyaki normalerweise Fleisch. In der makrobiotischen Küche machen wir Sukiyaki mit allen Gemüsesorten, Nudeln, Tofu, Tempeh und manchmal Meeresfrüchten. Nabe bezieht sich auf eine Keramikschüssel, in der die Speise am Tisch und nicht in der Küche zubereitet wird. Genau genommen wird das Essen meistens vorgekocht und am Tisch in einer farbenfrohen Tonschüssel mit etwas Shoyu, Miso oder Kuzubrühe wiedererwärmt. Sukiyaki wird oft in einer Brühe am Tisch zubereitet und ist ein Beispiel für die Nabe-Methode.

Dünsten (Sautieren) — In Öl sautiertes Gemüse ist köstlich und knackig und schnell zubereitet. Zum Sautieren eignen sich weiches und Blattgemüse, fein geschnittenes Wurzelgemüse sowie Sprossen, grüne Erbsen und Mais.

Das Gemüse in feine Scheiben oder Streichhölzer schneiden oder raspeln. Eine Pfanne mit etwas hellem oder geröstetem Sesamöl auspinseln und erhitzen. Das beugt Ankleben vor. Sparsam mit dem Öl umgehen. Ein Teelöffel genügt gewöhnlich für eine Beilage für mehrere Personen, 1 bis 2 Eßlöffel nimmt man bei einer großen Gemüseportion für die ganze Familie. Das Öl erhitzen, und wenn es zischt, das Gemüse mit etwas Salz zugeben. Das Salz entfaltet die natürliche Süße im Gemüse. Zischt das Gemüse leicht bei der Hineingabe in die Pfanne, hat das Öl die richtige Temperatur. Ab und zu das Gemüse vorsichtig mit Stäbchen oder einem Holzlöffel umrühren. Wildes Rühren und Mischen ist nicht erforderlich. Die Garzeit wird von der Größe und dem Typ der Zutaten bestimmt. Das Gemüse etwa 5 Minuten bei mittlerer Hitze dünsten, dann Temperatur vermindern und auf kleiner Flamme weitere 10 Minuten garen, bis sich die Farbe des Gemüses verändert und es seinen Duft entfaltet. Kurz vor Ende der Kochzeit mit Shoyu abschmecken und weitere 2 bis 3 Minuten sautieren.

Die oben beschriebene Kinpira-Methode kombiniert die Technik des Sautierens mit der des Kochens und ist vor allem für Wurzelgemüse geeignet.

Die Chinesen sautieren ihr Gemüse mit etwas Öl bei hoher Hitze und unter ständigem Rühren in einem „Wok". Diese Methode nennt man *Rührbraten* und kann auch in der Bratpfanne angewandt werden. Ich benutze ab und zu einen „Wok" und fand ihn hervorragend geeignet zum Dünsten und auch zum Kochen. Ich bevorzuge einen Wok aus Gußeisen, aber rostfreier Stahl oder Emailleüberzogene Woks sind ebenfalls geeignet.

Eine weitere Variante des Sautierens ist das Braten in der Pfanne. Dabei dünstet man das Gemüse in etwas Öl langsam über kleiner Flamme. Sparsam rühren. Das Gemüse wird gewöhnlich in große Würfel geschnitten und in der Halbzeit des Kochens umgedreht. Große Tofustücke werden auch oft in dieser Weise zubereitet.

An Stelle von Öl kann man auch in 2 bis 3 Eßlöffeln Wasser sautieren.

Grillen — Das Grillen gibt dem Gemüse einen ganz bestimmten, leicht verbrannten, angekohlten oder bitteren Geschmack. Gelegentlich machen wir zuhause vegetarische Shish Kebabs mit Zwiebeln, Sommerkürbis, Paprika, Tempeh und Seitan-Scheiben oder Würfeln, kunstvoll auf einem Spieß arrangiert und gegrillt. Grillen beläßt weichem Gemüse seine Form, ohne matschig zu werden.

Backen — Die Backmethode verwendet man vor allem bei der Zubereitung von Winterkürbis, von Schmortöpfen, Hizikirollen oder Maiskolben. Als meine Kinder klein waren, mochten sie besonders gern ganze im Ofen gebackene Mohrrüben. Backen dauert länger, gibt aber Kraft und Aroma. In den meisten anderen Kochmethoden geht die Energie von unten nach oben. Beim Backen absorbiert das Gemüse Energie von allen Seiten und sammelt es in der Mitte.

Dampfdruck-Kochen — Da Getreide und Bohnen meistens druckgekocht werden, bereite ich das Gemüse meistens auf andere Arten zu. Gelegentlich, wenn es schnell gehen soll, kann Wurzelgemüse auf diese Weise in 3 bis 5 Minuten gegart werden. Auch wenn man es zusammen mit Getreide oder Bohnen kocht, kann man es unter Druck garen. In solchen Fällen sollte man das Gemüse in großen Würfeln oder als Ganzes kochen. Druckkochen macht die Speise gewöhnlich süßer, wird sie zu lange gekocht, schlägt sie leicht ins Bittere um.

Tempura-Stil und Fritieren — Diese Technik schafft nahrhafte, dynamische Speisen. Obwohl nicht als tägliche Zubereitungsart zu empfehlen, da sie große Mengen Öl verbraucht, ist fritiertes Gemüse besonders köstlich und knackig und gibt schnelle Energie. Grünes Gemüse, Bohnen, Meeresalgen und fast alle Gemüsesorten können auf diese Weise zubereitet werden.

Gemüse würzen

In der makrobiotischen Küche werden Würzmittel wie Salz, Miso, Shoyu-Sojasoße während des Kochens und nicht erst bei Tisch zugegeben. Die Wahl der Gewürze und der Zeitpunkt der Zugabe hängt von dem individuellen Rezept und Kochstil ab. Zu Beginn würzt man beim Dämpfen, Ohitashi-Kochen, Dünsten, Backen, Druckkochen und Fritieren. Beim Kochen im Nitsuke- oder Nishime-Stil gibt man zu Beginn eine Prise Salz zu und schmeckt dann, zum Beispiel mit Shoyu, 3 bis 4 Minuten vor Schluß ab. Dies wird die „Versteck"-Methode für den Salzgebrauch genannt. Bei anderen Speisen würzt man stückweise während des Kochens.

Kapitel 13

Wurzelgemüse

Wurzelgemüse wächst unter der Erde. Es versorgt mit stabilisierender Energie, schärft das Denken und stärkt den Willen. Zu der Familie der Wurzelgemüse gehören Mohrrüben, Pastinaken, Klettenwurzel, Daikon-Rettich, roter Rettich, Kohl- und Steckrüben, Arbi und Jinenjo-Kartoffel und Lotoswurzeln. Jedes Wurzelgemüse hat seine charakteristische Farbe, und beim Waschen sollte man darauf achten, daß sie nicht abgekratzt wird. Nachdem ich sie gründlich aber sanft gebürstet habe, schneide ich kleine schwarze Stellen heraus. Kleine Haare und Wurzelfasern entferne ich nicht, da sie starke Energieübermittler vom Mutterboden zur Pflanze sind. Man kann Wurzeln auf sehr verschiedene Weise zubereiten. Sie können lange oder kurz gekocht, roh bereitet oder geraspelt als Garnierung für andere Speisen verwendet werden. Ihre Festigkeit macht viele verschiedene Schnittechniken anwendbar. Sie können separat als Beilage oder zusammen mit Getreide,

Bohnen oder Meeresalgen zubereitet werden. Wurzelgemüse läßt sich gut lagern und hält, dunkel und kühl aufbewahrt, lange frisch. Es kann auch getrocknet, gepickelt oder auf andere Weise haltbar gemacht und das ganze Jahr über verwendet werden.

Mohrrüben

Die Mohrrübe oder Karotte ist das populärste Wurzelgemüse. Sie ist hart, hält sich lange, gibt jeder Mahlzeit einen dekorativen orangefarbenen Anklang und befriedigt den Wunsch nach etwas Süßem. Karotten können roh gegessen, gekocht, gedämpft, gebacken, sautiert oder fritiert werden und lassen sich gut mit anderen Nahrungsmitteln kombinieren. Es gibt sie fast zu jeder Jahreszeit und sie halten sich den ganzen Winter. Karottengrün kann man separat zu einer hellgrünen Beilage verarbeiten. Mohrrüben lindern Augen- und Leberprobleme.

Rohe Mohrrüben

Vor allem zur Sommerzeit werden Karotten gern roh gegessen. Ein Eßlöffel geriebene Mohrrüben gibt einen hübschen Farbtupfer auf Salate. Auch geschabt oder zu Streichhölzern zerkleinert und in Salatsoßen, Shoyu, Naturreisessig mariniert oder mit Gerstenmiso oder Meersalz gepickelt werden sie besonders gern genossen. Karottensaft ist gelegentlich bei heißem Wetter erfrischend, man sollte ihn aber nicht gekühlt sondern bei Raumtemperatur servieren. Kleine rohe Mohrrüben sind nettes, kaubares Spielzeug für Babies wenn sie zahnen. Als Garnierung geben Karotten einen attraktiven Farbtupfer.

Karotten in Suppen

Karotten passen gut in Suppen. Mohrrübensuppe aus geriebenen, zerstampften oder pürierten Karotten ist dick und sehr köstlich. Eine 10prozentige Zugabe von Zwiebeln machen die Wurzeln noch süßer. Mohrrüben gibt man gewöhnlich Misosuppe, Gemüsesuppe und Koi-Koku, einer speziellen medizinischen Suppe mit Klettenwurzeln und Karpfen, als Ersatz für Klettenwurzeln bei.

Gebackene Karotten

Ganze gebackene Karotten sind köstlich und haben einen sehr eigenen Geschmack. Ich lasse sie wie Fische aussehen, lege sie auf ein Backblech und ritze ihre Oberfläche schuppenförmig oder kreuzförmig ein. Sind die Rüben sehr hart, gebe ich etwas Wasser dazu und bedecke sie mit etwas Aluminumfolie oder backe sie in einer geschlossenen Kasserole. Die Backzeit beträgt bei mäßiger Hitze 45 bis

60 Minuten. Besonders Kinder lieben den sattsüßen Geschmack dieser Karotten, sogar die Kinder, die sonst keine Mohrrüben mögen. Eine grüne Erbse kann man als Fischauge verwenden.

Gekochte Karotten mit Zwiebeln

Mohrrüben und Zwiebeln ergeben zusammen eine sehr süß schmeckende Kombination. Hier einige Varianten, die ich gelegentlich benutze:

Ohitashi-Stil Nr. 1

Das Gemüse fein schneiden. Topf mit 3 cm Wasser füllen und zum Kochen bringen, bis es brodelt. Zwiebeln eine Minute ins Wasser geben und wieder herausnehmen. Dann die Mohrrüben 2 bis 3 Minuten kochen und herausnehmen. Eine Prise Meersalz zu Beginn macht beide Gemüse noch süßer. Der verbliebene Saft im Topf sollte ebenfalls süßlich sein. Etwas Kuzu zugeben und eine Soße zubereiten, die über das Gemüse gegossen wird. Mit frischem Grün garnieren.

Ohitashi-Stil Nr. 2

Das Gemüse auf dieselbe Weise zubereiten wie in Nr. 1, aber diesmal die Mohrrüben in Streichholzgröße, zu Halbmonden oder Blumen schneiden. Zusätzlich kann man frische Maiskörner zugeben und eine Minute in dem Wasser kochen. Mit Petersilie garnieren.

Nishime-Stil Nr. 1

Mohrrüben frei in verschiedenen Formen zerkleinern. Die Zwiebeln ganz verwenden. Etwas Sesamöl in den Topf geben, die Zwiebeln auf die eine Seite und die Karotten auf die andere Seite im Topf geben. Zur Hälfte mit Wasser bedecken, Prise Salz zufügen und bedeckt 10 bis 15 Minuten kochen, bis alles weich ist.

Nishime-Stil Nr. 2

Ein 2 cm großes Stück Kombu in einen Topf geben, 2 bis 3 zerschnittene Zwiebeln dazugeben. 4 bis 5 mittelgroße Mohrrüben jeweils in etwa 4 Stücke zerteilen und obenauf legen. Soviel Wasser zugeben, daß es die Zwiebeln gerade bedeckt, und ½ Teelöffel Meersalz über das Gemüse streuen. Zudecken und bei mittlerer Hitze etwa

10 Minuten garen. Wenn die Karotten weich sind, ist das Gericht fertig. Am Ende alles zusammenmischen, damit der Zwiebelsaft die Karotten bedeckt. Kombu herausnehmen und für eine spätere Speise beiseite legen. Ist er weich, kann man ihn fein zerkleinern und zurück ins Gemüse geben. Zum Andicken etwa ½ Teelöffel Kuzu verrühren und in den verbliebenen Gemüsesud geben, ein paar Minuten rühren und die Soße über das Gemüse gießen.

Statt Kombu kann man den Topf auch mit 1 Teelöffel Sesamöl auspinseln.

Karotten mit Meeresalgen

Mohrrüben passen gut zu Meeresgemüse. Mit Arame schneide ich sie gewöhnlich in Streichholzgröße, mit Hiziki ebenfalls. Zu Wakame nehme ich große Würfel und füge die Alge erst zu, wenn die Karotten weich sind. Für Kombu schneide ich dicke Scheiben und rolle sie dann in den Kombu ein. Auch Mekabu koche ich mit großen Rübenstücken.

Karotten und Klettenwurzel

Mohrrüben und Klettenwurzel zusammen im Kinpira-Stil gekocht, sind ein hervorragendes makrobiotisches Gericht. Das gewöhnliche Rezept empfiehlt zwei Teile Karotten zu einem Teil Klettenwurzel, beides in Streichholzgröße geschnitten. Die Klettenwurzel 2 bis 3 Minuten in etwas Öl vorsautieren, dann Mohrrüben zugeben und weitere 2 bis 3 Minuten dünsten. Das Gemüse zur Hälfte mit Wasser bedecken und mit Shoyu abschmecken. Kochen, bis alles weich ist. Nachwürzen und ggf. etwas frisch geriebenen Ingwer zugeben. Die Restflüssigkeit verkochen.

Man kann beide Gemüse auch nach Nishime-Art zubereiten. Die Wurzeln in große Stücke schneiden und in etwas Wasser kochen. Sind sie halbgar, etwas Shoyu zugeben, kochen bis sie weich sind und evtl. nachwürzen. In ihrem Sud servieren oder die Flüssigkeit verkochen lassen. Mit geröstetem Sesam garnieren.

Karotten mit Kohl

Dies ist eine weitere hervorragende Kombination. Eine Methode ist, die Rüben sehr fein zu schneiden und den Kohl etwas dicker. Karotten in einen Topf geben und mit etwas Wasser bedecken. Sind die Mohrrüben hart, kaltes Wasser verwenden, sind sie weich, kochendes Wasser. Sind sie halbgar, den Kohl obenauf geben und beides kochen lassen, bis es weich ist, dann vermischen, mit Salz abschmecken und in eine Servierschüssel geben. Man kann die Karotten vorher auch in etwas Öl andünsten.

Eine andere Methode ist, Karotten und Kohl in großen Stücken zuzubereiten. Man gibt die Rüben im Topf auf eine Seite, den Kohl auf die andere. Zur Hälfte mit Wasser bedecken, salzen, zum Kochen bringen und zugedeckt kochen, bis alles weich ist.

Pastinaken

Pastinaken sind weicher als Karotten und stärker im Geschmack. Auch sie sind sehr süß und geben einer Mahlzeit eine cremig-weiße Farbe. Sie können zwar gut mit Zwiebeln und Mohrrüben zubereitet werden, aber ich bevorzuge sie für sich allein. In Halbmonde geschnitten und ein paar Minuten gekocht oder gedämpft sind Pastinaken am knackigsten. Am liebsten mag ich Pastinakensuppe und Pastinakenkuchen. Pastinakenkuchen bereitet man, indem man das Gemüse ein paar Minuten mit etwas Salz kocht, zerstampft und auf einen vorgebackenen Vollweizenteigboden gibt. 30 bis 40 Minuten backen, mit Petersilie und schwarzem Sesam bestreuen und heiß servieren. Gebackene Pastinaken, auf dieselbe Weise hergestellt wie gebackene Mohrrüben, sind ebenfalls sehr delikat. Um ihre frische, weiße Farbe zu erhalten, serviere ich sie mit einer Soße, die ich aus klarem Suppenstock, etwas Kuzu und etwas frisch geriebenem Ingwer zubereite.

Klettenwurzel

Diese lange, dünne Wurzel ist fest und gibt sehr starke Energie. Obwohl man sie das ganze Jahr über essen kann, ist sie speziell für den Winter geeignet, da sie wärmend ist. In Japan zogen wir Klettenwurzel im eigenen Garten. Man pflanzte sie auf aufgeschütteten Hügeln wie Rettich und Arbi, um das Ernten zu erleichtern. In vielen Regionen wächst die Klette auch wild, und sie ist meist noch gehaltvoller als die kultivierte. Hier in Neu-England gehen wir oft auf die Suche nach wilden Wurzeln.

Klettenwurzel kann auf viele verschiedene Arten zubereitet werden, einschließlich Kochen, Sautieren und Fritieren. In kleinen Mengen kann man sie gut mit anderem Gemüse, mit Bohnen oder Kombu mischen. Weniger paßt sie zu Meeresgemüse dunklerer Farbe. In gekochten Salaten kann man Klettenwurzel gut mit etwas Reisessig würzen. Ein anderes typisches Gericht mit Klettenwurzel ist Koi-Koku, eine Karpfensuppe, die traditionell stillenden Müttern und sehr schwachen Patienten gegeben wird. Sogar diejenigen, die sonst keinen Fisch mögen, werden ihr reichhaltiges Aroma genießen.

Klettenwurzel nach Kinpira-Art

Eine der häufigsten Methoden für die Zubereitung von Klettenwurzeln ist die im Kinpira-Stil zusammen mit anderem Wurzelgemüse. In Japan ist Kinpira-Gemüse eine häufige Speise. Sie wird gewöhnlich an Feiertagen und zu besonderen Gelegenheiten serviert, und ihre konzentrierte Energie gleicht den Sake aus, der ebenfalls zu diesen Anlässen genossen wird.

2 Stücke getrockneter Tofu
1 Teelöffel geröstetes Sesamöl
1 Tasse klein geschnittene oder geraspelte Klettenwurzel
2 Tassen Karotten, in Streichholzgröße geschnitten
Quellwasser
Shoyu-Sojasoße

Den getrockneten Tofu in heißem oder warmem Wasser 3 bis 4 Minuten weichen. Mit kaltem Wasser abspülen. Wasser ausdrücken und Tofu in dreieckige Stücke schneiden. Öl in einer Pfanne erhitzen. Die Klettenwurzel 2 bis 3 Minuten sautieren, dann Karotten und Tofu zufügen und 2 bis 3 Minuten dünsten. Mit etwas Wasser das Gemüse zur Hälfte bedecken und mit Shoyu würzen. Zum Kochen bringen, zudecken und über kleiner Flamme etwa 30 Minuten kochen oder bis die Flüssigkeit verkocht ist.

Variante: Als Ersatz für Klettenwurzel kann auch frisch geschnittene Lotoswurzel verwendet werden. Sie verleiht der Speise einen anderen Geschmack. Andere Kinpira-Kombinationen sind Kohlrüben und Karotten, Karotten und Kohl, Pastinaken und Zwiebeln, Karotten und Pastinaken oder Sellerie und Petersilienwurzeln. Statt des getrockneten Tofus kann man auch frischen verwenden oder Tempeh. Wer Öl aus Gesundheitsgründen vermeiden muß, kann in 1 bis 2 Eßlöffeln Wasser bei hoher Hitze sautieren. Dann bleibt das Gemüse auch knackig. Eine leichte Kuzu-Soße, mit Shoyu gewürzt, paßt gut über diese Speise.

Daikon

Weißer Rettich (Daikon) ist das am meisten verbreitete Gemüse in Japan, und die japanische Küche kann man sich nicht ohne ihn vorstellen. Es gibt viele verschiedene Daikon-Arten und ebenso viele verschiedene Zubereitungsweisen. Die großen, saftigen Rettiche, etwa 30 cm lang oder länger und etliche Zentimeter im Durchmesser, sind süß und werden das ganze Jahr hindurch geerntet. Der kleinere, dünnere Daikon, der eher wie eine Karotte aussieht, wächst schneller und ist sehr scharf. Meine Mutter zog die kleinere Sorte im Garten und kaufte die größere vom benachbarten Bauern zum Pickeln.

In meiner Kindheit in Japan bestand das Frühstück gewöhnlich aus Reis, Misosuppe (mit Daikon), geriebenem Daikon, getoastetem Nori und Daikon-Pickels. Zum Mittagessen hatten wir gewöhnlich Reis mit Daikon, wenn wir aus der Schule kamen. Die Daikonblätter sind ebenfalls eßbar, und wir legten sie gelegentlich mit der Wurzel zusammen ein. Als Kinder aßen wir soviel Daikon, daß es ganz natürlich für uns war, im Spiel die buddhistischen Mönche zu imitieren und „Daikon no nita, daikon no nita“ zu singen, während wir mit unseren Eßstäbchen auf eine Schüssel schlugen. „Daikon no nita wa kuan wan wan“ heißt „kein Daikon mehr“ und wir sangen diesen Refrain im Kanon. Über die Jahre habe ich die besondere Energie und den Geschmack von Daikon schätzen gelernt und empfehle jedem, ihn immer im Hause zu haben.

Roh oder gekocht unterstützt Daikon die Verdauung von Getreide und Gemüse. Er hilft auch, gestautes Wasser und tierische Fette aus dem Körper zu spülen, und hat viele medizinische Wirkungen.

Roher und geriebener Daikon

Der große, süßere Rettich kann als schneller Salat zubereitet werden. Einfach kleinschneiden und mit etwas Zitrone, Shoyu, Umeboshi- oder Naturreisessig servieren. Mit ein paar Scheiben Karotten garnieren.

Geriebener Daikon wird traditionell als Beilage zu Mochi, Tempura, Sashimi und Fischgerichten serviert. Zu tierischer Nahrung wird er mit etwas geriebenem Ingwer vermischt. Man schabt eine Tasse Rettich und gibt ihn in eine Servierschüssel oder auf individuelle kleine Teller und tröpfelt ein paar Tropfen Shoyu obenauf. Mit etwas zerkleinerten Zwiebelgrünringen garnieren. Zu fritierten Speisen essen wir gewöhnlich etwas mehr Daikon als zu anderen Gerichten.

Daikon in Suppen

Daikon paßt sehr gut in Misosuppe. Die normale Misosuppe wird gewöhnlich mit Daikonscheiben und Wakame bereitet. Von dieser Suppe wird behauptet, daß sie besonders gut geeignet ist, übermäßigen Genuß von Bier oder Sake zu neutralisieren.

Gekochter Daikon

Als Beilage kann Daikon in großen Stücken gekocht und mit einer Soße, mit Miso oder geröstetem schwarzem Sesam serviert werden. Hier ein typisches Rezept.

zwei 20 cm lange Streifen Kombu, eingeweicht und in ½ bis 1 cm große Dreiecke geschnitten
1 mittelgroßer Rettich, in ½ cm dicke Scheiben (3 bis 4 Tassen)
Quellwasser
1 bis 2 Teelöffel Miso

Kombu in einen Topf legen und eine Schicht Daikon obendrauf legen. Mit Wasser zur Hälfte bedecken und zum Kochen bringen. Zudecken, Hitze vermindern und leicht kochen bis der Rettich glasig und weich ist (etwa 30 bis 40 Minuten). Mit Miso würzen, den man in etwas Sud aufgelöst hat, und weitere 5 bis 10 Minuten köcheln. Die Speise sollte süßlich, nicht salzig sein. Kocht sie zu lange, wird sie bitter.

Daikon mit Gemüse im Nishime-Stil

Diese rustikale Hausmannskost kann in zahllosen Kombinationen zubereitet werden. Aber Rettich bleibt dabei die wichtigste Zutat.

zwei Streifen Kombu, 15 cm lang, eingeweicht und in 2 cm breite Stücke geschnitten
1 Tasse Sellerie in großen Würfeln
1 Tasse Arbi-Kartoffeln, in 3 bis 5 cm dicken Scheiben
1 Tasse Daikon, geviertelt und 2 cm dick gestückelt
1 Tasse Karotten in Stücken (nach der Rollmethode)
½ Tasse Klettenwurzel, diagonal zerschnitten
Quellwasser
1 bis 2 Teelöffel Shoyu-Sojasoße

Kombu auf den Boden eines schweren Topfes legen. Das Gemüse schichtweise in folgender Reihenfolge zugeben: Sellerie, Arbi, Rettich, Karotten und Klettenwurzel, Wasser zugeben, bis es den Rettich bedeckt, zum Kochen bringen, Hitze vermindern, zudecken und bei kleiner Flamme kochen, bis das Gemüse fast weich ist. Etwas Tamari zugeben und weiterkochen lassen, bis das Gemüse weich und die Flüssigkeit verkocht ist. Kurz bevor das Wasser total verdunstet ist, den Topf gut durchschütteln, um das Gemüse zu mischen und den Sud zu verteilen.

Variante: Zur Abwechslung kann man folgende Zutaten kombinieren: Lotoswurzel, Tempeh, fritierter Tofu, Kohl- oder Steckrüben, Pastinaken, Sellerie, Zwiebeln, getrockneter Tofu, Shiitake-Pilze und Sojabohnen. Ist kein Kombu zur Hand, kann man auch Wakame nehmen.

Getrockneter Rettich

Getrockneter Rettich ist sehr süß und paßt gut zu einer Reihe anderer Lebensmittel. Den geschabten Rettich legt man gewöhnlich auf Reismatten für einige Tage oder Wochen in die Sonne. Wir schnitten ihn auch in Scheiben, zogen diese auf einen Faden aus Reisstroh und hängten sie zum Trocknen auf die Veranda. Zur Verwendung weicht man getrockneten Rettich etwa 5 Minuten in kaltem Wasser ein, schneidet ihn und kocht, dämpft oder verwendet ihn roh in Salaten mit etwas Shoyu und Naturreisessig.

Radieschen

Radieschen geben einer Speise eine reizvolle rote Färbung. Sie sind hübsch rund und vor allem für Salate und zum Garnieren geeignet. Sie haben viele derselben nahrhaften Qualitäten wie kleine Rettiche, sind aber gewöhnlich schärfer. Radieschen sind einfach zu züchten, und man kann sie in diverse attraktive Formen schneiden. Zusammen mit ihren Blättern kann man sie pickeln oder unzerschnitten mit etwas Umeboshi-Essig kochen. Radieschen sind sehr gut für die Verdauung und können an Stelle von Daikon verwendet werden, wenn dieser nicht zu beschaffen ist.

Radieschen mit Kuzusoße

ein 7 bis 15 cm langes Stück Kombu
10 ganze Radieschen ohne Blätter
Quellwasser
3 ganze Umeboshi-Pflaumen
1 Teelöffel Shisoblätter
1 bis 2 Teelöffel aufgelöstes Kuzu
Zwiebelgrünringe oder kurz gekochte Petersilienblumen zum Garnieren

Kombu auf den Boden eines Topfes legen und die ganzen Radieschen zugeben. Mit Wasser fast bedecken. Die Umeboshi-Pflaumen beifügen, aber die Shisoblätter, in denen die Umeboshi-Pflaumen gepickelt wurden, für späteren Gebrauch zurücklegen. 30 bis 40 Minuten auf kleiner Flamme kochen, die Radieschen herausnehmen und in eine Servierschüssel geben. Der Sud wird durchgesiebt und mit Kuzu angedickt. Danach noch einige Minuten köcheln. Die Kuzusoße über die Radieschen geben. Mit Zwiebelringen oder Petersilie garnieren. Die Shisoblätter kleinschneiden und als kleine Beilage servieren.

Variante: Eine Umeboshi-Pflaume macht die Speise weniger salzig.

Steckrüben

Steckrüben eignen sich hervorragend für schnelle Pickels. Sie können auch feingeschnitten in gepreßtem Salat oder etwas dicker in Suppen und Eintöpfen verwendet werden. Gekocht oder gedämpft ergeben sie eine kleine Beilage, oder man kombiniert sie mit Tofu, Seitan oder Fisch.

Kohlrüben

Die großen, gelben Rüben zählen zur Familie der Steckrüben. Wo ich in Japan aufwuchs, gab es keine, aber sie sind in Europa und Asien zuhause und werden in der westlichen Welt kultiviert. Mir schmecken sie besonders gut, nachdem sie einige Tage in Shoyu-Sojasoße gelegen haben. Die Rüben sind sehr süß und köstlich — für sich oder kombiniert mit Karotten und Zwiebeln. Ihre Süße wird von ihrer Qualität bestimmt.

Taro-Kartoffeln

Taro- oder Arbi-Kartoffeln sind behaarte Knollen tropischer oder subtropischer Herkunft. Die großen, manchmal von der Größe einer Kokosnuß, wachsen in den südlicheren Regionen, während die kleinen in Japan und nördlicheren Klimazonen kultiviert werden. Traditionell bereitet man Taros samt Stiel und Blättern zu, schneidet sie in große Stücke und kocht sie nach Nishime-Art zusammen mit anderem Wurzelgemüse. In gemäßigten Zonen raten wir vom regelmäßigen Gebrauch dieser oder anderer Kartoffeln einschließlich weißer und süßer Kartoffeln und Yams ab. Im Sommer kann man Taros gelegentlich in kleinen Mengen Suppen, Nishime-Speisen oder Eintöpfen zugeben, da sie sehr delikat schmecken. Eine beliebte Zubereitungsmethode wird *Kinukatzugi* oder „Taro im Hemd" genannt. Dabei werden die geschnittenen Taros in ihrer Schale in etwas Wasser gekocht. Sind sie weich, das Innere mit dem Finger aus der Schale drücken, die ganz von allein abfällt. Das lockere innere weiße Fleisch wird dann gegessen. Medizinisch verwendet man Taro in der Makrobiotik äußerlich als Kompressen, die Schleime und Gifte aus dem Körper ziehen. Taro gibt es in latein-amerikanischen, asiatischen und in einigen Naturkostläden.

Taro-Eintopf

---

1 bis 2 Streifen Kombu, eingeweicht und in 3-5 cm lange Stücke zerkleinert
4 Shiitake-Pilze, eingeweicht, Stengel entfernt und geviertelt
2 Tassen Taro-Kartoffeln, in 5 cm große Würfel geschnitten
1 Tasse Lotoswurzel geviertelt und in ½ cm große Scheiben geschnitten
400 g fritierten Tofu, in 3 bis 5 cm großen Stücken
1 bis 2 Teelöffel Shoyu
1 bis 2 Teelöffel Kuzu
kleingeschnittenes Zwiebelgrün zum Garnieren

Kombu und Shiitake auf den Boden eines schweren Topfes legen. Taro, Lotos und Tofu zugeben. Mit Wasser bedecken und zum Kochen bringen. Hitze reduzieren und etwa 30 bis 40 Minuten kochen, bis das Gemüse weich ist. Mit Shoyu würzen und ein paar Minuten weicher kochen. Kuzu in Wasser auflösen und den Sud damit andicken. Mit Zwiebelgrünringen garniert servieren.

Jinenjo-Bergkartoffel

Diese weiche Kartoffel wächst tief unter der Erde, hat eine längliche Form und kann mehrere Fuß lang sein. In meiner Gegend in Japan wuchs sie wild und im Anbau, und Freunde und Verwandte brachten uns oft *Yamaimo* (wild wachsende Bergkartoffel) aus dem Wald mit, oder wir beschafften sie von Bauern und Holzfällern. Jinenjo gibt sehr starke Energie und ist vor allem im Winter sehr wärmend. Traditionell wird ihr auch sexualisierende Wirkung nachgesagt.

Jinenjo ißt man gewöhnlich roh und in kleinen Portionen. Sie ist etwas klebrig, wie Käse oder Natto. Zum Essen reibt man 1 bis 2 Eßlöffel Jinenjo und mischt sie mit etwas geriebenem Ingwer und ein paar Tropfen Shoyu. Mit ein paar gerösteten Noristreifen servieren. Jinenjo kann auch in Scheiben geschnitten und in Shoyu oder Naturreisessig mariniert gegessen werden.

Gerieben und Miso- oder Shoyusuppe beigegeben, verändert die Wurzel den Geschmack des Gerichts total. Man verwendet etwa einen Teelöffel pro Tasse. Jinenjo paßt auch gut zu Sobanudeln. Ein Eßlöffel geriebene Jinenjo pro Suppenschale in die Brühe geben und über die Nudeln gießen. Es gibt auch eine Sobaart, die mit Jinenjo hergestellt wird. Gibt man Mochiteig etwa 5 Prozent Jinenjo zu, bleibt er länger weich. Jinenjo nach Nishime-Art kocht man in großen Würfeln und würzt mit etwas Shoyu. Sie kann auch Oden- oder Nabe-Speisen zugegeben werden.

Lotoswurzel

Lotoswurzel ist eine der wertvollsten Gemüsesorten. Die Wurzel bestimmter Wasserlilien wächst im tiefen Sumpf und stillen Wassern, und um sie zu ernten, braucht man lange Gummistiefel. Am besten erntet man sie im späten Herbst oder Winter. Zu anderen Jahreszeiten wird Lotoswurzel gewöhnlich in getrockneter Form konsumiert. Frische Lotoswurzel kann man in wundervolle Formen schneiden, und ihre inneren Hohlräume können mit anderen Zutaten gefüllt werden. Medizinisch kräftigt Lotoswurzel die Lunge, hilft bei Husten und inneren Blutungen und entschleimt Hohlräume im Körper. Man kann sie äußerlich als Kompresse anwenden, essen oder pulverisieren und als Tee brühen.

Für Salat schneidet man die Wurzel in sehr feine Scheiben und mariniert sie roh ein paar Stunden in Reisessig, Shoyusoße oder Mirin. Lotos nach Nishime-Art kocht man in großen Stücken zusammen mit Daikon oder Shiitake-Pilz. In großen Stücken kocht sie sich auch gut zusammen mit Azukibohnen. Lotos im Kinpira-Stil wird gedünstet oder in etwas Wasser gekocht wie Karotten oder Klettenwurzeln. Sehr fein geschnitten kocht man ihn auch mit Arame oder Hiziki-Algen. Sehr köstlich ist die Wurzel auch fritiert als Lotosbällchen oder nach Tempura-Art zubereitet.

Lotoswurzel mit Miso gefüllt

In diesem Rezept füllt Miso die hohlen Räume. Zerschnitten zeichnet der Kontrast von Lotos und Miso ein attraktives Muster.

1 Lotoswurzel
1 bis 2 Eßlöffel Miso
½ Teelöffel geriebener frischer Ingwer
2 Eßlöffel Tahin
2 Teelöffel Petersilie
Vollweizenmehl
Tempura-Teig
geröstetes Sesamöl

Die Lotoswurzel waschen und 5 bis 10 Minuten in etwas Wasser kochen. Aus dem Wasser nehmen und die Enden abschneiden. Miso, Ingwer, Tahin und Petersilie in einer kleinen Schüssel verrühren. Vorsichtig ein Ende der Lotoswurzel in die Misomischung stippen, bis sie die Hohlräume der Wurzel füllt. Lotos in eine Schale legen und eine Stunde stehen lassen. In dieser Zeit zieht die Misomischung den Saft aus der Wurzel. Die Lotoswurzel im Saft wenden, dann in Vollweizenmehl rollen. Lotos in den Tempurateig tauchen, der aus Vollweizenmehl, Pfeilwurzelmehl oder Kuzu gemacht ist. In heißem Öl 3 bis 5 Minuten fritieren, bis der Teig goldbraun ist. Abtropfen und abkühlen lassen. In dünne Scheiben schneiden. Da dies eine sehr konzentrierte Kombination ist, reichen 1 bis 2 Scheiben pro Person aus.

Ingwerwurzel

Ingwer ist eine beigefarbene Wurzel mit knolligem Charakter. Sie ist sehr konzentriert, hat einen scharfen Geschmack und gibt wärmende Energie. Sie wird bei Verdauungsstörungen und zur Anregung der Durchblutung empfohlen. Man benötigt nur kleine Mengen, gewöhnlich ¼ Teelöffel oder weniger geriebenen frischen Ingwer oder ein paar Tropfen Ingwersaft zum Würzen von Suppen, Eintöpfen, Gemüse- und Getreidegerichten. Gekocht ergibt Ingwer zusammen mit Kombu ein interessantes, appetitanregendes Gewürz. Ingwer wird auch verwendet in Sigure Miso, Kio-Koku-Suppe und manchmal als Garnierung für Miso- oder Shoyubrühe, auf kaltem Tofu im Sommer, Seitan, Tempura und öliger Nahrung wie Fisch und Meeresfrüchten. Ich gebe ab und zu etwas frisch geschabten Ingwer an Hiziki und

Arame und lasse ihn ganz am Ende ein paar Minuten mitkochen oder gebe ihn roh als Garnierung zu. Ingwer paßt auch gut zu gebratenem Reis und Nudeln. Man schabt ihn und mischt ihn zum Schluß in die Speise. Wir geben oft auch etwas Ingwer in medizinische Tees wie Ume-Sho-Bancha, Kuzu-Tee oder Lotoswurzeltee. Äußerlich macht man mit Ingwer auch Kompressen für Nieren, Verdauungsorgane oder andere Bereiche, um die Durchblutung anzuregen und Schmerzen zu lindern. Für die Gewinnung von Ingwer-Extrakt für Koch- oder medizinische Zwecke reibe ich die Wurzel mit einer sehr feinzahnigen Reibe aus Porzellan oder Edelstahl, wobei Porzellan besonders bei Heilbehandlungen vorzuziehen ist. Dann den geriebenen Ingwer einfach mit der Hand oder in einem feinen Baumwolltuch auspressen. Ingwersaft ist konzentrierter als der geriebene Ingwer. Etwa ¼ Teelöffel Ingwersaft entspricht einem Teelöffel Ingwerraspeln. Ingwerwurzel hält sich lange frisch, wenn man sie in einer kleinen Sandkiste aufbewahrt. Im Kühlschrank fängt sie nach einer Woche an zu schimmeln.

Ingwer-Kombu-Würze

Einige daumengroße Knollen Ingwerwurzel (nicht schälen)
1 mittelgroßes Stück Kombu
Shoyu-Sojasoße
Quellwasser
geröstete Sesamsamen zum Garnieren

Ingwer, Kombu und etwas Shoyu in einen Topf geben, mit Wasser bedecken und 45 bis 60 Minuten kochen. Weniger salzig wird die Würze, wenn man die Shoyusoße mit 50 Prozent Wasser verdünnt. Den Ingwer fein geschnitten und mit geröstetem Sesam garniert servieren.

Rote Beete

Ich probierte Rote Beete zum ersten Mal als ich in den 50er Jahren nach Paris kam. Sie waren gekocht, geschnitten und kalt in einem Salat serviert. Mir haben sie sehr gut geschmeckt, und ich bereite sie seitdem öfter auf diese Weise zu. Die Blätter und dunkelvioletten Stiele sind ebenfalls sehr delikat, besonders wenn man sie sautiert. Wegen ihrer starken Farbe werden Rote Beete gewöhnlich für sich zubereitet. Borschtsch, die traditionelle Rote-Beete-Suppe Rußlands und Osteuropas, schmeckt ebenfalls heiß oder im Sommer kalt serviert köstlich. Statt Sauerrahm kann man sie mit einem Löffel cremigen Tofus garnieren.

Kapitel 14

Bodengemüse

Flöten und Trommeln
Kinder und Eltern strömen
zum Erntefest
– Toshika

Bodengemüse kann in drei Hauptkategorien eingeteilt werden: rundes Gemüse, Stangen-Gemüse und Kletterpflanzen, und tropisches Gemüse. Wir werden alle Arten betrachten.

Rundes Gemüse

Zu der Familie der runden Gemüsesorten gehören Zwiebeln, Kohl, Herbst- und Winterkürbisse, Blumenkohl und Broccoli. Diese Pflanzen wachsen nah am Boden, und sie schmecken gewöhnlich süßer als Wurzelgemüse, das unter der Erde, oder grünes und weißes Blattgemüse, das über der Erde wächst. Medizinisch wirkt rundes Gemüse vor allem wohltuend auf Magen, Milz und Bauchspeicheldrüse.

Zwiebeln

Ich benutze Zwiebeln täglich beim Kochen: Roh sind sie sehr scharf, aber gekocht werden sie süß. Man kann sie auf zahllose Weise zubereiten, für sich und mit anderen Zutaten. Sie werden roh, gepickelt, gekocht, gedämpft, gedünstet, gegrillt, fritiert oder im Tempura-Stil zubereitet. Zwiebeln passen gut zu Wurzelgemüse, gebratenen Nudeln, gebratenem Reis, Tofu und Tempeh. Meeresalgen, vor allem Arame oder Hiziki, geben sie mehr Milde. Zwiebeln halten sich lange frisch und lassen sich leicht lagern. Sind die inneren Schichten verdorben, schneide ich sie heraus und benutze nach dem Waschen den nicht verdorbenen Rest.

Die gute, friedvolle Energie der Zwiebel macht sie vor allem gut geeignet für Kinder. Mit Kürbis oder Karotten gekocht, werden Zwiebeln besonders Diabetes-Patienten empfohlen, die auf ihren Zuckerhaushalt achten müssen.

Rohe Zwiebeln

Rohe Zwiebeln kann man in Salat oder zum Pickeln verwenden. Sie sind appetitanregend, vor allem im Sommer, wenn der Hunger nicht so groß ist. Für den Salat sind rote Zwiebeln zu bevorzugen, da sie milder sind als andere Sorten. Mir schmeckt besonders etwas Zwiebel in Buchweizensalat. Eine andere reizvolle Kombination sind Zwiebeln und Wakame in leicht gekochtem Salat mit Zitronendressing. Das Grün der Zwiebeln kann man fein gehackt zum Garnieren nehmen.

Zum Pickeln schneidet man die Zwiebeln in feine Scheiben und mariniert sie 30 oder 40 Minuten in Shoyu vor dem Essen.

Zwiebeln in Suppen

Zwiebeln passen gut zu Misosuppe. Mit Wakame und Tofu zusammen kochen sie schnell gar und schmecken süß. Kleine ganze Zwiebeln sind gut in Gemüse, Bohnen und Getreidesuppen. Französische Zwiebelsuppe ist ebenfalls sehr delikat.

Gekochte Zwiebeln

Kurz gekochte Zwiebeln serviert mit Erbsen, Karotten, Kohl oder anderem Grün ergeben eine reizvolle Speise. Die Zwiebeln geben einen hübschen weißen Farbtupfer und einen süßen, leicht scharfen Geschmack. Zwiebeln dünn schneiden, 1 Minute in brodelndes Wasser geben (Ohitashi-Stil), 2 bis 3 Minuten in etwas Öl und Wasser nach Kinpira-Art dünsten oder 5 bis 7 Minuten in 1 cm hohem Wasser im Nishime-Stil kochen. Als ganzes oder in großen Würfeln kann man Zwiebeln auch ein paar Minuten dämpfen.

Ganze Zwiebeln mit Miso

Alle meine fünf Kinder lieben diese Speise. Als sie klein waren, nannten sie es „o hehe no onions", was in etwa heißt „lächelnde Zwiebeln". Immer wenn sie dieses Gericht sahen, lächelten sie einander an.

6 ganze mittelgroße Zwiebeln
1 bis 2 Streifen Kombu, 20 cm lang, 4 bis 5 Minuten eingeweicht
Quellwasser
1 bis 1 ½ Eßlöffel Miso
1 bis 2 Teelöffel Kuzu (nach Wunsch)
fein gehackte Petersilie

Die Zwiebeln 6 bis 8mal leicht einritzen, aber nicht zu tief einschneiden. Die Schnitte sind so angeordnet, daß sie die Zwiebel beim Kochen wie eine Blume auseinanderfalten lassen. Die Zwiebeln auf den Kombu in einen Topf geben, halb mit Wasser bedecken und in etwas Wasser verrührtes Miso obenauf verteilen. Topf zudecken und zum Kochen bringen. Dann Hitze reduzieren und etwa 30 Minuten köcheln lassen, bis die Zwiebeln weich und glasig sind. Bleibt viel Sud übrig, dickt man ihn mit Kuzu an, nachdem man die Zwiebeln herausgenommen hat. Kuzusoße oder den klaren Sud über die Zwiebeln gießen und mit der Petersilie garnieren.

Variante: Statt Kombu 1 bis 2 Teelöffel Sesamöl zum Einpinseln des Topfbodens verwenden.

Knoblauch und Schalotten

Knoblauch ist sehr viel schärfer als Zwiebel. In Korea verwendet man traditionell etwas Knoblauch zu gebratenem Gemüse, um es etwas schärfer zu machen und den Kreislauf zu stimulieren. Man kann sie auch zum Pickeln benutzen. Ich mache auch Pickels mit Schalotten, dazu gebe ich Shoyu und Apfelessig im Verhältnis 50:50, das macht sie süßer.

Kohl

Kohl hat eine natürliche Süße und paßt gut in Salate, Suppen und gemischte Gemüsespeisen. Es gibt viele Arten: weichen, harten, roten, grünen und Wirsingkohl. Wenn ich Kohl zubereite, benutze ich immer den ganzen Kopf. Der harte Strunk kann sehr fein geschnitten und für Suppen, Suppenstock oder in Salaten und anderen Gerichten verwendet werden. Rotkohl probierte ich zum ersten Mal in New Hampshire. Man ißt ihn als Salat oder kurz gedünstet mit einer Prise Salz kurz vor Ende der Kochzeit, um sein süßes Aroma zu entfalten. Weißkohl eignet sich gut für gekochten Salat. Ich raspele ihn in ¼ bis ½ cm dicke Scheiben und koche ihn für wenige Minuten in etwas Wasser. Man kann ihn mit einer sauren, süßen oder salzigen Soße servieren. Einer unserer jungen Freunde backte ganzen Kohl gefüllt mit Couscous, und das war einfach einmalig. Man gibt einfach flockigen eingeweichten Couscous zwischen die Kohlblätter. Etwas klein geschnittener grüner Paprika gibt einen besonderen Geschmack. Kohlrouladen sind ebenfalls ein Festessen (siehe mein Rezept im Kapitel über Tempeh). Tofu, Seitan, Arame oder Hiziki kann man auf dieselbe Weise verwenden.

Gekochter Kohl mit Sesam und Umeboshisoße

4 Tassen fein geschnittener Weißkohl
2 Tassen Quellwasser
2 Teelöffel Kuzu
1 bis 2 Umeboshi Pflaumen
1 Eßlöffel Sesam

Den Kohl 2 bis 3 Minuten kochen, bis sein Grün hell leuchtet. Herausnehmen und abtropfen. Mit dem Sud, Kuzu und den Umeboshi-Pflaumen eine Soße bereiten und über den Kohl gießen. Den Sesam goldbraun rösten, in einem Mörser zerreiben und über den Kohl streuen.

Variante: Etwas geriebenen frischen Ingwer in die Soße geben. Ein anderes Soßenrezept mischt man aus ½ Teelöffel püriertem Miso, 1 Eßlöffel Naturreis-Essig und einigen Sesamsamen.

Gedämpfter Chinakohl

Quellwasser
2 Tassen fein geschnittenen Kohl
1 Tasse fein geschnittene Zwiebeln
½ Tasse fein geschnittenen Sellerie
Meersalz
2 bis 4 Teelöffel gehackte Petersilie
1 Blatt Nori, geröstet und in kleine Quadrate geschnitten

Etwas Wasser in eine Pfanne gießen. Gemüse zugeben, Pfanne zudecken und das Gemüse dämpfen. Beginnt das Wasser zu verdunsten, etwas nachgießen und mit ein bis zwei Prisen Salz würzen. Salz zieht das Wasser aus dem Gemüse. Vorsichtig das Gemüse mit Stäbchen oder einem Holzlöffel umrühren und auf großer Flamme kochen, damit das Gemüse knackig bleibt. Nicht länger als 2 bis 3 Minuten kochen und anschließend die gehackte Petersilie untermischen. In eine Schüssel geben und mit Nori garnieren.

Gedünsteter Kohl, Sellerie und Karotten

geröstetes Sesamöl
2 Tassen fein geschnittener Kohl
1 Tasse Karotten, in Streichholzgröße
½ Tasse Sellerie in dünnen Diagonalscheiben
1 Prise Meersalz

Etwas geröstetes Sesamöl in einer Pfanne erhitzen. Hohe Hitze beibehalten und den Kohl für 1 bis 2 Minuten dünsten. Die Karotten und Sellerie zugeben und weitere 3 bis 4 Minuten sautieren, dabei mit Stäbchen oder einem Holzlöffel bewegen, damit sie gleichmäßig garen. Zum Schluß salzen. Fertig sollte das Gemüse knackig und leuchtend sein.

Sauerkraut

Weißkohl wird gewöhnlich zur Herstellung von Sauerkraut verwendet. In Japan machten wir ein schnelles Sauerkraut. Wir zerkleinerten den Kohl, vermischten ihn mit Meersalz und preßten ihn über Nacht oder einige Tage. Er war sehr knackig. Vor einigen Jahren probierte ich in Deutschland ein traditionelles Sauerkraut. Es war süßlich, nicht zu sauer und schmeckte köstlich. In Europa ißt man Sauerkraut zusammen mit Schwarzbrot, es paßt aber auch gut zu Kasha, Sellerie und Tempeh. Sauerkraut verliert seine Säure etwas beim Kochen.

Während der Zubereitung gebe ich meistens etwas Sauerkrautsaft an das Kasha oder den Tempeh und mische dies am Schluß mit dem Kraut. (Siehe Kapitel über Pickels für hausgemachtes Sauerkraut.)

Blumenkohl

Blumenkohl ist ein sehr friedliches Gemüse. Er sollte nicht zu lange gekocht werden, da er sonst sein süßes Aroma, seine Farbe und seinen Blumencharakter verliert, obwohl man ihn für Kinder weich kochen sollte. Ich schneide gewöhnlich vor dem Kochen den Strunk ab und öffne die Blumen. Die Blätter und der klein geschnittene

Strunk können ebenfalls gekocht werden. Zusammen mit Radieschen, Broccoli oder anderen grünen Blattgemüsen ergibt Blumenkohl, roh oder gepickelt, eine hübsche Vorspeise. Es gibt viele verschiedenen Soßen, Tunken oder Dips, die ich mit Blumenkohl serviere, darunter Umeboshiessig-Soße mit geröstetem Sesam. Man kann Blumenkohl auch in Shoyu oder Reisessig ganz oder in Scheiben etwas 2 Wochen pickeln. In Tempura ist Blumenkohl ebenfalls eine Delikatesse.

Gekochter Blumenkohl mit Broccoli

Quellwasser
2 Tassen Blumenkohl, Blumen und Stiele
2 Tassen Broccoli, Blumen und Stiele
Shoyu-Sojasoße
frischen geriebenen Ingwer
frischen Zitronensaft

Wenig Wasser in einem Topf zum Kochen bringen. Blumenkohl hineingeben, zudecken und etwa 5 Minuten kochen, bis er gar ist. Er sollte weich sein und auseinanderfallen. Blumenkohl in eine Schüssel geben und den Broccoli im selben Wasser 3 bis 4 Minuten kochen, bis er gar ist und hellgrün wird. Broccoli herausnehmen und wie einen Kranz um den Blumenkohl legen. Etwas Wasser, Shoyu, frisch geriebenen Ingwer und den frischen Zitronensaft mischen und auf die verteilten Portionen geben. Ein Teelöffel pro Portion ist ausreichend.

Broccoli

Broccoli hat eine schöne Form und eine leuchtend grüne Färbung. Er kann für schnelle Salate mariniert, gepickelt, gekocht, gedämpft, sautiert oder nach Tempura-Art zubereitet werden und paßt besonders gut zu gebrateten Nudeln, gebratenem Reis und gemischtem Gemüse. Beim Dünsten separat zubereiten und dann mit anderem Gemüse mischen, um ein Zerdrücken zu vermeiden. Medizinisch ist Broccoli gut für Lunge, Magen und Milz.

Bei sehr hartem Strunk schäle ich die äußere Haut ab und verwende nur das Innere. Der Strunk kann auch für Suppen, Suppenstock oder zum Pickeln genommen werden. Koche ich Strunk und Stiele zusammen, gebe ich gewöhnlich den fein geschnittenen Strunk erst ins Wasser und gebe die Stiele und Blumen 2 bis 3 Minuten vor Schluß zu. Mit Soße servieren, z.B. Shoyu mit frisch geriebenem Ingwer oder Umeboshisoße mit geröstetem Sesam.

Die häufigste Methode Broccoli zuzubereiten ist, ihn kleingeschnitten mit einer Prise Meersalz 3 bis 5 Minuten in etwas Wasser zu kochen. Gart er zu lange, verliert er seine Farbe.

Broccoli kann man auch nach Ohitashi-Art ein bis zwei Minuten in kochendes Wasser tauchen oder ihn dämpfen. In Italien bestelle ich mir oft Broccoli mit Spaghetti und erhalte einen ganzen Broccoli, ungeschnitten, der aussieht wie ein großer Fisch. Er ist sehr frisch und delikat.

Broccoli mit Tofu-Creme

1 Kopf Broccoli, zerkleinert
400 g Tofu
2 bis 3 Umeboshi-Pflaumen

Broccoli in etwas Wasser etwa 2 bis 3 Minuten kochen, bis er gar ist. Er sollte leicht knackig und hellgrün sein. Den Tofu zwischen zwei Holzbretter legen und 15 bis 30 Minuten die Flüssigkeit herauspressen. Man kann den Tofu auch in einem Leinentuch auspressen. Die entsteinten Umeboshi im Suribachi (Mörser) pürieren, Tofu zugeben und zu einer weichen Creme verrühren. Mit dem Broccoli vermischen.

Rosenkohl, Kohlrabi und Fenchel

Als ich das erste Mal Rosenkohl im Garten sah, war ich überrascht, wie verzweigt er wächst. Rosenkohl kann zerkleinert zubereitet werden, aber wegen seiner kleinen Größe kocht oder dämpft man ihn meistens im Ganzen und ohne Salz, da er sonst bitter schmeckt. Nur einige Minuten kochen, um seine intensive grüne Farbe zu erhalten. Ritzt man den Stil kreuzweise leicht ein, garen die Knollen gleichmäßiger.

Kohlrabi und Fenchel sind zwei nicht zu verwechselnde Gemüse. Wie andere runde Gemüsesorten kann man sie kochen oder dämpfen und mit einer Soße servieren. Ich selbst habe noch nicht sehr viel mit ihnen herumexperimentiert.

Herbst- und Winterkürbis

Harter runder Kürbis schmeckt sehr süß, und wir mögen ihn sehr. Er hat ein angenehmes Äußeres, eine goldene Farbe und gibt ein sehr befriedigendes Gericht ab. Da es in Japan in unserer Gegend wenig Kürbissorten gab, aßen wir meistens eine regionale Sorte aus Kambodscha, die weniger süß war. Erst als ich nach Amerika kam entdeckte ich dieses wunderbare Nahrungsmittel.

Die Art der Zubereitung hängt vom Typ und der Dicke des Kürbis ab, ebenso die Wassermenge und die Kochzeit. Für Kürbis benutze ich selten Öl, da es nicht so gut zu seinem natürlichen Aroma paßt. Nur beim Backen pinsele ich den Kürbis innen oder außen leicht ein. Ich genieße ihn gewöhnlich am liebsten für sich, man kann ihn aber auch mit anderem Gemüse mischen. Meistens würze ich ihn nur mit Meersalz, aber man kann auch Shoyu oder Miso nehmen. Ich koche ihn immer mit Schale. Gewöhnlich kann man sie mitessen, sie enthält viele Nährstoffe und schmeckt sehr gut. Ist der Kürbis nicht aus biologischem Anbau, sollte man ihn gründlich in Salzwasser waschen und die Haut ggf. nach dem Kochen entfernen.

Medizinisch hat Kürbis eine sehr beruhigende Wirkung. Zusammen mit kleinen Kombustücken und Azukibohnen ist er vor allem im Herbst besonders kräftigend.

Nachdem der Kürbis mit kaltem Wasser abgespült ist, bürste ich ihn sanft mit einer Gemüsebürste ab. Harte Stellen können vor dem Kochen mit dem Messer entfernt oder danach einfach abgezogen werden. Zum Backen schneide ich den Kürbis in zwei Hälften und entferne vorher die Kerne. Sie können aufbewahrt und separat geröstet werden. Zum Kochen mit oder ohne Druck oder zum Dämpfen schneide ich das Fleisch gewöhnlich in 3 bis 5 cm große Stücke oder Scheiben. Beim Druckkochen ist es wichtig, ihn nicht zu überkochen, da er sonst sein süßes Aroma verliert. Nachdem der Druck oben ist, genügen meist 3 bis 5 Minuten.

Eichel-Kürbis ist klein, rund und dunkelgrün bis schwarz. Er ist einfach zu schneiden, schmeckt süß und wird gewöhnlich gebacken.

Öl-Kürbis mag ich am liebsten. Er ist rund mit abgeflachten Enden, dunkelgrün bis schwarz und klein oder mittelgroß. Er ist sehr süß und hat einen volleren, konzentrierteren Geschmack als die meisten anderen Sorten. Außer gebacken esse ich diesen Kürbis gern in Suppen und Eintöpfen, mit weichem Reis am Morgen oder als Kürbiskuchen.

Walnuß-Kürbis ist eher länglich und hat eine fahle Schale. Es gibt ihn meistens früher in der Saison als andere Arten. Er ist sehr süß, und man kann ihn auf verschiedene Weise zubereiten. Ich backe ihn am liebsten in Fischform und ritze ein paar Schuppen oder Xe in jede Hälfte.

Hokkaido-Kürbis hat seinen Namen von der nördlichsten Insel Japans, wo dieser Kürbis in großem Umfang angebaut wird. Ursprünglich entwickelte ihn der landwirtschaftliche Pionier Dr. William Clark in den zwanziger Jahren im Westen von Massachusetts. Sein Motto „Jungs, seid ehrgeizig“ war berühmt in ganz Japan. Hokkaido ist ein großer orange- bis rotfarbener Kürbis und sehr delikat.

Hubbard-Kürbis ist länglich und blau, grün oder rot. Er schmeckt sehr gut gefüllt und gebacken, und er läßt sich gut mit anderem Gemüse mischen. Seine Schale wird nicht gegessen.

Gartenkürbis paßt gut zu Erbsen und anderen Gemüsespeisen. Er ist gewöhnlich weniger süß als seine Verwandten. Seine Schale ist nicht genießbar, aber seine

Kerne sind geröstet und mit etwas Shoyu gewürzt sehr köstlich.
(Anmerkung: In Westeuropa ist von den obengenannten bisher lediglich der Hokkaidokürbis, der Ölkürbis und der Gartenkürbis (gelber Zentner) erhältlich. Der Hokkaido wird bei uns auch Maronenkürbis genannt. Es gibt aber bei uns auch weitere Kürbissorten, d. Hrsg.).

Kürbissuppe

Kürbissuppe schmeckt ausgezeichnet. Sie ist goldgelb und ergibt eine herrliche Vorspeise für jede Mahlzeit. Ich bereite sie oft im Winter aus Butterblumen-, Walnuß- oder Hokkaido-Kürbis zu und garniere sie mit etwas Zwiebelgrün, Petersilie oder Nori. Kürbis paßt auch gut in Misosuppe oder, zusammen mit ein paar Zwiebeln, in Hirsesuppe.

Kürbis mit Getreide

Kürbis kocht man gut unter Druck zusammen mit Hirse. Ich nehme 1 ¼ Tasse Wasser pro Tasse Hirse und Kürbis und pro Tasse Zutaten eine Prise Salz. Bei sehr hartem Kürbis gebe ich etwas mehr Wasser hinzu. Nach dem Kochen formt man den Hirse-Kürbisbrei zu einem Brot oder Kuchen und backt ihn auf einem Backblech. Dabei bedeckt man ihn mit Folie. Dieses Brot ist herzhaft und sehr beliebt.

Kocht man Kürbis mit Naturreis unter Druck, wird zusätzliches Wasser gewöhnlich nicht gebraucht. Besonders lecker ist Kürbis mit Reisbrei. Dafür 1 Tasse übriggebliebenen gekochten Reis, 2 (oder 3) Tassen Quellwasser, 1 Tasse Öl- oder Walnußkürbis in großen Stücken, und ein oder zwei Prisen Salz 10 bis 20 Minuten im Dampfdrucktopf kochen.

Gebackener Walnuß-Kürbis mit Zwiebeln

3 Tassen Walnuß-Kürbis in großen Stücken
2 Tassen Quellwasser
1 Tasse Zwiebeln, in Halbmonde geschnitten
1 Streifen Kombu, etwa 15 cm lang
2 bis 3 Eßlöffel Kuzu
Shoyu-Sojasoße

Den geschnittenen Kürbis in eine Backform geben. Ein paar Tropfen Wasser erhalten ihn während des Backens saftig. Zudecken und im vorgeheizten Backofen bei 175° C 35 bis 40 Minuten oder bis er fast gar ist backen. Wasser in einen Topf gießen und Zwiebeln und Kombu zugeben. Zum Kochen bringen und dann zugedeckt und bei kleiner Hitze etwa 15 Minuten kochen. Flamme ganz klein stellen,

Kombu herausnehmen und für späteren Gebrauch beiseite legen. Kuzu in etwas kaltem Wasser auflösen und den Zwiebeln zugeben. Unter ständigem Rühren zum Kochen bringen. Hitze vermindern und etwas mit Shoyu würzen. 5 Minuten köcheln lassen. Die heiße Kuzusoße über den gebackenen Kürbis geben, zudecken und weiter ein paar Minuten backen.

Gebackener Öl-Kürbis

1 Öl-Kürbis
Petersilie zum Garnieren

Kürbis waschen und längs durchschneiden. Die Hälften mit der Innenseite nach unten auf ein mit Folie ausgelegtes Backblech legen. Die Schale kann man mit 1 bis 2 Tropfen Sesamöl einreiben, damit sie nicht bricht. 1 Prise Salz, auf die Innenseite gerieben, bringt seine natürliche Süße nach außen. Im vorgeheizten Backofen bei 190 bis 200° C backen. Ist er zu 75 Prozent gar, umdrehen, damit der Saft verdunsten kann. Der Kürbis wird zu dem Zeitpunkt an den Enden leicht angebräunt sein. Ist er noch nicht genügend gesalzen, etwas Shoyu-Sojasoße auf die Innenseite pinseln. Weitere 15 bis 20 Minuten backen, bis er weich ist. Die äußere Schicht, einschließlich der Schale, sollte weich sein. Aus dem Ofen nehmen, in Dreiecke oder andere Formen schneiden und mit etwas Petersilie dekorieren.

Gefüllter Hubbard-Kürbis

Während ich in New York lebte, beschloß ich, zu Thanksgiving (ähnlich unserem Erntedankfest, d. Hrsg.) einen Truthahn für einige Gäste zu backen. Ich hatte vorher selber Truthahn nie probiert, und als ich versuchte in Queens einen zu kaufen, gab es keine mehr. Ich wußte nicht, daß man sie vorher bestellen mußte. Das gab mir eine gute Entschuldigung, da ich gewöhnlich keine tierische Nahrung zubereite.

Einige Jahre später, als wir 1966 nach Boston zogen, fuhr ich an einem sonnigen Herbsttag in Concord die Straße entlang vorbei an einigen Bauernständen mit hoch aufgestapelten Kürbissen. Mir fiel auf, wir sehr der Hubbard-Kürbis einem Truthahn ähnelte. Am nächsten Stand sprang ich mit meinen Kindern aus dem Auto, pflückte den Kürbis heraus, der einem Truthahn am ähnlichsten sah, und nahm ihn mit nach Hause.

Ich schnitt vorsichtig die obere Spitze ab und legte sie beiseite. Nachdem ich die Kerne herausgeschabt hatte, füllte ich den Kürbis mit Vollweizen-Brotkrumen, einige davon fritiert, kleingeschnittenen Zwiebeln, Sellerie und Petersilie, die ich vorher mit einigen Lorbeerblättern und Meersalz vermischt hatte. Dann legte ich den abgeschnittenen Deckel wieder darauf und legte ihn in den Ofen. Ich backte ihn bei hoher Temperatur etwa eine Stunde und servierte ihn mit Shoyu-Sojasoße und Kuzusoße.

Als Dekoration formte ich aus braunen Eichenblättern und Zweigen Truthahnflügel. Auf die Platte legte ich einige Zwiebeln, die Eier symbolisierten, und machte ein Nest aus Kresse und Petersilie. Ein paar Radieschen und Karotten im Blumenmuster vervollständigten die Dekoration. Der Kürbis-Truthahn erhielt viel Beifall und wurde zu einem traditionellen Festessen in unserer und vielen anderen makrobiotischen Familien zu Thanksgiving und Erewhon-Festen.

Stangen- und Klettergemüse

Stangen- und Klettergemüse hat meistens eine längliche Form, es wächst schnell, reift im frühen Sommer und gibt leicht aufwärtsgerichtete Energie.

Gurken

Die Gurke ist ein typisches Sommergemüse, sehr kühlend und wird gewöhnlich roh gegessen. Sie wuchs in einer Ecke im Garten meiner Mutter und hatte wunderschöne große gelbe Blüten. Wir banden sie mit Reishalmen an Bambusgitter. Frisch aus dem Garten ißt man Gurken in Scheiben geschnitten und leicht gesalzen. Oder wir salzten sie, preßten den Saft heraus, zerschnitten sie und marinierten sie kurze Zeit in Shoyu-Sojasoße oder Reisessig. Gurken sind auch sehr lecker in Salat mit Umeboshi oder kleingeschnittenen Shisoblättern. Gurkensaft unterstützt Ausscheidungen und ist gut für die Haut. Die Enden können aufgehoben und als Schönheitsmittel für die Haut verwendet werden.

Wir machten unsere Gurken-Pickel frisch. Dazu wurden sie in kleine Scheiben oder Längsstreifen geschnitten und einige Stunden in etwas Salz gepreßt. Waren die Gurken zu hart, schnitten wir sie auf, entfernten die Kerne, trockneten die Streifen in der Sonne, salzten sie und preßten sie dann. In Japan werden Gurken auch oft mit Miso oder einem Abfallprodukt der Sake-Herstellung gepickelt, nachdem man sie zuvor in Salz gelegt hatte.

Man kann Gurken auch raspeln und in etwas Sesamöl dünsten. Zum Würzen gebe ich etwas verrührtes Miso obenauf. Ein anderes traditionelles Gurkengericht ist Kappa-Maki-Sushi. Kappa ist ein mythologisches Tier in Menschengestalt, das im Wasser lebt. Die Legende sagt, daß es eine besondere Vorliebe für Gurken hat. Ein typisches Merkmal des Kappa ist eine Schüssel auf seinem Kopf. Trocknet sie aus, weil sie zu lange im Trockenen war, stirbt das Kappa.

Sommer-Kürbis

Zucchini, ganz oder in Scheiben, sind sehr lecker mit einer Misosoße obenauf. Man kann sie kochen, dämpfen, sautieren, backen oder grillen. Ich mag die kleinen Zucchini in etwas Sesamöl in der Pfanne gebraten und mit angerührtem Miso am liebsten.

Spaghettikürbis kann man ähnlich wie Zucchini zubereiten. Ich backe ihn gewöhnlich im Fischstil und schneide ihn dafür längsseitig durch. Er paßt auch gut in Shish Kebab oder einfach mit einer Misosoße.

Squash wird in USA wegen seiner Form und seiner leuchtend weißen Farbe auch Sternen-Squash genannt. Eine Prise Salz mitgekocht oder gedämpft bringt seinen Saft nach außen. Ich serviere ihn gern mit einer Cremesoße aus Kuzu, Shoyu und geriebenem frischen Ingwer.

Gebackene Zucchini mit Miso-Ingwersoße

2 bis 3 mittelgroße Zucchini
geröstetes Sesamöl
1 Teelöffel Gerstenmiso
¼ Teelöffel geriebener frischer Ingwer
Quellwasser
Petersilie zum Garnieren

Zucchini waschen und der Länge nach aufschneiden. Den Stiel wegschneiden. Mit einem Messer leichte diagonale Einkerbungen in die Haut schlitzen, etwa so: /////. Dann diagonal in entgegengesetzter Richtung einritzen, so daß Kreuze entstehen: XXXXX. Die Backform oder das Backblech und die Zucchini leicht einölen. Zucchini auf das Blech geben und im vorgeheizten Backofen bei 190° C 20 Minuten backen.

Miso und Ingwer in einem Suribachi oder Mörser pürieren und etwas Wasser zugeben, bis eine weiche cremige Soße entsteht. Die Soße auf die Zucchini streichen und 10 bis 15 Minuten weiterbacken lassen. Aus dem Ofen nehmen und auf einer Platte arrangieren. Mit Petersilie garnieren. Die Stücke kann man auch vor dem Servieren in 5 bis 7 cm große Portionen schneiden.

Frische Bohnen und Erbsen

Wir hatten bei uns zuhause frische Bohnen in allen Farben und Formen gezüchtet. Ich brachte sie meiner Mutter gewöhnlich in einem großen Korb oder in einer Schürze. Bohnen schälen und Erbsen öffnen oblag uns Kindern. Neben den Stangenbohnen hatten wir auch etwa 30 cm lange Bohnenschoten. Wir schnitten sie klein und kochten sie dann einige Minuten, nicht länger, da sie sonst ihre Farbe verloren. Sehr harte Bohnen kochten wir im Nishime-Stil etwas länger und würzten sie mit Shoyu. Eine typische Soße für grüne Bohnen wurde aus Tofu und etwas Umeboshi oder Meersalz gemacht. Dazu den Tofu 10 bis 15 Minuten zu Brei verrühren, würzen und direkt vor dem Servieren über die Bohnen gießen. Wir servierten frische Bohnen auch mit gerösteten Sesamsamen und etwas Shoyusoße.

Zuckerschoten werden sehr süß, wenn man sie kurze Zeit kocht, und sie geben jeder Mahlzeit hübsche grüne Farbtupfer. Sie können auch geschnitten und unter Salat gemischt werden. Gelegentlich würzten wir sie mit etwas Shoyu oder Reisessig. Zuckerschoten können auch auf chinesische Art mit Kohl, Zwiebeln und Sprossen gegessen werden. Jedes Gemüse einzeln 1 bis 2 Minuten dünsten, dann mischen.

Grüne Erbsen sind eine leuchtende Zierde für viele Speisen. Nach dem Schälen koche ich sie mit etwas Meersalz einige Minuten in wenig Wasser. Die Innenseite der Schote ist ebenfalls eßbar. Chirashi Sushi Salat ist ein typisches Gericht mit grünen Erbsen. Zusammen mit Naturreis, Couscous oder anderem Getreide ergeben sie einen schmackhaften Sommersalat. Ich garniere manchmal Suppen oder Eintöpfe mit grünen Erbsen.

Gekochte Stangenbohnen mit Mandeln

4 Tassen Bohnen
Quellwasser
1 Tasse Mandeln, gehackt und geröstet
Shoyu-Sojasoße oder Meersalz

Die Bohnen waschen und den harten Stiel entfernen. Diagonal kleinschneiden. 3 cm hoch Wasser in einen Topf zum Kochen bringen. Bohnen hineingeben und Hitze reduzieren. Zudecken und 5 bis 10 Minuten bei kleiner Flamme köcheln. Mandeln und etwas Shoyu oder Salz zugeben und 5 Minuten weiterkochen.

Variante: Zur Abwechslung können die Bohnen auch in etwas geröstetem Sesamöl gedünstet werden. Statt die Mandeln mitzukochen, hackt man sie sehr fein, mischt sie mit Shoyu und ggf. etwas Reisessig und mischt sie hinterher unter die Bohnen. Mit geröstetem Sesam garnieren.

Gedünstete Zuckerschoten und Chinakohl

Dunkles Sesamöl
2 Tassen Chinakohl, in diagonalen Scheiben
Kuzu
Quellwasser
Meersalz
1 Tasse Zuckerschoten mit entferntem Stiel

Etwas Sesamöl in einer Pfanne erhitzen. Den Kohl zugeben und 1 bis 2 Minuten bei hoher Hitze sautieren. Das hält ihn knackig. Etwas Kuzu in Wasser auflösen und über den Kohl gießen, salzen und rühren und ganz zum Schluß die Zuckerschoten hineinmischen, nach einer Minute vom Feuer nehmen und servieren.

Tropisches Gemüse

Die meisten tropischen und subtropischen Gemüsesorten sind in gemäßigten Zonen zum regelmäßigen Verzehr ungeeignet, auch wenn sie dort wachsen und man sie an heißen, feuchten Tagen essen mag. Vielleicht schaffen sie in zehntausend Jahren harmonischere Energien, wenn sie sich unseren Boden- und Klimaverhältnissen voll angepaßt haben. Unter den hiesigen Bedingungen schwächen sie, verdünnen das Blut und können krank machen.

Zu besonderen Gelegenheiten können winzige Mengen als Beilage oder zum Garnieren verwendet werden. Aber bitte vorsichtig damit sein. Die Verletzung der ökologischen Ordnung ist der Hauptgrund für viele chronische Krankheiten in der heutigen Zeit.

Auberginen sind in den Staaten sehr viel größer als in Japan. Zuhause haben wir ihre violette Blume, ihre glänzende weiche Haut und ihre längliche Form immer sehr geschätzt. Seit ich Makrobiotin bin, verwende ich dieses tropische Gemüse nicht mehr. Ein- oder zweimal habe ich es gedünstet oder sehr lange gebacken in einer Misosuppe angerichtet.

Grüner Paprika ist ebenfalls ein südliches Gemüse, aber dafür relativ klein. An heißen Sommertagen benutze ich ihn gelegentlich in kleinen Mengen, um damit Salat, Getreide oder Gemüse zu würzen. Zu gebratenen Nudeln oder Reis genügen ein paar dünne Scheiben. Gefüllte Paprika mit Miso kann man ein- oder zweimal im Sommer zubereiten.

Grüne Pfefferschoten oder Chili-Pfeffer sind sehr scharf. Ich habe sie einmal mit Kinpira-Gemüse in einer Kochkurs verwendet und fand sie zu scharf.

Tomaten kamen bei uns in Japan in den 30er Jahren auf. Ich war in der 4. Klasse, als meine Mutter begann, sie anzubauen. Wie die meisten in der Familie mochte ich sie anfangs nicht sehr gern und konnte nur die gelben essen. In Japan ißt man

Tomaten wie Früchte. An einem heißen Sommertag aßen wir sie ohne Schale und mit etwas Salz bestreut. Wir aßen sie niemals als Gemüse oder mit anderen Nahrungsmitteln kombiniert. Seit ich makrobiotisch koche, habe ich Tomaten in diesem Klima total von meinem Speisezettel gestrichen. In Restaurants esse ich Spaghetti immer pur und zuhause mache ich eine Karottensoße.

Kartoffeln wuchsen ebenfalls in unserem Garten. Wir zogen eine sehr kleine Sorte und entfernten immer sorgfältig alle Sprossen, da sie sehr giftig sind. Im College wurde eines Nachts der ganze Schlafsaal krank von einem Kartoffelgericht. Äußerlich verwendet man die Kartoffel in der Makrobiotik, um überschüssiges Eiweiß und Fett aus dem Körper zu ziehen. In diesem Klima empfehlen wir, keine weißen Kartoffeln, süßen Kartoffeln oder Yams zu essen. Im Sommer bereiten wir manchmal die kleine behaarte Taro-Kartoffel zu.

Spargel ist eine primitive, Farn-ähnliche Pflanze. Er schmeckt sehr delikat. Man schneidet seine harten Enden ab, kocht oder dämpft ihn und serviert ihn mit einer Soße aus Shoyu, geröstetem Sesam und frisch geriebenem Ingwer. Zwar nicht regelmäßig, kann man ihn aber ab und zu essen.

Kapitel 15

Grünes Blattgemüse

Grün ist die Farbe des Friedens, und grünes Blattgemüse sorgt für eine friedliche Stimmung im Geist, in der Familie und im Haus. Blattgemüse ist weich und zart und mit Gefühl zu behandeln. Es ist schnell gar und sorgt für den richtigen Ausgleich zu langgekochtem Getreide und Bohnen. Es gibt aufwärts gerichtete Energie und ist sehr schmackhaft. Die meisten Grüngemüse brauchen 1 bis 2 Minuten oder weniger zum Garen und werden zubereitet, wenn die anderen Speisen schon fertig sind und das Essen so gut wie auf dem Tisch steht.

Einige Blätter sind hart und faserig, wie Grünkohl und Rettichblätter. Härteres Gemüse braucht länger zum Garen und verliert dabei manchmal seine Farbe, es ist aber sehr wichtig für die Verdauung und sollte täglich gegessen werden. Die weicheren Arten sollte man nur gelegentlich servieren.

Grünes Gemüse ist empfindlicher als rundes, Boden- oder Wurzelgemüse, und man sollte beim Waschen sehr vorsichtig sein. Ich benutze eine große Wasserschüssel oder ein Waschbecken voll Wasser, tauche die Blätter hinein und spüle jedes Blatt einzeln. Schlecht gewaschene Blätter hinterlassen einen dumpfen Geschmack auf der Zunge.

Man kann die Blätter auf verschiedene Arten schneiden. Weil sie auf Metall sehr empfindlich reagieren, reiße ich sie mit der Hand, wenn sie dafür weich genug sind. Viele Blattgemüse werden besser ganz gekocht und hinterher zerkleinert.

Blattgemüse gibt frischen, gepreßten und gekochten Salaten ein frisches Aroma. Es kann auch blattweise oder kleingeschnitten gepickelt werden.

Normalerweise kocht man Blattgemüse im Ohitashi-Stil, das heißt, man taucht sie ein paar Sekunden oder Minuten in siedendes Wasser. Dazu ½ bis 1 cm den Boden eines Topfes mit Wasser füllen, und wenn das Wasser sprudelt, das Grün hineingeben und mit Stäbchen bewegen, damit es gleichmäßig gart. Weiche Blätter brauchen gewöhnlich nur ein paar Sekunden, und eine Minute ist schon zu lange für sie. Die Hitze immer auf hoher Temperatur halten. Harte Blätter brauchen etwa 3 bis 5 Minuten oder länger. Bei den meisten Sorten salze ich erst kurz bevor die Blätter gar sind. Das bringt ihre natürliche Süße heraus und gibt den Farben Leuchtkraft. Salzt man gleich am Anfang, wird das Gemüse zu wässrig. Bei Senf,- Rettich-, Steckrüben, Radieschen- und Mohrrübenblättern sowie Wasserkresse und Löwenzahn benutze ich kein Salz, da es diese Blätter bitter macht. Ich tauche sie gewöhnlich ganzblättrig und zerkleinere sie hinterher um ihre Vitamine, Mineralien und ihren Geschmack besser zu erhalten. Bei großen Mengen teile ich sie auf und tauche sie als kleine Bündel nacheinander ins Wasser. Grüngemüse paßt zu vielen Soßen wie auch zu geröstetem Sesam oder etwas Gomasio.

Einige Grüngemüse, wie Frühlingszwiebeln, haben kleine Wurzeln. Sie sind sehr nahrhaft und sollten ebenfalls verwendet werden. Sind sie zu faserig, um mit den Blättern verwendet zu werden, bewahre ich sie auf und füge sie kleingehackt Suppen, Eintöpfen oder Meeresalgen zu.

Blattgemüse kann auch gedämpft, gedünstet oder fritiert werden. Tempura-Blätter sind eine leichte, knusprige und leckere Delikatesse.

Grünkohl

Grünkohl schmeckt süßlich und ist gekocht sehr zart. Er ist einer der widerstandsfähigsten Grüngemüse und überlebt den Winter unter dem Schnee. Im Winter und Frühling ist er normalerweise zarter und ich bin für seine konzentrierte Energie aufnahmebereiter als etwa im Sommer oder Herbst.

Gewöhnlich koche ich die zerkleinerten Stiele 5 Minuten mit etwas Meersalz und tauche dann die Blätter 1 bis 3 Minuten in kochendes Wasser. Sie können auch auf die Stiele gelegt und zur selben Zeit gegart werden. Gekochter Grünkohl paßt gut zu Umeboshi-Essig oder einem Tofu-Dressing.

Zum Dünsten hacke ich die Stiele sehr fein und sautiere sie in etwas Sesamöl. Dann dünste ich die Blätter und salze am Ende. Passende Soßen sind Zitronen-, Miso- oder Reisessig-Tunken.

Gedämpfter Grünkohl mit Karotten

Quellwasser
1 Tasse Karotten, in Scheiben geschnitten
4 Tassen gewaschener und fein geschnittener Grünkohl

Etwas Wasser in einen Topf geben, Dämpfer hineinstellen und Karotten hineinlegen. Zum Kochen bringen, zudecken und dämpfen, bis die Rüben weich sind. Sie sollten noch leicht knackig sein. Karotten herausnehmen und in eine Schüssel kippen. Den Kohl in den Dämpfer geben und einige Minuten dämpfen, bis er gar ist. Der Kohl sollte leuchtend grün und frisch sein. Kohl herausnehmen und mit den Karotten mischen.

Mangoldblätter

Bei uns in Japan gab es keinen Mangold, aber inzwischen mag ich ihn sehr. Er ist etwas süßer als Grünkohl, weich und zart und hat einen sehr ausgeglichenen Geschmack. Mangold ist ein fester Bestandteil der indianischen und schwarzamerikanischen Küche.

Gedämpfte Mangoldblätter mit Shoyu-Essigsoße

Etwas Wasser in einem Topf zum Kochen bringen. Ein Dampfgestell in den Topf stellen, den Mangold hineingeben und einige Minuten oder bis er gar ist dämpfen. Fertig sollte er leuchtend grün und frisch sein. In eine Servierschüssel geben. Etwas Shoyu, Reisessig und Wasser zu einer Soße verarbeiten und einen Teelöffel über jeden Teller gießen.

Chinakohl

Chinakohl heißt in Japan „Haku-Sai“ oder „Weißblatt-Gemüse“. Nach Daikon war es bei uns zuhause das am meisten gegessene Gemüse. Er hat eine hübsche, weiche, geschlossene Form, einen schlichten Geschmack, und man kann ihn auf vielerlei Arten zubereiten. Seine weißen Blätter machen sich gut neben grünem Blattgemüse. Er hält sich gut, und wie anderes grünes und weißes Gemüse ist er gut für Leber und Lunge.

Kochen macht Chinakohl süß und saftig. Man kann ihn Salaten, Suppen oder gemischtem Gemüse beigeben und kurz oder länger kochen. In gepreßten Salat gebe ich gern etwas gesalzenen Chinakohl.

Ich gebe dem Kohl auch gern etwas Kombu zu. Salz zieht den Saft aus diesem Gemüse, den der Kombu aufsaugt und dem Kohl ein leichtes Meeresaroma verleiht.

Meine Mutter kaufte Chinakohl in 100-Pfund Mengen zum Pickeln. Wir wuschen ihn, halbierten oder viertelten ihn, gaben Salz oder Salz mit Reiskleie bei und ließen ihn ein bis zwei Monate reifen. Dann genossen wir ihn an kalten Wintertagen. In Korea macht man aus Chinakohl einen scharfen Pickel, *Kim-Chi* genannt. In Seoul, der Hauptstadt Südkoreas, hatte ich einmal die Gelegenheit, die traditionalle Herstellung von Kim-Chi zu beobachten. Er ist sehr scharf, aber würzig und delikat. Während die anderen Leute in unserer Gruppe sehr viel tierische Nahrung zum Abendessen verzehrten, waren Michio und ich glücklich mit Reis und Kim-Chi. Während des Krieges bezogen sich viele Gedichte meiner Schüler auf das „Sak-Sak", das Geräusch, das beim Kauen von Chinakohl-Pickels entsteht.

Als eigene Beilage bereite ich Chinakohl gewöhnlich im Ohitashi-Stil zu. Ich nehme jedes einzelne Blatt und tauche es 1 Minute in kochendes Wasser. Danach schneide ich es klein. Man kann Chinakohl auch nach Nishime-Art etwas länger zusammen mit anderem Gemüse kochen. Chinakohl ist gelegentlich auch geeignet für Misosuppen, Suppenstock, um ihn um Mohrrüben zu wickeln oder Yudofu beizugeben. Er wird auch gern mit einer Shoyu Ingwersoße und mit ein paar Schalottenscheiben als Garnierung serviert.

Ich dünste ihn auch gern oder brate ihn kurz in etwas Sesamöl zusammen mit Sprossen, gebratenen Nudeln oder Reis, Zwiebeln, Tofu, Tempeh oder getrocknetem Tofu.

Chinakohl mit Shoyu-Zitronensoße

Quellwasser
4 Tassen fein geschnittener Chinakohl
2 bis 3 Eßlöffel frischer Zitronensaft
2 bis 3 Eßlöffel Shoyu-Sojasoße

Wasser 1 cm hoch in einen Topf gießen und zum Kochen bringen. Chinakohl zufügen, zudecken und 1 bis 2 Minuten köcheln lassen. Gelegentlich umrühren, damit der Kohl gleichmäßig gart. Herausnehmen und abtropfen lassen. Er sollte eine leuchtende Farbe haben und frisch sein. Den Zitronensaft mit Shoyu und einer halben Tasse Wasser mischen und einen Teelöffel auf jede Portion gießen.

Chinakohl-Rollen

Quellwasser
5 Chinakohl-Blätter
1 Mohrrübe, in 1 cm dicke Längsstreifen geschnitten
Umeboshi-Pflaumen

Topf 1 cm hoch mit Wasser füllen und zum Kochen bringen. Die Kohlblätter 2 bis 3 Minuten in das Wasser geben. Herausnehmen, abtropfen und abkühlen lassen. Den Sud aufbewahren und eine Kuzusoße bereiten oder für andere Zwecke verwenden.

Etwa ½ cm der harten Blattenden abschneiden. Ein oder zwei Karottenstreifen längs auf je ein Blatt legen und unten am Blatt beginnend fest einrollen. Die Rolle in kleine, gleichgroße Stücke schneiden, mit den Karotten nach oben auf eine Platte legen. Ein kleines Stück Umeboshi-Pflaume oder etwas Umeboshi-Creme auf jeder kleinen Rolle dekorieren.

Variante: Zur Abwechslung kann man die Rollen auch mit Kresse oder anderem Grün garnieren.

Senfblätter

Senfblätter habe ich oft während meiner Kindheit gegessen. Wie Grünkohl gedeiht die Senfpflanze unter dem Schnee im Winter und schießt im Frühjahr nach oben als Symbol kraftvoller junger Energie. Sie ist süß, kraftvoll und herzhaft. Senföl, das aus dieser Pflanze gepreßt wird, benutzt man täglich in der japanischen Küche. Die wunderschönen gelben Senfblätter blühten kurz vor der Saatzeit. Ein typisches Bild in Japan in den ersten Frühlingstagen sind dunstige Felder mit leuchtend gelben Senfblüten. Ich koche Senfblätter nach Ohitashi-Art 1 bis 3 Minuten ohne Salz, da es das Gemüse bitter macht. Senfblätter sind sehr lecker mit etwas Essig oder in einer Ingwer-Shoyusoße.

Gekochte Senfblätter mit Shoyu-Ingwersoße

4 Tassen zerkleinerte Senfblätter
¼ Tasse Quellwasser
¼ Tasse Shoyu-Sojasoße
½ Teelöffel frisch geriebener Ingwer

Den Topf ½ cm hoch mit Wasser füllen und zum Kochen bringen. Das Gemüse hineingeben und ein paar Minuten kochen, bis es gar ist, dabei öfters umrühren, damit es gleichmäßig weich wird. Fertig sollten die Blätter hellgrün und noch etwas knackig sein. Das Wasser mit Shoyu und Ingwer mischen und jeweils einen Teelöffel über jede Portion geben.

Rettichblätter

Auch die hübschen großen Rettichblätter sind eßbar. Obwohl sie oft schon im Geschäft entfernt werden und eher hart sind, empfehle ich sie doch sehr. Gekocht sind sie sehr stärkend und haben einen eher scharfen Geschmack. Ich koche sie etwa 10 bis 15 Minuten zusammen mit etwas verrührtem Miso weich. Sautiert serviere ich sie gern mit gebratenem Tofu. Für schnelle Pickels trocknen wir die Blätter 1 bis 2 Tage und pressen sie dann zusammen mit Salz. Längerfristige Pickels werden oft mit leicht eingetrocknetem Daikon gemacht. Gibt man die Blätter obenauf und läßt beides 2 bis 3 Jahre reifen, geben sie sehr konzentrierte Energie. Rettichblätter werden viel in der Volksmedizin verwendet, und in makrobiotischen Haushalten bereitet man damit Hüftbäder, um Stauungen im unteren Bauch und in den Sexualorganen zu lösen. Radieschenblätter sind ebenfalls sehr energiehaltig und können wie anderes Blattgemüse bereitet werden.

Rettichblätter und Kombu

Helles Sesamöl
1 Pfund frischer Tofu, in 6 Stücke geschnitten
2 Streifen Kombu, 15 bis 20 cm lang und 2 bis 3 Minuten geweicht
1 mittelgroßer Rettich (etwa 25 cm lang) mit Blättern, in 3 bis 5 cm großen Stücken
Quellwasser
1 bis 2 Eßlöffel Shoyu-Sojasoße

Den Tofu braten oder fritieren. Kombu in 3-5 cm große Stücke schneiden und auf den Boden eines schweren Topfes legen, dann den Rettich hineingeben und den Tofu obendrauf. 2 Tassen Wasser zugeben, zum Kochen bringen, zudecken und bei mittlerer Hitze 30 bis 40 Minuten leicht köcheln lassen. Die Rettichblätter und etwas Shoyu zugeben und einige Minuten dämpfen, ohne umzurühren. Wenn fertig, sollten die Blätter hellgrün sein.

Steckrübenblätter

Diese Blätter sind weicher als Rettichblätter und können zusammen mit der Rübe gekocht werden. Zum Pickeln verwende ich meistens die ganzen Rüben samt Grün und presse sie mit Salz. Die lilafarbenen Rüben und das Blattgrün ergeben eine farbenfrohe Kombination.

Steckrübenblätter mit Sesam-Shoyusoße

Quellwasser
3 Tassen kleingeschnittene Steckrübenblätter
2 Eßlöffel geröstete Sesamsamen
Shoyu-Sojasoße

½ bis 1 cm Wasser in einen Topf geben und zum Kochen bringen. Blätter zugeben und zugedeckt 2 bis 3 Minuten köcheln. Gelegentlich umrühren. Die gerösteten Sesamsamen in einen Suribachi oder Mörser geben und zerkleinern. Mit etwas Shoyu und Wasser eine Soße machen. Entweder über das Gemüse gießen oder bei Tisch jeden selber nehmen lassen.

Spinat

Spinat ist sehr zart, leicht zu züchten und schnell zubereitet. Er kann frisch als Salat oder kurz in heißes Wasser getaucht werden. Seine dunkle Farbe und zusammenziehender Geschmack sind für Suppen oder in Kombination mit anderen Gemüsen weniger geeignet. Spinat enthält sehr viel Säure und wird schwachen und kranken Personen nicht empfohlen. Wir verwenden ihn nur selten in der makrobiotischen Küche.

Grüner Salat

Es gibt viele verschiedene Sorten grünen Salats einschließlich Eissalat, Kopfsalat und Endivien-Salat. In Japan verfütterten wir ihn an die Kaninchen und aßen ihn auch ab und zu selbst mit etwas Shoyu, Umeboshi oder geröstetem Sesam. (Das erste Mal, als ich einen großen halben Kopf Salat auf einer Platte serviert in einem New Yorker Restaurant sah, war ich schockiert. Ich fühlte mich wie ein Kaninchen!) Salatblätter eignen sich auch gut zur Dekoration spezieller Speisen. Man kann ihn auch kochen, aber er wird dann dunkel.

Wasserkresse

Es ist eine Freude, Wasserkresse in einem Teich oder entlang eines Flusses hoch in den Bergen wachsen zu sehen. Sie sprießt im Winter unter der Schneedecke und ist besonders verlockend in den ersten Frühlingswochen. Das war die Zeit, wenn wir sie pflückten und nach Hause brachten. Man verwendet sie in Salat, und da sie einen leicht scharfen, bitteren Geschmack hat, serviere ich einen Kressesalat gern mit einer cremigen oder Tofusoße. Einige Sekunden kochen oder sautieren bringt ihr Grün zum leuchten und rundet ihren Geschmack ab. Gewöhnlich lasse ich sie nur ganz kurz den Pfannenboden berühren oder tauche sie schnell in brodelndes Wasser. Salz unterstützt ihren bitteren Geschmack und sollte vermieden werden.

Gekochte Wasserkresse

2 Bund Wasserkresse
Quellwasser

Die Kresse gut waschen. ½ bis 1 cm Wasser in einen Topf füllen und zum Kochen bringen. Etwa ¼ der Wasserkresse ins Wasser geben und 30 bis 40 Sekunden kochen, dabei mit Eßstäbchen bewegen, damit sie gleichmäßig gart. Herausnehmen, abtropfen und abkühlen. Ebenso mit den nächsten Vierteln verfahren. Nach dem Kochen abkühlen lassen, zerkleinern und auf eine Platte oder eine Servierschüssel geben.

Wasserkresse-Rollen

2 Bund Wasserkresse
3 Blatt Nori
3 Eßlöffel Shoyu-Sojasoße
3 Eßlöffel Quellwasser
½ Teelöffel geriebener frischer Ingwer

Die Wasserkresse waschen. Etwa 1 cm hoch Wasser in einen Topf geben und zum Kochen bringen. Jeweils ¼ der Wasserkresse 30 bis 40 Sekunden ins brodelnde Wasser tauchen, herausnehmen, abtropfen und abkühlen. Den Nori rösten, die Wasserkresse in drei gleichgroße Portionen teilen und auf die drei Noriblätter legen. Nori fest einrollen und in mundgerechte Stücke schneiden. Auf einer Schale so dekorieren, daß die hellgrüne Seite nach oben zeigt. Shoyu, Wasser und Ingwer zusammenmischen. In diese Soße dipt man die Rollen bei Tisch, bevor man sie ißt.

Petersilie

Petersilie mit ihrer frischen grünen Farbe und ihrem intensiven Aroma ist meine Lieblings-Garnierung. Ich verwende meistens die krause Sorte, obwohl die glatte auch sehr aromatisch ist. Man kann sie als kleine Beilage zubereiten oder Suppen, Salaten oder Eintöpfen zugeben. Sie paßt vor allem hervorragend zu gelber und orangefarbener Nahrung wie Kürbis, Hirse oder Mais. Ich tauche sie nur 1 Sekunde in kochendes Wasser, das macht ihre Farbe leuchtender. Die Stiele sind etwas faserig und können etwas länger gekocht oder gedünstet werden.

Petersilie mit Ingwersoße

Quellwasser
1 Bund Petersilie
Prise Salz
1 Teelöffel Shoyu-Sojasoße
¼ Teelöffel frisch geriebener Ingwer
gerösteter Sesam (nach Geschmack)

½ cm Wasser in einem Topf zum Kochen bringen. Die Petersilie und 1 Prise Salz hineingeben und nach ein paar Sekunden herausnehmen und abkühlen lassen. Das Wasser aufbewahren. Die Petersilie ganz fein hacken. Shoyu, Ingwer und etwas Petersiliensud mischen, über die Petersilie geben und servieren. Ein Eßlöffel geröstete Sesamsamen können je nach Geschmack obenauf gegeben werden.

Karotten-Grün

Mohrrübenblätter haben einen ähnlich intensiven Geschmack wie Petersilie. Manchmal sind sie sehr hart, und man muß sie etwas länger kochen, auch wenn sie dadurch ihre Farbe verlieren. Karottengrün war eine meiner Lieblingsspeisen, als ich klein war. Am liebsten mag ich es gedünstet und gebe am Schluß etwas Shoyu oder Miso hinzu. Das Miso bringt seine Süße heraus. Ich verwende kein Salz, da es seinen bitteren Geschmack fördern würde.

Karottengrün mit Sesam

1 Bund Karottengrün
½ Tasse Sesam
1 bis 2 Teelöffel Shoyu-Sojasoße

Die Blätter waschen und fein hacken. Den Sesam waschen und in einer Pfanne trocken rösten, in einem Suribachi zerstoßen und etwas Shoyu zugeben. Sie sollten nicht zu salzig schmecken. Die Karottenblätter 3 bis 4 Minuten kochen oder dämpfen, den Sesam zugeben und mischen.

Frühlingszwiebeln

Zwiebelgrünringe von Frühlingszwiebeln sind eines meiner liebsten Garnierungsmittel. Sie haben ein apartes, scharfes Aroma und geben wärmende Energie. Sie regen den Appetit an und passen vor allem gut auf Nudeln, Reis, Suppen, Eintöpfen, Getreide und Bohnen. Alte und ausgetrocknete Frühlingszwiebeln einfach wieder in die Erde stecken und sie beginnen wieder zu wachsen. Die Gegend um Tokio ist berühmt für ihre tiefwurzligen Frühlingszwiebeln, die auf künstlich aufgeschütteten Hügeln kultiviert werden. Die Wurzeln dieser Pflanzen sind ausgesprochen süß und gut in Sukiyaki. Die Wurzeln sollten immer verwendet und niemals weggeworfen werden. Sie sind der stärkste Teil der Pflanze. Frühlingszwiebeln kann man auch einige Sekunden dünsten oder kochen.

Frühlingszwiebeln mit Misosoße

Quellwasser
1 Bund ganze Frühlingszwiebeln
geröstete Sesamsamen zum Garnieren
½ bis 1 Teelöffel Gerstenmiso
Zitronensaft oder Naturreis-Essig
Tahin

1 c n Wasser in einen Topf füllen und zum Kochen bringen. Ganze Frühlingszwiebeln zugeben und etwa 30 Sekunden kochen. Der weiße Teil der Pflanze braucht etwas länger. Deshalb schneidet man ihn am besten vorher ab und kocht ihn getrennt vom Grün. Etwas Umrühren, damit das Gemüse gleichmäßig garen kann. Herausnehmen, abtropfen und abkühlen lassen. In 2 cm große Stücke schneiden. Auf eine Platte legen und mit geröstetem Sesam bestreuen. Miso, Zitronensaft, Quellwasser und Tahin zu einer Soße verrühren. Sie sollte dicklich und nicht zu suppig sein. Die Zwiebeln bei Tisch in die Soße tunken.

Variante: Meersalz oder Shoyu kann man an Stelle von Miso verwenden, oder man zerstößt etwas gerösteten Sesam im Suribachi, verrührt ihn mit ein wenig Meersalz oder Shoyu und gibt ihn über die Zwiebeln.

Schnittlauch

Schnittlauch ist konzentrierter als Frühlingszwiebeln und ergibt zusammen mit Miso ein apartes Gewürz. Man kann ihn auch eine Sekunde kochen, kleinschneiden und mit einer Soße servieren.

Porree

Porree ist sehr viel größer als Schnittlauch oder Frühlingszwiebeln und weniger scharf. Gekocht ist er süß und weich. Man muß ihn sehr sorgfältig waschen. Ich schneide ihn normalerweise längsseitig auf und spüle die inneren Lagen, wo sich die Erde sammelt, gründlich mit kaltem Wasser. Ich mag ihn am liebsten gekocht, klein oder grob geschnitten. Er wird auch sehr weich und süß, wenn man ihn dünstet oder fritiert. Er ergibt eine schmackhafte Suppe und kann auch in kleinen Mengen anderen Suppen beigegeben werden. Zusammen mit etwas Miso gekocht verstärkt sich sein süßes Aroma besonders gut.

Sellerie

Sellerie kann gut roh gegessen werden und gibt Salaten die richtige Frische. Gewürfelter Sellerie gleicht rohe Zwiebeln aus und paßt gut zusammen mit Buchweizen in Salate. Man kann Sellerie auch mit wenig Salz kurz kochen. Das macht ihn süßer. Die Fasern der Sellerie sind gut für die Verdauung und stärken den Willen und das Urteilsvermögen. Die Sellerieblätter nimmt man zum Garnieren oder ißt sie roh mit einer Tunke. Ganze Blätter sind auch in Tempura sehr delikat.

Endivien

Ich probierte Endivien zum ersten Mal in Paris. Sie waren sautiert und schmeckten köstlich. Man kann sie verschieden schneiden, aber ich bevorzuge sie ganz, mit etwas Öl gedünstet und etwas verrührtem Miso am Ende obenauf. Das Miso bringt die Süße der Endivie hervor und gleicht den etwas bitteren Geschmack aus. Endivien sind eine besondere Delikatesse, und makrobiotische Gourmets lieben sie mit einer Kuzu- oder Shoyu-Ingwersoße.

Endivien mit Kuzusoße

1 bis 2 Streifen Kombu
5 bis 6 kleine Endivienköpfe
2 Teelöffel Gerstenmiso
Quellwasser
1 Teelöffel Kuzu
Shoyu-Sojasoße
geriebener frischer Ingwer
Petersilie oder kleingeschnittenes Zwiebelgrün zum Garnieren

Kombu in eine Bratpfanne legen und die Endivien obenauf geben. Miso in etwas Wasser verrühren und über die Endivien gießen. Etwa ½ cm Wasser zufügen, bedecken und zum Kochen bringen. Hitze reduzieren und garen lassen, bis die Endivien glasig werden. Den Sud mit etwas aufgelöstem Kuzu andicken. Shoyu und Ingwer zugeben und die Soße über die Endivien gießen. Mit Petersilie oder Zwiebelgrün garnieren.

Variante: Die Endivien mit 1 bis 2 Eßlöffeln dunklem Sesamöl einige Minuten andünsten, bevor man Wasser zugibt. Das gibt ein ganz besonderes Aroma. In dem Fall läßt man den Kombu weg.

Keime

Keime kann man leicht zuhause züchten. Außerdem sind die Saaten in den meisten Naturkostläden erhältlich. Die weichen wie Alfalfa, Mung-Bohne oder Klee ißt man am besten roh mit etwas Reisessig oder Shoyu. Die härteren Bohnensprossen können kurz allein oder nach China-Art mit anderem weichem Gemüse gedünstet werden. Auf keinen Fall zu lange kochen. Gekeimtes Getreide ebenso wie Weizensprossen sind sehr süß und lecker.

Bambussprossen

Bambussprossen sind eine meiner Lieblingsspeisen. Am meisten vermisse ich hier in Amerika Bambuswälder. Bambusbäume wachsen traditionell in Japan neben jedem Bauernhaus, und Regen, Sonne, Schnee oder Wind lassen sie die verschiedensten Gestalten annehmen. Ihre Blätter sind sehr zart. Von April bis Anfang Mai sprießen die Triebe und wachsen sehr schnell. Unsere Verwandten brachten uns oft große Bündel Bambusblätter mit. Uns Kindern machte es immer viel Vergnügen, die Bambusschößlinge aus ihrer Schale zu nehmen. Die faserigen Lagen verwendeten wir als Einwickelpapier für unsere Lunchpakete oder drehten sie zu Tüten und benutzten sie als Becher. Die weichen jungen Triebe kochten wir gewöhnlich mit etwas Miso, oder wir schnitten sie klein und dünsteten sie. Bambussprossen geben konzentrierte Energie und sollten nur zu speziellen Gelegenheiten gegessen werden.

Kapitel 16

Wildgemüse

Wildpflanzen zu suchen, ist eine traditionelle Tätigkeit in Japan. In den *Manyoshyu,* einer klassischen Schrift, die über 1.500 Jahre alt ist, gibt es ein berühmtes Gedicht des Eroberers Tenji Teno, das erzählt, wie er im Frühling auf die Felder ging, um wilde Stiefmütterchen zu suchen. Die Frühlingswiesen in ihrer Schönheit berauschten ihn dermaßen, daß er dort übernachtete.

Zu meinen schönsten Erinnerungen gehört die Suche nach Wasserkresse, Beifuß, Farn und anderen wilden Pflanzen in den Bergen. Auch innerhalb des Dorfes gingen wir oft in die Reisfelder auf der Suche nach eßbaren Gräsern. Das war erlaubt. Mit einem Korb und Messer ging ich los und sammelte „Seri", eine rötlich-purpurne Pflanze, deren süßlich-scharfes Aroma zwischen Petersilie und Wasserkresse einzuordnen ist. Seri auf dem Tisch kündigte den Frühling an und Sperlinge, die aus dem Süden zurückkehrten.

Viele Jahre später fragte mich jemand hier während eines Kochkurses, wie viele wildwachsende Gemüsesorten wir gesammelt hätten. Aus dem Gedächtnis konnte ich über 30 eßbare Pflanzen an die Tafel schreiben. Sieben davon gehörten zusammen mit Reisbrei zum traditionellen Mondneujahrsfest, das gewöhnlich Anfang Februar stattfand. Während des Krieges, als Nahrung knapp war, pflückten wir oft Wildgemüse.

Wildgemüse beginnen in den ersten Frühlingswochen zu wachsen, oft noch während der Boden mit Schnee bedeckt ist. Sie haben eine stark aufwärts gerichtete Energie, und als Heilpflanzen verwendet man sie für Lungenkrankheiten wie Tuberkulose, die vorwiegend im Frühjahr auftritt. Wildes Gemüse ist sehr viel konzentrierter als angebautes und sollte nur gelegentlich und in kleinen Mengen verzehrt werden. Natürlich muß man bei nicht bekannten Pflanzen aufpassen und sichergehen, daß sie eßbar und nicht giftig sind.

Wildes Gemüse hat oft einen stark säuerlichen oder beißenden Geschmack, ähnlich dem Schaum, der beim Bohnenkochen entsteht. Deshalb wird generell das erste Kochwasser weggegossen. Dann geben wir frisches Wasser zu, bringen es zum Kochen und würzen am Schluß. Wilde Pflanzen können auch gedämpft, gedünstet oder nach Tempura-Art zubereitet werden. Die Indianer in Nordamerika verwendeten viele wilde Gräser, Kräuter, Wurzeln und Rinden. Einige unserer makrobiotischen Freunde haben bei ihnen gelernt und benutzen einige dieser traditionellen Pflanzen zum Kochen.

Wilder Schnittlauch

Schnittlauch ist gewöhnlich die erste Pflanze, die im Frühjahr aus dem Boden schießt. Sie wächst das ganze Jahr über, wird aber in der Sommerhitze sehr schlaff. Wie Zwiebeln und Schalotten gibt Schnittlauch eine sehr stark wärmende Energie. Er ist eine der Zutaten der traditionellen „Sieben-Frühlingsgräser-Zeremonie“. Wir schneiden meistens nur die grünen Halme ab, damit sie von der Wurzel aus neu nachwachsen können. Auf gebratenem Reis oder gebratenen Nudeln ist Schnittlauch eine hübsche Garnierung. Zusammen mit Miso ergibt es ein aromatisches Würzmittel.

Beifuß

Beifuß benutzt man traditionell zusammen mit süßem Reis zur Herstellung von grünen Mochis. Am 3. Mai, dem „Tag der Mädchen“, kam diese Speise in Japan regelmäßig auf den Tisch. Die frischen, jungen Beifußblätter sammelten wir am Rande der Reisfelder und an Flußufern. Sie wurden gesäubert, in kochendes Wasser getaucht, in kaltem Wasser gekühlt und getrocknet. So hielten sie sich das ganze

Jahr. Im Spätsommer sind die Blätter besonders stärkend und gut zur Bereitung von Beifußtee, den man gewöhnlich zur Vorbeugung gegen Würmer trank. Wie Chrysanthemenblätter haben auch die Blätter der Beifußpflanze kleine weiße Haare auf der Unterseite. Das Landesinnere Japans ist berühmt für seinen Beifuß und dessen konzentriertes, stärkendes Öl, und er wird vor allem für Moxa gesammelt. Moxa sind getrocknete, präparierte Pflanzen, die auf die Haut aufgebracht und wie Räucherstäbchen langsam abgebrannt werden. Diese Technik verwendet man in der traditionellen fernöstlichen Medizin, und sie basiert, wie Akupunktur, auf der Kontrolle fließender elektromagnetischer Energie in den Körpermeridianen.

Farn

Farne sind eine der am weitesten verbreiteten Pflanzen in Japan und Amerika. Sie können nach Ohitashi-Art gekocht und mit Misosoße serviert werden, die ihren leicht bitteren Geschmack neutralisiert und ihre Süße herausbringt. Farne werden gründlich gewaschen, gekocht, in Wasser mit etwas Holzasche geweicht, gut mit kaltem Wasser abgespült und zum Trocknen ausgelegt. Generell sollten wir sehr sparsam in unserer Verwendung primitiver Nahrung wie Farnkräutern und Pilzen umgehen.

Löwenzahn

Löwenzahn ist der König unter den Wildpflanzen. Er schmeckt leicht bitter und gibt sehr konzentrierte Energie. Man kann ihn kochen und mit einer Misosoße reichen oder sautieren. Löwenzahnwurzeln sind sehr bitter und ergeben getrocknet und pulverisiert einen kraftvollen Getreidekaffee. Man kann sie auch in etwas Öl dünsten, Miso zugeben und als Würzmittel verwenden. Löwenzahnblätter eignen sich hervorragend in Tempura, und Wurzeln wie Blüten können auch in einen Teig getunkt und fritiert werden.

Löwenzahnblätter mit Tempeh

250 g Tempeh
1 bis 2 Teelöffel geröstetes Sesamöl
1 bis 2 Teelöffel Miso
Quellwasser
2 Handvoll frische Löwenzahnblätter

Tempeh in 3 bis 5 cm lange und ½ cm dicke dreieckige Stücke schneiden. Pfanne einölen und Tempeh 3 bis 4 Minuten bei niedriger Hitze dünsten. Das Miso in etwas Wasser verrühren und über den Tempeh geben, eine Tasse Wasser zugeben, zudecken und 15 Minuten kochen. Währenddessen den Löwenzahn waschen und in 2 bis 5 cm große Stücke schneiden. Auf den Tempeh geben und ein paar Minuten dämpfen. Mit dem Tempeh mischen und den Sud verkochen lassen.

Variante: An Stelle von Miso Shoyusoße verwenden.

Wolfsmilch

Wolfsmilch habe ich in diesem Land schätzen gelernt. Sie wächst im Frühling auf den Wiesen, und ihre zarten Spitzen sind sehr süß und delikat. Ich koche sie und serviere mit Misosoße und geröstetem Sesam. Sie schmeckt auch gut in Tempura. Im Sommer wird das Gras zu hart und faserig.

Wilde Klettenwurzel

Wilde Klettenwurzel ist süßer als die angebaute Sorte, wird aber auf dieselbe Weise zubereitet. Wir sind in Neu-England oft auf Kletten-Suche gegangen, und es ist die Sache wert.

Gebratener Reis mit Wildgemüse

Gebratener Reis läßt sich gut mit Wildgemüse kombinieren.

Geröstetes Sesamöl
4 Tassen gekochter Naturreis
Shoyu-Sojasoße
2 Eßlöffel geröstete Sesamsamen
½ Tasse fein gehackter Schnittlauch
½ Tasse fein gehackter Löwenzahn, Blätter und Stiele
½ Tasse feingehackte Vogelmiere

Etwas Öl in einer Pfanne erhitzen und den Reis hineingeben. Etwas Shoyu über den Reis sprenkeln und zudecken. Bei mäßiger Hitze erwärmen, gelegentlich umrühren. Ist der Reis sehr trocken, zu Beginn ein paar Tropfen Wasser zugeben. Die gerösteten Sesamsamen hineingeben und gut mit dem Reis mischen. Am Schluß das Wildgemüse zugeben und gut mit dem Reis mischen. Zudecken und einige Minuten kochen. Vom Herd nehmen und servieren.

Knöterich

Knöterich hat einen sehr säuerlichen Geschmack. Wir verwendeten ihn weniger als Beilage, sondern meistens zum Pickeln. Die äußere Haut wird vor Gebrauch abgeschält.

Distel

Als Kinder sammelten wir Distelwurzeln und bereiteten sie nach Kinpira-Art zu. Man kochte sie gewöhnlich für sich allein, und man sagt, daß sie bei Parkinson'scher Krankheit hilfreich ist.

Farnkraut

Farnkraut ist im Orient sehr beliebt. Es wächst sehr schnell, und wir pflückten es oft. Frisch zerschnitten gibt man es direkt in Misosuppe oder kocht es zusammen mit Bambusspitzen. Es kann auch mit etwas Holzasche gekocht, gut gespült und getrocknet werden. So hielt es das ganze Jahr, und wir genossen es zu Neujahr oder an anderen Feiertagen im Nishime-Stil gekocht mit etwas Shoyu-Sojasoße.

Hirtentäschel

Diese Pflanze hat keinen starken Eigengeschmack. Man kann sie mit etwas Shoyu kochen oder separat mit einer Soße servieren.

Süßer Huflattich

Dieses Wildgras nannten wir „Fuki". Es wächst überall in Japan entlang der Reisfelder oder an Flußufern. Seine großen Blätter sind so groß, daß sie von den Leuten auf dem Lande oft als Regenschirm verwendet wurden. Zum Kochen verwerteten wir nur den Stiel, welcher der Selleriestange ähnlich, aber hohl ist. Um seinen bitteren Geschmack zu mildern, gießt man das erste Kochwasser weg. Man schält die äußere Schale ab, schneidet das Innere in 2 cm lange Stücke und kocht ihn zusammen mit etwas Miso, um seine Süße herauszubringen. Man kann Huflattich auch in etwas Öl oder Shoyusoße dünsten oder ihn pickeln. Gepickelter Huflattich hält sich lange und wird an Feiertagen und zu anderen festlichen Gelegenheiten genossen. Im Frühling sind seine Wurzeln sehr süß mit ihren kleinen blühenden Keimen. Ein beliebtes Gewürz „Fuki-no-to" genannt, wird aus diesen Wurzeln, Shoyu und Miso hergestellt und wegen seines leicht bitteren Geschmacks traditionell zu Sake gereicht. Ich entdeckte Fuki kürzlich in der Nähe unseres neuen Zentrums in den Berkshire Bergen.

Baumrinde

In Japan verwendeten wir die junge Baumrinde des Sansyobaums. Wir haben diesen Baum im Westen nicht. Sansyo schmeckt angenehm scharf, und man gibt ihn in Sushi, kocht ihn mit Bambussprossen oder verarbeitet ihn zu Gewürz. Ich kenne mich mit den nordamerikanischen Bäumen und Rinden nicht so aus. Ich weiß nur, daß Piniennadeln, in heißes Wasser getaucht, einen milden Tee mit einem erfrischenden Tannenduft ergeben. Mit diesem Tee, der sehr reich an Vitamin C ist, heilten die Indianer die europäischen an Skorbut erkrankten Seeleute.

Pilze

Ich erinnere mich an viele Ausflüge mit meiner Familie auf der Suche nach Pilzen. Im Herbst, wenn die Blätter des Gingkobaums goldgelb wurden, machten wir uns mit großen Bambuskörben auf den Weg in die Berge auf Pilzsuche. Als Kinder hörten wir viele Horrormärchen von Leuten, die giftige Pilze berührt hatten und später krank wurden, weil sie mit derselben Hand einen Reisball gegessen hatten, und so waren wir immer sehr vorsichtig. Aber das ist nur vernünftig für jeden, der auf Nahrungssuche ist.

Am Abend brachten wir aus dem Wald viele verschiedene Sorten eßbarer Pilze mit. Einige eigneten sich für Misosuppe. Die besten wurden gebacken. Nach dem Waschen schnitten wir die Stielenden ab, wickelten sie in nasses Reispapier und legten sie in heiße Holzasche. Dann backten wir sie und servierten sie mit etwas Shoyu. Wildwachsende Pilze sind eine Delikatesse, und wir genossen diese Pilz-Festmahle sehr.

Shiitake ist der bekannteste orientalische Pilz. Shii heißt Eiche, und diese großen goldbraunen Pilze wuchsen wild auf niedergefallenen Eichen. Jetzt werden sie auch angebaut, und seit kurzem werden die Sporen auch hier im Westen angeboten. Wir züchten ein paar im Garten, und nordamerikanische Shiitake gibt es nun auch in einigen Naturkostläden. Shiitake sind sehr schmackhaft, aber wie andere primitive Nahrungsmittel, z.B. Farn, wilde Gräser etc., sollten sie nur ab und zu in kleinen Dosen konsumiert werden. Wilde Pflanzen sind viel konzentrierter als angebaute, und man muß sie mit Vorsicht genießen.

Als kleine würzige Beilage bereite ich sie nach Nishime-Art zu und koche sie 10 bis 20 Minuten in etwas Wasser. Getrocknete Shiitake sollten einige Minuten eingeweicht und ihre Stiele vor dem Kochen entfernt werden. Dieser wohlschmeckende

Pilz dient gewöhnlich als Grundlage für Kombustock und klare Brühen. Von Zeit zu Zeit kann man ein paar Scheiben Misosuppe, Bohnen, Getreide oder Gemüsegerichten zugeben. In Sesamöl gedünstet wird er herrlich knusprig. Medizinisch verwendet man Shiitake um Blutdruck zu senken, zur Reinigung des Blutes, gegen Arterienverkalkung und Tumore.

Normal angebaute weiße und braune Pilze kann man auch gelegentlich essen, aber ich verwende sie nicht so häufig wie Shiitake. Sie schmecken besonders gut gedünstet, allein oder zusammen mit anderem Gemüse. Mir schmecken sie vor allem gut mit Seitan. Obwohl sie auch roh gegessen werden, ziehe ich sie gekocht vor, mit Shoyu und Reisessig mariniert oder nach dem Kochen kurz gepickelt. Gezüchtete Pilze schmecken auch in Pilzsuppe, Gerstensuppe oder Gerstenschmortopf oder mit Sojabohnen und anderem Getreide. Normalerweise dünste ich Pilze sehr ausgiebig, bevor ich sie anderem Gemüse beifüge. In einem Restaurant in Bologna, Italien, hatte ich einmal besonders köstliche Champginons im Tempura-Stil. Auf dem Gartengrill geröstete Pilze sind auch sehr lecker.

Kapitel 17

Tempura und fritierte Speisen

Mochis grillen
An einem kühlen Frühlingsabend
Erfüllt mich mit Freude und innerer Wärme
- Tatako

Nahrung, die man in einen Teig taucht und in sehr heißem Öl fritiert, nennt man Tempura. Diese Methode läßt eine sehr delikate, knusprige Speise entstehen. Die kurz gekochten Zutaten sind leicht und sehr energiegeladen. Tempura kommt aus Portugal, wo man Fleisch und Fisch auf diese Weise zubereitete. Europäische Seemänner brachten die Technik im 16. Jahrhundert nach Japan. Dort entwickelten sich feinere Varianten einschließlich des *Shojin Age,* eine Gemüse-Tempuraküche, die in buddhistischen Tempeln perfektioniert wurde.

Fast alle Lebensmittel können nach Tempura-Art zubereitet werden einschließlich Meeresfürchte, Meeresalgen, Gemüse, Getreide und Bohnen, ausgenommen weiche, wässrige Gemüsesorten, die matschig werden. Diese Kochtechnik schafft hübsche Formen und ist ideal für Feste oder spezielle Gelegenheiten. Zuhause genießen wir Tempura einmal die Woche. Wir bereiten sie aus verschiedenen

Wurzeln, rundem oder Blattgemüse, aus Seitan, Tofu und bei besonderen Anlässen auch aus Fisch oder Meeresfrüchten. Obwohl Tempura, wenn richtig gemacht, nicht ölig ist, sollte man sie nicht täglich essen. Diejenigen, die auf ihren Ölkonsum achten müssen, sollten Tempura vermeiden.

Tempura wird traditionell mit einer Shoyu-Ingwersoße gereicht. Die fritierten Stücke stippt man am Tisch in diese Soße. Etwas geriebener Daikon macht das Öl leichter verdaulich. Etwas Senf oder Meerrettich werden gern zu Fisch- oder Muscheln in Tempura serviert.

Fritieren ist der Zubereitung von Tempura gleich, nur daß man keinen Teig verwendet. Die Speise wird direkt im heißen Öl gebraten. Reis- oder Bohnenreste können zu Kugeln geformt und fritiert werden. Tofu und Seitan sind auch fritiert sehr köstlich, ebenso viele Gemüsesorten und Meeresalgen. Fritierte Brotwürfel geben eine hübsche Garnierung auf Suppen.

Tempura-Teig

1 Tasse Weizenmehl, Typ 1050
1 bis 2 Teelöffel Kuzu oder Pfeilwurzelmehl
1 Prise Meersalz
1 Tasse Quellwasser

Die trockenen Zutaten mischen und dann das Wasser zugeben. Nicht zuviel rühren. Der Teig sollte am besten bis zu seiner Verwendung kühl stehen. Er sollte weder zu trocken noch zu flüssig sein. Steht er zu lang, dickt er nach. Am besten bereitet man ihn nicht zu lange im voraus. Je mehr Kuzu dem Mehl beigemischt wird, umso transparenter und knuspriger wird der Teig. Kleine Mengen Tempura behalten ihre Konsistenz besser als große Mengen. In dem Fall ist es besser, bei Bedarf schnell neuen Teig nachzumachen.

Tempura Öl

In Japan verwendet man gewöhnlich Sesamöl für Tempura. Ich ziehe das geröstete Sesamöl vor. Wer aber sein Aroma als zu stark empfindet, kann stattdessen auch helles Sesamöl nehmen. Bei größeren Mengen kann man auch das billigere Distel-Öl verwenden. Maisöl ist zu unbeständig. Das Mischen verschiedener Öle führt zu Blasenbildung und erhöht die Gefahr des Spritzens.

Beim Tempuramachen halte ich die Küche besonders ordentlich und konzentriere mich auf jeden Schritt. Babies und Kinder sollten lieber draußen bleiben. Ich achte darauf, mein Gesicht nicht zu nahe über dem Kochtopf zu haben, wo ich leicht einen Ölspritzer abbekommen kann. Verbrennen Ölspritzer meine Hand, halte ich sie sofort unter kaltes Wasser. Bei größeren Verbrennungen bedecke ich die Stelle sofort mit kühlem Tofu und wickle ein Handtuch drum herum. Ist kein Tofu im Haus, kann man auch grünes Gemüse, z.B. Kohlblätter nehmen. Das lindert den Schmerz.

Tempura-Öl kann aufbewahrt und wiederverwendet werden. Ich lasse es abkühlen, gieße es dann durch ein Sieb in ein Glas oder anderen Behälter und bewahre es an einem dunklen, kühlen Ort auf. Frisches Öl ist immer am besten für Tempura, aber man kann es auch zwei- oder dreimal benutzen. Dabei gibt man jedes mal etwas frisches Öl zu. Nach 2 bis 3 Monaten sollte man es aber austauschen.

Die Auswahl des Gemüses

Viele Gemüsekombinationen kann man nach Tempura-Art zubereiten, ebenso jede Schnittechnik verwenden einschließlich große Stücke, Scheiben oder ganze Blätter.

Das Gemüse sollte trocken sein. Am besten tupft man es nach dem Waschen mit einem Papiertuch ab. Ich wähle normalerweise jeweils zwei Sorten Wurzel-, rundes und Blattgemüse aus und berechne pro Person 2 bis 3 Stück von jeder Sorte, wobei die genaue Menge von der Größe der Stücke, der Jahreszeit und der Frische der Produkte abhängt.

Wurzelgemüse wie Karotten, Pastinaken, Lotos- und Klettenwurzeln schneide ich für Tempura meist in dünne Scheiben. Man kann sie aber auch in Streichholzgröße schneiden, bündelweise in den Teig stippen und fritieren. Ich kombiniere gern ein Stück Mohrrübe mit einem Stück Klettenwurzel. Wässrige Wurzeln wie Rettich, Kohl- oder Steckrüben sind weniger für Tempura geeignet.

Rundes und Bodengemüse wie geschnittene Zwiebelringe, dünn geschnittenen Winterkürbis, Blumenkohl und Broccoli aber auch fein zerschnittenen Kohl, grüne Bohnen, Zuckerschoten oder fein zerkleinerte Zucchini kann man für Tempura verwenden.

Grünes Blattgemüse gibt Tempura ein sehr appartes Aussehen. Die Blätter kann man im ganzen und zerkleinert fritieren. Ich mag vor allem Löwenzahn-Tempura (die ganze Pflanze einschließlich der Wurzel nehmen), Sellerie (den blättrigen Teil) und Karottengrün. (Ich bewahre die Karottenstiele auf, zerhacke sie und koche sie zusammen mit Wurzelgemüse nach Tempura-Art). Auch Petersilie, Wasserkresse, Grünkohl, Mangold und Wolfsmilch sind geeignet. In meiner Kindheit begeisterten wir uns für Chrysanthemen-Blätter nach Tempura-Art, wobei wir nur eine Blattseite in den Teig tauchten und dann 1 bis 2 Sekunden in das heiße Öl hielten. Die andere Seite blieb leuchtend grün. Wässrige Sorten wie Chinakohl und grünem Salat verwendet man gewöhnlich nicht für Tempura.

Maiskolben, in 2 cm dicke Scheiben geschnitten, schmecken hervorragend in Tempura. Pilze, zerkleinert oder ganz, sind ebenfalls sehr wohlschmeckend. Klein geschnittener Seitan, Tofu oder Tempeh sind, auf diese Art zubereitet, sehr gehaltvoll.

Fisch und Meeresfrüchte in Tempura

Etwas Fisch oder Meeresfrüchte können gelegentlich zusammen mit Gemüse im Tempura-Stil zubereitet werden und machen die Mahlzeit sehr nahrhaft. Weißfleischiger Fisch, in 3 bis 5 cm große Stücke geschnitten, ist den öligeren blau- oder rothäutigen Sorten vorzuziehen. Garnelen eignen sich ebenfalls sehr gut. Man sollte sie vorher waschen und entschalen. Die Schwänze kann man dranlassen. Ein paar diagonale Schnitte am Bauch verhindern, daß sie sich aufrollen.

Bevor ich den Fisch ins Öl gebe, fritiere ich zuerst das Gemüse. Fisch hinterläßt im Öl einen starken Eigengeschmack und kann das Gemüse beeinflussen. Am Ende gebe ich eine Umeboshi-Pflaume in das Öl bis sie schwarz wird. Das entzieht dem Öl den Fischgeschmack.

Zubereitung von Tempura

Die normale Prozedur ist, zuerst alles Gemüse und ggf. den Fisch kleinzuschneiden, den Teig zu bereiten und ein paar Minuten stehenzulassen und das Öl zu erhitzen. ideal sind ein schmiedeeiserner Topf, eine hohe Pfanne oder ein Wok. Schmiedeeisen erlaubt eine gleichmäßigere Kontrolle, und das Öl erhitzt sich nicht so schnell wie in anderem Metall. Der Topf sollte zwischen 5 bis 8 cm mit Öl gefüllt sein, mindestens aber mit 3 cm. Das Öl muß eine Temperatur von 175° C haben. Bei höheren Temperaturen verbrennen die Zutaten, bei niedrigeren werden sie pappig. Raucht das Öl, ist die Temperatur zu hoch. Um die richtige Temperatur auszutesten, lasse ich einen Tropfen Teig ins Öl fallen. Bei richtiger Hitze sinkt der Teig auf den Boden um gleich danach an die Oberfläche zu kommen. Bleibt er etwa eine Minute am Boden, ist das Öl zu kalt, bleibt der Teig oben und sinkt nicht, ist es zu heiß. Ich halte die Flamme normalerweise mittelgroß.

Ist die richtige Temperatur erreicht, umhülle ich die Zutaten mit dem Teig und gebe sie dann eine nach der anderen in das Öl. Der Teig sollte nicht zu dick sein, da die Stücke sonst zusammenkleben oder zu weich werden. Ich benutze Eßstäbchen oder meine Finger und stippe sie kurz aber gleichmäßig in den Teig. Ich lasse jeweils nicht mehr als 4 oder 5 Stücke im Topf garen. Mehr kühlen das Öl zu sehr ab und machen die Tempura pappig. Fällt der Teig auseinander, ist er zu dünn, und ich gebe mehr Mehl zu. Manchmal stippe ich das umhüllte Gemüse in etwas trockenes Mehl, bevor ich es ins Öl gebe. Das gibt den Stücken mehr Stuktur.

Die Zutaten sollten fritiert werden, bis sie goldbraun sind. Nach einer Minuten drehe ich sie mit Stäbchen um, damit sie gleichmäßig von allen Seiten bräunen. Insgesamt brauchen die Stücke 1 bis 3 Minuten, das hängt von der Gemüsesorte ab und von der Schnittechnik. Sind die Portionen fertig, lasse ich sie in einem Sieb oder auf einem Papiertuch abtropfen. Zwischendurch fische ich mit einem Schaumlöffel verbrannte Teigreste heraus. Die fertigen Tempurastücke halte ich im Backofen auf einem Backblech bei niedriger Hitze warm. Zum Schluß arrangiere ich alle Zutaten auf einer Platte, nach Gruppen geordnet. Soßen und Garnierungen werden gewöhnlich separat serviert. Tempura richtig zu machen kostet Zeit. Ich rechne gewöhnlich 30 bis 60 Minuten insgesamt.

Tempura-Soße

Zutaten gelten pro Person.

1 Eßlöffel Shoyu-Sojasoße
1 Eßlöffel Dashi (Kombustock)
etwas geriebener Ingwer
½ Teelöffel geriebener weißer Rettich
1 Teelöffel Mirin (nach Geschmack)

Die Zutaten mischen. Ist kein Kombustock zur Hand, kann man auch Wasser nehmen. Mirin kann man zugeben, um einen etwas süßlicheren Geschmack zu erhalten. Die Soße wird individuell in kleinen Schalen und Tassen serviert. Die Tempura-Stücke werden bei Tisch direkt vor dem Essen in die Soße getaucht.

Tempura-Garnierung

Neben der Tunke werden gewöhnlich etwas geriebener weißer Rettich oder geriebene Kohlrüben zu Tempura gereicht. Man reibt etwas Rettich oder Kohlrübe und gibt ein paar Tropfen Shoyu auf jede Portion. Ein Tee- oder ein Eßlöffel pro Person ist genug. Das macht das Öl leichter verdaulich. Bei Fisch oder Meeresfrüchten serviert man Senf oder Meerrettich.

Getreide- und Bohnen-Croquetten

Croquetten sind eine köstliche und knusprige Möglichkeit, Getreide- und Bohnenreste zu verwerten. Hirse klebt etwas besser zusammen als Reis, aber beide sind sehr schmackhaft.

¼ Tasse Karotten, in Streichholzgröße geraspelt
Quellwasser
Prise Meersalz
2 Tassen gekochter Reis oder Hirse
¼ Tasse gehackte Petersilie
Vollweizenmehl, wenn nötig
geröstetes Sesamöl

Die Karotten mit etwas Salz in 1 cm Wasser 2 bis 3 Minuten oder bis sie weich sind kochen. Abtropfen lassen und mit dem Getreide und der Petersilie mischen. Zu Bällen formen. Jede runde oder ovale Form ist geeignet. Ist die Mischung zu trocken, gibt man etwas Vollweizenmehl und Wasser zu. Ist der Ball zu naß, rollt man ihn in Weizenmehl. Die Bälle einige Minuten in heißem Öl fritieren entsprechend der Tempura-Technik (aber nicht in Teig stippen). Goldbraun werden lassen, herausnehmen und abtropfen. Die Croquetten kann man mit einer Soße aus Karotten, Zwiebeln und Shoyu, frisch geriebenem Ingwer und Kuzu servieren oder mit einer separaten Tunke reichen.

Varianten: Buchweizen kann man ebenfalls auf diese Weise zubereiten. Gehackte und gekochte Sellerie oder gekochte Arame-Meeralgen werden auch oft zum Croquettenmachen verwendet. Normalerweise fritiert man keine Zwiebeln oder Schalotten, weil sie zu wässrig sind. Bohnenreste können auf dieselbe Weise verwertet werden. Am besten geeignet sind Linsen und Kichererbsen. Nieren- und Azukibohnen werden durch das Fritieren meistens zu dunkel.

Seitan-Croquetten

Zum Fritieren verwende ich hausgemachte rohe Weizengluten. Nach dem Fritieren drücke ich das überschüssige Öl mit einem Papiertuch aus oder spüle die Stücke unter heißem Wasser. Sind sie nicht zu ölig, kann man die Croquetten anschließend 15 bis 20 Minuten in etwas Kombustock mit Shoyu und frisch geriebenem Ingwer kochen.

Tofu-Croquetten

In Japan nennen wir diese Speise *Ganmodoki.* Gan bedeutet „Kranich" und modoki „sieht aus wie". Dieser Name bezieht sich auf ein buddhistisches vegetarisches Tofugericht, das aussieht und schmeckt wie gebratenes Geflügel. Taditionell steckt man eine Gingko-Nuß in die Mitte jeder Croquette. Sie werden ganz gekocht und es gibt sie getrocknet in einigen asiatischen Läden. Sie brauchen eine spezielle Behandlung bevor sie eßbar sind. Gingko-Bäume wachsen auch in einigen Teilen der USA und Kanada. Da sie leicht giftig sind, sollte man sie nicht zu oft verwenden, auch wenn sie getrocknet und richtig zubereitet sind. In Shoyu geröstete Mandeln kann man ebenso verwenden.

400 g harter Tofu
¼ Tasse Karotten, in Streichholzgröße
¼ Tasse Arame
Quellwasser
4 bis 5 Mandeln
Kuzu oder Pfeilwurzelmehl, wenn nötig
geröstetes Sesamöl
Zwiebelgrünringe zum Garnieren

Das Wasser aus dem Tofu pressen und in einem Suribachi zu Brei rühren. Karotten und Arame separat kochen, bis sie weich sind. Mit dem Tofu mischen und 4 bis 5 Croquetten formen. In jeden Ball eine Mandel drücken. Kleben die Zutaten nicht gut zusammen, etwas Kuzu oder Pfeilwurzelmehl zugeben. Ist der Ball noch zu naß, in Mehl rollen. Dann einige Minuten fritieren, bis die Bälle goldbraun und knusprig sind. Tofu-Croquetten kann man mit einer Soße aus Zwiebeln und Karotten, in Dashi gekocht, mit etwas Kuzu angedickt, gewürzt mit Shoyu, geriebenem frischen Ingwer und Daikon servieren. Man läßt die Croquetten 1 bis 2 Minuten in der Soße köcheln und serviert dann beides, garniert mit gehackten Schalotten.

Fritierte Lotosbälle

Lotoswurzel-Croquetten sind ausgesprochen süß und delikat, und in den vergangenen Jahren habe ich sie öfters zubereitet. Den Lotos reiben und mit etwas Pfeilwurzel- oder anderem Mehl mischen, um eine Kugel formen zu können. Die Teigmischung in 5 cm große Bälle formen. Gewöhnlich macht man Lotosbälle pur, ohne weitere Zutaten, obwohl auch etwas gehackte Petersilie oder gahackte Kürbiskerne zugegeben werden können. Nach dem Fritieren ein paar Minuten in einer Zwiebel-Karottensoße köcheln.

Variante: Karottenbälle kann man auf dieselbe Weise zubereiten, oder man kombiniert sie halb und halb mit Lotoswurzel.

Klettenwurzel-Aal

Diese Aal-förmige Speise ist sehr kräftigend und wohlschmeckend.

2 mittelgroße Klettenwurzeln
Quellwasser
½ Tasse roher Seitan
geröstetes Sesamöl
Kombu-Shoyu-Soße
Suppenstock

Die Wurzeln in 3 bis 5 cm große Stücke schneiden und ein paar Minuten in Wasser kochen. Jedes Stück Klettenwurzel in den Seitan wickeln und in Aal-Form bringen. Jeden Aal ein paar Minuten fritieren, bis er goldbraun und knusprig ist. Dann in einem Kombu-Shoyu-Suppenstock etwa 15 Minuten kochen. Sind die Aale zu ölig, spült man das überschüssige Öl mit heißem Wasser oder tupft es mit einem Papiertuch ab, bevor man die Stücke in die Suppe gibt. Pro Person zwei Aale servieren.

Variante: Klettenwurzel-Aale können auch nach Tempura-Art in einem dicken Teig fritiert werden. Danach einige Minuten im Dashistock köcheln. Oder die Aale nach dem Fritieren bei mittlerer Temperatur 1 ½ Stunden im Ofen backen, bis sich der Teig vom Gemüse löst und eine dicke, cremige Soße bildet. Die fritierten Stücke in eine Kasserole geben, mit Wasser leicht bedecken und etwas Shoyu würzen. Nach dem Backen mit Shoyu abschmecken und vor dem Servieren 10 Minuten unbedeckt im Ofen stehen lassen.

Fritiertes Gemüse

Ohne Teigmantel fritiertes Gemüse nennt man in Japan *Kara Age*, und es ist den westlichen Kartoffelchips sehr ähnlich. Wurzelgemüse ergibt sehr süße Chips. Ich mag besonders Karotten, die fein geschnitten und etwa ½ Tag getrocknet sind, in Scheiben geschnittene Lotoswurzel, Pastinaken oder fein geschnittenen Winterkürbis. Fritierte Meeresalgen passen gut zu Bier und sind ein großartiger Snack. Neben Kombu und Wakame mag ich besonders Mekabu, der sich beim Fritieren zu einer großen Blume öffnet. Karottengrün, Löwenzahn oder andere Blätter kann man ebenfalls auf diese Weise zubereiten. Harte Blätter fritiert man besser ohne Teig.

Kapitel 18

Salate

Herunterhängende Zweige
Blätter spiegeln sich
Im fließenden Wasser
– Tatako

Salate geben leichte Energie und können als Beilage oder als Hauptmahlzeit gereicht werden. Man kann sie mit Getreide, Bohnen, Gemüse und Meeresfrüchten anrichten. Aparte Garnierungen sind gerösteter Sesam, Dulse- oder Noriflocken und fritierte Brotwürfel.

Neben frischem Salat, den wir vor allem im Sommer genießen, gibt es noch andere Zubereitungsmethoden, um seinen Geschmack, seine Beschaffenheit und Energie hervorzuheben. Marinierten und gepreßten Salat pickelt man ein paar Minuten bis zu einer Stunde. Das ändert das Aussehen und das Aroma der Zutaten ohne Kochen. Leicht gekochter Salat, den man kurz in brodelndes Wasser taucht, verliert dadurch seinen rohen, bitteren oder beißenden Geschmack, und er ist leichter verdaulich.

Frischer Salat

Frischer Salat direkt aus dem Garten hat eine leicht aufwärtsgerichtete Energie. zarter grüner Salat oder weiches grünes Gemüse bereite ich gern so zu. Um ihre Frische zu erhalten, reiße ich die Blätter mit den Händen in kleine Stücke statt sie zu schneiden. Zu meinen Lieblingssalaten gehören:

- o Geriebene Karotten zusammen mit frischem Grün
- o Selleriestangen mit einer Tunke serviert
- o Zerkleinerte Endivien
- o Geraspelter Rotkohl mit etwas Meersalz
- o Wasserkresse mit rohem oder gekochtem Gemüse, fritiertem Tofu, Tempeh oder Seitan
- o fein gehackte Petersilie
- o Jinenjo, zerkleinert mit etwas Shoyu, Reisessig, bestreut mit geröstetem Sesam
- o frische Keime und Blätter

Gartensalat

Am besten serviert man einen frischen Gartensalat im Ganzen. So behalten sie am besten ihre Nährstoffe und ihre natürliche Form. Bei Tisch kann sich dann jeder nehmen, was er mag. Man kann auch ein paar große Salatsorten mischen.

Mais von einem Maiskolben
1 Kopf Salat
5 bis 6 fein geschnittene Radieschen
1 Gurke, in feine Scheiben geschnitten
1 Portion Alfalfa-Sprossen
1 geraspelte Karotte

Die Maiskörner 2 bis 3 Minuten in ½ cm Wasser kochen und abkühlen lassen. Den grünen Salat auf einer Platte dekorieren. Eine zarte Sorte wie Kopfsalat ist leicht zu öffnen, und die Blätter kann man mit der Hand zerkleinern. Die Radieschen- und Gurkenscheiben kreisförmig auf den Blättern arrangieren. Die Sprossen in kleinen Häufchen in die Mitte legen und die Maiskörner über den Salat streuen. Zum Schluß die geraspelten Karotten obenauf geben. Mit einer separaten Soße servieren, z.B. Umeboshi-Dressing mit etwas Zwiebeln und Sesam, Tofudressing mit Umeboshi, einer Miso-Reisessig-Tunke mit Mirin oder einer Shoyu-Ingwer-Soße mit Mirin.

Getreide-, Bohnen- und Nudelsalate

Getreide, Bohnen und Nudeln kann man gut in Salaten verwenden. Im Sommer bevorzuge ich Glasnudeln, Mungbohnen-Nudeln, Kuzunudeln, Somen-, Soba- oder

Weizennudeln, die man kalt mit allerlei Zutaten als Salat servieren kann. Vollreis, Hirse, Kasha, Bulgour und Couscous ergeben leckere Salate, frisch gekocht oder als Reste verwertet. Kichererbsen, Nierenbohnen, kleine Stücke gekochter Tofu, Seitan oder Tempeh und andere frische oder gekochte Bohnen geben Salaten einen nahrhaften Geschmack und bunte Farbflecke zu Blattgrün und anderem Gemüse.

Naturreis-Salat

2 Tassen Naturreis
2 ½ bis 3 Tassen Quellwasser
Prise Meersalz
1 Tasse zerkleinerte Karotten
1 Tasse geschälte frische grüne Erbsen
½ Tasse Gurken, geviertelt und kleingeschnitten
½ Tasse geschnittener Sellerie
¼ Tasse sehr fein gehackte Shisoblätter
Zwiebelgrünringe oder gehackte Petersilie zum Garnieren

Den Reis im Drucktopf mit etwas Salz weichkochen und anschließend in einer Schüssel abkühlen lassen. Dabei etwas auflockern, damit der Dampf entweichen kann. Karotten und Erbsen separat in etwas Wasser garkochen. Abtropfen und abkühlen lassen. Dann die Karotten und Erbsen zusammen mit den Gurken und der Sellerie in den Reis geben und gut vermischen. Shisoblätter zufügen und den Salat mit Zwiebelringen und Petersilie garnieren.

Varianten: An Stelle von Shisoblättern kann man den Salat mit einem Dressing aus Reisessig, Salz, Mirin oder Zitrone und Salz servieren. Mit geröstetem Sesam garnieren.

Buchweizensalat

2 Tassen Buchweizen
4 Tassen Quellwasser oder Sauerkrautsaft
Prise Meersalz
1 Tasse zerkleinerte Sellerie
½ Tasse Zwiebelgrünringe
1 Tasse abgetropftes und zerkleinertes Sauerkraut
Petersilie oder Radieschenscheiben zum Garnieren

Buchweizen waschen, trockenrösten und in Wasser mit einer Prise Salz zum Kochen bringen. Zudecken und etwa 20 Miunten bei kleiner Hitze köcheln. Abtropfen und in eine große Schüssel geben. Mit Stäbchen oder einem Löffel auflockern, damit das Getreide nicht klumpt. Je nach Wunsch den Sellerie 1 Minute dämpfen oder roh verwenden. Schalotten, Sellerie und Sauerkraut in den Buchweizen mischen. Mit Petersilie und Radieschen garnieren.

Tempeh-Makkaroni-Salat

Quellwasser
1 Pfund Tempeh in 2 cm großen Stücken
Shoyu-Sojasoße
Naturreis-Essig
1 Pfund Vollweizen-Makkaroni oder Teigwarenmuscheln mit Artischockenmehl
½ Kopf Salat
½ Kohlkopf
1 Strauß Wasserkresse
Petersilie zum Garnieren

Tempehstücke mit 3 cm Wasser zum Kochen bringen und bei kleiner Hitze 20 bis 30 Minuten kochen. Abtropfen und abkühlen lassen. Eine Marinade aus 50:50 Shoyu und Reisessig, jeweils mehrere Eßlöffel, bereiten und über den Tempeh gießen.

Makkaroni garkochen. Salat- und Kohlblätter in mundgerechte Stücke zerrupfen. Wasserkresse 20 bis 30 Sekunden in kochendes Wasser tauchen, um ihren bitteren Geschmack zu mindern, oder roh verwenden und kleinschneiden. Alles zusammenmischen und mit Petersilie garnieren.

Meeresalgen-Salat

Salate eignen sich ausgezeichnet, Meeresgemüse auf den Tisch zu bringen. Gewöhnlich wird es gekocht, obwohl man frischen Nori auch roh essen kann. Es gibt eine Meeralge, *Mozuku* genannt, die auch roh eßbar und die Lieblings-Alge meines Vaters ist. Frisch gekochte oder übriggebliebene Wakame, Kombu, Hiziki und Arame passen vorzüglich in Salat. Geröstete Noristreifen und getrocknete Dulse-Flocken nimmt man gern zum Garnieren. Gemüse in Aspik kann man mit Agar Agar machen, einem gelatinehaltigen Meeresgemüse.

Wakame-Gurkensalat

1 bis 1 ½ Tassen Quellwasser
1 Tasse eingeweichte, geschnittene Wakame
2 Tassen Gurken, zerkleinert
Shoyu-Sojasoße
Vollreis-Essig
geriebener frischer Ingwer

Wasser in einem Topf zum Kochen bringen. Wakame zugeben und 1 bis 2 Minuten kochen. Abtropfen und abkühlen lassen. Sehr harte Wakame kocht man 3 bis 5 Minuten. Gurken in eine Schüssel geben und mit der Wakame mischen. Eine Soße aus etwas Shoyu, Reisessig und geriebenem frischen Ingwer zubereiten, über den Salat geben und mischen.

Hiziki-Salat mit Tofu-Dressing

Quellwasser
30 g getrocknete Hiziki, 3 bis 5 Minuten geweicht und kleingeschnitten
1 Tasse Karotten, halbiert und diagonal zerkleinert
½ Tasse diagonal geschnittenen Sellerie
3 Umeboshipflaumen, entkernt
1 mittelgroße Zwiebel, sehr fein gehackt
400 g Tofu
2 Eßlöffel gehackte Petersilie zum Garnieren

Hiziki mit etwas Wasser zum Kochen bringen und 30 Minuten bei kleiner Hitze köcheln lassen. Abtropfen und zum Abkühlen zur Seite stellen. Die Karotten in etwas Wasser zum Kochen bringen, zudecken und 1 bis 2 Minuten köcheln. Sie sollten ihre Frische behalten. Herausnehmen, abtropfen und abkühlen lassen. Sellerie in dasselbe Kochwasser geben und 1 Minute kochen lassen. Abtropfen und Abkühlen. Karotten, Sellerie und Hiziki mischen.

Die Umeboshipflaumen in einem Suribachi zerdrücken und mit den gehackten Zwiebeln und dem Tofu zu einer weichen Creme verrühren. Die gehackte Petersilie zugeben und das Tofudressing in eine kleine Servierschüssel füllen. Mit Petersilie garnieren. Das Hiziki-Gemüse in einer extra Schüssel oder zusammen mit dem Dressing servieren.

Marinierter Salat

Man kann rohes Gemüse auch kurze Zeit in Meersalz oder Shoyu marinieren. Das bringt seinen Saft heraus, macht es knackiger und süßer. Manchmal gebe ich etwas Reisessig an die Marinade oder zum Süßen etwas Mirin. Hier einige meiner liebsten marinierten Salate:

- Geriebene Karotten mit etwas Meersalz 5 bis 10 Minuten mariniert
- In Scheiben geschnittene Gurke vermischt mit etwas Salz und 30 Minuten mariniert. So zubereitet sind die Gurken sehr frisch und süß und passen gut zu Bohnen, Wakame oder Fisch.
- Weißer Rettich, in Dreiecke oder Streichhölzer geschnitten und gesalzen etwa 30 Minuten stehen gelassen. Dann drücke ich das Wasser heraus und mariniere noch einmal kurz mit Shoyu und Reisessig oder Mirin.
- Radieschen in Blumenform kurz in etwas Umeboshi-Essig mariniert. Das gibt eine hübsche rosa Farbe.
- Kohlrüben 30 Minuten in Meersalz oder Shoyu mariniert.
- Kohlrüben geviertelt und fein geschnitten 30 Minuten in Shoyu mariniert. So mag ich diese Rübe am liebsten.
- Gekochte Pilze kann man ebenfalls in etwas Shoyu marinieren und mit Sesam und etwas Reisessig servieren.

Marinierter Daikon und Karotten

1 Tasse Daikon (weißer Rettich) in Streichholzgröße
½ Tasse Karotten
4 Prisen Meersalz

Die Zutaten mischen und 30 Minuten stehenlassen. Dann Flüssigkeit mit der Hand ausdrücken.

Varianten: An Stelle von Salz kann man das Gemüse auch in etwas Reisessig und einem Teelöffel Shoyu oder mit 1 Eßlöffel Umeboshi-Essig und 1 Eßlöffel Quellwasser einlegen. Je nach Geschmack fügt man der Marinade einen Tropfen Ingwersaft zu.

Lotoswurzel-Salat

1 Tasse frische Lotoswurzel, geviertelt und feingeschnitten
1 Eßlöffel Shoyu-Sojasoße
1 Eßlöffel Reisessig
Zwiebelgrünringe zum Garnieren

Den Lotos 15 bis 30 Minuten in der Shoyu-Essig-Mischung marinieren und zum Servieren mit etwas Zwiebelringen garnieren.

Variante: Ein süßeres Aroma gibt eine Marinade aus 1 Teelöffel Miso, 1 Teelöffel Shoyu und ½ Teelöffel geriebenem frischen Ingwer. Man kann die Wurzel auch vor dem Marinieren 1 bis 2 Minuten aufbrühen.

Gepreßter Salat

Eine konzentrierte Form des Marinierens ist, den Salat zu pressen. Dazu gibt man das rohe Gemüse mit etwas Meersalz in eine Pickelpresse. Ist keine zur Hand, einfach die Zutaten in eine Schüssel geben, mit einem Deckel zudecken und eine kleine Schüssel Wasser obenauf stellen, um Druck zu erzeugen. Bei einer Kombination verschiedener Gemüsesorten schneidet man alles sehr fein, mischt es mit Salz und preßt dann.

Salz und Gewicht lassen das Gemüse saften. Steigt die Flüssigkeit über den Teller oder Deckel, sollte man den Druck reduzieren, da das Gemüse sonst eher faserig als saftig gerät. Das Gemüse sollte 30 bis 60 Minuten in seinem Eigensaft pökeln. (Bildet sich nicht genügend Flüssigkeit, fehlt Salz, und das Gemüse kann verderben.) Um leichte Pickels zu machen, kann man die Zutaten auch ein paar Tage pressen.

Zu meinen liebsten Press-Salaten gehören:

- Senf- oder Radieschenblätter, feingehackt mit Meersalz vermischt und 30 Minuten gepreßt
- Kohlblätter, in Meersalz 30 Minuten gepreßt
- Geraspelte, geriebene oder in Streichholzgröße geschnittene Karotten mit Meersalz bestreut und 30 Minuten gepreßt.

Gemischter Preß-Salat

½ mittelgroßer Kohlkopf geraspelt
2 Karotten, zerkleinert oder geraspelt
1 Bund Radieschen, zerkleinert
und Radieschenblätter, fein zerhackt
2 Eßlöffel Meersalz

Gemüse mit Salz vermischen und 30 bis 45 Minuten pressen. Der Druck kann vermindert werden, wenn der Saft beginnt, herauszutreten. Vor dem Servieren den Saft mit der Hand ausdrücken. Ist die Mischung zu salzig, spült man sie gut ab.

Variante: Die meisten Gartengemüse kann man so pressen. Die weicheren Sorten jedoch brauchen nur ganz kurze Zeit und werden zu wässrig, wenn man sie mit anderem Gemüse kombiniert.

Gekochter Salat

Bei gekochtem Salat taucht man das Gemüse gewöhnlich nacheinander in kochendes Wasser und serviert es dann in einer Schüssel. Gemüse mit mildem Aroma brüht man zuerst, um ihren Eigengeschmack zu erhalten. Stärker schmeckende Sorten wie Daikon, Kohlrüben oder Sellerie nimmt man zum Schluß. Die Methode ist dem Ohitashi-Stil gleich, nur werden hier die Zutaten kürzer überbrüht, Blätter 20 bis 30 Sekunden, Wurzeln 1 bis 2 Minuten.

Brühen nimmt dem Gemüse seinen rohen Geschmack und macht es leichter verdaulich. Spült man es hinterher kurz in kaltem Wasser, behält es leichter seine leuchtende Farbe. Gekochten Salat kann man das ganze Jahr hindurch essen, aber im Winter ist es besonders ausbalancierend. Gedämpfter Salat hat einen ähnlichen Effekt und wird auch wärmstens empfohlen. Ein Tofu- oder Umeboshi-Dressing paßt am besten zu gekochtem und gedämpftem Gemüse.

- Gebrühte Petersilie, Wasserkresse und andere Blätter werden leuchtender in ihren Farben, wenn man sie kurz in heißes Wasser taucht. Das nimmt auch ihren rohen, bitteren oder beißenden Geschmack.
- Ich nehme auch gern anderes Gemüse für gekochten Salat wie Karotten, Daikon, Klettenwurzel, Radieschen, Kohl, China-, Grün- und Wirsingkohl, Senfblätter, Mangold, Daikongrün, Löwenzahn, Rotkohl, Lotoswurzel, Arame und Hiziki. Grüner Salat eignet sich weniger zum Kochen, da er sich schnell verfärbt.
- Einige Sorten kocht man in großen Stücken, die dann sehr knackig werden, Dazu gehören Blumenkohl, Broccoli, Endivien, Spargel, Wachsbohnen, grüne Bohnen, frische Maiskörner, Pilze und Wakame.

Blanchierter Zwiebel-, Sellerie- und Löwenzahnsalat

Quellwasser
2 Tassen Zwiebeln, in Halbmonde geschnitten
1 Tasse Sellerie, in feine Diagonalscheiben geschnitten
1 Tasse frischer Löwenzahn, gewaschen und in 3 bis 5 cm großen Stücken
2 Eßlöffel Shoyu-Sojasoße
Quellwasser
¼ Teelöffel frischer geriebener Ingwer
2 Eßlöffel gerösteter Sesam

Etwas Wasser in einem Topf zum Kochen bringen. Die Zwiebeln zugeben und etwa 1 Minute kochen. Herausnehmen und abtropfen lassen. Sellerie in den Kochsud geben und eine Minute kochen. Herausnehmen, abtropfen und mit den Zwiebeln mischen. Löwenzahn in dem Sud eine Minute kochen, abtropfen und dem anderen Gemüse zugeben. Eine Soße aus Shoyu, 2 bis 3 Eßlöffeln Wasser und geriebenem Ingwer bereiten und über das Gemüse gießen. Den gerösteten Sesam darüberstreuen, mischen und servieren.

Fruchtsalat

Ein Salat lokal gereifter Früchte ist sehr lecker an heißen Sommertagen. Ich mag besonders Erdbeeren und Kirschen sowie Äpfel, Weintrauben und Melonen. Eine Prise Salz bringt die natürliche Süße der Frucht besser heraus.

Grüne Salatblätter
½ Tasse gewürfelte Honigmelone
½ Tasse gewürfelte Kantalupe (US-Melonenart, ersatzweise einheimische nehmen)
½ Tasse entkernte Wassermelone mit einer kleinen Kelle kugelförmig herausgeschält
½ Tasse ungeschälte, zerkleinerte Äpfel
1 Prise Meersalz

Die Salatblätter unten in eine Servierschüssel legen. In einer extra Schüssel das Obst mit etwas Salz mischen und auf die Salatblätter geben. 15 Minuten vor dem Servieren stehen lassen.

Kapitel 19

Dressings, Soßen und Tunken

Dressings und Soßen sind eine der Schlüssel für eine ausgewogene Mahlzeit. Sie bringen Farbe und Abwechslung in die tägliche Küche, und mit ihnen kann man auf einfache Weise die fünf Grundaromen auf einen Teller bringen. Sie geben Geschmack und würzen einfach bereitete Zutaten, regen den Appetit an und bieten sich in vielerlei Kombinationen und Stilen an. Einige Soßen gibt man direkt über die Speise, andere serviert man in einer kleinen separaten Schale. Mit Soßen und Dressings können die individuellen Geschmäcker und Bedürfnisse befriedigt werden, die sich je nach Alter und Veranlagung unterscheiden. Neben Shoyu-Sojasoße, Essig, Öl und anderen Flüssigkeiten können auch feste Zutaten wie Tofu, Seitan, Tempeh, Nüsse, kleine Fische oder Meeresfrüchte den Soßen, Tunken oder Dips zugegeben werden. Ob schlicht oder gehaltvoll, Soßen, Dips und Dressings sind ein wesentlicher Teil der Mahlzeit und ein Schlüssel zu erfolgreichem Kochen.

Verschiedene Aromen

Neben Gewürzen geben Soßen einer Mahlzeit bestimmte Geschmacksrichtungen.

Shoyu, Meersalz oder Misoprodukte geben einen salzigen Geschmack.

Einen saueren Geschmack bringt ein Dressing aus Umeboshi-, Naturreis- oder süßem Reisessig. Ab und zu verwende ich auch Apfelessig, wenn ich eine süßere Säure schaffen möchte. Aber generell vermeide ich scharfen Essig. Etwas frisch ausgepreßter Zitronen- oder Orangensaft sind auch sehr aromatisch.

Schärfe geben geriebener Rettich, Schalotten oder Ingwer.

Karotten, Zwiebeln, Herbst- und Winterkürbis und andere natürlich süße Wurzel- und runde Gemüsesorten produzieren beim Kochen einen süßen Sud. Süße verleihen auch Soßen mit Miso, Mirin, Apfelsaft, Gerstenmalz, etwas Ahornsyrup oder Rosinen.

Einen bitteren Geschmack verleihen geröstete Sesamsamen, die vor allem in Bohnenkraut-Dressings schmecken. Tahin kann man ebenfalls verwenden, es ist jedoch sehr ölig.

Andicken mit Kuzu

Soßen und Eintöpfe dicke ich immer mit Kuzu an. Kuzu wächst wild in den Bergen und hat sehr lange Wurzeln. Seine stark abwärts gerichtete Energie wird in der asiatischen Medizin vor allem bei Verdauungsstörungen wie Durchfall, Verstopfung und anderen Störungen im unteren Bauch verwendet. In den Vereinigten Staaten wächst die Pflanze als Rebe in großen Mengen und ist als „Kudzu“ bekannt. Kuzu wird getrocknet und kommt als weißes Pulver oder kalkige Klumpen in den Handel. Kuzu braucht nur 1 bis 2 Minuten zum Kochen. Man sollte es erst in kaltem Wasser auflösen und dann ganz zum Schluß langsam in die Suppe oder Soße rühren. Wenn Kuzu glasig wird, ist es gar. Ich rühre dabei ständig, um Klumpen zu vermeiden. Um seine klare natürliche Farbe zu erhalten, salze ich es ein wenig. Eine braune Soße erhält man durch die Zugabe von Shoyu oder Miso. Ist Kuzu nicht zur Hand, eignet sich auch Pfeilwurzelmehl zum Andicken. Dieses weiche weiße Pulver ist in der chinesischen Küche als Bindemittel weit verbreitet. Ich benutze gewöhnlich keine Maisstärke oder anderes raffiniertes Bindemittel. Ein Eßlöffel Pfeilwurzelmehl entspricht einem Teelöffel Kuzu.

Shoyu-Dressing

Das natürlich salzige Aroma von Shoyu kann mit Essig oder Zitrone und, will man einen schärferen Geschmack, mit Ingwer kombiniert werden.

Shoyu-Essig-Dressing

¼ bis ½ Teelöffel Sesamöl (nach Wunsch)
1 Eßlöffel Shoyu-Sojasoße
4 Eßlöffel Reisessig
1 Eßlöffel geriebene frische Zwiebeln
½ Tasse Quellwasser

Bei Verwendung von Öl erhitzt man es vorher eine Minute bei kleiner Flamme. Alle Zutaten im Suribachi verrühren und servieren.

Shoyu-Zitronendressing

2 bis 3 Eßlöffel Shoyu
½ Tasse Quellwasser
2 bis 3 Teelöffel frisch ausgepreßter Zitronensaft

Alle Zutaten gut verrühren. Als Variante etwas geriebene Zwiebel oder ½ *Teelöffel erhitztes Sesamöl zugeben.*

Shoyu-Ingwer-Dressing

2 Eßlöffel Shoyu
2 bis 3 Eßlöffel Quellwasser
¼ Teelöffel geriebener frischer Ingwer
2 Teelöffel gerösteter Sesam, grob zerstoßen

Alle Zutaten gut mischen.

Umeboshi-Dressings

Umeboshi-Pflaumen ergeben markante Dressings und Soßen, da sie in sich sauer und salzig sind. Sind keine ganzen Pflaumen zur Hand, kann man auch Umeboshi-Paste verwenden. Ein Teelöffel entspricht einer Pflaume.

Umeboshi-Dressing

2 Umeboshi-Pflaumen
¼ bis ½ Teelöffel kleingeschnittene Zwiebeln
½ Teelöffel Sesamöl
½ Tasse Quellwasser

Umeboshi und Zwiebeln in einem Suribachi pürieren. Das Öl eine Minute erhitzen und mit den restlichen Zutaten mischen. Wasser zugeben und verrühren.

Frühlingszwiebel-Petersilien-Dressing

½ Tasse zerkleinerte Zwiebeln
1 Eßlöffel gehackte Petersilie
1 Tasse Umeboshi-Saft (siehe unter „Merke") oder 2 Umeboshi-Pflaumen
1 Tasse Quellwasser
½ Teelöffel Sesamöl

Die Zutaten in einer Schüssel gut mischen.
Merke: Umeboshisaft erhält man, indem 3 bis 4 Umeboshi-Pflaumen in ein Glas gegeben und mit Wasser aufgefüllt, geschüttelt und 30 Minuten stehen gelassen werden. Pflaumen für andere Rezepte verwenden und den Saft für das Dressing nehmen.

Miso-Dressings

Miso hat einen süß-salzigen Geschmack. Ein saures, scharfes oder bitteres Aroma erhält man durch die Beigabe von Essig, Ingwer oder Tahin, wie in den folgenden Rezepten beschrieben.

Miso-Reisessig-Dressing

2 Eßlöffel Miso
½ Tasse Quellwasser
2 Eßlöffel Reisessig

Miso mit etwas Wasser in einem Suribachi pürieren, Essig und Wasser zugeben und mixen.

Varianten: An Stelle von Reisessig kann man auch Umeboshi-Essig, Süßreis-Essig oder Zitronensaft verwenden. Ich gebe auch gern einen Teelöffel geriebene Zitronenschale oder geriebenen frischen Ingwer zu.

Miso-Ingwersoße

1 Teelöffel Gerstenmiso
½ Teelöffel frischer geriebener Ingwer
Quellwasser

Miso und Ingwer in einem Suribachi mit etwas Wasser zu einer cremigen Soße verrühren.

Miso-Tahin-Dressing

1 Teelöffel Miso
3 Teelöffel Tahin
1 Teelöffel geriebene Zwiebeln
½ Tasse Quellwasser

Alle Zutaten in einem Suribachi verrühren.

Tofu-Dressings und -Soßen

Buddhistische Tempel sind berühmt für ihre cremigen Tofu-Dressings und -Soßen. In den Klöstern war es die traditionelle Aufgabe der Novizen, den Tofu in riesigen Suribachis zu pürieren. Diese Arbeit braucht einige Zeit und ist gut zur Entwicklung der Konzentration. In den USA ziehen es viele meiner Freunde vor, Tofu eher wie Hüttenkäse zuzubereiten, also etwas gröber.. Das geht auch. Bei größeren Mengen kann man auch ein elektrisches Rührgerät benutzen. Für den Alltag aber gibt langsam per Hand verrührter Tofu ausgeglichenere Energie.

Für Tofudressings presse ich gewöhnlich die Flüssigkeit vorher per Hand aus dem Stück heraus. Während des Pürierens im Suribachi gibt man auch kein weiteres Wasser zu. Eine leichter verdauliche Soße und eine interessante Beschaffenheit gibt ein kurz vorher in kochendes Wasser getauchtes Stück Tofu. Man nimmt es aus dem Wasser, sobald es von allein an die Oberfläche steigt, und gibt es in den Suribachi zum Verrühren. Wenn er nach 10 bis 15 Minuten die gewünschte Konsistenz hat, salze ich ihn. Das erhält ihm seine weiße Farbe. Shoyu oder Miso lassen ihn sehr dunkel werden. Ein leckeres rosafarbenes Dressing erhält man durch einige entsteinte Umeboshi-Pflaumen oder Umeboshi-Creme. Ich verwende dieses Dressing für Salate, Getreide oder Gemüsegerichte und serviere es als Klecks obenauf oder separat. Gemüse kann man auch 10 bis 15 Minuten in der Tofusoße marinieren, das gibt ihm einen ganz besonderen Geschmack.

Tofu-Dressing

1 Stück Tofu
1 Eßlöffel geriebene Zwiebeln
1 Teelöffel Meersalz
½ Teelöffel Tahin

Alle Zutaten in einem Suribachi verrühren.

Saures Tofu-Dressing

3 Umeboshi-Pflaumen
Quellwasser
1 Stück Tofu
¼ Tasse zerkleinertes Zwiebelgrün oder Schnittlauch

Die entsteinten Umeboshis in einem Suribachi zu Brei verrühren, Tofu zugeben und zu einer weichen Creme verarbeiten. (Wenn nötig, etwas Wasser zugeben). Das Dressing in eine Servierschüssel geben und mit Zwiebelgrün oder Schnittlauch garnieren.

Variante: Etwas Shoyusoße zugeben.

Sesamdressings- und Soßen

Der Verzehr ganzer Sesamsaat ist eine ideale Weise, dem Körper Öl zuzuführen. Für Soßen zermahle ich gewöhnlich Sesamsaat mit einem Suribachi. Zur Garnierung zerkleinere ich sie mit einem Messer. Zusätzlich zu ganzen Sesamsamen kann auch Tahin verwendet werden. Das Rezept für ein cremiges Sesam-Tofudressing ist in dem Abschnitt über Tofu aufgeführt und ein Tahindressing steht im Abschnitt über Shoyu-Sojasoße.

Sesam-Dressing

½ Tasse gerösteter Sesam
½ Tasse Dashi-Suppenstock
1 Teelöffel Süßreis-Essig
2 Teelöffel Shoyu

Die Sesamsamen in einer Pfanne trockenrösten, bis sie braun werden und anfangen zu duften. Zur Hälfte im Suribachi zerdrücken, mit der Suppe mischen und die anderen Zutaten beigeben.

Varianten: Etwas geriebenen frischen Ingwer und Mirin zugeben, je nachdem, ob man ein scharfes oder süßes Aroma haben will. Statt Süßreis-Essig kann man ebenso Naturreis-Essig, Umeboshi-Essig oder zwei Umeboshi-Pflaumen nehmen.

Soßen

Viele Soßen kann man mit Getreide, Nudeln, Bohnen oder Gemüsegerichten kombinieren. Meine liebsten sind:

- o Karotten und Zwiebeln, fein zerhackt und in etwas Wasser gekocht, mit Kuzu angedickt und Shoyu oder Ingwer abgeschmeckt.
- o Zwiebeln fein geschnitten ein paar Minuten kochen, mit etwas verrührtem Miso würzen und Sesamsamen oder einen Tropfen Sesamöl beimengen.
- o Herbst- oder Winterkürbis kleinschneiden und in etwas Wasser kochen, bis er weich ist, zerstampfen und mit Kuzu andicken.
- o Karotten, Klettenwurzel, Zwiebel und Sellerie zusammen dünsten, mit etwas verrührtem Miso abschmecken und zu einer Creme verrühren. Getrockneter Tofu und Seitan passen gut zu dieser Soße.

Süß-saure Soße

Diese Soße paßt besonders gut zu Seitan, Tempeh, Nudeln, Reis, gebackenen Zwiebeln und anderem Getreide oder Gemüse.

½ Tasse fein geschnittene Zwiebeln
½ Tasse geraspelte Karotten
½ Tasse fein geschnittener Sellerie
1 Tasse Dashi-Suppenstock
1 Prise Salz

1 bis 2 Eßlöffel Kuzu
3 Eßlöffel Shoyu
1 bis 2 Teelöffel Reisessig
½ Tasse Apfelsaft

Das Gemüse in dem Suppenstock mit etwas Salz 5 bis 10 Minuten garen. Ist es fast fertig, das in kaltem Wasser aufgelöste Kuzu hineinrühren und 1 bis 2 Minuten unter ständigem Rühren binden lassen. Wird das Kuzu glasig, Shoyusoße, Essig und Apfelsaft zugeben und 1 Minute weiterkochen lassen.

Varianten: Statt Apfelsaft 2 Eßlöffel Mirin oder 1 Eßlöffel Ahornsyrup zugeben.

Seitan-Pilzsoße

½ Tasse fein geschnittene Pilze
½ Tasse feingeschnittene Zwiebeln
1 Eßlöffel geröstetes Sesamöl
1 Prise Salz
½ Tasse Seitan in ½ cm großen Stücken
3 Eßlöffel Shoyu
1 Tasse Dashi-Suppenstock
1 Eßlöffel Kuzu

Pilze und Zwiebeln mit dem Salz in etwas Öl etwa 5 Minuten über kleiner Flamme dünsten. Seitan zugeben und weitere 5 Minuten kochen. Dashi-Suppenstock zugießen. Kuzu in kaltem Wasser auflösen und in die Mischung rühren. 1 bis 2 Minuten kochen oder bis das Kuzu glasig wird. Mit Shoyu abschmecken und über Getreide, Nudeln oder Gemüse servieren.

Béchamelsoße

Ich bereitete diese Soße gelegentlich für Hirse, Kasha und anderes trockenes Getreide. In den letzten Jahren habe ich zu Kuzu statt Mehl als Bindemittel übergewechselt, aber gelegentlich ist diese reichhaltige Soße sehr angenehm.

1 mittelgroße Zwiebel, zerkleinert
Sesamöl
½ Tasse Weizenmehl Typ 1050 oder Reismehl
3 Tassen Quellwasser oder Suppenstock
1 ½ Eßlöffel Shoyu

Die Zwiebeln in einer eingeölten Pfanne sautieren, bis sie glasig sind. Mehl zugeben und 2 bis 3 Minuten trockenrösten. Vorsichtig verrühren, bis alle Zwiebelstücke in Mehl gehüllt sind, dann unter ständigem Rühren Wasser zugeben, um Klumpen zu vermeiden. Mit Tamari würzen, zudecken, zum Kochen bringen und bei kleiner

Flamme 10 bis 15 Minuten kochen, ggf. einen Flammenverteiler unter den Topf stellen. Gelegentlich umrühren, um Ankleben zu vermeiden.

Kuzu-Rosinen-Soße

Diese süße Soße paßt gut über gebackene Äpfel und andere Nachspeisen.

1 Tasse Apfelsaft
¼ Tasse Rosinen
Prise Salz
1 Eßlöffel Kuzu

Saft, Rosinen und Salz in einen Topf geben und zum Kochen bringen. Zugedeckt bei kleiner Flamme etwa 5 Minuten kochen. Kuzu in etwas kaltem Wasser auflösen und in die Soße geben. Ständig rühren, um Klumpenbildung zu vermeiden. Weitere 1 bis 2 Minuten kochen, dann servieren.

Preiselbeer-Soße

½ Tasse Rosinen
1 ½ Tassen Quellwasser
2 Tassen Preiselbeeren
Prise Salz
¼ Tasse Gerstenmalz
2 Eßlöffel Kuzu

Die Rosinen in ½ Tasse Wasser 10 Minuten kochen. Preiselbeeren, restliches Wasser, Salz und Gerstenmalz zugeben. 10 Minuten kochen. Kuzu in kaltem Wasser auflösen und unter ständigem Rühren zugeben. Weitere 5 bis 7 Minuten köcheln, in eine Schüssel gießen und stehen lassen.

Dips

Dips sind Soßen, die bei Tisch zu rohem oder leicht gekochtem Gemüse, zu Nudeln, Tempura oder anderen Zutaten serviert werden.

Ingwer-Shoyu-Dip

Dieser Soßendip paßt ausgezeichnet zu Tempura, Croquetten, Tofu oder Tempeh.

3 Eßlöffel geriebener Daikon
1 Teelöffel geriebener Ingwer
½ Tasse Dashi-Suppenstock
3 Eßlöffel Shoyu

Alle Zutaten in dem Suppenstock verrühren und in kleinen Schalen individuell servieren.

Tofu-Dip

Diese Tunke paßt vor allem zu Sellerie, Blumenkohl und anderem frischen Gemüse.

1 Eßlöffel geschnittene Zwiebeln
1 Stück Tofu
½ Tasse Dashi-Suppenstock
2 Teelöffel Meersalz
1 Teelöffel frisch ausgepreßter Zitronensaft

Die Zwiebeln mit dem Tofu im Suribachi pürieren, bis ein cremiger Brei entsteht. Suppenstock, Salz und Zitrone zugeben, mischen und servieren.

Kichererbsen-Dip

Dieser Dip aus Kichererbsen und Tahin ist sehr beliebt im Mittleren Osten. Dort kennt man ihn als „Hummus“. Kichererbsen-Dip schmeckt besonders gut mit kleinen Scheiben Pita (Vollkorn-Knäckebrot) oder Crackern, und man verwendet es vor allem für Salate und Gemüsegerichte.

2 Tassen gekochte, abgetropfte Kichererbsen
¼ Tasse ungesalzenes Tahin
1 kleine Zwiebel, geschält und zerkleinert
2 Umeboshi-Pflaumen
1 Eßlöffel gehackter Schnittlauch
⅓ Tasse Kichererbsen-Sud oder Quellwasser
Petersilie zum Garnieren.

Die Kichererbsen im Suribachi zerstoßen oder im Mixer verrühren (da wir diese Speise sehr selten zubereiten). Alle Zutaten mischen, wenn nötig etwas Flüssigkeit zugeben. Schnittlauch zugeben und mit Petersilie garnieren.

Kapitel 20

Pickel

Durch Pickeln macht man traditionell Nahrung haltbar. Pickel regen den Appetit an, unterstützen die Verdauung und stärken die Verdauungsorgane. Während des Fermentierens wandeln Enzyme und Bakterien den Zucker der Lebensmittel in Milchsäure um. Milchsäure stärkt die Darmflora, die umgewandelte Nahrungsstoffe in den Blutkreislauf abgibt. Die meisten Menschen heute kennen nur die sehr würzigen eingelegten Gurken, dabei läßt sich fast jedes Wurzel-, Rund- oder Blattgemüse ebenso gut pickeln wie Meeresalgen, Früchte, Fisch, Meerestiere und sogar Blumen. Außer in Salz kann man sie auch in Shoyu, Miso, Kleie pickeln.

In Japan macht fast jede Familie ihre Pickel selbst, und sie gehören praktisch zu jeder Mahlzeit. Wir aßen Pickel gewöhnlich zum Nachmittagstee, zum Frühstück, Mittag- und Abendessen. Im Fernen Osten, wo die Hauptnahrung vorwiegend aus Getreide und Gemüse besteht, die einen eher süßen Geschmack haben, stellen salzige Pickel die notwendige Balance her. Im Westen, wo vorwiegend Fleisch, Eier und Milchprodukte gegessen werden, die einen hohen Gehalt an Natrium und anderen Mineralien haben, sorgen eher saure und scharfe Pickel für den Ausgleich.

Pickel gibt es in verschiedenen Konzentrationen. Schnelle Pickel kann man in ein paar Stunden, Tagen oder Wochen machen. Diese leichten Pickel sind vor allem bei heißem Klima und für diejenigen, die ihren Salzkonskum beschränken müssen, geeignet. Starke Langzeit-Pickel brauchen mehrere Wochen oder Monate oder auch mehrere Jahre. Man kann sie das ganze Jahr über essen. Besonders in den kalten Monaten helfen sie schwachen und energiearmen Menschen.

Pickel halten sich lange ohne zu verderben und sind hervorragend geeignet, Nahrung von einer Saison bis zur nächsten zu erhalten. Da sie leicht zu transportieren sind, werden sie gern auf Reisen mitgenommen. Sehr salzige Pickel wässere ich für etwa eine halbe Stunde vor Gebrauch. Kinder brauchen weniger Salz als Erwachsene, und man sollte bei ihnen den Konsum gepickelter Nahrung kontrollieren.

Pickel selber zu machen, ist ein großes Abenteuer. Man braucht einige Zeit, bis man das richtige Verhältnis von Salz und anderen Gewürzen, Druck, Wasserspiegel usw. gemeistert hat. Aber einmal gelernt, sind die Ergebnisse die Anstrengung wert. Die Variationsmöglichkeiten für Pickel werden nur von unserer eigenen Phantasie begrenzt.

Gepreßte Salzpickel

In Japan tauschten wir regelmäßig einfache hausgemachte Pickel mit unseren Nachbarn oder nahmen sie als Geschenk mit. Schnelle Salzpickel kann man morgens zubereiten und abends essen oder 2 bis 3 Tage stehen lassen. Langzeit-Pickel läßt man einige Wochen reifen. Eine kleine Pickelpresse (erhältlich in einigen Naturkostgeschäften) ist dafür sehr nützlich. Die Nahrung wird hineingegeben, gesalzen und die Druckplatte heruntergedreht. Ist keine Pickelpresse zur Hand, gibt man die Zutaten in eine kleine Glasschüssel und deckt sie mit einem kleinen Deckel, der innen hineinpaßt, zu und beschwert ihn mit einer kleinen Schüssel Wasser oder einem Stein.

Zum Pickeln verwendet man am besten frisches, festes, knackiges Gemüse. Die meisten Pickel sollten an einem dunklen, kühlen Ort fermentieren, da Wärme oder Feuchtigkeit sie verderben können. Falls sich doch Schimmel zeigt, kratze ich ihn sofort weg, bevor er sich ausbreiten kann. Plastik-Pickelpressen kann man für kurze Pickel verwenden, bei längerem Pickeln können sie aber giftige Gase abgeben, und man sollte sie dann vermeiden.

Gepickelter Chinakohl

Chinakohl-Pickels sind äußerst delikat. In meiner Jugend machten wir sie am Morgen und aßen sie abends. Anderes weiches Gemüse wie Rettich, Gurke, Rotkohl und Zwiebeln kann man ebenso auf diese Weise zubereiten. Man kann Salzpickel auch länger einlegen. Auf dem Land hatten viele Bauern ihre eigenen Pickelschuppen, in denen sie riesige Mengen Chinakohl und Daikonblätter einlegten. Das Gemüse wurde in großen Holzkisten geschichtet. zugedeckt und mit mehreren 10 bis 15 Pfund schweren Steinen beschwert.

Kurzzeit-Pickeln oder schnelle Pickel

2 Tassen feingeschnittener Chinakohl
1 bis 2 Teelöffel Salz

Den geschnittenen Chinakohl in eine Pickelpresse oder Schüssel geben, mit Salz bestreuen und gut vermischen. Mit der Preßplatte oder einem Teller und Gewicht pressen. Bis zum Abend stehen lassen. Besser schmecken die Pickel, wenn man sie 2 bis 3 Tage stehenläßt. Danach halten sie sich wie alle Salzpickel kühl gelagert bis zu 3 Wochen.

Langzeit-Pickeln

1 Kopf Chinakohl
Meersalz

Kohlblätter einzeln waschen und abtropfen lassen. Etwas Salz auf den Boden des Kruges oder Fasses geben und eine Lage ganze Kohlblätter hineinlegen. Mit Salz bestreuen und eine weitere Schicht Kohlblätter obenaufgeben und so abwechselnd eine Lage Kohl und Salz hineingeben. Die unterste und oberste Schicht sollte immer Salz sein. Die Blätterlagen jeweils im 90° Winkel zur unteren Schicht stapeln, z.B. von 12 Uhr auf 3 Uhr, dann auf 6 Uhr und 9 Uhr. Einen Streifen Kombu auf den Grund legen. Er saugt überschüssiges Wasser auf und gibt zusätzliche Minerale und Aroma ab.

Eine hölzerne Platte auf die oberste Lage drücken und mehrere saubere schwere Steine oder andere Gewichte zum Pressen draufstellen. Wenn der Kohl in den nächsten 10 bis 20 Stunden nicht saftet, braucht er mehr Salz. Ein Mangel an Salz und/oder Druck läßt den Kohl leicht verderben. Täglich die Pickel prüfen. Steigt das Wasser bis zum Deckel, das Gewicht verringern. Das Wasser sollte immer nur gerade den Teller oder die Platte bedecken. Auf keinen Fall Wasser abgießen, da sich sonst schnell Schimmel bildet. Die Pickel sind nach 3 oder 4 Tagen fertig, können aber auch länger stehen, dann werden sie saurer. Immer an einem kühlen, dunklen Platz aufbewahren. Sind sie zu salzig, unter kaltem Wasser abspülen und kleinschneiden. Im Kühlschrank halten sich die fertigen Pickel 1 bis 2 Monate.

Steckrüben-Kombu-Pickel

2 Tassen geviertelte und ganz fein geschnittene Steckrüben
1 Streifen Kombu, 15-20 cm lang, eingeweicht und fein zerkleinert
1 Teelöffel Salz

Die Steckrübenschnipsel in eine Pickelpresse oder Schüssel geben, Kombu zufügen und mischen. Salzen und wieder gut mischen. Mit Preßdeckel oder Teller und Wasserschale pressen. 1 bis 2 Tage stehen lassen. Steigt das Wasser über den Teller, den Druck reduzieren. Diese Pickel halten sich 2 bis 3 Wochen, wenn kühl gestellt.

Gepickelte Senfblätter

10 ganze Senfblätter
Meersalz

Die Senfblätter waschen, abtropfen und 3 Blätter in eine Pickelpresse oder Schüssel geben. Mit einer Prise Salz bestreuen, eine weitere Schicht aus 3 bis 4 Blättern zugeben und ebenfalls salzen. Die übrigen Blätter obenauf legen und wiederum salzen. Mit Pickeldeckel oder Teller und kleinem Gewicht pressen. 1 bis 2 Tage stehen lassen.

Gepickelte Rettich- oder Steckrübenblätter

1 Tasse fein geraspelte Rettich- oder Steckrübenblätter
½ Teelöffel Meersalz

Die Blätter in eine Pickelprese oder Schüssel geben und gut mit Salz mischen. Bei der richtigen Salzmenge sollten sie ein mildes, salziges Aroma haben. Den Preßdeckel herunterkurbeln oder einen Teller mit Gewicht in die Schüssel legen. Steigt das Wasser über den Deckel oder Teller, den Druck etwas vermindern. 3 bis 4 Stunden oder über Nacht stehenlassen.

Gepickelte Dillgurken

¼ bis ⅓ Tasse Meersalz
10 bis 12 Tassen Quellwasser
2 bis 3 Pfund Gurken
1 große Zwiebel, geviertelt
1 bis 2 Bund Dill

Wasser mit dem Salz zum Kochen bringen und 2 bis 3 Minuten köcheln, damit sich das Salz auflöst. Abkühlen lassen. Die Gurken waschen und mit den Zwiebeln und Dill in ein großes Glas oder einen Keramik-Krug geben. Das Salzwasser darüber gießen. Mit einem Käsetuch oder einer Bambusmatte bedecken und 3 bis 4 Tage kühl und dunkel aufbewahren. Dann sind sie eßfertig. In einem verschlossenen Behälter halten sie sich etwa 1 Monat.

Variante: Blumenkohl, Broccoli, Karotten und Wassermelonenschale kann man auf dieselbe Weise pickeln.

Shoyu-Pickel

Schnelle Pickel kann man auch mit Shoyu ansetzen. Diese Methode eignet sich vor allem für weiches Gemüse wie Wasserkresse, Senfblätter und auch für etwas härteres wie Broccoli, Blumenkohl, Sellerie, Rettich, Karotten usw.. Die Zutaten werden in 50% Shoyu und 50% Quellwasser gepickelt. Das Gemüse verwendet man roh oder taucht es vorher in kochendes Wasser. Das Überbrühen mit heißem Wasser macht das Gemüse frischer und bringt seinen süßen Geschmack hervor. Statt Wasser kann man auch Suppenstock verwenden und mit etwas Mirin abschmecken. Die Pökeldauer kann einige Stunden bis zu mehreren Tagen betragen. Die fertigen Pickel herausnehmen und ggf. überschüssige Shoyusoße mit kaltem Wasser abspülen.

Shoyu-gepickelte Kohlrüben

2 Tassen Kohlrüben, geviertelt und fein geschnitten
Shoyusoße
Quellwasser

Die Rüben in eine Pickelpresse oder Keramikschüssel geben. Shoyu und Wasser im Verhältnis 50:50 mischen, soviel, daß es die Rüben halb bedeckt. Deckel in der Pickelpresse herunterschrauben oder Teller mit einem kleinen Gewicht auf die

Rüben legen. 4 Stunden oder über Nacht stehen lassen. Diese Pickel halten sich gekühlt etwa 1 Woche.

Variante: An Stelle von Wasser Apfelessig verwenden.

Broccoli- und Blumenkohlpickel

1 Tasse Broccoli (Rosen und Stiele)
1 Tasse Blumenkohl (Rosen und Stiele)
½ Tasse Shoyu
½ Tasse Quellwasser oder Apfelsaft

Das Gemüse in eine Pickelpresse oder Schüssel geben. Shoyu und Wasser mischen und darübergießen. Deckel herunterschrauben oder Teller mit Gewicht in die Schüssel legen. Einige Stunden oder über Nacht stehenlassen.

Variante: Das Gemüse vorher in heißes Wasser tauchen. Etwas Ingwer oder andere Kräuter zugeben.

Shoyu-gepickelte Zwiebeln

2 Tassen Zwiebeln, in feine Halbmonde geschnitten
2 bis 4 Eßlöffel Shoyu

Zwiebeln in ein Sieb geben und kurz in heißes Wasser tauchen. Das nimmt ihnen den beißenden Geschmack. (Rote Zwiebeln sind milder und können roh gepickelt werden.) In eine Schüssel geben und Shoyusoße darübergießen. Gut mischen und 2 Stunden oder über Nacht stehen lassen.

Misopickel

Misopickel sind salzig, haben aber einen süßlichen Beigeschmack. Man sollte sie nur in kleinen Mengen essen. Als Misopickel eignet sich vor allem Wurzelgemüse wie Kletten- und Kohlrüben, Karotten, Rettich, Kohlrabi, Ingwer, Lotos und Selleriewurzel. Gewöhnlich läßt man sie einen Tag an einem warmen, trockenen Ort eintrocknen, bis sie biegsam sind. Meistens presse ich sie erst einige Stunden oder 1 bis 2 Tage mit etwas Salz, um überschüssigen Saft herauszuziehen, oder ich koche die Wurzeln ein paar Minuten im Ohitashi-Stil, bevor ich sie ins Miso gebe.

Die Länge des Pickelns hängt von der Gemüsesorte und der Schnittechnik ab. Fein geschnittene Zutaten brauchen 3 bis 7 Tage. Ganzes Gemüse (mit kleinen

Einschnitten) pickelt man gewöhnlich 1 bis 2 Wochen. Größere Stücke brauchen 3 bis 4 Monate zum Reifen, und ganzes, ungeschlitztes Gemüse kann ein Jahr pickeln.

Das Gemüse waschen und mit einer Gemüsebürste gründlich schrubben. Nach Wunsch schneiden und in Miso einlegen. Das Miso sollte die Zutaten total bedecken. Druck ist nicht nötig. An einem kühlen Platz aufbewahren.

Blattgemüse eignet sich weniger zu Miso wegen seines hohen Wassergehalts. Zuviel Wasser verdirbt das Miso. Überbrühen und vorher in Salz pressen machen es eher geeignet. Manchmal pickle ich Gurken oder Sommerkürbis in Miso, nachdem ich sie zuvor in Salz gepreßt habe. Dann fülle ich sie in einen Krug, der zu 70% mit Miso gefüllt ist, und lasse alles ein paar Tage stehen. Wasserkresse und Broccolistiele kann man ebenfalls in Miso pickeln, wenn man sie zuvor nach Ohitashi-Art in heißes Wasser taucht. (Broccoli-Schale nach dem Brühen abziehen). Sie sind in etwa einer Woche fertig.

Schnelle Zitronen-Miso Pickel

10 Zitronenschalen
½ Tasse Quellwasser
½ Tasse dunkles Sesamöl
1 Tasse Miso
1 Teelöffel geriebener frischer Ingwer

Die Zitronenschale kleinhacken und mit dem Wasser etwa 5 Minuten unbedeckt sieden. Öl in einer Pfanne erhitzen und die gekochte Zitronenschale mit dem Miso und Ingwer sautieren. Gut mischen und 2 bis 3 Minuten dünsten. Abkühlen und eine Woche stehenlassen. Zu Reis oder Salat servieren.

Miso-gepickelte Schalotten

1 Bund Schalotten
Miso

Die Schalotten waschen und in einen Behälter mit Miso legen, wobei sie völlig bedeckt sein müssen. 1 bis 2 Tage stehenlassen. Herausnehmen, einen Großteil des Miso abkratzen und für andere Zwecke aufbewahren. Schalotten kleinschneiden, wenn zu salzig, spülen und servieren.

Miso-gepickelter Tofu

Gepickelter Tofu hat eine käseähnliche Beschaffenheit, einen süßlichen Geschmack und gibt eine köstliche Vorspeise ab.

1 Pfund Tofu
1 bis 1 ½ *Pfund Miso*

Eine 3 cm dicke Schicht Miso in eine kleine Schüssel geben. Den rohen, unzerschnittenen Tofu auf die Misoschicht legen und mit einer weiteren 3 cm dicken Lage Miso die Oberfläche und Seiten umhüllen. Schüssel mit einem Käsetuch oder leichtem Geschirrtuch abdecken und 5 bis 6 Stunden stehenlassen. Kurz vor dem Servieren die Misoschicht abschaben (und für andere Zwecke aufbewahren) und den Tofu in kleine Würfel oder Dreiecke schneiden.

Variante: Einen schärferen Geschmack bringt ein Eßlöffel geriebener frischer Ingwer, den man vorher in das Miso rührt.

Umeboshi-Pickel

Säuerliche Pickel macht man mit Umeboshi-Pflaumen. Ich pickle Gemüse auch gern mit Shisoblättern. Diese Blätter werden gewöhnlich mit Umeboshi gepickelt, und es gibt sie in den Naturkostläden oder in Asia-Geschäften. Sie werden auch Büffelgras-Blätter genannt.

Gepickelte Radieschen

Umeboshi oder Shisoblätter machen Radieschen innen hübsch rosa. Man kann diese Pickel auf zweierlei Arten zubereiten.

Kurzpickeln

1 Tasse zerkleinerte Radieschen
2 bis 3 Umeboshi-Pflaumen

Die Radieschen in eine Pickelpresse oder Schüssel geben. Die Umeboshi-Pflaumen mit der Hand zerpflücken und zumischen. Die Kerne sind konzentriert und können ebenfalls beigegeben werden, man sollte sie aber vor dem Servieren herausnehmen. 3 bis 4 Tage stehenlassen.

Variante: Statt ganzen Pflaumen 2 bis 3 Teelöffel Umeboshi-Paste oder 1 Eßlöffel Umeboshi-Essig verwenden.

Langpickeln

5 bis 6 Umeboshi-Pflaumen
2 bis 3 Shisoblätter
1 Bund Radieschen, gewaschen und geputzt
1 Viertel Quellwasser

Umeboshi-Pflaumen, Shisoblätter und Radieschen in einen Behälter geben. Wasser darübergießen, mit einem Käsetuch bedecken und 2 bis 3 Wochen kühl stellen. Feinschneiden und servieren.

Variante: An Stelle von Umeboshi, Shiso und Wasser kann man die Radieschen auch mit Umeboshi-Essig bedecken.

Gepickelter Ingwer

Dieser Pickel ist scharf und sehr würzig. Ich serviere ihn gern in kleinen Portionen zu Reis, Nudeln oder gebe ihn in Sushi-Rollen.

2 Stücke frischer Ingwer, etwa 5 bis 7 cm lang
mehrere Shisoblätter

Ingwer schälen und in dünne Diagonalstreifen schneiden, diese wiederum zu Streichhölzern zerkleinern. In Shisoblätter einwickeln, in eine kleine Schüssel legen, bedecken und etwas beschweren. Die Shisoblätter sollten den Ingwer total umhüllen. 3 Tage an einem kühlen, dunklen Platz aufbewahren, bis der Ingwer sich rosa färbt.

Nuka-Pickel

Als in Japan während der Shogun-Ära weißer Reis üblich wurde, entdeckte man, daß die Kleie sich hervorragend zum Pickeln eignet. Diese Pickel nannte man Nuka. Man läßt sie gewöhnlich sehr lange reifen, und sie geben sehr viel Energie. Eine Sorte getrockneter Rettich-Pickel in Reiskleie zubereitet heißt *Takuan.* Dieser sehr salzige, konzentrierte Pickel wurde nach einem buddhistischen Mönch benannt, der den Shogun und andere Feudalherren unterrichtete. Einer seiner Schüler, Miyamoto Musahi, war einer der berühmtesten Samurai Japans, und Takuan-Pickel, die oft 1 bis 3 Jahre oder länger reifen, werden auch Samurai-Pickel genannt.

Anstelle von Reiskleie verwendet man auch Weizenkleie zum Pickeln. Das ändert leicht das Aroma. In der makrobiotischen Küche nehmen wir meistens Vollreismehl an Stelle von Nuka. Im Gegensatz zu anderen Pickel können Langzeit-gepickelte Nuka auch gekocht gegessen werden. Man legt sie in etwas Wasser, bis sie weich sind, zerkleinert sie und dünstet sie in etwas Sesamöl, schmeckt sie mit Shoyu ab, und serviert sie zu gebratenem Reis oder Sushi.

Kleie-Pickel

Kurzzeit-Pickel kann man auch mit Nuka oder Vollreismehl machen. Dafür halten viele makrobiotische Haushalte einen großen Krug gefüllt mit Kleie und vielen verschiedenen Gemüsesorten. Verbrauchte Zutaten werden gleich neu aufgefüllt. Auf diese Weise ist immer ein Vorrat an gepickeltem Gemüse zur Hand. Je kleiner die Gemüsestücke, umso schneller pickeln sie. Grundsätzlich setzt man einen Pickelkrug wie folgt an:

5 Pfund Nuka oder Vollreismehl
10 Tassen Quellwasser
1 bis 2 Tassen Meersalz
Kombu
1 Tasse Hatcho- oder Gersten-Miso

Nuka oder Reismehl bei mittlerer Hitze trockenrösten, bis es leicht anbräunt. Abkühlen lassen. Wasser zum Kochen bringen, Kombu und Salz zugeben und abkühlen lassen. Den Sud samt Kombu in ein Holzfaß oder einen Keramikkrug gießen.

Ein Emaileeimer geht auch. Mehl oder Nuka und Miso zugeben und gut mischen. Das ist die Grundmase zum Pickeln.

Gemüseabfall wie Zwiebelschale, in einem kleinen Tuch oder Sack verschnürt und in das Faß gegeben, fördern den Fermentierungsprozeß. Den Sack nach 3 bis 4 Tagen herausnehmen, den Inhalt kann man kompostieren. Etwas Eierschale mit eingebunden gibt der Masse Kalzium und neutralisiert überschüssige Säure.

Das Gemüse vorher gut und gründlich säubern, um unerwünscht Bakterien zu vermeiden. Am besten eignen sich harte Gemüsesorten wie Klettenwurzel, Karotten, Kohlrüben oder Rettich. Große Wurzeln kann man halbieren oder vierteln. Je kleiner die Stücke, umso schneller pickeln sie. Blätter sollten einen halben Tag trocknen, da sie sonst zuviel Saft ziehen. Kleingeschnittene Karotten sind nach 2 bis 3 Tagen fertig, während größere Stücke eine Woche brauchen. Nur jeweils soviel Gemüse zugeben, daß es sich gegenseitig nicht berührt. Leichteres Gemüse wie Sommerkürbis, Zucchini oder Sellerie gibt man im Ganzen bei. Den Kombu kann man ebenfalls essen, wenn er weich ist.

Auf die Mischung einen hölzernen Deckel oder einen Teller legen und mit dicken Steinen beschweren. Steigt das Wasser nach oben, das schwere Gewicht abnehmen, die Pickel umrühren und mit einem leichteren Gewicht beschweren oder nur den Deckel auflegen. Bei der Herausnahme eines Pickels jeweils umrühren (das sollte täglich geschehen), um Schimmel zu vermeiden. Hat sich nach zwei Tagen noch keine Flüssigkeit gebildet, muß der Druck verstärkt werden. Steigt die Flüssigkeit innerhalb eines Tages über den Deckel, ist der Druck zu schwer und muß vermindert werden.

Beim Herausnehmen des Gemüses die Kleie abschütteln und zurück in den Krug geben. Das Gemüse vor dem Servieren mit kaltem Wasser abspülen. Wird das Nuka oder das Reismehl zu weich, gibt man frisch geröstetes mit etwas Salz hinzu. Immer nur kleine Mengen zugeben, da sonst der Geschmack verloren geht.

Mit dieser Methode hält sich die Pickelmasse ein paar Jahre. Den Krug oder Eimer sollte man kühl und trocken aufbewahren. Ein Käsetuch über der Öffnung hält den Staub ab. Verreist man ein paar Wochen, stellt man den Behälter in den Kühlschrank oder an einen anderen sehr kühlen Ort. Ist man mehrere Monate abwesend, nimmt man das Gemüse heraus, gibt es ungewaschen in einen geschlossenen Behälter, den man kühl stellt, und legt es nach der Rückkehr wieder in die Mehlmischung.

Variante: Zu Beginn kann man das Gemüse auch lagenweise in die Pickelmasse geben. Dabei sollte die Kleieschicht immer die erste und letzte Lage bilden und natürlich zwischen jeder Gemüsesorte liegen.

Sauerkraut

Diese Zubereitungsweise für Kohl hat ihren Ursprung in der Mongolei und breitete sich von dort westwärts aus. Wie Nuka-Pickel bereitet man Sauerkraut gewöhnlich in großen Mengen in einem Holzfaß oder einem Keramikkrug zu.

5 Pfund Weißkohl, fein geraspelt
⅓ Tasse Meersalz

Den geraspelten Kohl in ein hölzernes Faß oder einen Keramikkrug geben. Gut mit dem Salz mischen. Einen Holzdeckel oder Teller auf den Kohl legen und mit Steinen oder einem Gewicht beschweren. Das Gefäß mit einem Käsetuch abdecken, um es vor Staub zu schützen. Innerhalb der nächsten 10 bis 20 Stunden sollte der Saft bis oder über den Deckel steigen. Steigt er weit über den Rand, muß das Gewicht reduziert werden, steigt er zu wenig, braucht der Kohl mehr Druck. 1 ½ bis 2 Wochen kühl und trocken reifen lassen. Jeden Tag prüfen und evtl. Schimmel sofort entfernen, bevor er sich weiter ausbreiten kann. Vor dem Verzehr spült man das Sauerkraut mit kaltem Wasser ab. In einem geschlossenen Behälter hält es sich in seinem Saft im Kühlschrank eine Woche und länger.

Gepickelte Sakehefe

Sakehefe fällt beim Brauen von Sake oder japanischem Reiswein ab. Sie ist käseähnlich, besteht aber aus natürlich fermentiertem Getreide. Sie schmeckt süßlich-scharf und man verwendet sie zum Pickeln oder in Suppen, Soßen und anderen Speisen. Bevor wir Gemüse in Sakehefe pickeln, pressen wir sie vorher mit etwas Salz und geben es dann in die Sakehefe, als wenn wir Misopickel machen. Man läßt es gewöhnlich ein paar Wochen reifen. Da diese Hefe schnell verdirbt, muß man sie sehr kühl, im Sommer am besten im Kühlschrank aufbewahren. In Japan serviert man Sakehefe-Pickel gewöhnlich zum Tee am Nachmittag. Im Westen gibt es Sakehefe abgepackt in einigen Naturkostläden oder in Asia-Geschäften.

Kapitel 21

Hülsenfrüchte

Ein friedlicher Sonnenuntergang in den Bergen
Eine Rauchwolke
Steigt über brennenden Grashalmen empor
– Kinuyo

Hülsenfrüchte sind Samen, die in Hülsen wachsen. Nach der Ernte entfernt man die Hülsen und trocknet die Hülsenfrüchte. Sie enthalten mehr Eiweiß und Fett als Getreide und weniger Kohlehydrate. In Suppen oder Beilagen oder zusammen mit anderen Zutaten zubereitet, geben Hülsenfrüchte dauerhafte Energie und liegen damit zwischen dem schnell wachsenden Gemüse und der ruhigen, ausgeglichenen Kraft des Getreides. In der makrobiotischen Küche machen Hülsenfrüchte 10% der Nahrung aus, vor allem Azukibohnen, Linsen und Kichererbsen. Sie sind kleiner und weniger fetthaltig als andere Sorten. Mittelgroße wie Nieren- und Sojabohnen werden ab und zu, große Hülsenfrüchte seltener gegessen.

Auswahl und Lagerung von Hülsenfrüchten

Im Naturkostladen suche ich die Bohnen aus, die gleichmäßig geformt sind, eine glatte Haut und leuchtende Farbe haben. Flecken, Streifen, Falten und Dellen zeigen an, daß sie ihre Vitalität verloren haben. Fischaugen sind Bohnen, die sich geöffnet haben, weil sie zu schnell getrocknet sind. Eine Portion hochwertige Bohnen enthält nicht mehr als 2 Prozent zerbrochene Stücke oder Hautfetzen.

Ihre Trockenheit prüft man, indem man in eine Bohne beißt. Gut getrocknete Bohnen brechen und zersplittern, andere zeigen lediglich eine Zahnspur.

Zuhause bewahre ich die Bohnen in luftdicht verschlossenen Behältern auf und lagere sie kühl und dunkel. Auf diese Weise behalten sie ihre Energie fast unbegrenzt. Man sollte verschiedene Bohnensorten nicht zusammen in einem Behälter aufbewahren. Auch Packungen gleichen Typs können unterschiedlich getrocknet worden sein, und, wenn man sie mischt, nicht gleichmäßig garen. Die Kochzeit hängt von der Trockenheit der Bohnen ab. Je trockner die Bohnen, um so länger ist die Einweich- und Kochzeit.

Waschen und Einweichen von Hülsenfrüchten

Vor dem Kochen gebe ich die Hülsenfrüchte jeweils in kleinen Portionen auf einen Teller, um Steine und Schmutz auszusortieren. Dann kippe ich sie in einen großen Topf, gieße Wasser zu und spüle sie, wobei ich mit der Hand leicht umrühre. Der restliche Staub wird mit dem Wasser weggeschüttet. Je nachdem wie schmutzig die Hülsenfrüchte sind, wasche ich sie zwei- bis dreimal, bis das Wasser sauber ist.

Außer Linsen, Erbsen und anderen leichten Hülsenfrüchten müssen alle eingeweicht werden, um sie leichter verdaulich zu machen. Blähungen, die oft nach dem Konsum von Bohnen auftreten, resultieren meist aus einer zu kurzen Einweich- oder Kochzeit, ungenügendem Kauen oder sind ein Zeichen, daß man sich übergessen hat. Die Hülsenfrüchte zum Einweichen in einen Topf geben, mit kaltem Wasser bedecken und einige Stunden oder über Nacht stehen lassen (siehe Tabelle). Das Einweichwasser kann man zum Kochen verwenden. Es gibt der Speise mehr Nahrhaftigkeit.

Seit kurzem weiche ich Hülsenfrüchte in heißem Wasser ein. Dadurch werden sie sehr viel weicher und leichter verdaulich. Sie brauchen 25% weniger Einweichzeit als in kaltem Wasser. Wenn ich z.B. schwarze Sojabohnen zubereite, erhitze ich 2 ½ Tassen Quellwasser (pro Tasse Bohnen) bis kurz vor dem Siedepunkt. Dann gieße ich das Wasser zu den Bohnen in eine Schüssel und füge etwas Salz hinzu, damit sich die Schale nicht löst. ich lasse sie gewöhnlich 5 bis 6 Stunden oder länger (in kaltem Wasser 6 bis 8 Stunden) weichen und koche sie dann langsam. Ich habe diese Methode auch bei anderen Sojabohnen und mit Azukibohnen ausprobiert und sehr gute Resultate erzielt.

Nach dem Einweichen sind die Bohnen fertig zum Kochen. Es gibt vier verschiedene Grundrezepte für die Zubereitung von Bohnen: 1) Die traditionelle Schockmethode; 2) Kochen; 3) Druckkochen; 4) Backen.

Die traditionelle Schockmethode

Diese Zubereitungsmethode ist vor allem im Orient und bei anderen traditionellen Völkern weit verbreitet. Ich ziehe sie allen anderen vor. Die eingeweichten Bohnen in einen gußeisernen Topf geben, 2 ½ Tassen Wasser pro Tasse Bohnen zugießen und langsam unbedeckt zum Kochen bringen. Das Wasser einige Minuten brodeln lassen, aber nicht zu stark. Dann einen kleinen Deckel auf die Bohnen legen, der in den Topf hineinpaßt. In Japan hatten wir dafür hölzerne Deckel, aber ein metallener tut es auch. Er bewahrt die Bohnen davor, zu springen, und verkürzt die Kochzeit. Während die Bohnen bei kleiner Flamme kochen, dehnen sie sich aus. Den Deckel heben und vorsichtig etwas Wasser am Rand zugeben, gerade soviel, um das Kochen zu stoppen.

Wieder zudecken und auf diese Weise mehrmals kaltes Wasser zugeben, bis die Bohnen zu 80% gar sind (siehe Tabelle bzgl. der Zeit). Nun ¼ Teelöffel Meersalz und ggf. andere Gewürze pro Tasse roher Bohnen zugeben. Unbedeckt weiter kochen lassen, bis die Bohnen gar sind, ggf. weiter kaltes Wasser zugießen. Sind die Bohnen weich, Flamme hochstellen und restliche Flüssigkeit verkochen lassen. Das Resultat sollten weiche, schmackhafte und leicht verdauliche Bohnen sein. Langsames Kochen bei niedriger Flamme und die Schockwirkung des kalten Wassers bringen das natürliche Aroma der Hülsenfrucht am besten hervor.

Hülsenfrüchte kochen

Zum normalen Kochen braucht man pro Tasse trockener Hülsenfrüchte 3 ½ bis 4 Tassen Wasser. Die Hülsenfrüchte zum Kochen bringen, Hitze reduzieren, zudecken und bei kleiner Hitze kochen, bis die Hülsenfrüchte zu 80% gar sind. Mit ¼ Teelöffel pro Tasse roher Hülsenfrüchte würzen oder einer entsprechenden Menge Miso oder Shoyu. Topf zudecken und kochen, bis die Bohnen weich sind. Zum Schluß Deckel abnehmen, Hitze hochstellen und das restliche Wasser verkochen lassen. In eine Servierschüssel geben und servieren.

Druck-gekochte Hülsenfrüchte

Normalerweise koche ich Hülsenfrüchte nicht mit Druck, es sei denn ich bereite sie zusammen mit Reis oder anderem Getreide zu. Als Beilage zur täglichen Mahlzeit kocht oder „schock-kocht“ man Hülsenfrüchte am besten. In Ausnahmefällen und aus Zeitmangel kann man sie druckkochen, und sie bringen so sehr konzentrierte Energie. Bohnen waschen, so lange einweichen, wie es die Zeit erlaubt, und mit zwei Tassen Wasser pro Tasse Hülsenfrüchte in einen Drucktopf geben. Zum Kochen bringen, Flamme kleinstellen und fast gar kochen. Druck fallen lassen, Deckel öffnen und mit ¼ Teelöffel Meersalz, ½ Teelöffel Miso oder 1 ½ Teelöffel Shoyu pro Tasse trockener Hülsenfrüchte würzen. Bei niedriger Hitze weiterkochen, bis alles Wasser verkocht ist.

Kochzeiten für die Schock/Koch-Methoden*

Hülsenfruchtsorte	Einweichzeit	Würzen	Kochzeit
Weiche Hülsenfrüchte grüne/ rote Linsen, Mungbohnen, Erbsen	keine	45-50 Min.	1 Stunde
Mittelharte Hülsenfrüchte kleine, leichte Azuki, Nieren-, schwarze und andere mittelgroße Bohnen	2 — 4 Stunden	1 ½ — 1 ¾ Stunden	2 Stunden
Harte Hülsenfrüchte große, dunkle Azuki-, schwarze, weiße, gelbe Sojabohnen, Kichererbsen und andere harte Bohnen	6 — 8 Stunden oder über Nacht	3 ¼ — 3 ½ Stunden	4 Stunden

Druckkochen

Hülsenfrüchte	Einweichzeit	Würzen	Kochzeit
Weich	keine	30 Minuten	45 Minuten
Mittel	1 Stunde	45 Minuten	1 Stunde
Hart	2 Stunden	1 — 1 ¼ Std.	1 ½ — 2 Std.

* Die Zeitangaben können nur ungefähre Richtlinien sein, da sie abhängig sind von verschiedenen Faktoren wie Klima, Bodenbeschaffenheit, Jahreszeit, Höhenlage etc.. Die Einweichzeit gilt für kaltes Wasser. Bei heißem Wasser mit Salz reduziert sich die Länge um ¼.

Gebackene Hülsenfrüchte

In einem Keramik- oder Tontopf gebackene Hülsenfrüchte sind sehr schmackhaft. Für weiße Bohnen, die man traditionell zum Backen bevorzugt, muß man mit einer Garzeit von 3 bis 4 Stunden rechnen. Nach dem Waschen und Einweichen gibt man sie in einen Topf und gießt 4 bis 5 Tassen pro Tasse Trockenbohnen zu. 15 bis 20 Minuten kochen, um ihre Schale zu lösen. Dann in eine Backform geben und bei 175° C backen, bis sie zu 80% gar sind. Mit Salz oder Miso würzen (¼ Teelöffel Salz bzw. ½ Teelöffel Miso pro Tasse Trockenbohnen). Wenn nötig, etwas Wasser zugeben und weiter backen, bis sie gar sind. Am Ende den Deckel abnehmen und die Bohnen oben anbräunen lassen. Kleingeschnittene Karotten, Zwiebeln und anderes Gemüse kann man den Bohnen zugeben, wenn sie etwa zur Hälfte gar sind. Rosinen, getrocknete Äpfel oder andere Früchte kann man zu Beginn beigeben.

Würzen

Hülsenfrüchte werden gegen Ende der Kochzeit gewürzt, um gleichmäßiges Garen zu gewährleisten. Vor dem Kochen zugefügtes Salz härtet die Schale der Hülsenfrüchte und läßt sie ungleichmäßig weich kochen. Als Grundregel gilt ¼ Teelöffel Salz pro Tasse Trockenbohnen. An Stelle von Salz kann man auch mit 1 bis 1 ½ Teelöffeln Shoyu-Sojasoße oder 1 ½ bis 1 ⅔ Teelöffel Miso pro Tasse roher Bohnen würzen. Bei großen Mengen reduziere ich die Würzmenge etwas.

Ich bevorzuge Salz bei Azukibohnen, Shoyu bei Sojabohnen, Nierenbohnen und Kichererbsen und Miso ebenfalls für Soja- oder Nierenbohnen. Andere Bohnen würze ich mit Salz und gelegentlich einem milden Gewürz wie Lorbeer. Etwas Süße gibt ein wenig Gerstenmalz.

Gekochte Bohnen mit Kombu

Im Fernen Osten gibt man gewöhnlich einen Streifen Kombu zu allen Hülsenfrüchten. Er dient als Geschmacksverstärker und führt Mineralien zu. Zu jeder der vier Grundmethoden einfach ein 7-15 cm langes Stück Kombu, das vorher gespült oder ein paar Minuten geweicht ist, zugeben. Den Streifen auf den Topfboden legen und die Bohnen darüberschütten.

Azukibohnen

In meiner Heimat wurden Azukibohnen auf den Schlammstreifen zwischen den Reisfeldern angebaut und nach dem Reis geerntet. Die kleinen, kompakten Bohnen sind leichter und weniger ölig als andere Sorten und sehr beliebt im Fernen Osten. Im Kapitel über Reis haben wir beschrieben, wie man für Feiertage und zu besonderen Gelegenheiten Roten Reis mit ihnen zubereitet. Man ißt sie auch als Beilage oder als süßen Nachtisch.

Vor dem Kochen müssen Azukibohnen gründlich gewaschen werden. Während meiner Zeit als Grammatiklehrerin in den Bergen kochte ich einmal für eine Kollegiumskonferenz Azukibohnen, und beim Essen zogen alle lange Gesichter. Als unerfahrene Köchin hatte ich die Bohnen nicht richtig gespült, und sie enthielten noch Sand und Schmutz. Ich schämte mich sehr vor dem Direktor und den anderen Lehrern. Wie Linsen müssen Azukis nicht eingeweicht werden, aber ich wässere sie trotzdem einige Stunden, um sie leichter verdaulich zu machen.

Importierte Azukis sind am hochwertigsten. Sie wachsen gewöhnlich in Hokkaido, der kalten, nördlichsten Insel Japans, und werden mit der Hand gepflückt. Einige makrobiotische Landwirte kultivieren die Hülsenfrucht jetzt auch in den Vereinigten Staaten, und sie sind ebenfalls von hoher Qualität. Bei uns zuhause gibt es gewöhnlich 2 bis 3mal Azukibohnen pro Woche. Ich weiche sie 6 bis 8 Stunden, lege ein 7 bis 15 cm langes Stück Kombu auf den Topfboden und koche die Bohnen nach der Schock-Methode, wie weiter vorn beschrieben. Ich mag vor allem auch Azukibohnen mit Weizenkörnern 50:50 druckgekocht. Azukibohnen-Sud ist sehr gehaltvoll, und ich gebe ihn gern, cremig gerührt, über Mochis.

Azukibohnen mit Kürbis

Ich bereite diese Speise gern im Herbst zu.

1 Tasse Azukibohnen
Quellwasser
1 Streifen Kombu, 15-20 cm lang
1 Tasse Öl- oder Winterkürbis, ungeschält und in große Stücke geschnitten
¼ Teelöffel Meersalz

Die Bohnen waschen, mit Wasser bedecken und 6 bis 8 Stunden weichen. Kombu auf den Topfboden legen und darauf den Kürbis geben. Als nächstes die Azukibohnen zufügen. Soviel Wasser zugießen, daß es gerade den Kürbis bedeckt. Langsam bei kleiner Flamme zum Kochen bringen. Nach 10 bis 15 Minuten zudecken. Etwa 1 Stunde kochen lassen, bis die Bohnen 70 bis 80% gar sind. Während sich die Bohnen ausdehnen und das Wasser verkocht, kaltes Wasser zugeben und so die Wasserhöhe konstant halten. Salz zugeben und weitere 15 bis 30 Minuten kochen, bis die Bohnen weich sind und die Flüssigkeit fast verkocht ist. In einer Schüssel servieren.

Variante: Diese Speise kann man auch druckkochen. Erst Kombu und Bohnen 15 bis 20 Minuten kochen. Druck fallen lassen, Topf öffnen und Kürbis zugeben. Weiter unter Druck kochen, bis die Bohnen zu 70 oder 80% weich sind. Das nimmt ihnen den bitteren Geschmack. Dann salzen und garkochen. Gibt man den Kürbis am Anfang mit dazu, wird er zu weich.

Azukibohnen mit Lotoskernen

Lotoskerne haben den Ruf, Vitalität und ein langes Leben zu bringen.

1 Tasse Azukibohnen
½ Tasse Lotoskerne
ein 20 cm langer Streifen Kombu
2 ½ Tassen Quellwasser
¼ Teelöffel Meersalz oder
1 ½ Teelöffel Shoyu-Sojasoße

Die Azukibohnen waschen und zusammen mit den Nüssen 3 bis 8 Stunden einweichen. Kombu zuunterst in einen Topf legen und Bohnen und Nüsse obenauf geben. Soviel Wasser zugießen, daß die Bohnen halb bedeckt sind. Zum Kochen bringen und bei kleiner Hitze zugedeckt kochen, bis die Bohnen 70 bis 80% weich sind. Salz oder Shoyu zugeben und weitere 30 Minuten kochen. Die Bohnen sind etwa nach 2 Stunden gar.

Variante: 1 Tasse frische Lotoswurzel oder getrocknete und eingeweichte Lotoswurzel kleinschneiden und zugeben. Diese Speise nennt man in Japan „Azukibohnen nach Vettern Art“.

Omedeto

Omedeto ist ein Brei aus Azukibohnen und geröstetem Naturreis. Er kommt aus dem Japanischen und heißt übersetzt „Gratulation“ oder „Frohes Fest“. Dieser süßliche Brei war unser Lieblingsfrühstück im George-Oshawa-Studienhaus bei Tokio.

1 Tasse Naturreis
ein 15-20 cm langer Streifen Kombu
1 Tasse Azukibohnen
5 Tassen Wasser
2 Prisen Meersalz

Den Reis in einer Pfanne trocken rösten. Kombu auf den Topfboden legen und Reis mit den Bohnen zugeben. Mit Wasser auffüllen und nach der Schock- oder Kochmethode garen. Wenn die Bohnen zu 70 bis 80% weich sind, salzen und weitere 30 Minuten kochen, bis sie weich sind.

Azukibohnen mit Kastanien

Dieses Gericht stärkt die Nieren und gibt wärmende Energie im Winter.

½ Tasse getrocknete Kastanien
1 Tasse Azukibohnen
3 Tassen Quellwasser
¼ Teelöffel Meersalz

Die Kastanien trocken rösten bis sie ein nussiges Aroma ausströmen. Nach der Schock- oder Kochmethode zubereiten.

Variante: Statt rösten, kann man die Kastanien auch zusammen mit den Azukibohnen einige Stunden oder über Nacht einweichen.

Besondere Süße verschaffen eine kleine Menge getrockneter oder frischer Äpfel oder Rosinen, vor dem Kochen beigegeben.

Sojabohnen

Sojabohnen haben den höchsten Gehalt an Fett und Eiweiß. Leichter verdaulich sind sie in verarbeiteter Form als Miso, Tofu, Tempeh, Natto oder Shoyu. Aber wenn man sie richtig zubereitet, haben sie einen feinen, süßlichen Geschmack und dürften keine Verdauungsprobleme verursachen. Gelbe Sojabohnen sollten über Nacht mit etwas Kombu weichen. Ich koche sie meistens 20 Minuten im Drucktopf und lasse sie dann 10 bis 15 Minuten unbedeckt weich werden. Gelbe Sojabohnen passen gut zu Hiziki-Meeresgemüse.

Bunter Sojabohnen-Schmortopf

Dies ist mein Lieblings-Schmortopf. Er schmeckt gut, gibt viel Energie und steigert die Anziehung zwischen Mann und Frau. Außerdem tut er chronisch Kranken gut.

2 Tassen gelbe Sojabohnen
Quellwasser
5-7 cm Streifen Kombu
1 Shiitake Pilz
5 große Stücke getrocknete Lotoswurzel
6 Stücke getrockneter Tofu, 5-6 cm dick
1 Selleriestange, zerkleinert
1 getrockneter Daikon, geraspelt
1 Karotte, kleingeschnitten
1 Klettenwurzel, zerkleinert
eine Prise Meersalz
1 ½ Eßlöffel Shoyu-Sojasoße
1 Teelöffel Kuzu
frisch geriebener Ingwer
1 bis 2 Eßlöffel Mirin (nach Wunsch)

Die Sojabohnen in 5 Tassen kaltem Wasser über Nacht einweichen. Dann mit dem Einweichwasser in einen Drucktopf geben und 15 Minuten offen kochen lassen. Herausnehmen und die Bohnen enthäuten. Zurück in den Drucktopf geben und 20 Minuten unter Druck kochen. Währenddessen Kombu, Shiitake, Lotoswurzel und den getrockneten Tofu 10 Minuten einweichen. Den Druck sinken lassen, Deckel abnehmen und die eingeweichten Zutaten auf die Bohnen schichten. 10 Minuten unter Druck kochen, Druck sinken lassen, Bohnen und Gemüse auf separate Teller geben.

Den gekochten Kombu kleinschneiden und in einen Soßentopf legen. Etwas Wasser und das weiche Gemüse wie Sellerie, Daikon, Shiitake und Tofu zugeben. Darauf das Wurzelgemüse und die Lotoswurzel schichten.

Die oberste Schicht bilden die halbgaren Bohnen. Etwas Salz und den restlichen Sud aus dem Drucktopf zugeben, zudecken und 30 Minuten kochen, bis Karotten und Sellerie weich sind. Mit Shoyu abschmecken, mit 1 Teelöffel Kuzu binden und den geriebenen Ingwer zugeben. Nach Geschmack mit etwas Mirin süßen. Die Sojabohnen sollten sehr weich und süß sein, wenn der Eintopf fertig ist.

Variante: Je nach Vorrat können Gemüsesorten weggelassen oder zugegeben werden. Seitan macht dieses Gericht besonders köstlich. Ohne Drucktopf kocht man die Bohnen mit einem Innendeckel etwa 1 Stunde bevor man sie mit dem Gemüse mischt.

Schwarze Sojabohnen

Diese glänzenden Bohnen werden auch japanische schwarze Bohnen genannt. Sie haben einen sehr intensiven Geschmack. Ihr Saft soll die Stimme klar und klangvoll machen. In Japan bereiten Mütter überall ihre Kinder damit auf Musikprüfungen und Gesangsunterricht vor. Schwarze Sojabohnen helfen auch, tierische Gifte aus dem Körper zu treiben.

Man kann sie für sich oder zusammen mit Reis zubereiten. Kocht man sie mit Reis, reinigt man sie und röstet sie dann. Zur Reinigung schüttet man die Bohnen auf ein nasses Handtuch und reibt sie damit sauber. Wäscht man sie unter kaltem Wasser, löst sich die Schale. Dann röstet man sie in einer Pfanne trocken und kocht sie mit dem Reis. Wenn ich sie allein koche, süße ich die Bohnen gern mit etwas Gerstenmalz, Reismalz, Mirin oder Ahornsyrup. Hier das Grundrezept für schwarze Sojabohnen.

Grundrezept für schwarze Sojabohnen

2 Tassen schwarze Sojabohnen
3 Tassen Quellwasser
½ Teelöffel Meersalz
1 ¼ bis 1 ½ Eßlöffel Shoyu

Die Bohnen waschen und mit dem Wasser sowie etwas Salz einige Stunden oder über Nacht einweichen. Mit dem Einweichwasser zum Kochen bringen. Bei mittlerer Hitze kochen, bis sie zu 90% gar sind. Verkochtes Wasser auffüllen. Während des Kochens den Schaum und oben schwimmende Hülsen abschöpfen. Shoyu zugeben und den Topf leicht schütteln, um den Sud mit dem Shoyu gleichmäßig zu mischen. Nicht umrühren. Das Schütteln verleiht den Bohnen einen besonderen Glanz. Die restliche Flüssigkeit verkochen. Die Gesamtkochzeit für dieses Gericht beträgt 2 ½ *bis 3 Stunden.*

Naturreis mit schwarzen Sojabohnen

In einigen Landesteilen wird dieses Gericht wegen seiner schwarz-weiß-Kombination als traditionelle Morgenmahlzeit serviert. Woanders reicht man es bei besonderen Anlässen. Es ist eines meiner Lieblingsspeisen.

2 Tassen Naturreis
4 ½ Tassen Quellwasser
1 Tasse schwarze Sojabohnen
3 Prisen Meersalz
2 Teelöffel Shoyu

Reis waschen und mit dem Wasser in einen Drucktopf geben. Die Sojabohnen auf ein nasses Handtuch geben, vorsichtig den Staub abreiben und in einer gußeisernen Pfanne kurz trocken rösten. Dabei mit einem hölzernen Löffel umrühren. Wenn sie aufbrechen und das Innere goldgelb wird, zu dem Reis geben. Mit Salz und Shoyu würzen. Zudecken und bei kleiner Hitze 10 Minuten zum Kochen bringen. Dann bei hoher Temperatur unter Druck bringen und 45 bis 50 Minuten auf kleiner Flamme kochen. Druck entweichen lassen und 10 Minuten oder länger stehen lassen. Öffnen und den Inhalt in einer hölzernen Schüssel servieren.

Nierenbohnen

Neben Azuki- und Sojabohnen wuchs ich mit Nierenbohnen auf. Sie haben ein süßes Aroma, wenn man sie während des Kochens mit Salz, Miso oder Shoyu würzt. Ich bereite sie gewöhnlich als extra Beilage zu. Zusammen mit Tempeh und Naturreis können sie als eine aparte Mahlzeit im Chili-Stil bereitet werden.

1 Tasse Nierenbohnen
Quellwasser
1 Streifen Kombu, 15-20 cm lang
1 ½ Teelöffel Miso, am besten Gerstenmiso

Die Bohnen waschen und 6 bis 8 Stunden einweichen. Kombu zuunterst in einen Topf geben und Bohnen samt Wasser obenaufschütten. Zum Kochen bringen, zudecken und bei mittlerer Temperatur kochen, bis die Bohnen zu 80% weich sind. Das pürierte Miso hineinrühren und die Bohnen etwa 20 bis 30 Minuten weiterkochen lassen, bis sie weich und cremig sind.

Variante: Die Bohnen 45 Minuten im Drucktopf kochen, dann Miso zugeben und weitere 20 bis 30 Minuten oder länger ohne Druck weiterkochen.

Kichererbsen

Ich lernte Kichererbsen im Hause einer Freundin in New York kennen. Sie waren in einem Sommersalat mit Sellerie, Karotten und Mais kombiniert und schmeckten köstlich. Heute verwende ich sie regelmäßig für sich allein zubereitet oder mit Reis, anderem Getreide oder zu Gemüse, z.B. in dem Rezept für den bunten Sojabohnen-Eintopf.

Sie passen auch in Suppen, zu Seitan oder als gebratene Frikadellen zusammen mit Zwiebeln, Petersilie und Sellerie. Aus Kichererbsen macht man auch Hummus, eine traditionelle Paste aus Kichererbsen und Tahin aus dem Mittleren Osten. Hier das Grundrezept für Kirchererbsen:

1 Tasse zerkleinerte Kichererbsen
3 Tassen Quellwasser
Ein 15-20 cm langer Streifen Kombu, eingeweicht und zerkleinert
1 Tasse zerkleinerte Zwiebeln
1 Tasse kleingeschnittene Karotten
1 Tasse gekochter und zerkleinerter Seitan
¼ bis ½ Teelöffel Meersalz

Die Kichererbsen 6 bis 8 Stunden oder über Nacht einweichen. Abtropfen und das Einweichwasser aufbewahren. Kombu in einen Drucktopf legen, Bohnen obenaufgeben und das Einweichwasser zugießen. Zudecken und bei schwachem Druck 30 bis 40 Minuten kochen. Druck herunterkommen lassen und Bohnen aus dem Topf nehmen. Zwiebeln, Karotten und Seitan in den Topf geben und die Bohnen mit dem Kombu obenauf schichten. Zum Kochen bringen, zudecken, und etwa 1 Stunde bei mittlerer Hitze kochen lassen. Wenn die Bohnen zu 80% weich sind, salzen. Weiterkochen, bis die Bohnen weich aber nicht breiig sind und die meiste Flüssigkeit verkocht ist. In eine Schüssel geben und servieren.

Linsen

Auch Linsen lernte ich erst in den Vereinigten Staaten kennen. Sie sind weich, einfach in der Zubereitung und passen gut zu Wurzelgemüse, vor allem zu Klettenwurzeln. Ich bereite sie auch gern mit Karotten, Zwiebeln und Winterkürbis zu. Zur Abwechslung kann man auch einmal rote Linsen kochen. Sie lösen sich völlig auf und ergeben eine olivgrüne reichhaltige, cremige Suppe, ähnlich wie Erbsen.

1 Tasse getrocknete Linsen
2 bis 2 ½ Tassen Quellwasser
1 Tasse zerkleinerte Zwiebeln
½ Tasse zerkleinerte Sellerie
½ Tasse zerkleinerte Karotten
¼ Tasse kleingeschnittene Klettenwurzel
¼ Teelöffel Meersalz oder 1 ½ Teelöffel Shoyu
Petersilie zum Garnieren

Die Linsen waschen. Schichtweise die Zwiebeln, Sellerie, Karotten und die Klettenwurzel in einen Topf geben. Linsen obenauf schütten und Wasser zugießen. Zum Kochen bringen, zudecken und 40 bis 45 Minuten bei mittlerer Hitze kochen. Würzen und weitere 10 bis 15 Minuten kochen. In eine Schüssel geben, mit Petersilie garnieren und servieren.

Limabohnen

Limabohnen sind in Mittel- und Lateinamerika zuhause und öliger als andere Bohnen. Im heutigen Japan süßt man diese Bohnen mit Zucker und macht einen beliebten Snack daraus. Natürlich verwenden wir keinen Zucker. Etwas Salz bringt beim Kochen ihre natürliche Süße hervor. Wie andere Bohnen reiche ich sie gern ab und zu zusammen mit Klettenwurzeln, Karotten, Mais oder anderem Gemüse.

Kapitel 22

Tofu, Tempeh und Natto

Tofu, Tempeh, Natto und andere Sojabohnen-Produkte gehören im Osten zu den traditionellen Hauptnahrungsmitteln. Die makrobiotische Küche hat diese eiweißreichen Produkte im Westen eingeführt. Es gibt sie heute in fast allen Naturkostläden und in wachsender Zahl auch in US-Supermärkten, und sie werden gern an Stelle von Fleisch, Geflügel, Milch- und anderen fett- und cholesterinhaltigen Produkten verzehrt. Sojaprodukte können täglich oder fast täglich in kleinen Mengen statt oder zusätzlich zu ganzen Bohnen als Beilage zu Getreide serviert werden.

Tofu

Tofu ist das vielseitigste Sojaprodukt. Er wurde vor einigen tausend Jahren im alten China von einem taoistischen Alchemisten entdeckt. In den ersten Jahrhunderten n. Chr. brachten ihn buddhistische Mönche nach Japan und machten ihn zum Hauptbestandteil ihrer buddhistischen Tempel-Küche (Shjin-Ryori). Aber auch in der übrigen Gesellschaft wurde er mit Begeisterung aufgenommen.

Selber ohne Eigengeschmack absorbiert Tofu leicht das Aroma anderer Nahrung, und er läßt sich auf hunderte verschiedene Weisen zubereiten. Man kann ihn mit Getreide, Nudeln und Gemüse kochen, in Suppen oder mariniert in Salat geben, zu Pickel, Soßen und Tunken verarbeiten. Tofu kann man einfach zuhause selbst herstellen und fertig kaufen und in ein paar Minuten zubereiten. Man kann ihn eine Woche bis zu mehreren Monaten, je nach Verpackungsart, lagern. Normalerweise ist er in 400 g großen Stücken eingeschweißt erhältlich und ausgepackt sollte er in kaltem Wasser aufbewahrt werden. Diese Tofukuchen kann man in unterschiedlicher Art und Weise zerkleinern, kochen, dämpfen, dünsten, grillen, backen, fritieren oder gelegentlich auch roh servieren.

In Japan wird Tofu traditionell täglich in kleinen Läden in der Nachbarschaft hergestellt. Zwischen 5 und 6 Uhr gingen die Tofumacher mit ihren Schiebekarren durch die Straßen, ähnlich den Milchmännern im Westen. Vom offenen Fenster aus kauften dann die Hausfrauen in ihren Morgen-Kimonos den frischen Tofu, um ihn für das Familienfrühstück in die Misosuppe zu tun.

Eine besondere Tofuspezialität gab es zum Neujahrsfest. Mutter briet Tofuscheiben auf getrockneten Bambusblättern in einer großen Keramikpfanne. Diese Blätter hatten wir vorher in den Bergen gesammelt. Zuhause wurden sie getrocknet, und man konnte sie ohne Öl in der Pfanne erhitzen. Nach dem Braten kochte man den Tofu 10 bis 15 Minuten in einer Suppengrundlage aus Kombu und Shiitake und etwas Shoyu. Dann schnitt man ihn in diagonale Stücke und bereitete ihn weiter nach Belieben zu. Die Bambusblätter verliehen ihm ein interessantes Aroma.

Tofu-Qualität

Tofu wird gewöhnlich mit Nigari verfestigt, ähnlich der Käseherstellung. Nigari ist der Rückstand, der bei der Gewinnung von Meersalz entsteht. Es ist sehr reich an Magnesium, Eisen und anderen Mineralien. Ein anderes natürliches Gerinnungsmittel, das bei der Herstellung von Tofu verwendet wird, ist Kalziumsulfat, das man aus Berggips gewinnt. Heute gewinnt man den meisten Tofu, der in Japan und in orientalischen Geschäften weltweit vertrieben wird, mit Hilfe von Essig, Alaun und raffiniertem Kalziumsulfat oder anderen Chemikalien minderer Qualität. Als ich nach Amerika kam und Tofu zuhause selber machte, konnte ich anfangs kein Nigari bekommen. Ich benutzte stattdessen Zitronensaft, die nächstbeste Alternative.

Heute gibt es hunderte regionale Tofuhersteller, die hochwertige Produkte liefern, und in den USA gibt es mit Nigari hergestellten organischen Tofu sogar in einigen Supermärkten.

Weicher und fester Tofu

Frischen Tofu gibt es gewöhnlich in weicher und fester Form. In Japan nennen wir weichen Tofu *Kinugoshi Dofu,* das bedeutet seidenartig. Der harte heißt *Momemgoshi Dofu,* baumwollartig. Seide und Baumwolle beziehen sich nicht nur auf die vergleichsweise feste oder weiche Beschaffenheit des Tofu, sondern auch auf seine traditionelle Herstellungsweise. Ein Baumwolltuch wird zum Abtropfen der einen, ein Seidentuch für die andere Sorte verwendet. Seidentofu gibt man in Suppen und Schnellkoch-Gerichte oder macht Salatdressing daraus. Festen Tofu gebraucht man eher zum Fritieren, Pickeln, Fermentieren, für Nishime-Stil und andere längerkochende Gerichte.

Tofu kochen

Tofu hat eine natürliche kühlende Energie und ist gekocht leichter verdaulich. An sehr heißen Sommertagen reiche ich ihn gelegentlich roh auf Eis mit etwas Shoyu und Ingwer. Ansonsten koche ich ihn immer. Auch wenn ich ihn zu einem Salatdressing verarbeite, tauche ich ihn 2 bis 3 Minuten in siedendes Wasser, bevor ich ihn püriere.

Seinen hohen Gehalt an Eiweiß und Öl gleicht man am besten mit salzigem Aroma wie Miso oder Shoyu aus. In den USA ist mit Gerstenmalz, Ahornsyrup oder Honig gesüßter Tofu sehr beliebt, aber im Fernen Osten ist diese Zubereitungsart unbekannt, und sie verstärkt den kühlenden Effekt des Produkts. Außer bei denen, die sich gerade im Entwöhnungsstadium von Milchprodukten befinden, ist Zurückhaltung bei süßen Tofuspeisen empfohlen. Etwas Süße bringen auch ein paar Tropfen Mirin, die man beim Kochen zugibt.

Miso- und klaren Suppen gebe ich etwa 1 cm große Stücke weichen Tofu am Ende der Kochzeit zu. Sie sinken zuerst zum Boden und steigen dann wieder empor. Dann würze ich und lasse die Suppe nach 2 bis 3 Minuten kochen. Längere Kochzeit macht den Tofu hart und gummiartig.

Schnell zubereitet ist Tofu nach Rühreier-Art. Ich zerkleinere den Tofu per Hand und dünste ihn ein paar Minuten in etwas Sesamöl zusammen mit frischem Mais oder gehacktem Grün und würze mit etwas Shoyu. Man kann Tofu auch gebratenem Reis oder Nudeln in dieser Form zugeben.

Für längerfristige Gerichte verwende ich festen Tofu, schneide ihn in dicke Scheiben und koche ihn mit verschiedenem Gemüse auf kleiner Flamme nach

Nishime- oder Sukiyaki-Art. Vorher angebraten schmeckt Tofu noch besser. Das zieht überschüssige Flüssigkeit heraus und beugt Zähigkeit vor.

Fritierter Tofu paßt gut zu gedünstetem Kimpira-Gemüse oder Hiziki, Arame und Kombu-Algen nach Nishime-Art. Fritierten Tofu spüle ich gewöhnlich mit heißem Wasser gut ab und brühe ihn dann ein paar Minuten in Shiitake-Kombu-Stock, bevor ich ihn weiterverarbeite. Im Kapitel über Sushi beschreibe ich meine Lieblings-Tofuspeise Kitsune (Fuchs-Stil) Sushi: dreieckige Taschen aus fritiertem Tofu mit Gemüse gefüllt.

Frischen Tofu lagern

Frischer Tofu ist verderblich und hält sich etwa eine Woche im Kühlschrank. Am besten bewahrt man ihn in einem geschlossenen Behälter auf, mit Wasser bedeckt. Im Winter wechsele ich das Wasser alle 2 bis 3 Tage, an warmen Tagen wechsele ich es täglich. Verdorbener Tofu wird schimmlig, klebrig, säuerlich und riecht. Sind nur die Oberfläche oder die Ränder betroffen, kratzt oder schneidet man sie ab und kann das Innere noch verwenden. Man kann ihn auch mit Umeboshi oder Ume-Essig kochen. Wenn jedoch der Verderb fortgeschritten ist und der Verdacht besteht, daß der Geschmack darunter leidet, sollte man ihn nicht mehr zum Verzehr nehmen und neuen zubereiten.

Gefrorener Tofu

Gefrorener Tofu ist feiner und weicher als frischer Tofu und hält sich länger. Einer Legende zufolge verdankt er seine Entdeckung einem buddhistischen Mönch, der ein Stück Tofu im Schnee fallen ließ, als er von einem Fuchs erschreckt wurde. Am nächsten Tag sammelte er das gefrorene Stück ein, und seine besondere Zartheit begeisterte alle Tempelbewohner. Selbstgemacht preßt man das Wasser aus frischem Tofu und friert ihn dann ein. Dazu legt man ein frisches Stück Tofu auf ein Brett und bedeckt es mit einem leichten Geschirrtuch. Darauf kommt ein weiteres Brett mit einem Stein als Beschwerer. Die Bretter werden am besten mit einem Stäbchen in eine leichte Schräglage gebracht, damit das überschüssige Wasser abfließen kann. Nach einer Stunde den Tofu in 1 cm große Stücke schneiden und im Abstand zueinander auf einer Platte ins Kühlfach stellen. Nach 12 bis 24 Stunden kann man die Stücke in eine Plastiktüte stecken und bei Bedarf herausholen. Gefrorener Tofu hält sich etwa 3 Monate. Zum Auftauen gibt man ihn 10 Minuten in kochendes Wasser, spült ihn unter kaltem Wasser ab und preßt überschüssiges Wasser leicht mit dem Handballen aus. Man kann ihn auch 10 Minuten in kaltem Wasser auftauen, abtropfen und ausdrücken.

Getrockneter Tofu

Beliebt ist auch getrockneter Tofu. Er hat eine ganz andere Beschaffenheit als frischer oder gefrorener Tofu, und er paßt vor allem gut zu fein geschnittenem Wurzelgemüse. In Spanien hatten wir einmal eine köstliche Mahlzeit aus getrocknetem Tofu mit Karotten und Misosoße. Traditionell wird getrockneter Tofu im Winter gemacht. Gefrorener Tofu wird gepreßt, scheibenweise in Strohmatten eingerollt und eine Woche an einem kühlen Ort gelagert. Dann bindet man jeweils 5 Scheiben mit Reisstroh zusammen und hängt die Bündel unter das Dach in den Schatten. Während des Tages tauen sie auf, und nachts frieren sie wieder. Nach mehreren Wochen ist das Ergebnis ein trockener, knuspriger, leicht beigefarbener Tofu, der dieselben leichten und langlebigen Eigenschaften hat wie trockene Campingnahrung. Moderner getrockneter Tofu wird kommerziell mit Ammoniak zubereitet. Zum Auswaschen des Ammoniaks läßt man die getrockneten Stücke 3 bis 5 Minuten in heißem Wasser weichen (nicht länger), Wasser wegschütten, lauwarmes oder kaltes Wasser zufügen und den Tofu per Hand auspressen. Erneut spülen und ausdrücken und diesen Prozeß mehrmals wiederholen. Kann in jedem Gericht an Stelle von frischem Tofu verwendet werden.

Hausgemachter Tofu

3 Tassen gelbe Sojabohnen aus organischem Anbau
Quellwasser
4 ½ Teelöffel natürliches Nigari oder Zitronensaft

Die Bohnen über Nacht einweichen, abtropfen und in einem Mixer zerkleinern. Den Brei mit 6 Vierteln Wasser in einen Topf geben und zum Kochen bringen. Bei kleiner Hitze 5 Minuten köcheln, dabei ständig umrühren, um Ankleben zu vermeiden. Etwas kaltes Wasser über die Bohnen sprenkeln, um das Brodeln zu stoppen. Wieder zum Kochen bringen und erneut kaltes Wasser zugeben. Insgesamt dreimal. Ein Baumwolltuch oder mehrere Lagen Käsetücher über eine Schüssel legen und die Bohnen hineingeben. Die vier Ecken des Tuchs zusammennehmen, einen Sack formen und ausdrücken. Die Flüssigkeit ist Sojamilch. Der Restbrei im Tuch heißt Okara und man kann ihn zur Weiterverarbeitung aufbewahren. Nigari im Suribachi oder Mixer zerkleinern und in die Sojamilch geben. Man kann auch Zitronensaft nehmen. Mit einem Holzlöffel vorsichtig mit zwei tiefen Strichen ein großes X in die Mischung malen und 10 bis 15 Minuten stehenlassen. In dieser Zeit beginnt die Flüssigkeit zu gerinnen. Für den nächsten Schritt braucht man eine Tofubehälter aus Holz oder Stahl (erhältlich in vielen Naturkostläden) oder einen Bambus-Dämpfer. Den Behälter mit einem Käsetuch auslegen und die Sojamilch löffelweise zugeben. Mit einem Käsetuch zudecken, Deckel obenauflegen und mit einem Stein beschweren. Nach etwa einer Stunde hat sich das Tofustück geformt. Vorsichtig in eine Schüssel mit kaltem Wasser stellen und 30 Minuten fest werden lassen. Den Tofu mit Wasser bedeckt im Kühlschrank aufbewahren. Ein Pfund Sojabohnen ergibt etwa 3 ½ bis 4 Pfund Tofu.

Anmerkung: Eine Tofupresse kann man auch einfach selber machen. Es gibt sie jedoch in den meisten Naturkostläden zu kaufen.

Gekochter Tofu mit Ingwer-Petersiliensoße

Quellwasser
400 g Tofu, in 5 jeweils 1 cm dicken Scheiben
Shoyu
geriebener frischer Ingwer
gehackte Petersilie oder Zwiebelgrün zum Garnieren

½ cm Wasser in einem Topf zum Kochen bringen. Die Tofuscheiben ins Wasser geben und zudecken. Bei kleiner Flamme 1 bis 2 Minuten kochen. Die Temperatur niedrig halten, sonst wird der Tofu hart. Die Stücke herausnehmen, abtropfen und auf Teller legen. Eine Soße aus etwas Wasser, Shoyu und geriebenem Ingwer zubereiten und einen Teelöffel davon über jede Portion gießen. Mit Petersilie oder Schalotten garnieren.

Tofu gegrillt

Gegrillter Tofu paßt besonders gut zu Sauerkraut.

400 g zerkleinerter Tofu
Shoyu

Tofu abtropfen und in 8 gleichgroße Scheiben schneiden. Auf ein Backblech legen, mit etwas Tamari besprenkeln und 2 bis 3 Minuten in den Grill schieben. Tofu umdrehen, wieder mit Shoyu würzen und 1 bis 2 Minuten grillen. Herausnehmen und servieren.

Rührei-Tofu mit Mais

Dieses Gericht ist im Nu zubereitet.

3 Eßlöffel geröstetes Sesamöl oder Maisöl
400 g fester Tofu
3 Tassen frische Maiskörner
½ bis 1 Teelöffel Meersalz
Zerkleinertes Zwiebelgrün zum Garnieren

Öl in einem Topf erhitzen. Tofu zerkrümeln und hineingeben. Obenauf die Maiskörner legen. Zudecken und bei kleiner Hitze 3 bis 4 Minuten garen, bis der Tofu heiß und der Mais weich ist. Mischen und heiß servieren. Mit Schalotten garnieren.

Variante: Tofu, Mais zusammen mit den Schalotten in 2 bis 3 Eßlöffeln Wasser dünsten. Anderes Gemüse wie Kohl, Zwiebeln, Karotten in Streichholzgröße, Pilze und gelegentlich etwas grüne Paprika kann man ebenfalls verwenden. Die Farben sollten leuchten, und das Gemüse sollte noch etwas Biß haben.

Sautierter Tofu mit Gemüse

Dies ist eine Variante des vorangegangenen Rezepts.

2 bis 3 Teelöffel geröstetes Sesamöl
1 Selleriestange in ½ bis 1 cm großen Stücken
2 Karotten in ½ bis 1 cm großen Stücken
fein gehackte Schalottenwurzeln
400 g fester Tofu
1 Teelöffel Meersalz oder 2 Eßlöffel Shoyu
2 kleingeschnittene Frühlingszwiebeln zum Garnieren

Das Sesamöl in einer Pfanne erhitzen. Sellerie und Karotten und Schalottenwurzeln 1 bis 2 Minuten darin dünsten. Tofu zerkrümeln und beimischen. Mit Salz oder Shoyu würzen. Zudecken und 3 bis 5 Minuten garen. Mit Frühlingszwiebeln garnieren und servieren.

Gebackener Tofu mit Misosoße

1 Eßlöffel Gerstenmiso
2 bis 3 Teeelöffel frisch ausgepreßter Zitronensaft
¼ bis ⅓ Tasse Quellwasser
400 g fester Tofu in 1 cm dicken und 7 cm breiten Stücken
1 Eßlöffel geröstete und zerkleinerte Sesamsamen
¼ Tasse zerkleinertes Zwiebelgrün oder gehackter Schnittlauch

Miso und Zitronensaft im Suribachi mit etwas Wasser zu einem weichen Brei verrühren. Tofuscheiben in einer flachen Backform leicht übereinander legen, etwa so: //////. Löffelweise die Soße darübergeben. Tofu im vorgeheizten Backhofen 15 bis 20 Minuten bei 175° C backen. Herausnehmen und mit Sesam, Zwiebelgrün oder Schnittlauch bestreuen. In den Ofen zurückgeben und zwei Minuten aufbacken. Herausnehmen und servieren.

Gebackenes Tofu-Sandwich

Dies ist eine meiner liebsten Speisen in meinen Kochkursen. Sie ist eine nahrhafte Alternative zu gegrilltem Käsesandwich.

400 g fester Tofu in 7 mal 5 mal ½ bis 1 cm dicken Scheiben
Gerstenmiso
1 Blatt gerösteter Nori

4 bis 5 Scheiben Tofu mit einer dünnen Lage püriertem Gerstenmiso bestreichen. Die restlichen 4 bis 5 Scheiben obenauf legen, nach Sandwich-Art. Nori in 3 cm breite Streifen schneiden und jeweils einen Streifen um jedes Tofu-Sandwich wickeln. Auf ein Backblech legen und im vorgeheizten Ofen 15 bis 20 Minuten bei 175 ° C backen.

Varianten: Man kann die Sandwiches auch in einer Pfanne mit etwas Sesamöl braten, oder kochen Sie bei mittlerer Hitze Miso mit Tahin 50:50 vermischt. Miso kann man auch mit Ingwer, Zwiebelgrün, Zwiebeln, gehackten Mandeln, Wallnüssen oder geröstetem Sesam vermischen.

Oden

Oden ist ein traditioneller japanischer Eintopf für kalte Tage. Er wird am Tisch zubereitet und aus dem Topf gegessen. Oden enthält Tofu, Daikon und viele andere Zutaten in einer Brühe und wird gelegentlich mit heißem Sake serviert. Er wird auf dem Land und in der Stadt vor allem in Kneipen mit würzigen und scharfen Beilagen genossen.

2 Streifen Kombu, eingeweicht und in 7-10 cm lange Stücke geschnitten
2 Tassen Daikon (langer weißer Rettich) in 1 cm dicken Scheiben
4 bis 5 Shiitake Pilze, eingeweicht, entstielt und halbiert
geröstetes Sesamöl
5 bis 6 Scheiben fester Tofu, 7 mal 5 mal 1 cm groß
Quellwasser
Shoyu

Alle Kombustreifen in der Mitte zusammenknoten und die Kringel auf eine Seite des Topfes legen. Daikonscheiben daneben plazieren und die Shiitakepilze neben den Daikon. Den Tofu mit etwas Sesamöl kurz anbraten und zwischen Shiitake und Kombu legen. Jede Zutat sollte ihren eigenen Platz im Topf haben. Nicht mischen oder übereinanderlegen. Mit Wasser halb bedecken und 30 bis 45 Minuten dünsten, bis der Daikon glasig ist. Mit etwas Shoyu würzen und Sud herunterkochen lassen, bis etwa ¼ Tasse übrig ist. In eine Servierschüssel geben und servieren.

Yudofu

Yudofu bedeutet Heißwasser-Tofu. Sein schlichtes Aroma ist sehr beliebt. Die meisten japanischen Restaurants haben dieses Gericht auf ihrer Speisekarte.

2 Tassen Quellwasser
1 Streifen Kombu
2 Shiitakepilze
1 Pfund frischer Tofu, in 2 cm dicken Scheiben
1 Bund Wasserkresse, gewaschen
Shoyu
Zitrone
Ingwersaft
fein gehacktes Zwiebelgrün zum Garnieren

Wasser, Kombu und Pilze in einen Topf geben und zum Kochen bringen. Hitze reduzieren und ein paar Minuten kochen. Shiitake und Kombu herausnehmen und zu späterer Verwendung aufbewahren. Wasser erneut zum Kochen bringen und Tofuscheiben hineingeben. Ist er heiß, die Wasserkresse für ein paar Sekunden hineintauchen. Eine Soße zubereiten aus 1 Eßlöffel Shoyu, 1 Eßlöffel heißem Shiitakestock, 1 Tropfen Zitronensaft, 1 bis 2 Tropfen Ingwersaft (Mengenangabe pro Person). Die Soße bei Tisch individuell servieren und mit Zwiebelgrün garnieren. Der Tofu wird dann vor dem Essen in die Soße getaucht.

Fritierter Tofu mit Kuzusoße

In Japan nennt man fritierten Tofu *Aburage*. Es gibt viele Geschichten, die von Leuten in den Bergen erzählen mit gerade erworbenem Aburage auf ihrem Rücken, der verschwunden war, wenn sie zuhause ankamen. Man sagt, der Fuchs habe ihn gestohlen, da jedes Kind weiß, daß Füchse Aburage lieben. In den Shinto-Weihestätten opfert man noch heute den wachenden Fuchsgeistern Aburage.

1 Streifen Kombu, 15 bis 20 cm lang
3 Tassen Quellwasser
Shoyu
1 Pfund fester Tofu
3 Eßlöffel Pfeilwurzelmehl oder Vollweizenmehl
helles Sesamöl
1 Tasse geschnittene Zwiebeln
4 Eßlöffel Kuzu
½ Tasse geschnittenes Zwiebelgrün
1 Teelöffel geraspelter Rettich

Kombu waschen und mit dem Wasser in einem Topf zum Kochen bringen, zudecken und etwa 10 Minuten bei mittlerer Hitze köcheln. Kombu herausnehmen und für andere Gerichte aufbewahren. Das Wasser mit etwas Shoyu würzen. Tofu abtropfen, in 2 cm dicke Scheiben schneiden und in Pfeilwurzel- oder Weizenmehl wälzen, damit das Öl nicht spritzt und der Tofu zart bleibt. Jede Scheibe in wenigstens 2 cm Sesamöl goldbraun braten, herausnehmen und überschüssiges Öl mit einem Papiertuch abtupfen. Die Stücke mit den zerkleinerten Zwiebeln in den Shoyu-Sud geben und 15 bis 20 Minuten kochen. Dann Tofu herausnehmen und in eine Schüssel geben. Etwas Kuzu in Wasser auflösen und in die Brühe rühren. Zwiebelgrün zugeben und die heiße Soße über den fritierten Tofu geben. Sofort servieren, bevor die Aburages verschwinden! Mit einem Teelöffel geraspeltem Daikon garnieren.

Getrockneter Tofu, Karotten und Zwiebeln

2 Eßlöffel dunkles Sesamöl
1 Tasse Zwiebeln, in Halbmonde geschnitten
1 Tasse Karotten, in Streichholzgröße geschnitten
Quellwasser
1 Tasse getrockneter Tofu, eingeweicht und zerkleinert
1 Eßlöffel Shoyu

Sesamöl in einer Pfanne erhitzen und Zwiebeln darin 1 bis 2 Minuten dünsten. Karotten zugeben und den Pfannenboden leicht mit Wasser bedecken. Tofu hineinfügen und 1 bis 2 Minuten sautieren. Zum Kochen bringen. Mit Shoyu würzen, Hitze reduzieren und zudecken. Einige Minuten oder bis die Karotten und Zwiebeln weich sind köcheln, bis der Sud verkocht ist. In eine Schüssel kippen und servieren.

Sautierter Okara mit Gemüse

Okara ist der Sojabohnenbrei, der bei der Gewinnung von Tofu übrigbleibt. Er ist beige und sehr faserhaltig. Man benutzt ihn traditionell, um Suppen, Eintöpfen, Croquetten, Gemüse- und Getreidegerichten Aroma und Volumen zu geben.

1 Selleriestange, fein geschnitten
1 Bund Frühlingszwiebeln mit Wurzeln, kleingeschnitten
3 bis 4 Eßlöffel dunkles Sesamöl
½ Tasse Klettenwurzel, zerkleinert
3 ½ bis 4 Tassen Okara
1 ½ Eßlöffel Shoyu oder ¾ Teelöffel Meersalz
1 Handvoll in Shoyu geröstete Mandeln, gehackt

Sellerie und Schalottenwurzeln 1 bis 2 Minuten in Öl dünsten. Klettenwurzel zugeben und 5 bis 10 Minuten sautieren, dann Okara zumischen und weitere 10 Minuten unter ständigem Rühren garen. Mit Shoyu würzen, das gibt ein vollmundigeres Aroma, oder mit Meersalz, das erhält der Speise die natürliche Farbe. Mandeln und Zwiebeln hineinmischen und ein paar Sekunden andünsten. Das Gemüse sollte noch einen leichten Biß haben.

Varianten: Auch getrockneter Rettich, Shiitake-Pilze oder Karotten können zugefügt werden. Vor allem eignet sich Arame in Verbindung mit Okara. Sie wird erst gekocht, und man gibt das Okara am Ende dazu.

Yuba

Yuba ist die Haut, die sich auf der Sojamilch beim Tofumachen bildet. Japan hat eine eigene Yuba-Küche, und es gibt eine Reihe von Läden, die ausschließlich Yuba-Speisen anbieten. Gewöhnlich werden sie als 30 mal 40 cm große Blätter bereitet. Zur Herstellung siehe Rezept für selbstgemachten Tofu. Die Sojamilch etwa 2 bis 3 cm hoch in einen gußeisernen Topf gießen. Bis kurz unterm Siedepunkt erhitzen. Nach 5 bis 10 Minuten bildet sich eine Haut auf der Oberfläche. Die Haut am Topfrand mit einem Messer abtrennen und mit einem langen, nassen Stäbchen hochheben. Ein paar Sekunden abtropfen und 5 Minuten abkühlen lassen. Auf eine Platte legen. Weiter alle 5 bis 20 Minuten die Haut von der Sojamilch entfernen, bis alle Milch verdunstet ist. Der Rest auf dem Grund schmeckt besonders gut. Yuba heiß mit etwas Shoyu servieren. Yuba kann auch zerkleinert, gerollt oder mit Gemüse, Meeresalgen oder Miso gefüllt werden.

Tempeh

Tempeh ist ein fermentiertes Sojaprodukt, das aus Indonesien kommt. Ich probierte ihn zum ersten Mal in Amsterdam, wo viele Indonesier leben, und mir schmeckte er ausgezeichnet. Er gibt viel Energie und ist besonders attraktiv für Vegetarier, die sich erst kürzlich umgestellt haben. Sein Gechmack und seine Beschaffenheit sind dem von Schweinefleisch oder Hähnchen sehr ähnlich. Tempeh ist leicht verdaulich und für jedes Alter geeignet, auch für gerade entwöhnte Säuglinge. Tempeh ist wie Miso und andere fermentierte Sojaprodukte eine natürliche Quelle wichtiger Nährstoffe, vor allem von Vitamin B_{12}.

Tempeh kann man mit einem speziellen Starter auch selbst machen. Es gibt ihn auch zunehmend in Naturkostläden. Zuhause essen wir ihn regelmäßig zu Gemüse, Meeresalgen und Getreide. Tempeh sollte immer gekocht und nie roh gegessen werden. Man kann ihn kurz oder lang kochen, braten, dämpfen, fritieren oder grillen. Für kleine Kinder sollte er lange mit etwas Kombu gekocht und ohne Salz oder Shoyu gegeben werden. Tempeh hält sich gut eine Woche oder länger im Kühlschrank. Man kann ihn auch längere Zeit einfrieren. Auf meinen Reisen trug ich ihn in Plastik eingepackt mit mir herum, und er hielt sich mehrere Tage. Selbst wenn er am Rand etwas schimmlig oder sauer wird, schneidet man die verdorbenen Teile ab und kann den Rest noch essen. Medizinisch empfiehlt Michio Tempeh zur Wiedergewinnung von Energie und Kraft. Ich kann dieses Produkt nur jedem empfehlen. Man kann es täglich in kleinen Mengen zu sich nehmen.

Selbstgemachter Tempeh

Dies ist die Grundmethode, nach der Tempeh im heutigen modernen Haushalt hergestellt werden kann. Nach der einleitenden Zubereitung der Sojabohnen muß die Mischung 22 bis 24 Stunden stehen. Entsprechendes Planen ist erforderlich. Tempeh-Starter gibt es in manchen Naturkostläden oder kann bei verschiedenen Versandgeschäften bestellt werden.

2 ½ Tassen gelbe Sojabohnen aus organischem Anbau
Quellwasser
1 ½ Eßlöffel Reisessig
1 Teelöffel Tempeh-Starter

Die Sojabohnen waschen und abtropfen. Mit 7 ½ Tassen Wasser zum Kochen bringen, 20 Minuten kochen und 2 Stunden stehen lassen. Das Wasser abgießen und die Bohnen fest zwischen den Händen reiben, um die Schalen zu lösen. Mit frischem Wasser auffüllen und mit der Hand leicht umrühren, bis alle Hülsen oben schwimmen. Wasser mit den Hülsen in ein Sieb gießen. Diesen Prozeß 3 bis 5 mal wiederholen, bis alle Schalen entfernt sind. Die Bohnen in 10 Tassen Wasser und dem Essig zum Kochen bringen und bei mittlerer Hitze 45 Minuten kochen. Die Bohnen in ein Sieb geben und einige Minuten spülen. Auf ein Backblech oder mit einem Tuch ausgelegtes Tablett ausbreiten und 20 bis 30 Minuten abkühlen lassen, bis sie hautwarm und ihre Oberflächen fast trocken sind. Die restliche Nässe mit einem Handtuch abtupfen und in eine große Schüssel oder Plastiktüte geben.

Den Starter gleichmäßig über die Bohnen streuen und 2 Minuten mit einem großen Löffel mischen oder, benutzt man eine Plastiktüte, gut durchschütteln. Zwei 18 bis 20 cm große selbstschließende Plastiktüten übereinander oder vier Lagen sauberer Käsetücher auf ein Holzbrett legen. Mit einem sauberen Nagel oder einer dicken Stopfnadel das Plastik im Abstand von 1 bis 1 ½ cm durchlöchern. Das erlaubt dem Pilz während der Reifung zu atmen. Die Tüten jeweils zur Hälfte mit den Bohnen füllen, verschließen und mit der Hand oder einem Spachtel flach drücken. Die Bohnenschicht sollte etwa 1 bis 2 cm dick sein. (Man kann die Bohnen auch auf ein Backblech, eine Bratpfanne oder ähnliches schichten, mit Aluminiumfolie bedecken und diese perforieren.) Tempeh in einen Wärmehalter bzw. eine Kühlbox legen (solche Styroporbehälter gibt es in jedem Haushaltsgeschäft). Ein kleines Loch bohren und ein Thermometer hineinstecken. Ein 2 cm großes Loch in den Deckel bohren und einen Birnenanschluß mit Dimmer hineinstecken und eine 20-Watt-Birne anschließen. (Man kann auch eine Kühltasche nehmen und die Leitung am Deckel entlang führen und das Thermometer hineinlegen. Statt der 20-Watt-Birne kann man auch ein kleines Nachtlicht nehmen.) Die Tempeh-Behälter am besten auf ein Drahtgitter oder ähnliches legen, um die Luft-Zirkulation zu erleichtern.

Die Isolierbox warm stellen und mit Decken umhüllen. Den Tempeh genau bei 30 bis 32° C 22 bis 28 Stunden fermentieren lassen. Die Temperatur mit dem Dimmer regulieren und alle zwei Stunden prüfen.

Die Tempehstücke sollten, wenn sie fertig sind, von einer weißen Pilzschicht zusammengehalten werden. Guter Tempeh hat ein klares, süßliches, vielleicht etwas pilzartiges Aroma, und der einzelne Kuchen sollte ohne zu zerbröckeln hochgenommen werden können. Graue und schwarze Sporen sind ein Zeichen von zu langer Reifung, der Tempeh ist aber trotzdem noch eßbar, wenn sein Aroma frisch ist. Nicht gelungener Tempeh ist meistens überhitzt worden. Er riecht dann modrig oder nach Ammoniak. Dieser Tempeh ist ungenießbar und sollte weggeworfen werden. War die Temperatur zu niedrig, ist der Tempeh naß, klebrig und krümelig. Weitere Informationen zur Herstellung von Tempeh gibt „Das Tempehbuch" von William Shurtleff und Akiko Aoyagi (erscheint im Herbst 1987 im Ahorn Verlag).

Tempeh in Suppen

Tempeh in kleine Würfel schneiden und mit Daikonscheiben und vorher eingeweichtem Wakame weichkochen. Miso zugeben und ein paar Minuten köcheln. Für eine klare Suppe Tempeh mit Karotten, Zwiebeln und Klettenwurzel kochen. Mit Shoyu oder Meersalz würzen, in Wasser aufgelöstes Kuzu hineinrühren und 5 Minuten weiterkochen. Mit gehackten Schalotten garnieren und servieren.

Tempeh mit Gemüse

Tempeh in kleine Würfel schneiden und in etwas Sesamöl mit Frühlingszwiebeln oder anderem Gemüse kurz anbraten. Will man eine Soße, gibt man der Pfanne etwas Shoyu bei, löst einen Eßlöffel Kuzu in 1 ½ Tassen Wasser auf und rührt es in die Mischung. Kochen, bis das Kuzu glasig ist. Auf diese Weise kann man gut Wasserkresse, Sellerie oder Tofu zusammen mit Tempeh zubereiten. Eine andere Methode ist, Tempeh mit Shoyu zu braten oder zu kochen. Viel verschiedenes

Gemüse wie Kohl, Karotten, Sellerie, Wirsingkohl oder Kohlrüben in diagonale Scheiben schneiden, in einen Topf geben (ggf. mit etwas Öl) und den Tempeh obenauf geben. Kurz mit etwas Wasser kochen, mischen und servieren.

Gebratener Reis oder Nudeln mit Tempeh

Tempeh in Würfel schneiden und jede Seite 5 bis 10 Minuten anbraten. Verschiedenes Gemüse kleinschneiden und ebenfalls braten. Gekochten Reis oder gegarte Nudeln und den Tempeh zugeben, zudecken und 5 bis 10 Minuten mit etwas Wasser köcheln. Am Ende mit Shoyu würzen, noch ein paar Minuten kochen, mischen und servieren.

Tempeh-Kohlrouladen

Dies ist eines meiner Lieblingsgerichte mit Tempeh.

5 bis 6 große Kohl- oder Chinakohlblätter kurz gedämpft
5 bis 6 Scheiben Tempeh, 5 bis 7 cm dick
Quellwasser
Shoyu
geriebener frischer Ingwer
5 bis 6 Streifen Kampyo (Kürbisfäden), 12 bis 15 cm lang und eingeweicht; wenn nicht vorhanden, befestigt man die Kohlrollen mit Zahnstochern, 2 Streifen Kombu, 15 bis 20 cm lang, eingeweicht, zerkleinerte Frühlingszwiebeln zum Garnieren.

Grünkohlblätter sind oft schwer voneinander zu trennen. Am besten dämpft man den ganzen Kohlkopf einige Minuten, entblättert ihn und läßt ihn abkühlen. Bei Chinakohl die Blätter abpflücken und 2 bis 3 Minuten in Wasser kochen. Tempeh in einen Topf geben und eben mit Wasser bedecken. Mit Shoyu und ½ Teelöffel frischem geriebenem Ingwer würzen. Zum Kochen bringen und bei niedriger Temperatur 15 bis 20 Minuten köcheln. Herausnehmen und abtropfen lassen. Jedes Tempehstück in ein Kohlblatt wickeln und mit Kürbisseide oder einem Zahnstocher befestigen. Kombu zuunterst in eine Pfanne legen und die Rouladen obenauf geben. Gut zur Hälfte mit Wasser bedecken, zum Kochen bringen und bei niedriger Flamme kurz kochen, wenn die Rollen hellgrün und knackig sein sollen. Für ältere, kranke Menschen und für Kinder die Kohlrouladen dünsten, bis sie weich sind. Herausnehmen und in eine Servierschüssel geben. Den restlichen Sud mit aufgelöstem Kuzu andicken und mit etwas Shyou und Ingwer abschmecken. Die Soße sollte mild und nicht zu salzig sein. Über die Rouladen gießen, mit ein paar zerhackten Schalotten garnieren und servieren.

Gersteneintopf mit Tempeh

1 Tasse Gerste
Quellwasser
geröstetes Sesamöl
2 Stangen Sellerie, zerkleinert
2 Tassen zerkleinerter Kohl
1 Karotte zu Streichhölzern geschnitten
100 g Tempeh
1 Streifen Kombu oder Wakame, eingeweicht
Shoyu oder Miso
zerkleinertes Zwiebelgrün zum Garnieren

Die Gerste über Nacht in 4 Tassen Wasser einweichen und eine Stunde kochen. Zur Seite stellen. In einem anderen Topf nacheinander Sellerie, Kohl, Karotten und Tempeh in etwas Öl sautieren. Die geweichten und zerkleinerten Meeresalgen und die Gerste zumischen und 30 Minuten kochen, falls gewünscht, etwas mehr Wasser zugeben. Mit Shoyu oder Miso abschmecken und mit Schalotten garnieren.

Tempeh Kinpira

4 mittelgroße Klettenwurzeln
geröstetes Sesamöl (nach Wunsch)
250 g Tempeh in Würfeln
Quellwasser
Shoyu
frischer geriebener Ingwer oder Ingwersaft

Die Klettenwurzel in feine Streichholzstücke schneiden und bei mäßiger Hitze ohne Öl dünsten. Die Tempehwürfel obenauf geben. Etwas Wasser und Shoyu zugeben, zudecken und dämpfen, bis alles weich ist. Zum Schluß mit Shoyu abschmecken und kurz weiterdünsten. Eine bessere Verdauung schafft etwas frisch geriebener Ingwer oder Ingwersaft.

Varianten: Karotten können anstatt oder zusätzlich mit oder ohne Zwiebeln sautiert werden. Das macht die Speise sehr süß und vor allem für Kinder geeignet.

Tempeh mit Arame

250 g Tempeh
70 g Arame
1 Zwiebel, fein geschnitten
½ bis 1 Karotte in Streichhölzern
Shoyu

Tempeh in kleine Würfel schneiden. Bevorzugt man einen deftigeren Geschmack, in einer Pfanne von beiden Seiten anbraten. Arame 20 Minuten einweichen, dann mit dem Einweichwasser in einen Topf geben. Zwiebeln und Karotten zufügen und Tempeh obenauf legen. Mit Shoyu abschmecken. Das Wasser sollte das Gemüse bedecken, aber nicht unbedingt den Tempeh. Bei mittlerer Hitze 30 Minuten kochen.

Tempeh-Paella

Paella ist ein traditionelles spanisches Reisgericht mit Gemüse, Fleisch und Meerestieren, Tempeh-Paella ist sehr beliebt bei makrobiotischen Familien in Europa.

1 bis 2 Streifen Kombu
2 Tassen Naturreis
geröstetes Sesamöl
1 Tasse gewürfelte Sellerie
1 Tasse gewürfelte Zwiebeln
1 Tasse gewürfelte Karotten
⅛ Tasse gewürfelte Klettenwurzel
250 g Tempeh
Shoyu
2 bis 2 ½ Tassen Quellwasser
Ingwersaft

Kombu 2 Stunden einweichen. Den Reis in einer Pfanne mit etwas Öl trocken rösten, bis er leicht bräunlich ist und duftet. Beiseite stellen. Das Gemüse bei großer Hitze in einer Pfanne mit etwas Öl anbraten, beginnend mit Sellerie, dann Zwiebeln, Karotten und schließlich die Klettenwurzel zugeben. Den Kombu zerkleinern und unter das Gemüse mischen. Dann das Gemüse in derselben Reihenfolge in einen Drucktopf füllen und Kombu, Tempeh und Reis obenauf füllen. Mit Shoyu würzen. Mit 2 Tassen Wasser 30 bis 40 Minuten unter Druck kochen, bis das Wasser verkocht ist. Zum Schluß alle Zutaten mischen, etwas Ingwersaft aus frisch gepreßtem Ingwer zugeben und servieren.

Tempeh Shish Kebab

Dies ist ein beliebtes Gericht für Parties oder Grillfeste. Die Menge richtet sich nach der Anzahl der Gäste.

Karotten
Klettenwurzeln
Radieschen
Umeboshi-Plaumen
Broccoliröschen
Blumenkohlröschen
Tempeh
Shoyu

Karotten und Klettenwurzel stückeln und weichkochen. Radieschen mit 1 bis 2 Umeboshis 15 Minuten kochen, oder bis das Wasser verkocht ist. Broccoli und Blumenkohl nacheinander kurz überbrühen, so daß sie noch Biß haben. Tempeh mit etwas Shoyu kochen oder braten, sodaß er noch weich aber knackig ist. Die Zutaten attraktiv auf Spieße stecken und servieren.

Natto

Natto ist ein fermentiertes Sojabohnen-Produkt. Es sieht aus wie gebackene Bohnen, die von langen klebrigen Fasern zusammengehalten werden. Natto ist vor allem im Norden Japans berühmt, wo man es traditionell herstellte. Die Bohnen wurden geweicht, gedämpft, dann in Reisseide eingewickelt und zum Fermentieren über den Küchenherd gehängt. In meiner Gegend war Natto weniger verbreitet, und ich lernte es erst in New York kennen. Natto ist reich an Eiweiß, Kalzium, Eisen und Niazin und stärkt die Verdauungsorgane. An seinen etwas strengen Geschmack muß man sich erst gewöhnen. Etwa 50 Prozent der Makrobioten lieben es, während die anderen 50 Prozent es nicht ausstehen können. Natto wird traditionell als kleine Beilage mit etwas Shoyu, Ingwer, geriebenem Daikon, Meerrettich, Senf, zerkleinerten Zwiebeln, Jinenjo-Bergkartoffeln oder rohem Eidotter serviert. Man kann es auch mit Naturreis, auf Buchweizennudeln oder auf Mochis essen. Natto kann man mit Koji (Getreidemalz), mit dem man auch Miso, Shoyu und Sake macht, zuhause selber ansetzen. Koji, aber auch fertiges Natto, gibt es heute in verschiedenen Naturkostläden. Natto hält sich ein paar Wochen im Kühlschrank oder unbegrenzt tiefgefroren frisch. Vor Gebrauch muß es nicht gekocht werden. Aber leichtes Dünsten oder Fritieren verfeinert es.

Natto hausgemacht

4 Tassen Sojabohnen aus biologischem Anbau
Quellwasser
100 g Koji

Die Sojabohnen waschen und 4 bis 6 Stunden weichen. Einweichwasser wegschütten. Bohnen in einen Drucktopf geben und mit Wasser bedecken. Unbedeckt zum Kochen bringen und bei kleinerer Hitze kochen, bis sich oben weißer Schaum bildet. Den Schaum und lose Hülsen abschöpfen, bis sich kein Schaum mehr bildet. Deckel schließen und Druck steigen lassen. 30 bis 45 Minuten kochen lassen. Topf unter laufendes, kaltes Wasser stellen, um den Druck zu senken. Bohnen abtropfen, abkühlen und in einen normalen Topf geben. Koji untermischen, mit einem gut zuschließenden Deckel zudecken und bei 39-40° C 22 bis 24 Stunden fermentieren lassen, ohne Deckel oder Ofentür zu öffnen. Aus dem Ofen nehmen, Bohnen in einen Behälter geben und tieffrieren, um den Fermentierungsprozeß zu stoppen. Sonst werden die Bohnen ungenießbar. Dieses Rezept ergibt ca. 12 Portionen à 250 g Natto. Bei Bedarf aus dem Gefrierfach nehmen und auftauen.

Kapitel 23

Meeresalgen

Wasserpflanzen rupfen,
In den Reisfeldern
Ein Frosch erschreckt mich
- Kimie

Jeden Frühling kam eine Fischersfrau von der Insel Oki in der Japanischen See in unsere Bergdörfer gereist, um Meeresgemüse von Tür zu Tür zu verkaufen. Auf ihrem Rücken trug sie große Bündel Wakame, die man vor allem in Misosuppe verwendet. Wakame wird hauptsächlich in langen, dünnen Streifen geliefert, aber dieser Wakame (Izumo-Wakame) war ganz besonders in großen Lagen getrocknet, wie Nori, den man zum Einwickeln für Sushirollen verwendet. Meine Mutter kaufte genug für das ganze Jahr. Dieser Wakame war so zart, daß man ihn nicht kochen brauchte. Wir zerschnitten ihn mit der Schere, rösteten ihn über offener Flamme und aßen ihn in Tee, Suppe, als Snacks, gaben ihn Daikon-Pickels bei, streuten ihn zerkrümelt als Würzmittel auf Reis oder wickelten Reisbälle damit ein. Es gibt auch eine Art Nori (Fu-Nori) aus dem wir ein hervorragendes Haarshampoo herstellten. Wir weichten ihn in einer Schüssel ein, preßten die Stärke mit einem Käsetuch aus und mischten dies mit Seifenwasser.

In meiner Jugend waren Meeresalgen ein selbstverständlicher Bestandteil täglichen Lebens, und erst als ich sie in späteren Jahren nirgends bekommen konnte, lernte ich ihren Wert richtig schätzen. Als ich 1952 während meiner Schwangerschaft in Paris war, hatte ich ein großes Verlangen nach Meeresalgen, konnte aber nirgends welche finden. Während ich durch die Straßen lief, stieß ich auf einen Fischmarkt und entdeckte an einem Stand Muscheln, die auf riesigen Kelp-Algen gebettet waren. Den Verkäufer überraschte meine Bitte, die Algen und nicht die Muscheln kaufen zu wollen, und er schenkte mir die glibbrigen grünen Blätter. Sie waren sehr hart, aber ich kochte sie sehr lange, und sie befriedigten das Bedürfnis meines Körpers nach extra Mineralien.

Für eine optimale Gesundheit sollten wir die Nahrungsmittel, die über der Erde wachsen mit denjenigen ausgleichen, die unter dem Meeresspiegel wachsen. Das Meer, aus dem sich das erste Leben entwickelte, ist in seiner salzigen Zusammensetzung der des menschlichen Blutes sehr ähnlich. Meeresalgen haben einen hohen Gehalt an Eisen, Kalzium, Jod, den Vitaminen A, B_{12}, C und anderen Nährstoffen, die in vollkommener Weise Getreide, Bohnen und Landgemüse ergänzen. Die Fasern in Meerespflanzen sind weicher und leichter verdaulich als die in Landgemüse. Wild, Bären, Füchse, Pferde und Vieh, die in Küstennähe aufwachsen, kauen ganz selbstverständlich Algen und Meerespflanzen, die am Ufer und auf Felsen wachsen. Eine kleine Menge dieser Urform des Lebens jeden Tag genossen, stärkt unseren Körper, gibt Energie und fördert universales Bewußsein.

Herkunft und Wirkungen

Nachdem Erewhon gegründet wurde, begannen in den 60er Jahren bald alle Naturkostläden in den USA und Kanada mit dem Verkauf verschiedener Sorten Meeresalgen. Da alle diese Produkte aus Japan importiert waren, konnte man den Eindruck gewinnen, daß sie ein besonderer Bestandteil der Fernöstlichen Küche seien. Tatsächlich ist der Verzehr von Algen, Gräsern und anderen eßbaren Pflanzen aus dem Meer bei fast allen Urvölkern üblich, einschließlich den Indianern Nord- und Lateinamerikas, den Kelten, Wikingern, Russen, Chinesen, den afrikanischen und australischen Küstenvölkern, den Mittelmeer- und Pazifikvölkern. Zum Beispiel wurden während der Kolonialzeit im 19. Jahrhundert in Neu-England Dulse-Algen aus dem Atlantik geerntet und als Snack oder in Brot und Eintöpfen weit verbreitet. Meeresalgen fanden weltweit Verwendung als Dünger, als Salzquelle oder zur Gewinnung von Natron, das man in der Glasherstellung brauchte. Im 20. Jahrhundert werden Meerespflanzen in großen Mengen für industrielle Zwecke, in der Kosmetik, als Füllstoff, Stabilisierer oder zum Emulgieren in der Nahrungsmittelverarbeitung verwendet. Glücklicherweise werden dank der wachsenden Naturkostbewegung jetzt wieder verschiedene Meeresalgen an den Küsten von Nordamerika in Maine, Nova Scotia und in Kalifornien geerntet (Anmerkung d. Herausg.: auch an der bretonischen Küste Frankreichs).

Im Orient ist die heilende Wirkung von Meerespflanzen allgemein bekannt. Die dunkelvioletten oder schwärzlichen Algen geben einer Mahlzeit Farbe und ein kräftiges Aroma. Sie werden vor allem zur Stärkung der Nieren, der Verdauungs- und Sexualorgane eingenommen. Außerdem sollen sie Willen und Urteilsfähigkeit stärken. Seegemüse wird auch medizinisch empfohlen, um überschüssige Fett- und Cholesterin-Depots abzubauen. Die Bewohner der Insel Oki — wo meine Familie ihr Wakame bezog — erfreuen sich der höchsten Langlebigkeit in ganz Japan. Der medizinische Wert von Meeresalgen fand in den 60er und 70er Jahren im Westen Anerkennung, als Wissenschaftler der McGill-Universität herausfanden, daß diese Pflanzen in der Lage sind, radioaktive Stoffe im Körper zu binden, so daß sie ausgeschieden werden können. Japanische Wissenschaftler entdeckten kürzlich, daß Meeresalgen auch Verkalkungen in den Arterien wegschwemmen, Bluthochdruck senken und Tumore abbauen.

Gewöhnung

Die meisten Westler, die nicht an Meeresgemüse gewöhnt sind, finden seinen Geschmack, Geruch und seine Beschaffenheit sehr fremdartig. Wenn man es aber richtig zubereitet und nach und nach dem Essen zumischt, werden Meeresalgen bald ein unentbehrlicher und appetitanregender Bestandteil neuer Eßkultur.

Ich empfehle mit milden Algen wie Arame, Nori und Dulse zu beginnen und später auch die strengeren Sorten wie Kombu und Wakame einzubeziehen. Arame hat ein natürlich süßes Aroma, und als kleine Beilage wird es von den meisten Neulingen gern gegessen. Nori gibt es als Blätter, die man über offener Flamme ein paar Sekunden röstet, zum Einwickeln von Sushirollen und Reisbällen verwendet, oder zerkrümelt über Suppen, Salate, Getreide oder Gemüse sprenkelt. Dulse gibt es gewöhnlich als dünne Streifen oder in Puderform, und man kann sie rösten und zum Würzen nehmen. Wakame, Kombu und Hiziki sollten in kleinen Mengen in Misosuppen oder zusammen mit Wurzelgemüse oder Sojabohnen eingeführt werden. Längeres Kochen läßt ihren fischigen Geschmack und Geruch verschwinden. Außerdem macht es sie weich und leichter verdaulich. In den vorgehenden Kapiteln habe ich beschrieben, wie Kombu das Aroma von Getreide und Bohnen verstärkt und die Kochzeit verkürzt. Einfach ein 7 bis 15 cm großes Stück Kombu zwischen die anderen Zutaten im Drucktopf mischen. Dies ist ein einfacher Weg, die Bekanntschaft mit diesem wohlschmeckenden Seegemüse zu machen, genauso wie Kombustock, die Suppengrundlage für Nudeln und Eintöpfe, die im Suppen-Kapitel beschrieben wird.

Mit der Zeit, wenn sich der Gaumen an den besonderen Geschmack von Meeresalgen gewöhnt hat, kann man auch andere Rezepte ausprobieren oder mit weniger bekannten Sorten herumexperimentieren, die man in speziellen Läden findet oder selber erntet. Im Gegensatz zu Pilzen gibt es keine giftigen Algensorten. Einige Arten mögen vielleicht eher faulig schmecken oder sehr zäh sein, aber sie sind niemals schädlich. Meeresalgen aus verdreckten Gewässern sollten jedoch gemieden werden. Ein sauberer Strand fern von Industrieanlagen ist am besten. Hat man erst einmal die positiven Wirkungen von Meeresalgen auf Körper und Geist verinnerlicht, erwischt man sich dabei, wie man etwas davon in irgendeiner Form in fast jede Mahlzeit einbezieht. Wie bei Bohnen sollte man aber ihren Konsum begrenzt halten. Neben den folgenden Rezepten kann man Meeresalgen Suppen, Salaten, Gemüse- und Getreidegerichten, Würzmitteln, Pickel und Nachspeisen zugeben, wie bereits weitgehend in diesem Buch beschrieben. Die Grundinformationen sind in der nachfolgenden Tabelle zusammengefaßt.

Meeresgemüse kochen

Das Waschen, und in einigen Fällen das Einweichen, ist sehr wichtig bei Meeresgemüse, um Staub, Sand, Schmutz und strengen Geschmack zu beseitigen. Die entsprechenden Säuberungsmethoden werden weiter unten für jede Sorte beschrieben. Es ist wirklich wichtig, sie zu beherzigen, um die Pflanzen voll zu genießen.

Gewöhnlich verwenden wir für die Zubereitung von Kombu und Wakame kein Öl, da sie bereits einen natürlichen Fettgehalt haben, sondern man kocht sie auf die eine oder andere Art. Hiziki und Arame passen gut zu Öl, und sie werden gern sautiert. Nori und Dulse werden kurz geröstet und brauchen keine weitere Bearbeitung. Wakame, Arame und anderes Meeresgemüse brauchen eine kürzere Garzeit, während Kombu, Hiziki und dickere Sorten länger brauchen bis sie weich sind.

Obwohl aus Salzwasser geerntet, haben Meeresalgen keinen hohen Natriumgehalt und sind auch nicht besonders salzig. Würzen mit Meersalz aber macht sie sehr streng, und man sollte lieber vor dem Kochen etwas Shoyu zugeben. Das bringt ihre natürliche Süße hervor. Sehr harte Blätter mache ich mit etwas Reisessig oder Mirin zarter.

Besonders gut passen Bohnen und Wurzelgemüse wie Kletten- und Lotoswurzel, Karotten, Zwiebeln und Rettich zu Meeresgemüse. Beim Kochen legt man Wakame gewöhnlich seitlich neben das Gemüse in den Topf, während man andere Algen mormalerweise unter die Zutaten legt. Die Farben dieser vielseitigen Pflanzen reichen von schwarz über dunkelbraun, oliv, hellgrün, purpur bis zu rot und können, attraktiv präsentiert, die Ästhetik jeder Mahlzeit erhöhen. Die schwarzen Hiziki-Nudeln als Nest um buntes Gemüse, Getreide oder Bohnen drapiert, sind nur ein Beispiel.

Getrocknete Meeresalgen halten sich fast unbegrenzt, wenigstens ein Jahrhundert. Da sie nicht fest verschlossen sein müssen, lagert man sie am besten kühl und dunkel in einem Glas oder Topf. Geröstetes und im Suribachi zerkleinertes Meeresgemüse sollte man jedoch gut verschlossen aufbewahren, damit es seine Frische behält. Gekochte Algen halten sich etwa eine Woche gut verschlossen im Kühlschrank.

Meeresalgen

Meeresalgen	Reinigung	Trocken gewicht	Menge gekocht	Kochzeit	Aussehen wenn gekocht	hauptsächliche Verwendung
Agar Agar	siehe Anleitung auf Verpackung			5-10 Minuten	glasig, weiß	Fruchtpudding, Gemüse-Aspik
Arame	1-3 mal spülen	30 g	2 Tassen	30-40 Minuten	dunkelbraun	Beilage mit sautiertem Wurzelgemüse, Tofu od. Bohnen; in Salaten
Dulse	spülen			5-10 Minuten	rot/purpur	trocken geröstet als Garnierung für Suppen und Salate
Hiziki	1-3 mal spülen oder 5 Minuten einweichen	30 g	5 Tassen	45-60 Minuten	schwarz	Beilage mit sautiertem Wurzelgemüse; gebacken od. gekocht; in Salaten
Irish Moos	20-30 Min. einweichen			30 Minuten	glasig weiß	Gelatine, Tee
Kombu	spülen und 3-5 Min. einweichen	30 g	2-3 Tassen	35-40 Minuten	grün-schwarz	Dashi-Brühe; Beilage; Würzmittel, gekocht mit Getreide u. Bohnen
Mekabu	spülen u. 3-5 Min. einweichen	30 g	2-3 Tassen	35-40 Minuten	grün/schwarz	Beilage
Nori	keine			1 Minute oder kürzer rösten	grün	Sushi; Reisbälle; Garnierung für Suppen, Nudeln, Salate und Eintöpfe
Wakame	spülen und 3-5 Min. einweichen	30 g	3 Tassen	5-10 Minuten	glasig grün	Misosuppe; Beilage, in Salaten

Arame

Arame wächst an beiden Küsten des Pazifik, einschließlich Japan und Peru. Seine großen, harten Blätter erinnern an Eichenlaub, und im Westen ist Arame unter dem Namen „Meereseiche" bekannt. Nach dem Ernten, Raspeln und Trocknen in Wind und Sonne schrumpelt sie zu einem Klumpen dünner schwarzer Fäden zusammen. Beim Kochen wird sie dunkelbraun und bekommt einen süßlichen, sehr delikaten Geschmack. Gewöhnlich sautiert man Arame zusammen mit Wurzelgemüse, Tofu oder Sojabohnen, und man kann sie als Ersatz für die stärkere, dickere Hiziki verwenden. Arame ist reich an Kohlehydraten, Fasern, Niacin, Kalzium, Eisen und Jod, und traditionell benutzt man sie bei Frauenleiden und zur Senkung von hohem Blutdruck.

Arame ist wie Kombu ein hartes Meeresgemüse. Es kommt bereits vorgekocht, geraspelt und zerkleinert in den Handel und ist daher weniger verschmutzt als andere Meeresalgen. Arame wird wie Hiziki zubereitet, nur braucht sie weniger lang.

Zum Säubern die zum Kochen benötigte Menge auf einen weißen Teller schütten und evt. losen Staub herausschütteln. In einen Topf geben und kurz ein- bis dreimal spülen, je nachdem wie staubig die Alge ist. Kein warmes Wasser benutzen, da es die Mineralien herausspült. Dann das Seegras per Hand aus dem Wasser heben und in ein Sieb geben. Das letzte Spülwasser verwendet man gewöhnlich zum Kochen. Will man ihr Aroma beibehalten, sollte man sie nicht einweichen. Nach dem letzten Spülen läßt man die Arame zum Abtropfen im Sieb, während man die Bohnen oder das Gemüse zum Kochen fertig macht. 30 g getrocknete Arame ergibt gekocht etwa 2 Tassen.

Arame mit Zwiebeln

30 g getrocknete Arame
1 Eßlöffel geröstetes Sesamöl
2 mittelgroße Zwiebeln, zerkleinert
Quellwasser
2 bis 3 Eßlöffel Shoyu

Arame waschen und abtropfen lassen. Eine Pfanne einölen und erhitzen. Die Zwiebeln 2 bis 3 Minuten dünsten. Arame obenauf geben und die Zwiebeln mit Wasser bedecken. Zum Kochen bringen, Flamme klein stellen und mit Shoyu würzen. Zudecken und 40 bis 50 Minuten bei kleiner Hitze köcheln. Zum Schluß noch einmal mit Shoyu abschmecken. Diese Beilage sollte mild und nicht zu salzig schmecken. Weitere 15 bis 20 Minuten kochen, mischen und rühren bis der Sud verkocht ist.

Varianten: Diejenigen, die auf ihren Ölkonsum aufpassen müssen, können die Zwiebeln in 3 Eßlöffeln Wasser andünsten. Eine Karotte, in Streichholzgröße zerkleinert, kann dem Grundrezept zugegeben werden. Auch Lotos oder getrockneter Daikon passen gut zu Arame und Zwiebeln. Mehr Nahrhaftigkeit verleihen 1 ½ Tassen gewürfelter Tempeh. Geröstete Sesamsamen, fein gehackt, ergeben eine hübsche Garnierung.

Arame mit Zuckermais

30 g getrocknete Arame
1 Eßlöffel geröstetes Sesamöl
1 Tasse Zwiebeln in Halbmonden
Quellwasser
2–3 Eßlöffel Shoyu
2 Tassen frische Maiskörner

Arame säubern und zum Abtropfen in ein Sieb geben. Eine Pfanne einölen und erhitzen. Die Zwiebeln 1 bis 2 Minuten unter ständigem Rühren andünsten, dann Arame obenauf geben und die Zwiebeln mit Wasser bedecken. Mit Shoyu würzen. Zudecken, zum Kochen bringen und 20 Minuten bei mittlerer Hitze kochen. Die Maiskörner zugeben und mit Shoyu abschmecken. 10 bis 15 Minuten köcheln lassen, vermischen und Sud verkochen lassen.

Arame mit getrocknetem Tofu und Karotten

30 g getrocknete Arame
2 Stück getrockneter Tofu, eingeweicht und gewürfelt
1 Teelöffel geröstetes Sesamöl
1 Tasse Karotten in Streichhölzern
Quellwasser
2–3 Eßlöffel Shoyu

Arame waschen und abtropfen lassen. Tofu 2 bis 3 Minuten in kochendem Wasser weichen. Unter kaltem Wasser spülen, ausdrücken und würfeln. Öl in einer Pfanne erhitzen. Arame und Karotten zugeben und 1 bis 2 Minuten dünsten. Tofu zugeben und Arame und Karotten mit Wasser bedecken. Etwas Shoyu zugeben. Zum Kochen bringen, zudecken und bei kleiner Hitze 40 bis 45 Minuten garen. Noch einmal mit Shoyu abschmecken und weitere 10 bis 15 Minuten kochen. Wenn fast alle Flüssigkeit verdampft ist, umrühren und servieren.

Hiziki

Hiziki (oder Hijiki) ist eine pinienartige Meerespflanze, die man vor allem in ostasiatischen Gewässern an japanischen und chinesischen Küsten entlang bis nach Hongkong findet. Hiziki hat ein starkes Meeresaroma und ist wegen ihres nussigen Geschmacks sehr beliebt. Richtig zubereitet sind diese schwarzen Spaghetti sehr zart und verfeinern jedes Gericht.

Hiziki ist sehr mineralhaltig und enthält 10mal mehr Kalzium als vergleichbare Mengen Milch, Käse oder andere Milchprodukte. Auch hat sie einen hohen Gehalt an Eisen und den Vitaminen A, B_1 und B_{12}. In der asiatischen Medizin wird Hiziki zur Stärkung der Verdauungsorgane, zur Reinigung des Blutes und Verschönerung der Haare empfohlen. Beim Kochen dehnt sie sich auf das fünffache ihres Originalvolumens aus. Man kann Hiziki in größeren Mengen zubereiten und länger gekühlt aufbewahren. Als Beilage sautiert man sie gewöhnlich in Sesamöl, aber sie kann auch gekocht, gedämpft, gebacken oder fritiert werden, allein oder zusammen mit anderem Gemüse. Im Sommer ist sie eine beliebte Salatzugabe.

Hiziki wird genauso wie Arame gereinigt (siehe Tabelle). Das letzte Spülwasser verwendet man zum Kochen, es sei denn, die Hiziki hat einen sehr strengen Geschmack. Sehr hartes Hiziki kann man 5 Minuten oder länger einweichen. So erhält sie ein kräftiges, nahrhaftes Aroma.

Hiziki mit Zwiebeln

30 g getrocknete Hiziki
1 Teelöffel geröstetes Sesamöl
2 Zwiebeln, zerkleinert
Quellwasser
2 bis 3 Eßlöffel Shoyu

Hiziki waschen und abtropfen lassen. Eine Pfanne einölen und erhitzen. Die Zwiebeln hineingeben und 2 bis 3 Minuten sautieren. Hiziki obenaufgeben und die Zwiebeln mit Wasser bedecken. Zum Kochen bringen, Flamme kleinstellen und mit Shoyu würzen. Zudecken und 45 bis 60 Minuten kochen. Mit Shoyu erneut abschmecken und 15 bis 20 Minuten köcheln, bis der Sud verkocht ist. Die Mischung sollte mild schmecken.

Varianten: Kleingeschnittene Karotten, frische Lotoswurzeln und fritierter und getrockneter Tofu passen gut zu dieser Kombination.

Hiziki mit Sojabohnen

30 g getrocknete Hiziki
½ Tasse Sojabohnen
Quellwasser
2 bis 3 Eßlöffel Shoyu

Hiziki waschen, abtropfen lassen und in 3 bis 5 cm große Stücke schneiden. Sojabohnen waschen und bei niedriger Hitze goldbraun rösten. Nicht verbrennen lassen. Man kann die Bohnen auch über Nacht einweichen. Hiziki in einen Topf geben, Sojabohnen obenauf geben. Nicht vermischen. Genügend Wasser zugießen, um die Algen zu bedecken. Zum Kochen bringen und bei kleiner Hitze 40 bis 50 Minuten kochen. Wenn die Bohnen zu 80% gar sind, mit Shoyu würzen und weitere 10 Minuten kochen bis sie weich sind. Deckel abnehmen und bei großer Hitze die Restbrühe verkochen lassen. Mischen und servieren.

Hiziki mit gebratenem Tofu

1 Tasse Tofu in 2 cm großen Würfeln oder 5 cm großen Dreiecken
helles Sesamöl
30 g getrocknete Hiziki
1 Tasse Zwiebeln in Halbmonden
1 Tasse Karotten in Streichhölzern
Quellwasser
3 bis 4 Eßlöffel Shoyu

Tofu zerkleinern und in einem Topf mit Öl goldbraun fritieren. Auf Papierhandtücher legen und überschüssiges Öl abtupfen. Hiziki waschen und in einen Topf geben. Zwiebeln und Karotten zufügen und Tofu obenauf legen. Soviel Wasser zugießen, daß es gerade die Algen, nicht aber das Gemüse bedeckt. Mit Shoyu würzen und zum Kochen bringen. Zudecken, Hitze herunterbringen und 45 Minuten kochen, etwas nachwürzen und Restsud verkochen lassen. Mischen und servieren.

Hizikirollen

Diese Rollen schneidet man zu kleinen Spiralrunden wie Sushi. Sie sind vor allem zum Reisen und als attraktive Hors d'oeuvres für Feste geeignet.

30 g getrocknete Hiziki
1 mittelgroße Karotte in Streichhölzern
1 kleine Zwiebel in Halbmonden
1 Teelöffel geröstetes Sesamöl
1 bis 2 Eßlöffel Shoyu
Quellwasser
1 fertiger Kuchenteig

Hizikis, Karotten und Zwiebeln dünsten und Restsud verkochen lassen, wie in früheren Rezepten beschrieben. Abkühlen lassen. Den Kuchenteig ausrollen, die gekochte Mischung gleichmäßig darauf verteilen, wobei die Ränder freibleiben. Teig aufrollen, Enden mit Wasser versiegeln und mit einer Gabel festdrücken, als wenn man Apfelstrudel macht. Im vorgeheizten Backofen bei 175° C 30 bis 35 Minuten backen. Nach dem Abkühlen in 3 cm breite Scheiben schneiden und auf einer Platte dekorieren.

Variante: Das Gemüse getrennt von den Hizikialgen kochen und auf das Hiziki auf dem Teig ausbreiten. Anderes Gemüse kann zugefügt werden wie auch Tofu, obwohl er leicht saftet und die Kruste weich macht.

Kombu

Zur Laminaria-Familie der Seegemüse gehören Kombu, Kelp und andere Tiefseesorten. Japanischer Kombu hat eine braun-schwarze Farbe, große, Sellerie-artige Blätter und wird im kalten Wasser südlich Hokkaidos geerntet. Die kombuähnliche Kelppflanze hat weitverzweigte Wurzeln und findet sich in großen Mengen an der Pazifikküste zwischen Britisch-Kolumbien und San Franzisko. Andere eßbare Kelp- und Laminaria-Sorten wachsen auf Felsen im niedrigen Gewässer in allen kälteren Zonen der Welt.

Kombualgen erntet man in Japan zwischen Juli und September von Booten aus mit langen Stöcken. Dann werden sie auf dem Boden ausgelegt, damit Wind und Sonne sie trocknen. Kombu wird auch angeschwemmt oder angebaut, aber dieser hat eine geringere Qualität. Nachdem man ihn zwei bis drei Jahre dunkel gelagert hat, wird er verpackt und in verschiedenen Formen und Qualitäten verkauft. Osaka ist bekannt für seinen hochwertigen Kombu, und es heißt, daß in den dortigen Lagerhäusern über 100 verschiedene Sorten liegen.

Ohne Kombu gäbe es die japanische Küche nicht. Sein spezieller Geschmack bildet die Grundlage für Dashi, die traditionelle Brühe, die als Suppengrundlage und für Nudeln verwendet wird.

Man reicht ihn als Beilage oder zusammen mit Getreide, Bohnen und Wurzelgemüse. Kombu gibt man auch in Tee, Pickel, Würzmittel, Snacks und Bonbons. Kombu hat einen hohen Gehalt an Vitamin A, B_{12}, C, Kalzium und Jod, und medizinisch schützt er vor degenerativen Krankheiten.

Der japanische Kombu, den es in den nordamerikanischen Naturkostläden gibt, heißt gewöhnlich Dashi Kombu, und er ist sehr hochwertig. Er wird in flachen, getrockneten, 7 bis 20 cm langen Streifen geliefert. Zum Säubern mit einem trockenen oder feuchten Tuch abwischen, aber nicht die weißen Flecken entfernen. Das sind Mineralsalze und komplexe Zuckerstoffe, die sich während des Trocknens auf der Algenoberfläche bilden und ihren besonderen Geschmack und ihre Energie ausmachen. Kombu 3 bis 5 Minuten einweichen oder unter kaltem Wasser spülen. Nach dem Einweichen hat sich sein Volumen verdoppelt. Nicht zu lange weichen lassen, sonst wird die Alge glitschig und schwierig zu schneiden.

Man kann Kombu auf verschiedene Weisen schneiden, in sehr kleine Streifen oder Quadrate, große Stücke oder lange Streifen, mit denen anderes Gemüse zusammengebunden werden kann. Kombu ist sehr dick und braucht wenigstens 30 Minuten Garzeit oder länger. Dashi-Kombu wird gewöhnlich nach der Verwendung in Suppenstock aufbewahrt und weiterverarbeitet. Dazu nimmt man ihn aus dem Topf, schneidet ihn klein und kocht ihn mit etwas Shoyu, bis der Sud verkocht ist. Eine stärkere Beilage ist Kombu im Nishime-Stil, 30 bis 60 Minuten gekocht, bis er weich ist. Als Würzmittel schneidet man den Kombu mit der Schere klein, läßt ihn 1 bis 2 Tage in Shoyu weichen und kocht ihn dann 3 bis 5 Stunden bei kleiner Flamme, bis das Shoyu verkocht ist. Dieses Gewürz nur in sehr kleinen Mengen nehmen.

Kombu kann man auch in jedem Rezept durch Wakame ersetzen, die etwas dünner ist und sehr viel schneller gart. Nordamerikanischer Kelp braucht ebenfalls etwas kürzer als Kombu und kann genauso in jedem der folgenden Rezepte an Stelle von Kombu verwendet werden. Alle Laminaria-Pflanzen werden gewöhnlich während des Kochens mit Shoyu gewürzt. In ausgewählten Naturkostläden gibt es noch zwei weitere Kombusorten. Natto-Kombu kommt von einer härteren Pflanzenart, ist in dünne Streifen geschnitten und kann wie Hiziki verarbeitet werden, außer daß man ihn nicht waschen muß. Tororo-Kombu wurde in Reisessig geweicht und fein geraspelt und zu hauchdünnen Blättern verarbeitet, die man zum Einwickeln von Reisbällen oder Sushi oder als Würzmittel für andere Gerichte verwenden kann.

Gekochter Kombu

1 Streifen Kombu, 25 bis 30 cm lang
Quellwasser
1 Zwiebel, geschält und geviertelt
1 Karotte in dreieckigen Stücken
1 Teelöffel Shoyu

Kombu waschen und 3 bis 5 Minuten weichen. In der Mitte durchschneiden und in 2 cm große Stücke schneiden. In einen Topf legen, Zwiebeln, Karotten und genügend Einweichwasser zugeben, um das Gemüse halb zu bedecken. Zum Kochen bringen, Hitze reduzieren und 30 Minuten kochen lassen. Shoyusoße zugeben und weitere 10 Minuten kochen.

Druckgekochter Shio-Kombu

Shio ist ein schwerer, dicker Dashi-Kombu. Dieses Würzmittel gibt einem Gericht viel Kraft.

30 g getrockneter Kombu
3 Eßlöffel Shoyu
½ Tasse Quellwasser

Kombu waschen und 3 bis 5 Minuten einweichen. Mit der Schere in ½ cm große Stücke schneiden, in einen Drucktopf geben, Shoyu und Wasser zugeben, unter Druck bringen und 10 Minuten kochen. Druck natürlich sinken lassen, Deckel abnehmen und kochen lassen, bis die Brühe total verkocht ist.

Gebackener Kombu mit Gemüse

Ein 7 cm langer Streifen Kombu
2 Zwiebeln, geviertelt
2 Karotten in Dreiecken
½ Kohlkopf in 1 cm breiten Streifen
½ Tasse Quellwasser
1 ½ Eßlöffel Shoyu

Kombu waschen, einweichen und in eine Backform legen. Die Zwiebeln auf eine Seite, Karotten in die Mitte und den Kohl auf die andere Seite plazieren. (Das Gemüse sollte getrennt gehalten werden, damit sich die verschiedenen Aromen nicht mischen.) Wasser hineingießen und mit Shoyu würzen. Zudecken und im vorgeheizten Backofen bei 190° C 30 bis 40 Minuten backen, oder bis alle Zutaten weich sind.

Kombu, Karotten und Klettenwurzel

2 bis 3 Streifen Kombu, 15 bis 20 cm lang
1 Tasse Klettenwurzel in dicken, dreieckigen Stücken
2 Tassen Karotten in großen Würfeln
Quellwasser
1 bis 2 Eßlöffel Shoyu

Kombu einweichen, kleinschneiden und in einen Topf legen. Klettenwurzel und Karotten obenauf geben. Das Gemüse mit Wasser zur Hälfte bedecken. Zum Kochen bringen und bei kleiner Flamme weich kochen. Mit Shoyu abschmecken. Zudecken und Wasser fast verkochen lassen. Zum Schluß alles vermischen und die Restbrühe über das Gemüse verteilen.

Kombu-Karotten-Rollen

2 Streifen Kombu, 30 cm lang
Quellwasser
8 Streifen Kampyo (Kürbisseide)
4 mittelgroße Karotten

Kombu in 2 ½ bis 3 Tassen Wasser einweichen, bis er weich genug zum Schneiden ist. In 15 cm lange Streifen schneiden. Kampyo etwa 5 Minunten einweichen und 15 cm lang schneiden. (Kampyo gibt es in einigen Naturkostläden oder asiatischen Geschäften. Wenn nicht zur Hand, einfach ein weiteres Kombustück einweichen und in 8 dünne Bänder schneiden.) Ein Stück Kombu auf ein Brett legen. Eine Karotte obenauf legen und einrollen, so fest wie möglich. Mit drei Kampyo-Fäden in gleichmäßigem Abstand voneinander zubinden. Ebenso mit den restlichen Zutaten verfahren. Das Einweichwasser vom Kombu in einen Topf gießen, Komburollen hineinlegen und 45 bis 60 Minuten kochen oder solange, bis Karotten und Algen sehr weich sind. Aus dem Wasser nehmen und jede Rolle in 5 cm dicke Scheiben schneiden. Darauf achten, daß jedes Stück zusammengebunden ist. Auf eine Platte geben und servieren.

Variante: An Stelle von Karotten Klettenwurzeln verwenden oder beide.

Um Zeit zu sparen, kann man das Gericht auch druckkochen. Wasser und Rollen in einen Drucktopf geben, Druck steigen lassen, dann Hitze reduzieren und 5 bis 10 Minuten kochen. Gewöhnlich würzt man diese Speise nicht extra, auf Wunsch kann man aber am Ende der Kochzeit etwas Shoyu zugeben.

Kombu mit getrocknetem Rettich

2 Streifen Kombu
3 bis 4 Shiitake-Pilze, eingeweicht, entstielt und zerkleinert
½ Tasse getrockneter Rettich, eingeweicht und kleingeschnitten
Einweichwasser
Shoyu

Kombu waschen, einweichen und in feine Streifen schneiden. Mit den Shiitake-Pilzen in einen Topf geben, Rettich obenauf legen, mit Einweichwasser knapp bedecken und zum Kochen bringen. Zudecken, Hitze klein stellen und 40 bis 45 Minuten oder bis der Kombu ganz weich ist kochen. Mit etwas Shoyu abschmecken und Sud fast verkochen lassen.

Wakame

Wakame wird bei Hokkaido und entlang der koreanischen und chinesischen Küste geerntet. Ihr Aussehen und ihr Geschmack sind der Alaria ähnlich, einer Meerespflanze, die weltweit verbreitet und Teil der traditionellen Küche in Schottland, Irland und Nordeuropa ist. Wakame hat einen besonders hohen Gehalt an Kalzium, Eisen, Niacin, den Vitaminen A und C und Eiweiß. Medizinisch ist sie für ihre antibakterielle Wirkung bekannt und wird nach Geburten zur Reinigung des Blutes verwendet.

Zur Reinigung die Wakame kurz unter kaltem Wasser abspülen, dann 3 bis 5 Minuten einweichen. Ist sie weich, auseinanderfalten und spülen. Das letzte Einweichwasser kann zum Kochen verwendet werden, man sollte es aber gut filtern, damit der Sand draußen bleibt. Ist das Einweichwasser sehr salzig, nicht zum Kochen der Meeresalge verwenden, sondern für Bohnen- oder Getreidegerichte aufbewahren. Nach dem Einweichen ist die Alge durchscheinend grün. Am Stiel entlangschneiden und die weichen Teile in mundgerechte Stücke schneiden. Der Strunk wird sehr fein zerhackt. Wakame braucht eine kürzere Garzeit als die meisten anderen Algen. Man gibt sie in Misosuppe, als Beilage zusammen mit Bodengemüse, gebacken und zermahlen als Würzmittel oder fritiert als Snack.

Wakame mit Zwiebeln

30 g getrocknete Wakame
2 mittelgroße Zwiebeln, zerkleinert
Einweichwasser
2 Teelöffel Shoyu

Wakame waschen, einweichen und in 2 cm große Stücke schneiden. Zusammen mit den Zwiebeln nebeneinander in einen Topf geben und mit dem Einweichwasser knapp bedecken. Zum Kochen bringen und bei kleiner Hitze 30 Minuten kochen oder solange, bis die Alge weich ist. Einige Sorten brauchen länger. Mit Shoyu abschmecken und weitere 10 bis 15 Minuten köcheln.

Wakame mit saurem Tofudressing

50 g getrocknete Wakame
Quellwasser
3 Umeboshi-Pflaumen
500 Tofu
¼ Tasse gehacktes Zwiebelgrün oder Schnittlauch zum Garnieren

Wakame waschen und einweichen. Etwas Wasser zum Kochen bringen, Wakame hineingeben und 3 bis 5 Minuten kochen. Ist die Wakame sehr zart, genügt es, sie kurz in kochendes Wasser zu tauchen. Herausnehmen, zerkleinern und in eine Servierschüssel legen. Umeboshi in einem Suribachi pürieren, Tofu zugeben und zu einem cremigem Brei verrühren. In eine Servierschüssel gießen und mit Zwiebelgrün oder Schnittlauch garnieren. Einen Löffel Tofudressing auf jede Wakame-Portion geben.

Wakame mit Frühlingszwiebeln und Miso-Reisessigsoße

30 g getrocknete Wakame
Quellwasser
½ Tasse zerkleinerte Frühlingszwiebeln
2 Teelöffel püriertes Gerstenmiso
4 Teelöffel Reisessig

Wakame waschen, einweichen und in kleine Stücke schneiden. Mit etwas Wasser in einem Topf zum Kochen bringen und einige Minuten bei niedriger Hitze köcheln. Herausnehmen, abtropfen und abkühlen lassen. In einer Schüssel mit den Zwiebeln mischen. Miso und Essig in einem Suribachi verrühren, etwas Wasser zugeben und die Creme mit den Algen und den Frühlingszwiebeln zusammenmixen.

Wakame und Karotten

15 g getrocknete Wakame
2 Tassen Karotten in großen Stücken
1 Tasse Quellwasser
2 Teelöffel Shoyu
Petersilienröschen zum Garnieren

Wakame waschen, weichen und in große Stücke schneiden. Karotten in einen schweren Topf geben, halb mit Wasser bedecken und zum Kochen bringen. Zudecken und bei kleiner Hitze zu 70 bis 80 Prozent gar kochen. Wakame an einer Seite zugeben und weitere 5 bis 10 Minuten kochen, bis die Karotten weich sind. Mit Shoyu würzen und einige Minuten ziehen lassen. Mit Petersilie garnieren und servieren.

Zu Wakame passen auch Blumenkohl, Pastinaken, Klettenwurzel, Sellerie, Rettich und Kohl. Die Garzeit dem jeweiligen Gemüse entsprechend anpassen.

Nori

Im Gegensatz zu den meisten anderen wildwachsenden Meeresgemüsen wird Nori hauptsächlich angebaut. Vom späten Herbst bis zum Frühling wird sie von Netzen gepflückt, die zwischen Bambuspfeilern entlang der japanischen Küste aufgehängt sind. Diese Netze enthalten spezielle Sporen und Düngemittel um das Wachstum dieser Algensorte zu fördern. Vor der Industrialisierung war die Bucht vor Tokio berühmt für ihr hochwertiges Nori. Norizüchter wetteiferten miteinander und fanden heraus, daß im Frühling kurz vor Sonnenaufgang gesammelter Nori am zartesten ist. Nori höchster Qualität ist sehr teuer und wurde nur zu besonderen Gelegenheiten verwendet. Nach der Ernte wird Nori gewaschen und in dünnen Laken getrocknet. Im Handel ist er in Zehnerpackungen erhältlich.

Nori gehört zur Familie der Porphyra, einer roten Alge, die in Schottland unter dem namen Laver und in Irland als Sloke bekannt ist. In Europa wurde sie ursprünglich wild geerntet, zu einem Gel verkocht und mit Haferflocken zu einem Laverbrot verarbeitet. Naturkostläden bieten seit kurzem regionale Laver aus Maine (USA) an. Nori oder Laver ist wegen seines hohen Karotingehalts (Vitamin A) bekannt, der zwei- bis viermal höher ist als bei einer vergleichbaren Menge Karotten. Es hat zweimal soviel Eiweiß wie etwa ein Rindersteak und ist reich an den B-Vitaminen, vor allem Vitamin B_{12}, Vitamin C, Kalzium und Eisen. Medizinisch wird es bei der Mangelkrankheit Beriberi empfohlen sowie zur Reduzierung des Cholesterinspiegels im Blut.

Nori braucht vor dem Essen nicht gewaschen oder eingeweicht zu werden. Leichter verdaulich ist sie, wenn man sie vorher röstet. Dazu hält man die glänzende Seite 15 cm über kleiner Flamme und dreht sie leicht hin und her, etwa 15 bis 30 Sekunden, bis das schwärzliche Blatt sich hellgrün färbt. Man kann sie auch im Backofen 4 bis 5 Minuten backen. Nach dem Rösten zerkleinert man sie mit einer Schere oder per Hand und streut sie über Reis, Nudeln, Suppen, Salate oder Eintöpfe. Im Kapitel über Naturreis-Gerichte wird beschrieben, wie Nori zum Einwickeln von Reisbällen und Sushirollen verwendet wird (siehe Kapitel 6).

Geröstete Nori-Ecken

4 Scheiben Nori
frischer geriebener Ingwer
Shoyu
Mirin

Die Norischeiben rösten und in kleine Quadrate schneiden. Auf jeden Teller ein paar davon legen, etwas geriebenen frischen Ingwer daraufgeben und 2 bis 3 Tropfen Shoyu und Mirin.

Frischer Laver

Dieses Rezept ist für frischen Laver (Nori), der am Meeresufer gesammelt wurde. Die beste Zeit zum Pflücken ist Ebbe. Am besten nimmt man etwas Holzasche mit und macht die Finger damit griffiger, da Laver sehr glitschig ist. Zuhause sollte man den Laver gründlich waschen und von allem Sand befreien.

6 bis 7 Tassen frischen Laver (Nori)
3 Eßlöffel Shoyu
gerösteter und zerstampfter Sesam zum Garnieren

Die Alge waschen, einweichen und in mundgerechte Stücke schneiden. Mit etwas Wasser in einen Topf geben, zum Salzen nur Shoyu verwenden, da die Alge sonst zu sehr Wasser zieht, zum Kochen bringen und bei kleiner Hitze 30 bis 40 Minuten kochen, bis die Flüssigkeit fast verkocht ist. Mit Sesam garnieren und servieren.

Dulse

Dulse gehörte in Schottland, Wales, Irland, Kanada und Neu-England zu Beginn dieses Jahrhunderts zu den Hauptnahrungsmitteln. Obwohl die Alge ein mildes Aroma hat, verglichen mit anderem Seegemüse, verleiht sie doch den Gerichten eine besondere Würze. In Japan ist Dulse unter dem Namen Darusu bekannt. Dulse ist buschartig und hat eine purpurne Färbung. Man erntet sie in den wärmeren Monaten. Man muß sie nicht einweichen, aber man sollte sie sorgsam nach kleinen Seemuscheln oder Salzkristallen absuchen. Roh ist sie ziemlich salzig. Waschen und Einweichen macht sie milder. Gewöhnlich wird die Dulse-Alge 5 bis 10 Minuten in einer Pfanne trocken geröstet, zerkleinert oder pulverisiert und über Salate, Suppen oder Gemüse gestreut oder Brot und Schmortöpfen beigegeben. Man kann sie auch als Tee aufbrühen, sautieren oder fritieren.

Dulse, Karotten und Sellerie

Quellwasser
2 Tassen Karotten, halbiert und diagonal zerkleinert
1 Tasse Sellerie diagonal zerkleinert
15 g getrocknete Dulse

Etwas Wasser in einem Topf zum Kochen bringen, dann Hitze klein stellen und Karotten weichkochen. Herausnehmen und Sellerie in demselben Wasser garkochen. Dulse waschen und 2 bis 3 Minuten weichen. Kleinschneiden und mit Karotten und Sellerie mischen.

Agar-Agar

Agar-Agar ist ein Algenprodukt, das man zur Herstellung von Gelatine für Obst-Desserts, Gemüse oder Bohnen verwendet. Es wird aus einer roten ziemlich streng riechenden Alge gewonnen, die entlang der japanischen Küste wächst. Agar-Agar selber ist völlig geruchsfrei und wird gewöhnlich als feine Flocken oder als Pulver geliefert. Man löst es in heißem Wasser auf, rührt es über die Zutaten und läßt sie gelieren.

Andere Mitglieder der *Gelidium*-Familie, zu der Agar-Agar gehört, finden sich an beiden Seiten des Atlantiks und entlang der Pazifik-Küste von Baja Kalifornien bis herauf nach Britisch Kolumbien. Agar-Agar ist sehr kalzium- und jodhaltig und reich an anderen Mineralien und eine gesunde Alternative für die sonst im Handel erhältliche Gelatine, die aus Tierprodukten hergestellt wird.

Etwas Agar-Agar (Mengenangabe siehe jeweils Packungshinweis) in leicht köchelndem Wasser auflösen, 10 Minuten kochen und evt. Schaum an der Oberfläche abschöpfen. Dann in Tassen gießen, die mehrere Stücke Obst oder Gemüse enthalten. Im Kühlschrank geliert die Masse innerhalb 45 bis 60 Minuten. Die Proportion der Flocken variiert zwischen 1 Teelöffel bis 2 Eßlöffeln pro Liter Flüssigkeit. Für sich allein ist Agar-Agar sehr schmackhaft mit einer süßsauren Misosoße, einer Ingwer-Shoyusoße oder gehackten Frühlingszwiebeln. Agar-Agar ist gut für die Verdauungsorgane, zuviel davon aber kann zu Druchfall führen. Das folgende Rezept ist ein Bohnenaspik. Rezepte für Obst-Gelees findet man im Kapitel über Desserts.

Azukibohnen mit Rosinen in Aspik

1 Tasse Azukibohnen
⅛ Tasse Rosinen
4 Tassen Quellwasser
½ Teelöfel Meersalz oder 1 Eßlöffel Shoyu
1 Stück Agar-Agar oder entsprechende Menge Flocken oder Pulver

Bohnen waschen und mit den Rosinen und Wasser zum Kochen bringen. Hitze reduzieren, zudecken und etwa 1 ½ Stunden kochen lassen oder bis die Bohnen weich sind. Würzen und Agar-Agar hineinrühren. Weitere 10 Minuten kochen und in individuelle Suppentassen schütten. Zum Gelieren kaltstellen und servieren.

Varianten: Andere mögliche Kombinationen sind frische oder getrocknete Erbsen, Linsen und Sellerie und Karotten mit Zwiebeln.

Irisches Moos

Irisches Moos gibt es an beiden Seiten des Nord-Atlantiks. Es wächst in vielen Formen, Größen und Farben, einschließlich weiß. Hauptsächlich verwendet man es als Gelatine oder zum Andicken, und man kann es an Stelle von Agar-Agar benutzen, obwohl es ein weicheres Gelee ergibt. Als Carrageen wird Irish Moos in der Modernen Lebensmittelindustrie als Stabilisierungs- und Füllmittel vielfach verwertet. Es hat einen hohen Gehalt an Vitamin A, Jod und anderen Mineralien und wird bei Husten und Blasenbeschwerden empfohlen. Es wird außerdem Hautlotionen und Gelees gegen Verbrennungen zugemischt.

1 Tasse getrocknetes Irish Moos 20 bis 30 Minuten in einem Viertel Liter Wasser weichen. Einweichwasser wegschütten und die Alge mit anderen Zutaten etwa 30 Minuten kochen. Danach das Irisch Moos herausnehmen, ausdrücken und die Mischung in eine Schale geben und gelieren lassen. Man kann die Alge auch in ein Käsetuch binden, mitkochen und hinterher ausdrücken.

Mekabu und Nekabu

Mekabu ist der Blütensproß der Wakamepflanze und schmeckt süßlich-konzentriert. Man bereitet ihn gewöhnlich als Tee zu. Gut gekocht kann man ihn auch mit Gemüse, Bohnen, in Suppen oder Gemüsegerichten und nach Tempura-Art zubereiten. Die Wakame-Wurzel ist unter dem Namen Nekabu bekannt und sehr hart. Man verwendet sie vorwiegend für die Bereitung von Tee.

Korsisches Seegras

Diese Fuchsschwanz-ähnliche Pflanze wächst in wärmeren Gewässern des Atlantik und Pazifik. In der Volksmedizin braut man einen Tee daraus, um Darmparasiten zu vertreiben. In Japan kennt man sie unter dem Namen Makuri. Uns wurde in der Schule einmal im Monat Makuri-Tee gegeben zur Erhaltung unserer Gesundheit. Die moderne Medizin hat einige Stoffe dieser Alge synthetisiert und bekämpft damit schädliche Mikroorganismen. Zur Zubereitung ½ g Seegras in zwei Tassen Wasser weichen. Langsam bis auf die Hälfte hinunterkochen lassen. Vor dem Frühstück auf nüchternen Magen trinken und zwei Stunden warten bevor man irgendwelche Nahrung zu sich nimmt.

Kapitel 24

Gewürze und Garnierungen

Würzmittel und Garnierungen sind wichtig für eine ausgeglichene, ganzheitliche Mahlzeit und bringen Abwechslung in eine schlichte Küche. Garnierungen werden am Ende der Kochzeit oder kurz vor dem Servieren zugegeben. Sie sind ein erfreulicher Farbtupfer auf jedem Teller und regen den Appetit an. Würzmittel werden gewöhnlich separat serviert. Sie erlauben es jedem einzelnen, das Essen je nach seinem individuellen Bedürfnis und Geschmack bei Tisch zu vervollständigen. Würzmittel können auch aus medizinischen Gründen verabreicht werden. Fast alle Nahrungsmittel können in kleinen Mengen als Würzmittel verwendet werden einschließlich gehackte Salatblätter, getrocknete und pulverisierte Meeresalgen, weich gedünstetes Wurzelgemüse, gehäckte Nüsse, Zitronenschale, Kräuter und Soßen. Würzmittel können täglich in kleinen Mengen konsumiert werden. Ich bin vorsichtig und nehme lieber zuwenig als zuviel, besonders wenn sie sehr salzig oder scharf sind. Kindern geben wir gewöhnlich keine Würzmittel, da sie sehr viel weniger Salz brauchen als Erwachsene. Während der Schwangerschaft sind Würzmittel eine gute Mineralquelle, obwohl man auch hier mit dem Salzkonsum aufpassen sollte.

Die meisten der folgenden Rezepte sind für Gewürzmischungen, die traditionell in Japan verwendet werden. Makrobiotische Freunde in den USA, Kanada und Europa haben ein paar eigene milde regionale Kräuter wie Lorbeer, Salbei oder Minze zugemischt. Bei der Zubereitung von Würzmitteln sollten wir uns immer von den Prinzipien ökologischen Gleichgewichts leiten lassen. In gemäßigten Klimazonen vermeide ich scharfen Curry, Chili, roten Pfeffer und andere tropische Gewürze. In der folgenden Tabelle sind einige Würzmittel mehrfach aufgeführt, da sie zwei oder mehr Geschmacksrichtungen enthalten.

Sauer	**Bitter**	**Süß**
Gemüsepickel	Gomasio	Miso
Sauerkraut	Tekka	Tekka
Umeboshi-Pflaumen	grüner Nori	grüner Nori
Shiso Blätter	getrocknete Petersilie	getrocknete Petersilie
Naturreis-Essig	Wakamepulver	Frühlingszwiebel-Miso
Süßreis-Essig	Löwenzahn	Sigure-Miso-Würze
Apfelessig	Sigure-Miso-Würze	Karottengrün mit Miso
Zitrone		Paprika mit Miso
Limone		Amasake
		Apfelsaft
		Gerstenmalz

Scharf	**Salzig**
Ingwer	Miso
Frühlingszwiebeln	Umeboshi-Pflaumen
Wasserkresse	Shiso-Blätter
Zwiebeln	Gomasio
geriebener Rettich (Daikon)	Shio-Kombu
Frühlingszwiebel-Miso	Wakamepuder Shoyu

Garnierungen

Ich garniere gewöhnlich eine Schüssel Reis mit etwas grüner Petersilie, Kresse oder ein paar Frühlingszwiebelringen. Gerösteten Sesam, grünen Nori oder anderes pulverisiertes Meeresgemüse kann man ebenfalls auf Reis oder andere Gerichte vor dem Servieren auf die Speisen geben.

Brotwürfel sind sehr delikat in Suppen. Brot in kleine Würfel schneiden und entweder frisch, getrocknet oder fritiert zugeben.

Frühlingszwiebeln kann man vielseitig zum Garnieren verwenden. Man kann sie fein hacken, in große Stücke oder in feine Diagonalscheiben schneiden. Man kann den weißen oder den grünen Teil der Pflanze oder beide zusammen mit der Wurzel verwenden. Ich wasche sie vorher gründlich, um ihnen das etwas strenge Aroma zu nehmen und ggf. weiche ich sie ein, um die Erde von den Wurzeln zu lösen (die sehr nahrhaft sind und immer verwertet werden sollten). Möchte ich sie milder, koche ich sie eine Minute lang.

Zitronenschale geraspelt oder gerieben zusammen mit etwas Miso gekocht ergibt ein süß-saures Würzmittel.

Frischer Ingwer, fein gerieben oder in langen Streifen, verleiht praktisch jeder Speise eine feine Würze.

Würzmittel

Im folgenden werden einige Grundwürzen der makrobiotischen Küche beschrieben.

Gomasio

Gomasio oder geröstetes Sesamsalz ist das beliebteste makrobiotische Gewürz. Sein bitter-salziges Aroma gleicht die natürliche Süße von Reis und anderen Getreide- und Gemüsegerichten aus. Auch geben die kleinen Samen dem Essen eine besser zu kauende Struktur. Sesamsamen sind eine hervorragende Ölquelle, sie sind reich an Kalzium und anderen Nährstoffen. Die Samen sollten auf jeden Fall geröstet sein, da ihr rohes Öl sehr schwer zu verdauen ist. Man sollte sie aber auch nicht zu dunkel rösten. Jeder Samen sollte leicht aufpuffen.

Wir zogen schwarzen Sesam bei uns zuhause in Japan in unserem Garten. Er schmeckt intensiver, nussiger als brauner Sesam. Außerdem ist er etwas größer und besser geformt. Alle Sorten können für den regulären Gebrauch genommen werden. Die meisten Sesamsamen, die in Naturkostläden erhältlich sind, kommen aus Mittelamerika und sind ungeschält. Einige Sesamsorten aus biologisch-organischem Anbau kommen aus Kalifornien. Die nach außen gewölbten Formen haben generell eine bessere Qualität als die nach innen gewölbten Samen. Chemisch bearbeiteter, geschälter Sesam sollte vermieden werden. Die Mengenverhältnisse von Salz und Sesam hängen von Alter und körperlichen Aktivitäten ab. Zuviel Salz stimuliert den

Appetit zu stark und führt zu übermäßigem Genuß von Flüssigkeit, Früchten und Süßem. In Japan ist das Verhältnis gewöhnlich 1 Teil Salz zu 4 Teilen Sesam. Aber das Klima in Japan ist sehr feucht, und die meisten Japaner wachsen mit weniger tierischer Nahrung auf (die einen hohen Natriumgehalt hat). Außerdem enthält das traditionelle japanische Meersalz weniger Natrium und mehr Minerale als die meisten raffinierten und natürlichen Meersalze im Westen. Für Amerikaner und die, die in westlichen trockenen Klimazonen leben, empfehlen wir etwa 1 Teil Salz zu 10 bis 12 Teilen Sesam für Erwachsene. Für sportlich Aktive und körperlich Schwerarbeitende sollte die Mischung 1:8 bis 10 betragen. Für kleine Kinder mischt man am besten im Verhältnis 1:16 bis 20. Gomasio für Erwachsene und für Kinder sollte in getrennten Töpfchen und klar gekennzeichnet werden, da ein hoher Salzkonsum Kinder überaktiv macht. ½ bis 1 Teelöffel Gomasio auf eine Portion Reis ist genug.

Gomasio für Erwachsene

1 Tasse Sesamsamen
2 ½ bis 3 Eßlöffel Meersalz

Gomasio für körperlich sehr aktive Menschen

1 Tasse Sesamsamen
3 ½ bis 4 Eßlöffel Meersalz

Gomasio für Kinder

1 Tasse Sesamsamen
1 ½ bis 2 Eßlöffel Meersalz

Sesam in einem sehr feinen Sieb waschen und abtropfen lassen. Jeder Samen, der beim Waschen oben schwimmt, sollte entfernt werden. Meersalz in einer Pfanne trocken rösten. Für Salz als auch für Sesam ist eine rostfreie Stahlpfanne leichter zu handhaben, da sie schneller erhitzt werden kann und schneller abkühlt. Man kann aber auch Gußeisen verwenden, in der die Zutaten gleichmäßiger garen. Geröstetes Salz verliert Feuchtigkeit und macht das Gomasio lockerer. Außerdem verdampft mit der Feuchtigkeit auch das im Salz enthaltene Chlor. Wenn das Salz anfängt zu glänzen, ist es fertig. Die nassen Sesamsamen anschließend in der Pfanne rösten, zerstoßen und beiseite stellen. Der Sesam sollte immer naß sein, da er im trockenen Zustand sehr schnell anbrennt. Bei mittlerer Hitze röstet er am gleichmäßigsten. Niemals zu große Mengen auf einmal rösten, da einige verbrennen, während andere noch roh sind. Nur soviel in eine Pfanne geben, daß die Samen gerade den Boden bedecken. Während des Röstens mit einem hölzernen Löffel oder Reislöffel bewegen. Man kann die Pfanne auch ab und zu schütteln, damit die Samen nicht anbrennen und gleichmäßig bräunen. Die Samen sind ungefähr nach 5 bis 10 Minuten fertig. Der geröstete Samen sollte sich leicht zwischen Daumen und Mittelfinger zerdrücken lassen. Nicht zu dunkel rösten, da sie von allein noch etwas nachrösten. Der Sesam fängt an zu springen, wenn er gar ist, und entfaltet einen nußartigen Duft.

Das Meersalz im Suribachi ganz fein mahlen, bis alle kleinen Klumpen verschwunden sind. Die heißen gerösteten Sesamsamen hinzugeben, da sie in diesem Zustand das Salz besser aufnehmen und zerstoßen. Wird der Sesam zuerst zerstoßen und dann das Salz dazugefügt, wird er sehr dunkel. Die Samen mit einem hölzernen Stößel in langsamen kreisenden Bewegungen zerstoßen, und sie dabei eher an die seitlichen Rillen des Suribachi drücken als auf den Boden. Die Samen sollten zur Hälfte zerdrückt und gut mit dem Salz vermischt sein. Nicht pulverisieren. Je sorgsamer man mit dem Stößel umgeht, umso süßer wird das Gomasio. Die Mischung abkühlen lassen und dann in ein luftdichtes Glas oder anderen gut verschließbaren Behälter geben. Ist die Mischung noch warm, sammelt sich leicht Feuchtigkeit auf der Oberfläche und an den Seiten, und das Produkt verdirbt leicht. Gomasio hält sich wochenlang frisch und kann, wenn es zu sehr austrocknet, aufgeröstet werden. Ich vermeide es, zu große Mengen auf einmal herzustellen und bereite es lieber einmal pro Woche frisch zu.

Variante: Zur Abwechslung kann man Sesamsamen auch mit Miso, Shoyu, gerösteten Umeboshi-Pflaumen, geröstetem und pulverisiertem Kombu oder Wakame oder Shisoblättern verarbeiten. Sie sind natürlich auch ohne irgendwelche Zutaten als Würzmittel oder Garnierung geeignet.

Frühlingszwiebel-Miso-Würze

Das scharfe Aroma von Frühlingszwiebeln paßt sehr gut zu Miso und verschafft wärmende Energie. Auf Reis, anderem Getreide, Nudeln, gekochtem Gemüse oder auf Brot zu verwenden.

2 bis 3 Bund Frühlingszwiebeln mit Wurzeln
1 Eßlöffel geröstetes Sesamöl
3 Teelöffel Miso
3 Teelöfel Quellwasser

Die Frühlingszwiebeln und Wurzeln sehr gut waschen. Wenn nötig, die Wurzeln in kaltem Wasser weichen, bis sich die Erde gelöst hat. Erst die Wurzeln und darauf den Rest in eine eingeölte Pfanne geben. In der Mitte etwas Platz freilassen. Miso mit wenig Wasser pürieren und in das Loch geben. Zudecken und etwa 5 Minuten leicht kochen lassen. Gut mischen und servieren.

Varianten: An Stelle des Öls können auch 5 Eßlöffel geröstete und zerstoßene Sesamsamen genommen werden. Ein paar Tropfen Reisessig, Mirin oder Ahornsyrup verfeinern das Gewürz.

Karottengrün mit Miso

2 Tassen fein gehacktes Karottengrün
¼ bis ½ Tasse Quellwasser
1 Teelöffel Miso mit 3 Teelöffeln Quellwasser verrührt

Karottengrün mit dem Wasser in einen Topf geben, püriertes Miso in die Mitte plazieren, zudecken und 5 bis 10 Minuten bei kleiner Flamme kochen, je nachdem wie hart die Blätter sind. Das Miso wird sich in dem Gemüse auflösen.

Geröstete Sojabohnen mit Miso

1 Tasse geröstete gelbe oder schwarze Sojabohnen
Quellwasser
1 Tasse zerkleinerte Sellerie
1 Tasse zerkleinerte Zwiebeln
1 Tasse Lotoswurzel, in große Stücke schneiden
½ Tasse Karotten in Scheiben
¼ Tasse Klettenwurzel, fein geschnitten
1 bis 2 Eßlöffel Sesamöl
1 Eßlöffel Miso
½ bis 1 Teelöffel frischer geriebener Ingwer zum Garnieren

Die Sojabohnen trocken rösten und in einer Tasse mit warmem Wasser 10 Minuten weichen. In der Zwischenzeit das Gemüse klein schneiden. Sesamöl in einem Topf erhitzen und das Gemüse schichtweise hineingeben, zuerst die Sellerie, dann die Zwiebeln, Lotos, Karotten und Klettenwurzel. Die gerösteten Sojabohnen abtropfen und obenauf geben. Dann das Einweichwasser vorsichtig zugießen, ohne die Lagen durcheinanderzubringen. Miso in ½ Tasse Wasser auflösen und über die Bohnen gießen. Zudecken und 10 bis 20 Minuten kochen. Karotten und Klettenwurzel sollten weich aber nicht breiig werden. Mit frischem Ingwer garnieren und servieren.

Grüne Paprikaschoten und Miso

3 grüne Paprikaschoten in ½ cm dicken Halbmonden
1 Eßlöffel geröstetes Sesamöl
1 Teelöffel Gerstenmiso
Quellwasser

Die Paprikaschoten einige Minuten in dem Öl andünsten. Miso in 1 bis 2 Eßlöffeln Wasser auflösen und in die Mitte über die Paprikaschoten geben ohne zu mischen. Zudecken und bei kleiner Hitze etwa 30 Minuten kochen. Mischen und servieren.

Meeresalgen-Pulver

Getrocknete und pulverisierte Algen sind am einfachsten in eine gerade umgestellte makrobiotische Küche einzuführen. Reich an Kalzium, Eisen und anderen wertvollen Mineralstoffen, stärken sie Herz, Nieren und Nerven. Nori und Dulse sind am leichtesten, Kombu und Kelp etwas stärker, und Wakame ist am salzigsten.

Die Algen im Backofen 10 bis 15 Minuten bei 175° C rösten. Sie sollten dunkel und knusprig, aber nicht verbrannt sein. Zerbröseln und im Suribachi zu feinem Pulver zermahlen. Wie Gomasio verwenden.

Man kann das Algenpulver auch mit geröstetem Sesam vermengen. Das Verhältnis sollte 60% Samen zu 40% Algen sein. Die Algen werden vor der Zugabe des Sesam pulverisiert, da die Samen sonst zu stark zerkleinert werden.

Nori-Gewürz

5 bis 6 Scheiben Nori in 3 cm großen Stücken
Quellwasser
Shoyu

Nori in einen Topf geben und mit etwa ½ Tasse Wasser bedecken. Zum Kochen bringen, zudecken und Hitze reduzieren. Etwa 30 Minuten kochen lassen, bis das Nori zu einer dicken Paste verkocht ist. Ein paar Tropfen Shoyu zugeben, kurz weiterkochen und abkühlen lassen. In einem Glas aufbewahren.

Variante: Ein salzigeres Würzmittel erhält man durch eine größere Zugabe von Shoyu (etwa 1 bis 3 Eßlöffel).

Shio-Kombu

Shio-Kombu bedeutet salziger Kombu und ist ein beliebtes Würzmittel in Japan. Man spült den Staub von den Kombustreifen und schneidet sie mit der Schere in kleine Vierecke. Dann weicht man sie 1 bis 2 Tage in Shoyu. Danach gibt man den Kombu in einen Topf, bedeckt mit Shoyu, und läßt ihn ohne Deckel 1 bis 2 Stunden bei schwacher Hitze kochen, bis fast alle Flüssigkeit verdampft ist. Nicht anbrennen lassen. Zum Schluß alle Kombustücke gut mit dem verbliebenen Saft mischen und ein paar geröstete Sesamsamen zugeben. Dieses Kombugewürz hält sich ungekühlt über ein Jahr. Man ißt gewöhnlich nicht mehr als ein bis zwei Stücke pro Mahlzeit.

Schneller geht es, wenn man 5 bis 6 Streifen Kombu einige Minuten weicht, und dann in 2 cm große Stücke schneidet. In einen Topf geben und eine Mischung aus ½ Tasse Shoyu und ½ Tasse Quellwasser mischen. Zum Kochen bringen, zudecken und bei kleiner Hitze 30 bis 40 Minuten kochen, bis alle Flüssigkeit verdampft ist. Abkühlen lassen und in einem Glas aufbewahren.

Wakame-Gewürz

1 Tasse eingeweichte Wakame, zerkleinert
2 Eßlöffel Reisessig
2 Eßlöffel Shoyu
2 Eßlöffel Quellwasser
1 Eßlöffel Sesam, gewaschen und geröstet

Wakame in einen Topf geben und Essig mit Shoyu zufügen, ggf. 2 Eßlöffel Wasser. Zum Kochen bringen, zudecken und bei kleiner Hitze 10 bis 20 Minuten köcheln, bis der Sud verkocht ist. Mit Sesam garnieren.

Tekka-Wurzelgemüse-Gewürz

Tekka ist ein Gemüsegewürz aus Miso und verschiedenem Wurzelgemüse, das sehr lange sautiert und zu einem schwarzen, konzentrierten Pulver eingekocht wurde. Tekka vereinigt verschiedene Geschmacksrichtungen und gibt starkes Blut. Da es sehr stark ist, sollte man es nur in kleinen Mengen verwenden.

Traditionell wird Tekka 16 Stunden in gußeisernen Töpfen gekocht, bis der Inhalt trocken und schwarz ist. Hier verwenden wir eine kürzere Methode. Bei Öl und Miso sollte man sich an die angegebenen Mengen im Rezept halten, während das Verhältnis zwischen den Gemüsemengen variieren kann. Hatcho-Miso ist am besten geeignet, da es nicht so salzig ist, weniger Wasser enthält und sich daher leicht zu Pulver verkochen läßt. Importiertes Tekka gibt es in etlichen Naturkostläden, und einige sind sehr hochwertig.

½ Tasse geröstetes Sesamöl
⅔ Tasse fein zerkleinerte Klettenwurzel
⅔ Tasse fein zerkleinerte Karotten
⅔ Tasse fein zerkleinerte Lotoswurzel
½ Teelöffel frischer geriebener Ingwer
½ Tasse Hatcho-Miso

Das Öl in einer gußeisernen Pfanne erhitzen. Klettenwurzel hineingeben und kurz sautieren. Karotten und Lotos zufügen und ebenfalls einige Minuten andünsten. Ingwer und Miso zugeben, Hitze kleinstellen und etwa 4 Stunden dünsten. Gelegentlich umrühren, bis alle Flüssigkeit verkocht ist und das Tekka trocken und schwarz wird. Abkühlen lassen und in einem Glasbehälter aufbewahren.

Variante: Zwiebeln geben dem Gewürz einen leicht süßlichen Geschmack.

Sigure-Miso-Würze

Sigure bedeutet ruhiger Novemberregen. Dieses weichere Tekka wurde so von Lima Ohsawa getauft, die mir das Rezept in New York beibrachte.

½ Tasse zerkleinerte Zwiebeln
½ Tasse zerkleinerte Karotten
½ Tasse zerkleinerte Lotoswurzeln
3 Eßlöffel geröstetes Sesamöl
etwas Quellwaser
1 gehäufter Eßlöffel Miso
⅛ Teelöffel frischer geriebener Ingwer

Zwiebeln und Karotten in dem Öl dünsten und Lotos zugeben. Das Gemüse gerade mit Wasser bedecken und zugedeckt weichkochen lassen. Miso hineinrühren und 3 Minuten verkochen lassen. Den Ingwer hineinmischen und vom Feuer nehmen. Diese Würze paßt gut zu Getreide, Gemüse, Brot oder Nudeln.

Geraspelter Rettich

Etwas geriebener Rettich wird gewöhnlich zu Fisch und anderen Meerestieren serviert. Er neutralisiert die Auswirkungen tierischer Nahrung. An Stelle von Rettich kann man auch Meerrettich verwenden. Senf gibt man gewöhnlich zu rotfleischigem Fisch.

1 Tasse geraspelter Rettich
Shoyu
zerkleinerte Frühlingszwiebeln zum Garnieren
frischer geriebener Ingwer

Geraspelten Rettich in eine Servierschüssel geben, ein paar Tropfen Shoyu obenauf geben und mit Zwiebelringen garnieren. Bei Tisch nimmt sich jede Person einen Eßlöffel und würzt ggf. mit etwas Shoyu und Ingwer nach.

Umeboshi-Pflaumen

Umeboshi-Pflaumen werden gewöhnlich in Reisbällen mit weichem oder normalem Reis gegessen oder leicht auf Maiskolben verstrichen. Ich habe sie auf Reisen immer als Würzmittel bei mir.

Shoyu

Shoyu wird gewöhnlich nicht als Würzmittel bei Tisch sondern bereits während des Kochens verwendet. Ein paar Tropfen können gelegentlich auch bei Tisch in Suppen, Nudel- oder Gemüsegerichte gegeben werden.

Shiso-Blätter

Shiso sind gepickelte „Büffelgras"-Blätter (Anm.: eine jap. Minzeart). Sie werden gewöhnlich mit Umeboshi-Pflaumen zusammen eingelegt. Die ganzen Blätter gibt es in einigen Naturkostläden und ergeben ein wohlschmeckendes Gewürz für Getreide, Gemüse und Suppen. Man kann sie auch zum Einwickeln für Tofu-Ecken verwenden. Sie schmecken ähnlich wie Weinblätter.

Süßmittel

Apfelsaft, Gerstenmalz oder Amazake werden gewöhnlich in der makrobiotischen Küche zum Süßen verwendet. Besonders Kinder mögen Süßes und diese Zutaten sind von hochwertiger Qualität. Auch Erwachsene verwenden sie gelegentlich gern im Morgenmüsli oder in anderen Speisen.

Kapitel 25

Fische und Meerestiere

Eine Katze auf dem Reisfeld
Wird angezogen
Vom Duft gebratenen Fisches.
- Fusako

Da ich in den Bergen aufwuchs und die Transportwege von und zur Küste weit waren, hatten wir kaum frischen Fisch. Meistens aßen wir gesalzenen Dorsch. Die Bauern auf den Feldern legten ihn meistens auf Eichenblätter und aßen ihn zusammen mit Reisbällen zum Mittagessen auf den Feldern. Wie viele andere Bauernfamilien hatten auch wir vor der Tür einen kleinen Teich, in dem wir Karpfen zogen.

Karpfen zusammen mit Miso gekocht schmeckt ausgezeichnet, und wir fischten ihn nur für besondere Gelegenheiten aus dem Teich. Es gab ihn auch in den Wintermonaten, und dann bereitete man ihn häufig für *Koi-Koku* zu, eine energiereiche Suppe mit Karpfen, Klettenwurzel, Miso und Bancha-Tee, die traditionell zur Wiederherstellung von Kraft und Vitalität gereicht wird. Kaltes Karpfenblut verwendete man zur Senkung von Fieber.

Damals gab es auch viele kleine Fische in den Reisfeldern. Wir fingen sie per Hand mit einem Tuch und einer Schaufel oder einem Köcher. An den Sandbänken klarer Bergflüsse sammelten wir kleine Süßwasser-Muscheln, *Shizimi-Gai* genannt. Sie schmeckten sehr gut und öffneten sich nach einer Minute in kochendem Wasser. Wir verwendeten sie als Grundlage für Misosuppe. Von diesen Muscheln sagte man, daß sie bei Gelbsucht und anderen Leberproblemen helfen. Heutzutage muß man bei Schalentieren vorsichtig sein und sichergehen, daß sie aus unverseuchtem Wasser kommen. Mein Vater und mein Bruder gingen nachts mit einem Freund Lachse und Aale fischen. Gebackener Aal an heißen Sommertagen bringt verbrauchte Energie schnell zurück. Ich erinnere mich auch an einen delikaten Fisch, der Ayu hieß. Während ich in einem abgelegenen Bergdorf unterrichtete, brachte mir ein Schüler eines Tages einen frischen Ayu. Ich backte ihn und war überrascht, daß er eher wie Gemüse als nach Fisch schmeckte. Es war der köstlichste Fisch, den ich jemals gegessen habe. Heutzutage sind die meisten Fische in den Bergseen, Flüssen und Reisfeldern durch chemische Spritzmittel und Umweltverschmutzung in Japan ausgestorben. Ein Trauerspiel.

Zubereitung tierischer Nahrung

Nachdem ich Makrobiotin wurde, aß ich so gut wie keine tierische Nahrung mehr. Bis zu den frühen 50er Jahren war Fleisch in Japan sehr rar. Manchmal gab es Kaninchen-Eintopf. Jeden Winter gab die Grundschule einmal Kaninchen-Eintopf an alle Schüler aus. Die älteren Jungen und Lehrer fingen die wilden Kaninchen. Es gab aber auch viele Familien, die Kaninchen für besondere Gelegenheiten als Festschmaus züchteten. Man schnitt das Fleisch gewöhnlich in kleine Stücke und kochte es mit Taro, Karotten und Rettich. Einige Bauern hielten auch Hühner zum Schlachten, aber die meisten wurden nur zum Eierlegen gehalten. Nach öligen oder tierischen Speisen reinigte meine Mutter das Geschirr immer sehr gründlich mit Holzasche, bevor sie es wieder für Gemüse benutzte.

Meine Universität lag am Meer, und während dieser Jahre aß ich bedeutend mehr Fisch als in meiner Kindheit. Eines Tages nahm mich eine ältere Kommilitonin beiseite und sagte mir ernsthaft, ich lächle zuviel. Ich hatte die Aufnahmeprüfung als beste bestanden und wurde regelmäßig zur Klassensprecherin gewählt. Anscheinend war meine einfache und ruhige Dorfmentalität nichts für einige der städtischen Studenten. Jahre später fand ich heraus, daß viele Menschen ihr Lächeln durch einen zu hohen Fleisch- und Fischkonsum verlieren. Nach Pearl Harbor jedenfalls verloren wir alle unser Lächeln.

Als nach Kriegsende die Amerikaner kamen, breitete sich der Handel mit rotem Fleisch weiter aus. Als ich einmal eine Freundin und ihre Familie besuchte, bat sie mich, ein Steak zuzubereiten. Ich hatte vorher niemals Rindfleisch gegessen und nahm an, man bereite es wie Kaninchen zu. Ich schnitt es klein, und als ich es nach

Kaninchen-Art als Eintopf servierte, zogen alle lange Gesichter. Das war das erste und letzte Mal, daß ich jemals Fleisch gekocht habe.

Fischzubereitung

In der makrobiotischen Küche servieren wir Fisch oder Meeresfrüchte zwei- bis dreimal die Woche als mögliche Beilage für diejenigen mit einer guten Gesundheit. Fisch sollte immer frisch und niemals gefroren oder vorbearbeitet sein. Generell ist Tiefseefisch vorzuziehen, da er weniger Verschmutzung aufnimmt als beispielsweise Süßwasser-Fische. Weißes Fleisch ist magerer als rotes Fleisch oder blauhäutige Fische und kann daher öfter als die anderen Sorten gegessen werden. Ich bereite Fisch immer nur als Beilage und nicht als Hauptmahlzeit zu. Gewöhnlich sollte man ihn mit einer normalen Portion Getreide und der dreifachen Menge hartem, grünem Blattgemüse konsumieren. Um mögliche giftige Nebenauswirkungen zu neutralisieren, wird gewöhnlich ein Tee- bis ein Eßlöffel geriebener Rettich mit ein paar Tropfen Shoyu und etwas frischem, geriebenem Ingwer pro Person serviert. Zu rotfleischigen Sorten reicht man etwas Senf oder Wasabi (japanischer Senf), der die Verdauung erleichtert. Petersilie und Zitronenscheiben geben Fischgerichten etwas Farbe und gutes Aroma.

Die folgenden Fischrezepte wurden von Nayumi Nishimura speziell für dieses Buch ausgesucht. Diese junge Japanerin hat bei mir zuhause gekocht und arbeitet jetzt mit ihrem Mann Jinn in unserem neuen Zentrum in den Berkshire-Bergen. Mayumi kommt von einer Insel, wo ihre Eltern ein Hotel hatten und ihren Gästen eine Vielfalt traditioneller Fischgerichte servierten. Sie muß wirklich eine brave Tochter gewesen sein, die immer ihrer Mutter fleißig half, denn ihre Art mit Fischen umzugehen ist beneidenswert. Dies sind ihre Lieblingsrezepte. In den Kapiteln über Getreide, Suppen, Salat und Tempura finden sich weitere Fischrezepte.

Gebackener Heilbutt mit Miso

Die süße Marinade gibt dieser Speise ein abgerundetes Aroma.

1 Tasse Gerstenmiso oder Hatcho-Miso
1 Tasse weißes Miso
½ Tasse Mirin
2 Eßlöffel Sake
1 ½ bis 2 Pfund Heilbutt-Filet
geriebener Rettich

Miso, Mirin und Sake gut in einem Suribachi verrühren. Die Hälfte dieser Marinade auf den Boden einer Backform geben und den Fisch darauflegen. (Den Fisch kann man in ein Käsetuch wickeln, damit er seine Form behält.) Die restliche Marinade obenaufgeben und 4 bis 5 Stunden ziehen lassen. Fisch aus der Marinade nehmen, in eine Backform legen und im vorgeheizten Ofen 15 bis 20 Minuten bei 250° C backen. Mit geriebenem Rettich servieren. Die Marinade für die nächste Fischmahlzeit aufbewahren oder, wenn der Fischgeschmack nicht stört, für Misosuppe verwenden.

Varianten: Auch andere Fischfilets wie Rotbarsch, Kabeljau oder Dorsch kann man auf diese Weise zubereiten. Butt ist zu flach um ihn zu marinieren, und stattdessen salzt man ihn beidseitig kurz vor dem Backen. Man kann auch etwas Shoyu, Mirin und einen Hauch frisch geriebenen Ingwers nehmen.

Gebackene Forelle

In wenigen Minuten zubereitet, ist Forelle eine sehr appetitanregende Speise.

3 Eßlöffel Gersten- oder weißes Miso
2 Eßlöffel Mirin
3 Eßlöffel Kombu-Stock oder Quellwasser
1 mittelgroße Forelle, etwa 300 g
geriebener Rettich

Miso, Mirin und Kombu-Stock oder Wasser im Suribachi verquirlen. Die Forelle ganz oder halbiert in eine Backform legen und diagonal einritzen, etwa so: /////. Im vorgeheizten Ofen bei 250 ° C etwa 7 bis 10 Minuten backen. Ist der Fisch dreiviertel gar, die Misosoße auf den Fisch streichen. Weitere 5 Minuten backen. Mit geriebenem Rettich servieren.

Gedämpfte Scholle

In Japan hatten wir eine köstliche Speise, *Saka-Mushi* genannt. Sie ist schnell zubereitet, zart und mild. Man serviert sie mit Pilzen, Broccoli und Zitronenschalen in einer Keramikschüssel. Gedämpfte Scholle ist ein wahres Kunstwerk.

1 mittelgroße Scholle, etwa 250 g
Ein 15 cm langes Stück Kombu
2 Eßlöffel Sake
2 Shiitake-Pilze, frisch oder getrocknet
4 bis 5 Broccoli-Rosen
Zitronenscheiben
Shoyu-Ingwersoße zum Dippen

Den Fisch auf beiden Seiten mit einem scharfen Messer flach einritzen. Kombu 5 Minuten weichen und auf den Boden einer kleinen hitzebeständigen Keramikschüssel geben. Fisch darauflegen und mit Sake begießen. Shiitakepilze zugeben (getrocknete Pilze vorher einige Minuten einweichen und den Stiel entfernen), 1 cm Wasser in einem großen Kessel zum Kochen bringen und die Keramikschüssel hineinstellen. Zudecken und 10 bis 15 Minuten dämpfen. Während der letzten Minuten Broccoli zugeben. Er sollte nicht zu lange garen, damit er seine Frische und leuchtende Farbe behält. Die Schüssel aus dem Kessel nehmen und den Fisch mit Zitronenscheiben garnieren. Mit Shoyu-Ingwersoße servieren.

Gebackenes Kabeljaufilet

Dieser Fisch am Spieß ist sehr zart. Frisch geriebener Ingwer gibt der Marinade ein leicht scharfes Aroma.

1 Tasse Shoyu
½ Tasse Mirin
½ Tasse Kombu-Stock
1 Eßlöffel frischer geriebener Ingwer
1 ½ bis 2 Pfund Kabeljau-Filets in 15 cm großen Stücken
geriebener Rettich

Mirin, Shoyu, Kombu-Stock und Ingwer in einer Backform verrühren. Die Filetstücke hineingeben und 30 bis 60 Minuten ziehen lassen. Die marinierten Stücke herausnehmen und jeweils mit zwei dünnen Holz-Spießen versehen. Auf einen Wokständer (oder etwas anderes mit höheren Seiten) legen, der auf einem Backblech steht, um den heruntertropfenden Saft aufzufangen. Im vorgeheizten Backofen 15 bis 20 Minuten bei 250° C backen. Mit geriebenem Rettich servieren.

Fritierter Rotbarsch

Fritieren heißt in Japan Kara-Age. Auf diese Weise bereitet man gewöhnlich Fisch zu Feiertagen oder besonderen Gelegenheiten zu. Rotbarsch wird vor allem gern am Neujahrstag gegessen. Er ist knusprig und zart.

geröstetes Sesamöl
1 ganzer Rotbarsch, etwa 3 Pfund schwer
Vollweizenmehl Typ 1050
Geriebener Rettich

Soße zum Eindippen

½ Tasse Kombu-Stock
3 Eßlöffel Shoyu
3 Eßlöffel Naturreis-Essig
3 Eßlöffel Mirin
1 Eßlöffel Kuzu
2 Teelöffel frischer geriebener Ingwer

Eine tiefe Pfanne etliche Zentimeter hoch mit Sesamöl füllen und auf 150° C erhitzen. Normalerweise ist die Fritier-Temperatur höher, aber der Fisch sollte lange garen, damit die Gräten weich werden und er besser verdaulich ist. Den Fisch vorher in Weizenmehl oder Kuzu wälzen und dann 30 Minuten in dem Öl fritieren. Währenddessen die Soße zubereiten. Kuzu in etwas Kombu-Stock auflösen und mit den anderen Zutaten mischen. Erhitzen und unter Rühren andicken lassen. In kleinen individuellen Schalen zusammen mit etwas geriebenem Rettich servieren.

Variante: Auch Karpfen, Scholle, Stint und andere weißfleischige Fische können so zubereitet werden.

Gegrillter Fisch

Im Gegensatz zum Backen mit trockener Hitze bringt Grillen den inneren Saft des Fisches hervor. Den Fisch mit etwas Meersalz würzen und etwa 5 Minuten unter den Grill schieben oder bis er oben braun ist. Man braucht ihn nicht umzudrehen. Gegrillter Fisch kann auch zu gleichen Teilen in Shoyu und Quellwasser und etwas geriebenem frischem Ingwer mariniert oder vor dem Grillen mit ein paar Tropfen Zitronensaft und etwas Shoyu besprenkelt werden.

Gepökelter Fisch

Hering, Makrele, Sardinen und andere rotfleischige Sorten pökelt man 30 bis 60 Minuten in Meersalz und mariniert sie dann in Reisessig etwa eine Stunde. Gepökelter Fisch hält sich eine Woche im Kühlschrank.

Sashimi

Sashimi, feine Scheiben frischer Fisch, ist in Japan eine berühmte Delikatesse. Nur Fisch, der am selben Tag gefangen wurde, ist gewöhnlich dazu verwendbar. Die inneren Gräten zu entfernen braucht Erfahrung und sehr scharfe Messer. Falsch zubereitet kann Sashimi ernste Verdauungsprobleme schaffen. Sashimi ist eine der wenigen Speisen, die ich zuhause nicht selbst zubereite sondern nur in guten Restaurants genieße.

Koi-Koku (Karpfen-Klettenwurzelsuppe)

Diese schmackhafte, kräftigende Suppe bringt Stärke und Vitalitat zurück und öffnet die elektromagnetischen Kanäle im Körper. Sie wird auch von denen gemocht, die sonst keinen Fisch essen und die aus gesundheitlichen Gründen keine tierischen Produkte essen sollten. Der ganze Fisch einschließlich Gräten, Schuppen, Kopf und Flossen wird weich und verdaulich. Koi-Koku wird traditionell Müttern nach der Kindgeburt und während der Stillzeit verabreicht. Besonders bei kaltem Wetter ist sie sehr wärmend. Man kann sie aber das ganze Jahr über genießen, sollte sie aber nur in sehr kleinen Mengen essen (1 Tasse oder weniger), da sich sonst ein Heißhunger auf Flüssiges, Obst und Süßes einstellt. Koi-Koku hält sich eine Woche im Kühlschrank und tiefgekühlt mehrere Monate.

1 Frischer Karpfen, etwa 5 Pfund schwer
Dieselbe Menge Klettenwurzeln
½ bis 1 Tasse gebrauchte Bancha-Teeblätter und Zweige in ein Käsetuch eingebunden
Bancha-Tee und Quellwasser
Miso
1 Eßlöffel frischer geriebener Ingwer
gehackte Frühlingszwiebeln zum Garnieren

Einen lebenden Karpfen vom Fischmarkt holen und in Dankbarkeit seines Lebensopfers gedenken. Den Fischverkäufer bitten, die Gallenblase und den gelben bitteren Knochen (die Schilddrüse) herauszunehmen und den restlichen Fisch so zu belassen einschließlich Schuppen, Gräten, Flossen und Kopf. Zuhause den Fisch in 3 bis 5 cm große Stücke schneiden. Auf Wunsch die Augen entfernen. Eine ebenso große Menge Klettenwurzeln (ideal ist 2 bis 3mal soviel Klettenwurzeln wie Fisch) in kleine oder streichholzgroße Stücke schneiden. Klettenwurzel in solchen Mengen so zuzubereiten dauert eine Weile, also entsprechend planen. Fisch und Wurzel in einen Dampfdrucktopf geben. Ein kleines Bündel gebrauchte Bancha-Teezweige und Blätter in einem Käsetuch eingebunden in den Topf oder in den Fisch geben. Es hilft, die Gräten während des Kochens weicher und leichter verdaulich zu machen. Alles mit genügend Flüssigkeit, zu etwa ⅓ Bancha und ⅔ Quellwasser bedecken und eine Stunde unter Druck kochen. Druck natürlich sinken lassen, Deckel öffnen und die Suppe mit Miso (½ Teelöffel pro Suppentasse) und mit geriebenem Ingwer abschmecken. 5 Minuten köcheln lassen, mit gehackten Frühlingszwiebeln garnieren und heiß servieren.

Variante: Die Klettenwurzel kann vor dem Kochen in etwas dunklem Sesamöl angedünstet werden. Man kann Koi-Koku auch mit einem schweren Deckel 4 bis 6 Stunden kochen oder solange, bis alle Gräten weich und fast verkocht sind. Ggf. mehr Wasser zugießen. Ist Karpfen nicht erhältlich, kann man auch einen anderen leichten Fisch wie Rotbarsch, Barsch oder Forelle nehmen. Ist Klettenwurzel knapp, verwendet man stattdessen Karotten oder nimmt halb Karotten, halb Klettenwurzeln.

Meerestiere

Neben Fisch kann man gelegentlich auch Schalentiere, Weichtiere und andere Meerestiere zubereiten. Die weniger beweglichen Arten wie Muscheln und Austern sind weniger fetthaltig als die sich schneller bewegenden wie Hummer und Krebse. Tintenfisch ist gut für Tempura geeignet, man kann ihn aber auch kurz kochen und in einem Salat mit Wakame und Gurken servieren. Ganzen Tintenfisch kann man mit süßem Reis füllen, nachdem man die Haut und Innereien entfernt hat. Kleine Muscheln und Schalentiere eignen sich vor allem für Suppen. Austern kann man zu Naba-Stil-Speisen reichen oder zusammen mit Reis nach Gomoku-Art zubereiten. Einmal begleitete ich meine Familie nach Hiroshima, das berühmt für seine Austern war. Wir genossen verschiedene Austern-Speisen in einem Restaurant. Einige waren zusammen mit Reis gekocht und mit Shoyu gewürzt, andere in ihrer Schale gebacken und mit einer Tunke serviert oder im Tempura-Stil fritiert. Krabben reicht man gewöhnlich als Krabben-Cocktail, in spanischer Paella oder Tempura, um nur einiges zu nennen. Es heißt jedoch, daß Krabben die Stimme beeinflussen. Mein Noh-Drama-Lehrer erzählte mir einmal, daß er niemals Krabben anrühren würde, da er sonst seine Stimme verliere.

In Maßen genossen bringen Fisch und andere Meerestiere eine schmackhafte Abwechslung in die Küche. Sie sind eine Quelle schneller Energie und haben viel Aroma.

Kapitel 26

Desserts und Snacks

Desserts sind im Westen viel gebräuchlicher als im Osten. In Japan wurde unser süßer Geschmack durch unsere täglichen Getreide- und Gemüsespeisen befriedigt. Nur selten hatten wir spezielle süße Nachtische. Gewöhnlich beendeten wir die Mahlzeit mit Tee und Pickels. Ab und zu aßen wir Obst zwischen den Mahlzeiten. Wir aßen es in ganzer Form und in den entsprechenden Jahreszeiten ihrer Reife.

In meiner Kindheit benutzten wir unraffiniertes schwarzes Zuckerrohr. Weißer Zucker war teuer, und Mutter kaufte ihn als Geschenk für den Doktor oder für andere spezielle Gelegenheiten, aber zuhause wurde er nie gegessen. Ich erinnere mich, daß sie mich oft zum Krämer schickte, um Gersten- oder Reismalz zu kaufen. Während des Krieges gab es keinen Zucker. Aber kurz danach bemerkte ich, daß innerhalb der staatlichen Lebensmittelrationierung jede Familie einen großen Korb mit Zucker erhielt. Dank amerikanischen Einflusses begannen die Japaner, Nachtische im westlichen Stil zuzubereiten, und begannen viel mehr als früher, Zucker in ihre tägliche Küche einzubauen. In George Ohsawas Studienhaus bei Tokio lernte ich Apfelkuchen kennen, der zu Weihnachten und zu Geburtstagen aus natürlichen Zutaten bereitet wurde. Er war sehr delikat. In den USA lernte ich von meinen Schülern, wie man Kuchen, Torten, Pudding, Kekse und andere Desserts zubereitet. Meine Schüler machten die Leckereien, wie sie es von ihren Müttern gelernt hatten, verwendeten aber Vollweizenmehl und natürliche Binde- und Süßmittel statt weißem Mehl, Milchprodukten und Zucker. Dafür zeigte ich ihnen, wie man japanische Süßigkeiten mit Gelee, Kastanien, Azukibohnen und Amasake macht.

Getreide, Bohnen, Gemüse und Früchte enthalten komplexe Kohlenhydrate wie Stärke, Zellulose, Harz und Fruchtzucker. Die komplexen Süßstoffe wie Polysaccharide werden langsam verdaut und als Zucker in langsamen graduellen Raten ins Blut gegeben. Im Gegensatz dazu erzeugen einfache Zucker einen plötzlichen An- und Abstieg des Insulinspiegels, strapazieren übermäßig die Nebennierendrüsen und führen zu schwankenden Gemütszuständen. Süßmittel sind immer konzentrierte Lebensmittel, und selbst qualitativ hochwertige Produkte wie Gersten- oder Reismalz können im Übermaß genossen zu einem unausgewogenen Gesundheitszustand führen.

Wir versuchen so weit wie möglich in unserer täglichen Küche den Geschmack nach Süßem zu befriedigen. Natürlich süßes Gemüse wie Winterkürbis, Karotten, Pastinaken, Kohlrüben und Zwiebeln können oft Teil der Mahlzeit sein. Eine Prise Salz, während des Kochens dazugegeben, bringt seine Süße noch mehr hervor. Lange Koch- und Backzeiten machen das Gemüse ebenfalls süßer. Auch langes Kauen bringt die Süße, besonders von Reis und anderem Getreide hervor. Während des Kauprozesses wandeln die Enzyme im Speichel die Stärke in Zucker um, ähnlich wie bei der Fermentierung von Malz. Heißhunger auf Süßes zeigt gewöhnlich an, daß man zuwenig ganzes Getreide und Gemüse gegessen hat, daß die Nahrung zu salzig oder daß sie zu stark gewürzt war. Tierische Nahrung und Überessen bringen generell Appetit auf Süßes mit sich durch den Versuch des Körpers, seinen Zustand auszugleichen.

Natürliche Süßspeisen

In der makrobiotischen Standardernährung gibt es zwei- bis dreimal pro Woche ein delikates Dessert, mit natürlichen Zutaten bereitet. Ganze Nahrungsmittel und ihre Produkte können je nach Phantasie auf folgende Weisen zubereitet werden:

Ganzes Getreide — Getreide und Getreideprodukte können für Kuchen, Pudding, süßes Brot und Kekse verwendet werden. Vollkornmehl gibt Kuchen, Strudeln oder Pasteten nahrhafte und knusprige Krusten. Süßreis-Mochis sind besonders köstlich, und man kann sie als Waffeln oder mit einer leichten, süßen Soße oder Früchten servieren. Auch Popkorn ist ein gesunder, wohlschmeckender Snack.

Bohnen — Azukibohnen haben eine natürliche Süße, und man kann sie daher gut in Nachspeisen verarbeiten. Sie passen vor allem gut zu Kastanien, Kürbis oder Mochis, und man kann sie pur oder mit ein paar Rosinen, frischen oder getrockneten Äpfeln, Gerstenmalz oder Ahornsyrup servieren. In Japan bevorzugen vor allem Frauen saftige Azukibohnen mit Gerstenmalz und weichen Mochis.

Meeresalgen — Aus Agar-Agar wird natürliche Gelatine, Kanten genannt, gemacht. Man mischt ihn mit kleingeschnittenen Früchten, Nüssen, Bohnen und Samen. Fritierte Kombuchips und andere fritierte Meeresalgen oder Gemüsechips ergeben ebenfalls einen knusprigen Snack. Algenbonbons, mit Gerstenmalz gesüßt, gibt es in vielen Naturkostläden.

Nüsse und Samen — Kastanien, Walnüsse, Pekanüsse, Mandeln usw. können Kuchen, Puddings oder Keksen beigefügt werden. Geröstete Samen, mit etwas Shoyu oder Meersalz gewürzt, sind ein aromatischer Snack. Tahin und Nußpasten gibt man in Puddings oder zum Andicken in Soßen. Nußmilch wird aus gekochten und pürierten Nüssen hergestellt und dient als Grundlage für viele Nachspeisen.

Früchte — Früchte können frisch, getrocknet oder gekocht serviert werden. Idealerweise sollten sie aus derselben Klimazone kommen. Der Apfel gehört zu den ausgewogensten Obstsorten, obwohl man auch Beeren, Melonen, Birnen, Pflaumen, Pfirsiche, Aprikosen und andere Früchte aus gemäßigten Klimazonen verwenden kann.

Auch für Süßspeisen verwende ich keine Eier, Milchprodukte, Schokolade, Carob, Honig, raffinierte Süßmittel, tropische Gewürze oder Backpulver. Auch benutze ich keinen Tofu, da er kalt und in Verbindung mit Süßem zu sehr schwächt. Zum Backen nehme ich Sesamöl, solange es sich mit den anderen Zutaten verträgt. Leichter und knuspriger geraten die Produkte mit unraffiniertem Maiskeimöl. Statt Eiweiß und Maisstärke verwende ich Kuzu oder Pfeilwurzelmehl. Zum Garnieren oder um ein schärferes Aroma zu erhalten, nehme ich etwas frischen geriebenen Ingwer.

Natürliche Süßmittel

Um die natürliche Süße ganzheitlicher Nahrung zu ergänzen, verwende ich kleine Mengen natürlicher Süßmittel für Nachspeisen, die aus ganzem Getreide und anderen Pflanzen natürlich gewonnen werden. Dazu gehören:

Amasake — Amasake wird aus süßem Reis gewonnen, der mit einem Getreide-Treibmittel, Koji genannt, fermentiert wird. Amasake ist cremig, dick und schmeckt vorzüglich. Es hat eine weiße oder leicht beige Farbe und wird zum Süßen von Kuchen, Puddings und anderen Nachspeisen verwendet. Zusammen mit anderen Zutaten gekocht verfestigt sich Amasake und gibt ein ganz besonderes Aroma. Ich benutze es oft. (Das Rezept zum Selbermachen von Amasake findet sich im Kapitel über Getränke).

Gerstenmalz — Gerstenmalz hat ein kräftiges, geröstetes Aroma, ist dunkel-trübe und hat eine dickliche Konsistenz. Man süßt vor allem Kuchen, Kekse, Puddings und andere Nachspeisen damit. Beim Einkaufen achte ich sorgfältig darauf, 100prozentiges Gerstenmalz ohne Zusatz von raffiniertem Maissirup zu nehmen.

Reismalz — Reismalz hat ein leichteres, milderes Aroma als Gerstenmalz und ist bernsteinfarben. Es wird gewöhnlich mit etwas Gerste angesetzt. Eine hellere Variante heißt „Yinnie Syrup“ und ist bitterer.

Mirin — Mirin ist traditioneller Kochwein, der aus fermentiertem Süßreis gewonnen wird. Wie Sake wird er gewöhnlich beim normalen Kochen verwendet aber kleine Mengen davon kann man auch zu Gefrorenem, zu Soßen oder anderen süßen Tunken geben.

Ahornsyrup — Ahornsyrup wird vom Ahornbaum gewonnen und ist sehr süß und delikat, jedoch sehr konzentriert. Vierzig Liter Harz braucht man, um daraus einen Liter Syrup zu machen. 100prozentiger hochwertiger Ahornsyrup enthält etwa 65 Prozent Zucker, während weißer Zucker 99% hat. Ahornsyrup sollte man nur sehr sparsam verwenden. Ein Hauch ist gewöhnlich genug.

Raffinierte Süßmittel

Keines meiner Kinder wuchs mit Zucker oder anderen raffinierten Süßstoffen auf. Einmal bestand eine Schulfreundin von meiner Tochter Lilly darauf, daß sie Eiskrem probieren solle. Sie nahm einen Teelöffel, aber der Geschmack war so stark und fremd, daß sie es nicht herunterschlucken konnte und ausspucken mußte. Diesen Tag kam sie mit einer roten, geschwollenen Nase nach Hause. Sie hatte es gar nicht bemerkt, aber als ich sie darauf hinwies, erinnerte sie sich an ihr Erlebnis beim Mittagessen. Einige Jahre später besuchte Lilly einige Freunde in Japan und aß, ohne es zu wissen, ein paar süße Ohagis, die etwas Zucker enthielten. Sie paßte auf dem Nachhauseweg nicht auf und lief gegen eine Straßenbahn. Zum Glück war nichts Ernsthaftes passiert.

Als im Mittelalter der erste raffinierte Zucker nach Europa kam, wurde er als gefährliche Droge in Apotheken unter Verschluß gehalten. Der weitverbreitete

Handel und Konsum von Zucker heutzutage ist ein Hauptgrund für vielerlei degenerative Krankheiten und psychische oder geistige Störungen. Neben den oben erwähnten natürlichen Süßmitteln gibt es noch eine Reihe weiterer Alternativen zu raffiniertem Zucker, die in Naturkostläden angeboten werden, aber nach meiner Erfahrung sind auch sie schon zu sehr raffiniert und sollten vermieden werden.

Dazu gehört *Honig*, der zwar natürlich ist, aber von den Bienen raffiniert wurde. Neben weißem Zucker enthält er den größten Anteil einfacher Zuckerstoffe. Der Blumennektar besteht hauptsächlich aus einfachem Zucker und wird von den Bienen in Fructose und Blucose umgewandelt, zwei einfache Zuckerarten, die sehr schnell in den Blutkreislauf gelangen. Carob und Dattelzucker sind ebenfalls sehr fructosehaltig und sollten vermieden werden.

Melasse ist ein Abfallprodukt bei der Raffinierung von Roh- in weißen Zucker und extrem zuckerhaltig. Dunkler Syrup ist etwas weniger süß und wird zum Teil direkt aus eingekochtem Rohzucker gewonnen. Melasse aus Kaffernhirse hat ein leichteres, fruchtiges Aroma und ⅔ des Zuckergehaltes anderer Melassen. Brauner Zucker ist schlicht weißer Zucker kombiniert mit etwas Melasse. Rohzucker ist weißer Zucker vor dem endgültigen Bleichprozeß. Er enthält 96 Prozent einfache Kohlenhydrate.

Mais-Syrup wird chemisch aus Stärke gewonnen und mit Rohzucker gemischt. *Fructose* ist hoch raffinierter Maissyrup. Fructose gibt es natürlich in allen Früchten, aber als Süßmittel im Handel ist sie meist chemisch synthetisiert. *Xylitol* ist ein chemisch extrahiertes Süßmittel, das aus Birkenholz gewonnen wird. *Sorbitol* ist industriell raffinierte Glukose. *Saccharin* ist ein künstliches Süßmittel, das industriell aus Teer gewonnen wird. *Aspartame* ist ein chemisch synthetisiertes Süßmittel, das seit kurzem in der Getränkeindustrie Verwendung findet.

Ob natürlich verarbeitet oder künstlich, alle hochraffinierten Süßmittel sollte man strikt vermeiden.

Kanten

Kanten ist eine ganz natürliche Gelatine, die man mit Früchten, Bohnen, Nüssen oder Samen mischt. Sie wird aus dem Meeresalgen-Gel Agar-Agar gewonnen.

Für Obstgelee kann man alle jahreszeitlichen Früchte wie Erdbeeren, Himbeeren. Blaubeeren, Melonen, Pfirsiche, Birnen oder Äpfel verwenden. Azukibohnen mit Rosinen ergeben eine gelungene Kombination. Ein paar Nüsse oder Samen können zur Abwechlsung beigegeben werden und geben ein knuspriges Dessert. Man kann Agar-Agar auch zu Gemüse-Aspik verarbeiten.

Agar-Agar gibt es als Barren, Flocken und Pulver. Ich lese immer sehr sorgsam die Anleitungen auf der Packung, da die Mengenzugaben sehr unterschiedlich sind. Hier ein Rezept für Kanten.

2 Tassen Wasser
2 Tassen Apfelsaft
1 Prise Meersalz
1 Barren oder 6 Eßlöffel Agar-Agar (Anleitung auf der Packung folgen)
3 mittelgroße Äpfel, zerkleinert

Die Flüssigkeiten mit dem Salz zum Kochen bringen und langsam das Agar-Agar zugeben, bis es sich aufgelöst hat. Hitze reduzieren und bei kleiner Flamme etwa 15 Minuten kochen. Die letzten 5 Minuten die Apfelscheiben hineingeben und ab und zu umrühren. In eine große oder mehrere kleine Servierschüsseln geben und kühlstellen bis die Flüssigkeit geliert. Kanten ist gewöhnlich nach 45 bis 60 Minuten servierfertig.

Varianten: Statt des Apfelsafts kann man Wasser und eine halbe Tasse Rosinen zugeben. Melonen sollte man nicht kochen, sondern die Flüssigkeit zur Hälfte abkühlen lassen und dann über die Melonenstücke gießen. Azukibohnen mit Rosinen sollten 1 ½ Stunden gekocht werden, bevor andere Zutaten dazukommen.

Apfelkompott

5 bis 6 süße oder saure Äpfel (oder beides)
1 Prise Salz
Quellwasser
Rosinen zum Garnieren

Äpfel entkernen und kleinschneiden. Mit einer Prise Salz in einen Topf geben und den Boden mit Wasser bedecken. Zum Kochen bringen und bei kleiner Hitze weichkochen. In einem Passiersieb oder Suribachi pürieren. In individuellen Schalen servieren und mit ein paar Rosinen garnieren.

Variante: Alle süßen Früchte können auf diese Weise zubereitet werden. Zum Beispiel ist Zwiebelmus süßer als Apfelmus. Dazu nimmt man 4 bis 6 mittelgroße Zwiebeln und schneidet sie sehr fein. Dann bringt man sie mit einer Prise Salz und etwas Wasser zum Kochen und läßt sie 30 bis 40 Minuten köcheln. Sie sollten dunkel und fast zergangen sein, wenn sie fertig sind.

Glasierte Birnen

4 bis 6 reife Birnen, halbiert
1 Tasse Apfelsaft
1 Eßlöffel Kuzu
1 Prise Meersalz
½ Teelöffel frischer geriebener Ingwer

Birnen mit dem Gesicht nach oben in eine Backform geben, den Saft darübergießen, zudecken und bei 175 bis 250° C backen. Den Saft in einen kleinen Topf gießen, Kuzu in etwas kaltem Wasser auflösen und hineinrühren bis die Mischung dicklich und transparent ist, gewöhnlich ein paar Minuten lang. Über die Birnen gießen und 15 Minuten im Backofen backen, bis sie glasieren. Aufpassen, daß die Birnen nicht anbrennen.

Gebackene Äpfel mit Kuzu-Rosinensoße

1 Tasse Apfelsaft
¼ Tasse Rosinen
Prise Meersalz
1 Eßlöffel Kuzu
Quellwasser
5 bis 6 Backäpfel

Apfelsaft, Rosinen und Salz in einem Topf zum Kochen bringen und bei kleiner Hitze 5 Minuten kochen. Kuzu in etwas Wasser auflösen und unter dauerndem Rühren hineingeben, damit sich keine Klumpen bilden. Beiseite stellen. Äpfel waschen, entkernen und mit etwas Wasser in eine Backform geben. 30 bis 40 Minuten bei 190° C backen. Herausnehmen und in individuelle Schalen legen. Soße darüber geben und heiß servieren.

Obstkompott

¼ Tasse Rosinen oder Korinthen
1 Prise Meersalz
4 Tassen Quellwasser
2 Tassen zerkleinerte Äpfel
1 Tasse zerkleinerte Birnen
2 Eßlöffel Kuzu

Rosinen oder Korinthen mit Wasser und Salz zum Kochen bringen, zudecken und 5 Minuten kochen. Äpfel und Birnen zugeben und weichkochen. Kuzu in etwas Wasser auflösen und bei kleiner Flamme zu den Früchten geben. Rühren, bis sich die Flüssigkeit verdickt. 2 bis 3 Minuten weiterkochen, dann servieren.

Variante: Praktisch alles Obst kann auf diese Weise zubereitet werden. Getrocknete Früchte vorher 30 Minuten oder länger weichen. Sie brauchen gewöhnlich 20 Minuten zum Weichkochen.

Frische Wassermelone

Frische Wassermelone ist kühlend und eine köstliche Speise im Hochsommer. Man kann sie auf verschiedene Arten schneiden. Ich viertele sie, schneide Scheiben oder kleine Würfel oder forme wunderschöne Melonenbälle mit einer Metallkelle. Etwas Salz auf die Melone gestreut macht sie noch süßer und saftiger.

Amasake-Pudding

1 Liter Amaske
6 Eßlöffel Kuzu
1 Zitronenscheibe zum Ganieren
1 paar Sellerie oder Petersilienblätter zum Garnieren

Amasake und das aufgelöste Kuzu-Pulver in einen Topf geben und langsam unter Rühren zum Kochen bringen.

Zwei bis drei Minuten unter ständigem Rühren kochen, um Klumpen und Anbrennen zu vermeiden und in eine Servierschüssel geben. Glattstreichen und mit der Zitronenscheibe und den grünen Blättern garnieren. Vor dem Servieren etwas stehen lassen. Gibt man genügend Kuzu bei, festigt sich der Amasake und kann in Würfel geschnitten werden.

Variante: In den Pudding kann man auch Rosinen, Äpfel, Birnen, Erdbeeren oder andere Früchte geben. Mit dem Amasake zusammen kochen und hinterher Kuzu hineinrühren. Pürierter Kürbis oder pürierte Kastanien passen ebenfalls sehr gut in diese Speise.

Reispudding

½ Tasse ganze Mandeln
Quellwasser
3-4 Eßlöffel Tahin
3 ½ Tassen Naturreis
1 ½ Tassen Apfelsaft
¼ Teelöffel Meersalz

Mandeln in ¾ Wasser kochen und Tahin zugeben. Die Mandel-Tahin-Mischung in einem Mixer zerkleinern. Alle Zutaten in einen Drucktopf geben, umrühren und 40 bis 45 Minuten kochen. Dann in eine Backform geben und 45 bis 60 Minuten bei 175° C backen. Kurz vor Ende Deckel öffnen und bräunen lassen.

Tahin-Creme

3 Äpfel
½ Tassen Rosinen
2 Tassen Apfelsaft
2 Tassen Quellwasser
2 bis 3 Eßlöffel Tahin
1 Prise Salz
5 Eßlöffel Agar-Agarflocken (oder nach Packungsanweisung)

Äpfel waschen, entkernen und zerkleinern. Zusammen mit den Rosinen, der Flüssigkeit, Tahin, Meersalz und Agar-Agar in einem Topf gut vermischen, zum Kochen bringen und bei kleiner Hitze 2 bis 3 Minuten kochen. In einer flachen Schüssel abkühlen, bis die Flüssigkeit fast geliert ist. In einen Mixer geben und cremig rühren. Zurück in die Servierschüssel geben und noch einmal vor dem Servieren kühl stellen.

Kastanien-Püree

2 Tassen getrocknete Kastanien
5 Tassen Quellwasser
Meersalz

Kastanien waschen und einige Minuten bei kleiner Hitze trocken rösten. Mit dem Wasser und einer Prise Salz in einen Drucktopf geben und 40 bis 50 Minuten unter Druck kochen. In einer Handmühle oder per Hand zerstampfen und zu einem feinen Püree verrühren.

Variante: Einen Eßlöffel Kastanien-Püree um einen Teelöffel gekochten Mochiteig wickeln, um Kastanien-Ohagis zu machen. Man kann die Creme auch in verschiedene Formen geben und mit Samen, Nüssen und Gemüsestücken garnieren. Anstatt die Kastanien zu rösten, kann man sie auch über Nacht oder einige Stunden einweichen. So zubereitet sind sie sehr süß.

Kastanien oder Kürbisspiralen

Diese hervorragende Süßspeise wird in Japn traditionell an Feiertagen serviert und ist unter dem Namen *Chakin-Shibori* bekannt. Man macht sie gewöhnlich mit einem Chakin, einem Handtuch, mit dem man bei der japanischen Teezeremonie die Teekanne auswischt. Stattdessen kann man auch ein paar Lagen gedrehter Käsetücher nehmen.

2 Tassen getrocknete Kastanien oder gebackener Kürbis
5 Tassen Quellwasser
1 Prise Salz

Bei der Verwendung von Kastanien bereitet man diese wie im vorigen Rezept zu und verrührt sie zu einer weichen Creme. Kürbis halbieren und mit der Schnittseite nach unten auf ein Backblech legen. Bei 175 bis 190° C backen, bis er weich ist. Schale abheben und das innere Fleisch gut verrühren. Man kann den Kürbis auch mit ein paar gekochten Rosinen oder Korinthen süßen oder mit etwas Kastanien-Püree kombinieren.

Je zwei Eßlöffel der beiden Mischungen in ein Käsehandtuch geben und das Tuch fest zusammendrehen. Entfernt man das Käsetuch, hat man einen runden Ball mit einer Gewindestruktur am Kopf. Diese Spiralen halten sich einen Tag ungekühlt, dann sollte man sie in den Kühlschrank stellen. Pro Person serviert man 2 bis 3 Stück.

Azukibohnen, Kastanien und Rosinen

Diese Speise braucht keine weiteren Süßmittel außer den Bohnen und Früchten. Sie wird nach altem Brauch über heißen gebackenen oder gebratenen Mochis serviert.

1 Tasse Azukibohnen
1 Tasse getrocknete Kastanien
5 Tassen Quellwasser
1 Streifen Kombu, etwa 15 cm lang

½ bis ¾ Tasse Rosinen
½ bis 1 Teelöffel Meersalz

Bohnen zusammen mit den Kastanien 5 Stunden einweichen. Dann Kombu in einen Topf legen und Azukibohnen, Kastanien und Rosinen obenaufgeben. Das Einweichwasser zugießen und zum Kochen bringen. Zudecken und bei kleiner Hitze etwa 3 Stunden köcheln lassen. Wenn nötig, ab und zu frisches Wasser zugießen. Salzen und einige Minuten weiterkochen lassen, dann servieren.

Merke: Schneller geht es mit dem Drucktopf. Dann ist die Speise in 40 bis 45 Minuten fertig. Salz am Ende zugeben.

Süßreis-Kekse

1 Tasse Süßreis-Mehl
1 ½ Tassen ungebleichtes Weizenmehl, Typ 1050
½Tasse gerösteter Sesam
½ Tasse geröstete Sonnenblumenkerne
¼ Teelöffel Meersalz
2 Eßlöffel Sesam- oder Maiskeimöl
1 Tasse Rosinen oder Korinthen
1 ½ Tassen Apfelsaft

Die trockenen Zutaten in einer großen Schüssel vermengen. Öl zugeben und gut mit den Händen mischen. Rosinen oder Korinthen und Apfelsaft zugeben und wieder gut vermischen. Einen gehäuften Teelöffel jeweils im Abstand von 1 cm auf ein gut eingeöltes Backblech geben, sehr fein ausrollen und bei 175° C etwa 25 Minuten backen.

Haferflocken-Kekse

Das Rezept ergibt etwa 1 Dutzend Kekse.

1 ½ Tassen Haferflocken
¾ Tasse ungebleichtes Weizenmehl Typ 1050
1 ½ Teelöffel Maiskeimöl
½ Tasse gehackte Walnüsse
½ Tasse Reismalz
½ Tasse Quellwasser
⅛ Teelöffel Meersalz

Haferflocken, Salz und Mehl in einer großen Schüssel vermengen, Öl zugießen und gut vermischen. Walnüsse, Malz und Wasser zugeben und wieder gut mischen. Löffelweise auf ein geöltes Backblech geben, mit dem Löffelrücken glattstreichen und 20 bis 25 Minuten bei 175 ° C backen oder bis die Kekse goldbraun sind.

Apfelkuchen

10 bis 12 Backäpfel, entkernt und zerkleinert
¼ Tasse Reis-oder Gerstenmalz
¼ Tasse Quellwasser
2 Eßlöffel Pfeilwurzelmehl
1 Prise Meersalz

Die Zutaten in einem Topf zum Kochen bringen. Gut mischen und rühren, um Klumpen und Anbrennen zu vermeiden. Hitze kleinstellen, zudecken und köcheln, bis die Äpfel weich sind. Abkühlen lassen. Währenddessen Kuchenteig zubereiten (siehe Rezept im folgenden). Nachdem der Boden gebacken ist, die Früchte oben auflegen und die obere Teigschicht daraufgeben. Die Ecken versiegeln. Mit der Gabel mehrere Löcher machen, damit der Dampf entweichen kann. Im vorgeheizten Backofen bei 175 bis 190 ° C 35 bis 45 Minuten backen oder solange bis er goldbraun ist.

Grundrezept für Tortenboden

Um einen leichten, flockigen Boden zu erhalten, verwende ich ungebleichtes Weizenmehl Typ 1050. Zur Abwechslung kann man auch etwas Naturreismehl, Süßreismehl oder Maismehl (*¼ bis ½ Tasse pro 3 Tassen Weizenmehl Typ 1050) zumischen. Das folgende Rezept ergibt einen Doppelboden oder zwei 22 cm große Böden.*

3 Tassen Weizenmehl Typ 1050
¼ bis ½ Teelöffel Meersalz
⅓ bis ½ Tasse Maiskeimöl
½ Tasse kaltes Quellwasser

Mehl und Salz in einer großen Schüssel vermengen. Öl zugießen und mit einer Gabel solange verrühren, bis das Mehl eine Kieselstein-artige Konsistenz hat. Wasser zugeben, mit einer Gabel mischen und den Teig zu einem Ball formen. In zwei gleiche Teile teilen. Eine Hälfte zwischen zwei Lagen Wachspapier ausrollen. Etwas Wasser unter dem Bodenpapier verhindert Rutschen, und etwas Mehl auf der Oberfläche verhindert Festkleben. Den Teig mit leichten, kurzen Bewegungen, später mit längeren Bewegungen und mehr Druck ausrollen. Das obere Wachspapier abziehen und den ausgerollten Teig, Oberseite nach unten, in eine Kuchenform geben. Die andere Wachspapierlage abziehen. Die Ränder mit den Daumen oder einer Gabel herunterdrücken. Dann den Boden und die Seiten des Teigs mit einem Gabelrücken markieren. 10 Minuten im vorgeheizten Backofen bei 190 ° C backen. Währenddessen die obere Teigschicht zubereiten, ebenso wie den Boden in oben beschriebener Weise ausrollen und beiseite stellen.

Pfirsichtorte

4 Tassen ungeschälte zerkleinerte frische Pfirsiche (etwa 2 Pfund)
2-3 Eßlöffel Quellwasser
1 Prise Salz
2-3 Eßlöffel Reismalz
1-2 Eßlöffel Kuzu oder Pfeilwurzelmehl

Pfirsiche mit dem Wasser in einen Topf geben, salzen und zum Kochen bringen. Hitze kleinstellen, zudecken und 2 bis 3 Minuten kochen lassen. Reismalz zugeben und verrühren. Kuzu oder Pfeilwurzelmehl in kaltem Wasser auflösen und in die Pfirsiche rühren. Einige Minuten unter ständigem Rühren dicken lassen. Etwas abkühlen lassen und dann auf den Tortenboden geben. (Teig siehe Rezept weiter oben, wie Apfelkuchen backen).

Varianten: Nach diesem Rezept können auch andere Obsttorten gemacht werden, z.B. Blaubeer-, Kirsch- oder Erdbeertorte. Je nach Süße der Frucht gibt man etwas mehr oder weniger Reismalz hinzu.

Kürbistorte

Kürbistorte ist sehr süß und eine meiner beliebtesten Speisen im Herbst und Winter. Am liebtsten nehme ich dafür Ölkürbis, aber andere Winterkürbisse eignen sich ebenfalls.

1 mittelgroßer Ölkürbis, etwa 2 ½ bis 3 Pfund schwer
1 Tasse Quellwasser
1 Prise Salz
¼ bis ½ Tasse Gerstenmalz
1 Eßlöffel Kuzu
1 Tasse gehackte Walnüsse

Kürbis waschen, schälen und Kerne entfernen (Kerne können aufbewahrt und geröstet werden). Kleinschneiden und mit dem Wasser und etwas Salz zum Kochen bringen. Zudecken und bei mittlerer Hitze etwa 20 Minuten kochen. Den weichen Kürbis pürieren und mit Gerstenmalz vermischen. Etwa 5 Minuten kochen, Kuzu in etwas kaltem Wasser auflösen und zugeben. Unter ständigem Rühren 2 bis 3 Minuten kochen lassen, bis der Brei dick ist. Abkühlen lassen. Einen Teigboden zubereiten (siehe Grundrezept). Den Teig im vorgeheizten Backofen etwa 10 Minuten bei 175° C vorbacken. Den Kürbisbrei gleichmäßig auf dem Tortenboden verstreichen und mit den gehackten Walnüssen garnieren. 30 bis 35 Minuten bei 175° C backen oder solange, bis der Kuchen oben goldgelb ist.

Kirschstrudel

3 Tassen frische Kirschen, gewaschen und entsteint
Quellwasser
1 Prise Salz
1 Teelöffel Kuzu
½ Tasse gehackte Mandeln
Kuchenteig (½ Menge des Grundrezepts für Tortenboden)

Kirschen mit etwa 2 Eßlöffeln Wasser und einer Prise Salz zum Kochen bringen und 3 bis 5 Minuten leicht köcheln lassen. Kuzu in etwas kaltem Wasser auflösen und gut mit den Kirschen mischen. Unter Rühren andicken lassen. Vom Herd nehmen und die gehackten Mandeln untermischen. Abkühlen lassen.

Den Tortenboden für 1 Kruste zubereiten, ausrollen und die Kirschen gleichmäßig obenaufgeben. Die Ränder bleiben frei. Den Teig zusammenrollen und die Enden mit einer nassen Gabel zusammendrücken. Den Strudel auf ein leicht eingeöltes Backblech legen und 30 Minuten im vorgeheizten Backofen bei 190° C backen. Die Kruste sollte goldgelb sein. Herausnehmen und abkühlen lassen. In 3 bis 7 cm dicke Scheiben schneiden und attraktiv auf einer Schale arrangieren.

Knusprige Birnen

2 Eßlöffel Pfeilwurzelmehl
Prise Salz
¼ Tasse Quellwasser
5 bis 6 reife Birnen, gewaschen, entkernt, ggf. geschält und zerkleinert
½ Tasse geröstete Walnüsse
1 Tasse Haferflocken
2 Eßlöffel Reismalz oder Gerstenmalz

Pfeilwurzelmehl, Salz und Wasser in einer Schüssel vermischen. Birnen hineingeben und vorsichtig mischen. Die Mischung gleichmäßig in einer geölten Backform ausbreiten. Walnüsse und Haferflocken separat goldgelb rösten, Walnüsse hacken und mit Reis- oder Gerstenmalz mischen. Die Masse gleichmäßig über die Birnen verteilen. Zudecken und im vorgeheizten Backofen 20 Minuten bei 190° C backen. Deckel abnehmen und 5 bis 10 Minuten weiterbacken, damit die Kruste braun wird.

Variante: Dieses Rezept kann man auch bei anderen Früchten verwenden. Beeren brauchen etwas weniger, Äpfel etwas mehr Backzeit.

Aprikosen-Couscous-Kuchen

Couscous-Kuchen ist mild, aus einem lockeren Vollweizenmehl zubereitet und vor allem im Mittleren Osten gebräuchlich. Couscoustorte ist zu einem festen Bestandteil makrobiotischer Feste, Hochzeiten und Geburtstagsfeiern geworden. Statt Aprikosen kann man ebenso Erdbeeren, Äpfel, Kirschen und anderes frisches Obst verwenden.

2 Tassen Couscous
2 Tassen Apfelsaft
1 ½ bis 2 Tassen Quellwasser
1 Prise Salz

Füllung

1 Tasse Quellwasser
2 Tassen Apfelsaft
1 Prise Meersalz
4 bis 5 Eßlöffel Agar-Agarflocken (oder Anleitung auf der Packung befolgen)
2 Tassen frische Aprikosen, entkernt, zerkleinert, nicht geschält

Couscous waschen und in ein feinmaschiges Netz oder Käsetuch geben. 5 Minuten in einem Topf dämpfen. Herausnehmen und in eine Schüssel geben, Couscous dabei etwas auflockern und abkühlen lassen. Apfelsaft, Wasser und Salz zum Kochen bringen, 1 bis 2 Minuten kochen und über den Couscous gießen. Gut mischen und die Masse in eine gläserne Backform oder ähnliches geben. Fest hineindrücken und ein paar Minuten stehen lassen. Währenddessen die Füllung vorbereiten. Wasser, Saft, Salz und Agar-Agar in einem Topf zum Kochen bringen und bei kleiner Flamme 2 bis 3 Minuten köcheln. Aprikosen zugeben und vom Feuer nehmen. Etwas abkühlen lassen und dann über das Couscous geben. Kühlstellen, bis die Oberfläche geliert. Fertig sollten Teig und Füllung fest sein. In Stücke schneiden und servieren.

Erdbeerkuchen

2 Tassen gelbes Maismehl
1 Tasse Weizenmehl Typ 1050
½ Teelöffel Meersalz
3 Eßlöffel helles oder geröstetes Sesamöl
½ Tasse Reismalz
½ Tasse Gerstenmalz
1 Tasse Quellwasser

Füllung

2 Liter frische Erdbeeren
¼ bis ½ Tasse Quellwaser
½ Tasse Reismalz
Prise Salz
½ Tasse Pfeilwurzelmehl

Die trockenen Zutaten in einer Schüssel mixen, Öl zugeben und mischen, dann Reis- und Gerstenmalz und Wasser hineinrühren. Den Teig in eine eingeölte Kuchenform oder in mehrere kleine Formen geben. 15 Minuten im vorgeheizten Backofen bei 120° C backen, dann die Temperatur auf 190° C erhöhen und noch einmal 15 bis 20 Minuten backen.

Währenddessen die Füllung zubereiten, Erdbeeren waschen, entstielen und halbieren. Früchte, Wasser, Malz und Salz in einen Topf geben. Pfeilwurzelmehl in etwas kaltem Wasser auflösen und zugeben. Zum Kochen bringen, Hitze kleinstellen und unter ständigem Rühren festwerden lassen. Den fertigen Teig aus dem Backofen nehmen, in viereckige Stücke schneiden und mit den Erdbeeren obenauf servieren.

Variante: Statt Erdbeeren kann man auch Pfirsiche, Blaubeeren, Birnen, Apfelmuß oder andere frische Früchte verwenden.

Snacks

Für leichte Nachspeisen oder zwischen den Mahlzeiten gibt es eine Reihe kleiner Snacks, die man mit natürlichen Zutaten bereiten kann. Wie andere Speisen, die viel Fett, Öl oder natürliche Süßmittel enthalten, sollten sie nur gelegentlich und in kleinen Mengen konsumiert werden.

Geröstete Kerne

Geröstete Sesamsamen, Sonnenblumen- oder Kürbiskerne schmecken besonders gut. Erst die Kerne vorsichtig spülen, dann ein bis zwei Handvoll (nicht zu viel auf einmal) in eine Pfanne geben und 5 bis 10 Minuten bei mittlerer Hitze rösten. Dabei mit einem hölzernen Löffel oder Spatel rühren und die Pfanne ab und zu schütteln. Fertig sind die Kerne etwas dunkler, knusprig und duften. Gegen Ende der Röstzeit kann man sie mit etwas Meersalz oder Shoyu-Sojasoße würzen. Das macht sie leichter verdaulich.

Popcorn

Popcorn ist ein typisch amerikanischer Snack. Verwendet man kein Öl, braucht man auch kein Salz. Zur Probe gibt man 3 Maiskörner in einen Topf, deckt ihn zu und stellt die Flamme mittelgroß. Wenn die Kerne aufpoppen, ist der Topf heiß genug, um die restlichen Kerne zum Aufspringen zu bringen. 1 Eßlöffel Popkorn-Kerne ergibt etwa 2 ½ Tassen Popkorn. Nach der Zugabe der Maiskörner einen Flammenverteiler unter den Topf legen und den Topf leicht zudecken, bis alle Körner aufgepufft sind. Popkorn sollte luftdicht abgeschlossen dunkel und kühl aufbewahrt werden, da es sonst gummiartig wird. Um die innere Feuchtigkeit zu erhalten, füllt man ein Glas dreiviertel voll mit Popkorn und gibt einen Eßlöffel Quellwasser zu. Ein paar Minuten schütteln, bis das Wasser aufgesogen ist. Einige Tage vor dem nächsten Gebrauch stehen lassen.

Popkorn-Krokant

½ Tasse Popkorn-Körner
Meersalz
½ Tasse Gerstenmalz
½ Tasse Reismalz

Popkorn wie oben beschrieben zubereiten und in eine große Schüssel geben. Mit etwas Salz würzen. Gersten- und Reismalz entweder zusammen oder getrennt erwärmen und 1 bis 2 Minuten leicht köcheln lassen. Über das Popkorn gießen und gut mischen. Das süße Popkorn in eine ungefettete Backform geben und im vorgeheizten Backofen einige Minuten bei 190° C backen. Nicht verbrennen lassen. Aus dem Ofen nehmen und abkühlen. Das Malz verhärtet sich nach dem Abkühlen.

Variation: Anstatt Popcorn kann auch süßer Reis genommen werden. Er pufft wie Popcorn auf. Weichen Sie den süßen Reis über Nacht ein und rösten ihn dann trocken. Süßen und wie in diesem Rezept backen.

Reiswaffeln

Reiswaffeln aus gepufftem Naturreis und Meersalz sind ein knuspriger Snack. Es gibt sie fertig in den meisten Naturkostläden, und man kann sie pur oder mit Sesam- oder Erdnußcreme, natürlicher Marmelade, mit Miso, Tofu oder anderen Zutaten essen. Neben reinen Reiswaffeln gibt es sie auch mit Sesam, Buchweizen, Hirse, Hafer oder anderem Getreide gemischt. Sie halten sich gut, trocknen aber mit der Zeit aus. Wieder knusprig bekommt man sie, wenn man sie einige Minuten im Backofen bei niedriger Temperatur erhitzt.

Miso-Tahin-Aufstrich

Dieser Aufstrich kann mit Crackern oder Brot und mit oder ohne gehackten Zwiebeln als Sandwich-Füllung verwendet werden.

3 Eßlöffel Tahin
1 Eßlöffel Miso

Tahin in einem Topf bei mittlerer Hitze rösten, bis es sich goldbraun färbt. Tahin brennt schnell an und macht ständiges Rühren notwendig. Das geröstete Tahin mit Miso mischen. Ist die Masse zu dick, kann man sie mit etwas abgekochtem Wasser verdünnen.

Variante: Ein besonderes Aroma gibt ½ Teelöffel frisch geriebene Orangenschale.

Walnuß-Miso-Aufstrich

1 Tasse Walnüsse
2 Eßlöffel Miso
¼ Tasse Quellwasser

Die Walnüsse über mäßiger Hitze leicht anrösten. Abkühlen lassen und zerhacken. In einem Suribachi zu einer Paste zermahlen. Miso mit etwas Wasser verrühren und mit dem Walnußmus vermischen.

Varianten: Statt Walnüssen kann man auch Pecan-Nüsse, Erdnüsse oder Sonnenblumenkerne verwenden. Mit der doppelten Menge Wasser ergibt die Masse ein hervorragendes Salatdressing, das vor allem gut zu Selleriestangen oder leicht gekochtem, nach Ohitashi-Art zubereitetem Gemüse paßt.

Apfelmus

Apfelmus kann man gut als Aufstrich für Reiskekse, Brot oder Cracker verwenden.

2 Pfund Kochäpfel
1 Prise Salz
½ Tasse Quellwasser

Äpfel schälen, entkernen und kleinschneiden. Mit Salz und etwa ½ Tasse Wasser zum Kochen bringen, zudecken und bei kleiner Flamme über Flammenverteiler solange kochen, bis die Äpfel dicken und braun werden. Gelegentlich rühren, um Anbrennen zu vermeiden. In einem gut schließbaren Behälter gekühlt aufbewahren.

Kürbis-Apfelcreme

1 kleiner Buttercup-Kürbis (ersatzweise: Ölkürbis) etwa 1 ½ Pfund schwer
2 bis 3 Äpfel
½ Tasse Quellwasser
1 Prise Salz

Kürbis und Äpfel schälen, entkernen (Kerne zum Rösten aufbewahren) und in Würfel schneiden. Mit dem Wasser und etwas Salz in einem Topf zum Kochen bringen und bei kleiner Hitze weichkochen. Die Mischung pürieren, zurück in den Topf geben und noch einmal bei kleiner Hitze unter gelegentlichem Rühren 30 bis 45 Minuten kochen. Der Brei ist fertig, wenn er dick ist. Gut verschlossen im Kühlschrank aufbewahren.

Kombu-Chips

Diese fritierten Meeresalgen-Chips kann man gut als Snack auf Parties servieren. Sie sind salzig und werden gewöhnlich zu einem Getränk verzehrt.

4 bis 5 mittelgroße Streifen Kombu
helles Sesamöl

Ist der Kombu sehr salzig, wischt man ihn mit einem nassen Schwamm ab. In 2 cm große Stücke brechen oder schneiden. Wenigstens 2 cm Öl in einem Topf auf 190° C erhitzen und mehrere Kombustücke hineingeben. 1 bis 2 Minuten fritieren, bis der Kombu knusprig ist. Herausnehmen und auf einem Papierhandtuch abtropfen lassen. In einem Korb oder einer Schüssel, die mit einer Serviette ausgelegt ist und das Öl aufsaugt, servieren.

Variante: Anderes Gemüse kann ebenso fritiert werden. Besonders gut eignen sich Karotten.

Kapitel 27

Getränke

Getränke sind lebensnotwendig für unsere Gesundheit. Und doch trinken wir manchmal eher aus reiner Gewohnheit als aus Notwendigkeit. Ideal ist es, nur dann zu trinken, wenn man Durst hat. Wer ständigen Durst hat, sollte seine Ernährung überdenken. Tierische Nahrung hat einen extrem hohen Gehalt an Natrium und anderen Mineralsalzen und kann zum Ansammeln überschüssigen Wassers im Körper führen. Überessen und ein zu hoher Salzkonsum führen ebenfalls zu einem erhöhten Bedürfnis nach Flüssigkeit.

Bei warmem und heißem Wetter trinken wir natürlicherweise mehr und nehmen Getränke gewöhnlich kalt zu uns. Aber auch wenn es heiß ist, sollte man eisgekühlte Getränke vermeiden. Sie wirken auf die Verdauungsorgane wie ein Schock und paralysieren sie. Wärme ist ein Symbol des Lebens. Unser Körper muß auf einer bestimmten Temperatur gehalten werden. Schon kleine Veränderungen können zu ernsthaften Krankheiten führen. Warme oder heiße Nahrung und Getränke erhalten das innere Feuer. Besonders junge und alte Menschen sollten vorsichtig mit dem Konsum kalter Getränke oder anderen gekühlten Speisen sein.

In makrobiotischen Familien wird generell Bancha-Zweig-Tee als Hauptgetränk nach oder zwischen den Mahlzeiten serviert. Bancha ist mild, natürlich verarbeitet und kann von jungen wie alten Menschen genossen werden. Weitere regelmäßig konsumierte Getränke sind Quell- oder anderes gutes Wasser. Tee und Kaffee aus geröstetem Getreide und Amasake. Gelegentlich trinken wir Apfelsaft oder Apfelmost oder andere Fruchtsäfte aus qualitativ hochwertigen Früchten, Gemüsesaft, grünen Tee, Kräutertee oder Mineralwasser. Stimulierende Getränke wie Kaffee, schwarzer Tee oder Pfefferminztee sollten generell vermieden werden. Bei speziellen Gelegenheiten und auf Festen kann man in kleinen Mengen Sake aus Naturreis, ungesüßten Trauben- oder Pflaumenwein oder natürlich gebrautes Bier vertragen.

Wasser

Gutes Wasser ist die Grundvoraussetzung beim täglichen Kochen. Natürliches Quell- oder Brunnenwasser ist am besten. Chemisch bearbeitetes Leitungs- oder destilliertes Wasser sind weniger zufriedenstellend. Mineralwasser wird nicht für den regelmäßigen Gebrauch empfohlen, aber gelegentlich kann man es auf Festen an Stelle von Alkohol oder Säften trinken. Die weniger sprudelnden Sorten ohne Natrium-Bikarbonat oder andere Zutaten sind vorzuziehen. Wie alle Getränke sollte Wasser niemals eiskalt serviert werden.

Tee

Tee hat seine Wurzeln in Indien und wurde mit dem Buddhismus nach China und Japan gebracht. Im Fernen Osten werden Tempel gewöhnlich von einer Teesträucher-Hecke umzäunt. Als Kind kletterte ich oft im Frühling mit meinen Spielkameraden in den Teesträuchern herum, die um den Dorftempel wuchsen, um die weißen Blumen zu pflücken.

Jeder Tee wird aus der Teepflanze gewonnen, aber Tee ist nicht gleich Tee. Er kann aus den Knospen, Blättern, Zweigen oder Ästen des Teestrauchs gewonnen werden. Die Zeit der Ernte und die Verarbeitungsweise bestimmen die Qualität des Tees. Schwarzer Tee, auch als Rotblatt-Tee bekannt, ist im Westen am weitesten verbreitet. Er ist fermentiert, hoch veredelt, oft gefärbt und stark koffein- und tanninhaltig, einer rötlichen Substanz, die dem Tee sein bitteres Aroma gibt. Die handelsüblichen Sorten roten Blattees sind Orange Pekoe und Souchong. Grüner Tee ist unfermentiert, gedämpft und weniger veredelt, hat aber ebenfalls einen sehr hohen Koffeingehalt. Typische Sorten sind Gunpowder, Young Hyson und Imperial. Oolong-Tee ist eine Mischung aus schwarzem und grünem Tee und gewöhnlich mit

Gardenien oder Jasmin parfümiert. Zweigtee ist in Japan als Bancha oder Kukicha-Tee bekannt. Er wird im Spätsommer oder Herbst geerntet, wenn das Koffein sich aus den Zweigen und Ästen zurückgezogen hat. Bancha bedeutet „spät wachsender Tee". Im Gegensatz zu schwarzem, grünem oder Oolong-Tee, die Säure enthalten, ist Bancha-Zweigtee leicht alkalisch. Er ist gut für die Verdauung, agiert als Puffer gegen die Säuren im Magen und hat viele medizinische Wirkungen.

Bancha-Tee

1 ½ bis 2 Eßlöffel geröstete Zweige zusammen mit 1 ½ Liter Quellwasser zum Kochen bringen. Die nicht benutzten Zweige in einem luftdichten Glas lagern. Hitze kleinstellen und 2 bis 3 Minuten leicht kochen lassen. Einen stärkeren Tee läßt man 10 bis 15 Minuten kochen. Den Tee durch ein Sieb in Tassen füllen. Die Zweige können zurück in den Topf gegeben und weitervewendet werden. Bancha-Tee kann das ganze Jahr über heiß und im Sommer auch kalt serviert werden. Man trinkt ihn gewöhlich pur, aber aus medizinischen Gründen werden auch ein paar Tropfen Shoyu, Kuzu oder andere Zutaten hineingemischt.

Grüner Tee

Grüner Tee hat ein mildes, natürliches Aroma. In Japan servierten wir ihn nach altem Brauch zusammen mit ein paar Pickels am Nachmittag. Eine spezielle Sorte, die aus den ersten Knospen gewonnen wird, verwendet man in der Teezeremonie. Wegen seines hohen Koffeingehalts sollte grüner Tee nur selten konsumiert werden.

Tee aus gerösteter Gerste

In Japan heißt Gerstentee Mugi-Cha und unter diesem Namen gibt es ihn auch gewöhnlich in den Naturkostläden in USA. Dieser Tee hat eine stark kühlende Wirkung, und in meiner Kindheit tranken wir ihn vor allem im Sommer. Man kann ihn warm oder kalt trinken. Zum Selbermachen röstet man ungeschälte Gerste etwa 10 Minuten bei mittlerer Hitze, bis sie glasig wird und anfängt zu duften. Gelegentlich umrühren und die Pfanne schütteln, um Anbrennen zu vermeiden. 2 bis 3 Eßlöffel geröstete Gerste mit 1 ½ Liter Wasser zum Kochen bringen und 5 bis 15 Minuten leicht kochen lassen, je nachdem wie stark man ihn haben will.

Tee aus geröstetem Reis

Tee aus geröstetem Naturreis hat einen sehr aromatischen, nussigen Geschmack. Er wird genauso wie Gerstentee zubereitet. Auch anderes Getreide wie Hafer, Hirse oder Buchweizen eignet sich zur Bereitung von Tee. Alle diese Tees sind für den täglichen Konsum geeignet. Zur Abwechslung kann man auch Getreidetee mit etwas Bancha-Zweigtee mischen.

Maisgrannen-Tee

Die Indianer Nordamerikas verwendeten den goldenen Grannen der frischen Maisstauden zur Bereitung von Tee. Man nimmt eine halbe Tasse Grannen auf 1 l Wasser und bringt ihn zum Kochen. Auf kleiner Flamme einige Minuten kochen. Dieser Tee ist gut an heißen Tagen und wirkt positiv auf Herz und Nieren.

Umeboshi-Tee

Umeboshi-Tee hat ein leicht säuerliches Aroma. Er kühlt den Körper an heißen Sommertagen und füllt durch Schwitzen verlorene Minerale wieder auf. Auf ein Liter Wasser nimmt man 2 bis 3 entkernte Pflaumen, bringt alles zum Kochen und läßt es dann bei kleiner Flamme 20 Minuten köcheln. Man kann den Tee auch aus 3 bis 4 Umeboshi-Kernen zubereiten. Ein paar Shisoblätter geben einen ganz besonderen Geschmack. Umeboshi-Tee serviert man gewöhnlich im Sommer und kalt, obwohl er auch heiß sehr gut schmeckt. Er sollte nicht zu salzig sein, da er dann eher Durst macht als ihn löscht.

Mu-Tee

Mu-Tee hat seinen Namen von George Ohsawa. Er besteht aus 9 oder 16 Kräutern und enthält etwas Ginsengwurzel, die wir gewöhnlich in der makrobiotischen Küche nicht verwenden. Mu-Tee wird traditionell für medizinische Zwecke verordnet zur Stärkung des Magens und der Fortpflanzungsorgane. Aber in den kühleren Monaten kann man ihn gelegentlich als Kräftigungsmittel trinken. Er ist leicht süßlich, beruhigend, und es gibt ihn abgepackt in den meisten Naturkostläden.

Kräutertees

Es gibt vielerlei Arten Kräutertee aus Blumen, Blättern oder Wurzeln verschiedener Pflanzen. Ich trinke gern ab und zu einen milden Kräutertee. Einige sehr würzige

Kräutertees bringen über längere Zeit, nach meiner Erfahrung eine gewisse Unausgewogenheit in den Körper. Kräutertees haben viele medizinische Wirkungen, aber wir sollten vorsichtig mit dem Herumexperimentieren sein. Im makrobiotischen Haushalt verwenden wir bestimmte Kräutertees für besondere Zwecke, aber immer nur über einen kurzen Zeitraum und unter der Leitung eines erfahrenen Beraters. Traditionelle chinesische Kräutertees sind besonders stark und sollten meiner Ansicht nach nur nach Absprache mit einem Kräuterspezialisten verabreicht werden.

Löwenzahn-Tee

Ich persönlich mag den bitteren Geschmack des Löwenzahnwurzel-Tees. Man wäscht und trocknet die Wurzel und bereitet sie wie Bancha-Zweig-Tee zu.

Getreidekaffee

Getreidekaffee ist eine gesunde Alternative zu normalem oder entkoffeinisiertem Kaffee, der gewöhnlich chemisch bearbeitet wurde.

Selbstgemachter Getreidekaffee (Yannoh)

Das Rezept für Getreidekaffee, das von George Ohsawa verbreitet wurde, heißt Yannoh. In Japan und Europa gibt es ihn fertig. So macht man ihn zuhause selbst:

3 Tassen Naturreis
2 ½ Tassen Winterweizen
1 ½ Tassen Azukibohnen
2 Tassen Kichererbsen
1 Tasse Zichorienwurzel

Jede Zutat einzeln in einer Pfanne unter ständigem Rühren dunkelbraun rösten. Zusammenmischen und in einer Getreidemühle zu einem feinen Pulver vermahlen. Den Kaffee brüht man mit 1 Teelöffel pro Tasse Wasser. Beim Kochen schäumt er leicht über, deshalb Hitze schnell reduzieren und 5 bis 10 Minuten köcheln lassen. In einem luftdichten Behälter aufbewahren.

Man kann Zichorie auch mit anderen gerösteten Getreide- oder Bohnensorten mischen. In den Naturkostläden gibt es meist verschiedene fertige Getreide-Kaffemischungen. Ich vermeide die, die Melasse, Honig, tropische Früchte, Gewürze oder andere konzentrierte Zutaten enthalten.

Gemüse- und Fruchtsäfte

Ich probierte frischen Karottensaft zum ersten Mal in Los Angeles. Er war köstlich. Gewöhnlich minimieren wir den Gebrauch von Gemüse- oder Fruchtsäften in der makrobiotischen Küche, da sie zu konzentriert sind für den täglichen Bedarf. Aber bei großer Hitze ist ein Glas mit frischem Saft sehr zu genießen. Am ausgewogensten sind Apfelsaft oder Apfelmost, auch Trauben-, Preiselbeer-, Aprikosen- und Pfirsichsaft oder andere Säfte aus Früchten, die in gemäßigten Klimazonen wachsen, kann man in kleinen Mengen trinken. Einen erfrischenden Partie-Punch macht man aus 1 l Apfelsaft und ½ *l Mineralwasser, den man mit ein paar Orangen- oder Limonenscheiben dekoriert. Warmen oder heißen Apfelmost kann man im Herbst gelegentlich denen, die eine starke Gesundheit haben, servieren oder als Süßmittel beim Kochen verwenden.*

Amasake

Amasake wird aus fermentiertem Süßreis hergestellt. Er ist dicklich, schmeckt vorzüglich und wird traditionell stillenden Müttern, Babies und allgemein zur Stärkung gegeben. Amasake kann auch zum Süßen von Kuchen, Torten, Puddings, Broten oder anderen Backwaren verwendet werden. An kalten Wintertagen warm serviert ist er sehr nahrhaft. Im Sommer kann man ihn gekühlt trinken. Gewöhnlich garniert man ihn mit etwas frischem geriebenem Ingwer. Amasake gibt es inzwischen in fast allen Naturkostläden in verschiedenen Mengen. Man kann ihn auch zuhause mit Koji selber ansetzen. Hier das Grundrezept.

Selbstgemachter Amasake

4 Tassen süßer Naturreis
8 Tassen Quellwasser
½ Tasse Koji

Reis waschen, abtropfen und über Nacht einweichen. Reis und Einweichwasser in einen Drucktopf geben und zum Kochen bringen. 45 Minuten unter Druck kochen. Vom Feuer nehmen und weitere 45 Minuten stehen lassen. Ist er genügend abgekühlt, den Koji mit den Händen hineinmischen. In eine Glasschüssel geben (kein Metall verwenden), mit einem nassen Handtuch zudecken und neben einem Ofen, einer Heizung oder an einem anderen warmen Platz stellen. 4 bis 8 Stunden fermentieren lassen. Während des Fermentierungs-Prozesses mehrmals umrühren, damit das Koji zergeht. Nach dem Fermentieren Amasake in einen Topf geben und zum Kochen bringen. Wenn es Blasen schlägt, Hitze abstellen. Abkühlen lassen und in einem gut verschließbaren Glas im Kühlschrank aufbewahren. Als Getränk verrührt man Amasake mit einer Prise Meersalz und soviel Wasser, bis er die gewünschte Konsistenz erhält. Zum Kochen bringen und heiß oder gekühlt servieren. Als Süßmittel kann man Amasake direkt zu Puddings oder Kuchen geben oder im Mixer verrühren.

Kapitel 28

Jahreszeiten- und Festmenüs

Dieses Kapitel enthält einen wöchentlichen Speiseplan für alle vier Jahreszeiten. Die täglichen Menüs geben in ihrer unterschiedlichen Zusammenstellung eine Grundvorstellung, in welcher Weise die Speisen in der makrobiotischen Ernährung kombiniert und den einzelnen Jahreszeiten angepaßt werden. Unsere tägliche Nahrung sollte wie eine Melodie mit einem Grundthema und vielen Variationen sein. Zum Grundthema gehören so druckgekochter Naturreis, Misosuppe, einige Gemüse- und Meeresgemüse-Beilagen und Bohnen oder Bohnenprodukte. Die Varianten wären anderes Vollgetreide, Bohnen- und Gemüsesuppen, Salate und gelegentlich Fisch, Meerestiere, Früchte und Nachspeisen. Die Grundnahrung kann ebenfalls in vielen verschiedenen Formen serviert werden, je nachdem, ob man sie allein oder mit anderen Zutaten zubereitet, wie man sie würzt, garniert und welche Beilagen und Pickels man verwendet. Abwechslung ist sehr wichtig für ausgewogene Mahlzeiten, aber Neues sollte immer nur ergänzen und nicht ersetzen.

Den jahreszeitlichen Rezepten folgen Menüvorschläge für Feste, Geburtstage und andere spezielle Ereignisse.

Informationen über die Zubereitung der in diesem Kapitel aufgezählten Speisen erhält man über den Indexteil am Ende des Buches.

Frühlings-Speiseplan

	Frühstück	Mittagessen	Abendessen
Sonntag	Reisbrei Sellerie-Misosuppe Bancha-Tee	Udon mit Brühe marinierter Daikon und Karotten Getreidekaffee	Druckgekochter Naturreis Shoyubrühe Tofu mit Arame Gekochte Karotten mit Zwiebeln Gedämpfter Grünkohl Zitronen-Miso-Kurzzeitpickels Haferflockenkekse Bancha-Tee
Montag	Ganzer Hafer Reis Kayu-Brot Bancha-Tee	Misosuppe mit Wakame und Daikon Naturreis Seitan süßsauer Bancha-Tee	Druckgekochter Naturreis mit Weizenkörnern Rote Linsensuppe Broccoli mit Tofu-Cremedressing Gekochter Kombu Zwiebel-Shoyu-Pickel Löwenzahn-Tee
Dienstag	Weicher Misoreis mit Schnittlauch Bancha-Tee	Gebackenes Tofu-Sandwich Shoyu-Brühe Blanchierter Salat mit Löwenzahn Bancha-Tee	Druckgekochter Naturreis Gedämpfter Tempeh mit Sauerkraut Gekochte Senfblätter mit Shoyu-Ingwersoße Gekochte Wakame mit Zwiebeln Amasake Pudding Bancha-Tee

Mittwoch	Misosuppe mit Zwiebeln und Wakame Geröstetes Mochi Geriebenen Rettich mit Noristreifen Getreidekaffee	Reisbälle Chinakohl mit Shoyu Zitronensoße Bancha-Tee	Druckgekochter Reis mit Gerste Klare Brühe Kichererbsen Nishime-Gemüse Broccoli und Blumenkohl-Pickel Bancha-Tee
Donnerstag	Hirsebrei Misosuppe mit Wakame Natto Weizensprossen-Brot Bancha-Tee	Gebratene Sobanudeln Karottensuppe Dulse, Karotten und Sellerie Getreidekaffee	Naturreis mit Wildgemüse Hiziki Karottengrün mit Sesam Kanten Bancha-Tee
Freitag	Naturreis-Creme Misosuppe mit Frühlingszwiebeln Bancha-Tee	Seitan mit Sauerkraut Sauerteigbrot Kleiner Kopfsalat mit Sprossen Bancha-Tee	Druckgekochter Naturreis Azukibohnen mit ganzem Weizen Klare Brühe Wakame mit saurem Tofudressing Sautiertes Gemüse chinesischer Art mit Kuzusoße Bancha-Tee
Samstag	Misosuppe Buchweizen-Klöße Senfblätter-Pickels Getreidekaffee	Gekochte Hirse Shoyu-Brühe Tempeh mit Wasserkresse Bancha-Tee	Druckgekochter Reis mit Roggen Fu und Broccoli in Brühe Kombu, Karotten u. Klettenwurzel Nori-Gewürz Obstkompott Bancha-Tee

Sommermenü

	Frühstück	Mittagessen	Abendessen
Sonntag	Miso mit Wakame und Daikon Gekochten Tofu mit Ingwer-Petersiliensoße Bancha-Tee	Gekochte Hirse Frische Maissuppe Gekochte grüne Bohnen mit Mandeln Wassermelone Maisgrannen-Tee	Naturreis-Salat Schwarze Bohnen Wakame mit Zwiebelgrün Steckrüben-Shoyu-Pickel Bancha-Tee
Montag	Reisbrei mit Noriflocken Radieschen-Pickel Bancha-Tee	Kalte Somen-Nudeln Gedünsteter Kohl, Sellerie und Karotten Getreidekaffee	Naturreis mit Mais Kalte Kichererbsensuppe Sautierte Zuckerschoten mit Chinakohl Hizikisalat mit Tofu Bancha-Tee
Dienstag	Rühreitofu mit Mais Sauerteigbrot Bancha-Tee	Misosuppe mit Sesam und Broccoli Maiskolben mit Umeboshi Gekochte Zwiebeln Getreidekaffee	Chirashi Sushi Klare Brühe Kombu, Karotten u. Klettenwurzeln Gebackene Zucchini mit Miso-Ingwersoße Erdbeerkuchen Gersten-Tee

Mittwoch	Gerstenbrei mit Zwiebelgrün und Noristreifen Chinakohl-Pickel Bancha-Tee	Gersten-Eintopf Arepa Bancha-Tee	Buchweizen-Salat Linsen Selleriesuppe Gekochter Kohl mit Sesam und Umeboshi-Soße Bancha-Tee
Donnerstag	Cremige Zwiebel-Misosuppe Hafergrütze Reis-Kayu-Brot Bancha-Tee	Udon-Nudeln mit Brühe Wakame-Gurkensalat mit Shoyu-Essig-Soße Getreidekaffee	Druckgekochter Naturreis Maiskolben Blumenkohlsuppe Arame mit Tempeh und Zwiebeln Zitronen-Miso-Pickels Gedämpfter Grünkohl Obstsalat Bancha-Tee
Freitag	Reisbrei mit Zwiebelgrün Maiskolben Bancha-Tee	Bulgour Gedünsteter Tofu mit Gemüse Petersilie mit Ingwer Naturreis-Tee	Naturreis mit Lotosnüssen Gekochte Karotten, Zwiebeln und Chinakohl Radieschen mit Kuzusoße Shio-Kombu Gerstentee
Samstag	Hirsebrei mit Mais Shoyu-Zwiebel-Pickels Bancha-Tee	Reisbälle Tempeh-Shishkebab Bancha-Tee	Polenta Gerstensuppe Gekochte Steckrübenblätter mit Sesam-Shoyusoße Melone Bancha-Tee

Herbstmenü

	Frühstück	Mittagessen	Abendessen
Sonntag	Hafergrütze Misobrot Bancha-Tee	Wilder Reis Misosuppe mit Daikon und Wakame Gegrillter Tofu Bancha-Tee	Druckgekochter Naturreis Klare Brühe Nishime Rettich mit Gemüse Chinakohl mit Shoyu-Zitronensoße Hiziki Shoyu-Steckrüben-Pickels Apfelmus Bancha-Tee
Montag	Reisbrei mit Mais und Umeboshi Rettich-Shoyu-Pickels	Gerösteter Reis Zwiebel-Miso-Cremesuppe Bancha-Tee	Hirse mit Kürbis Gerstensuppe Gek. Blumenkohl mit Broccoli Kombu-Karottenrollen Ingwer-Pickel Bancha-Tee
Dienstag	Gerstenbrei mit Zwiebelgrün Misosuppe mit Spaghettikürbis und Hirse Bancha-Tee	Gebratene Nudeln mit Tempeh Gemischter Press-Salat Getreidekaffee	Druckgekochter Naturreis Azukibohnen mit Kastanien Gebackener Öl-Kürbis mit Zwiebeln Gekochter Kohl mit Sesam und Umeboshi-Soße Shio-Kombu Rettich-Blätter-Pickel Bancha-Tee

Mittwoch	Reisbrei mit Kürbis Bancha-Tee	Seitan-Eintopf Gedämpfte Senfblätter Bancha-Tee	Naturreis mit Walnüssen Klare Suppe Mit Miso gefüllte Lotoswurzeln Gedämpfte Mangoldblätter mit Shoyu-Essig-Soße Arame mit Zwiebeln Chinakohl-Pickel Kürbistorte Getreidekaffee
Donnerstag	Gerstenbrei Reis-Kayu-Brot Getreidekaffee	Reisbälle Zwiebel-Wakame-Suppe Sautierter Tofu mit Gemüse Bancha-Tee	Druckgekochter Naturreis Kürbissuppe Seitan Kinpira Petersilie mit Ingwer-Soße Dulse, Karotten und Sellerie Bancha-Tee
Freitag	Buchweizenbrei mit Frühlingszwiebeln Sauerkraut Bancha-Tee	Vollweizen-Sauerteigbrot Broccoli mit Tofu-Creme Lotoswurzel-Salat Gerösteter Naturreis-Tee	Süßer Reis mit Azukibohnen Klare Suppe Endivien mit Kuzusoße Gedämpfter Grünkohl mit Shoyu Ingwersoße Kombu mit getrocknetem Rettich Bancha-Tee
Samstag	Hirsebrei mit Kürbis Shoyu-Zwiebel-Pickel Bancha-Tee	Roggen mit Gemüse Kichererbsensuppe Gekochter Salat Getreidekaffee	Gebratener Reis Maissuppe Wasserkresse-Rollen Gebackene Karotten Wakame mit Frühlingszwiebeln Kohlrüben-Shoyu-Pickels Süßreis-Kekse Bancha-Tee

Wintermenü

	Frühstück	**Mittagessen**	**Abendessen**
Sonntag	Misosuppe mit Wakame und Blumenkohl Reisbrei mit Petersilie Chinakohl-Pickel Bancha-Tee	Gebratene Sobanudeln Gekochte Karotten mit Zwiebeln Getreidekaffee	Natureis mit Sesam Azukibohnensuppe Gedünsteter Kohl, Sellerie und Karotten Gekochter Kombu Kleie-Pickel Glasierte Birnen Bancha-Tee
Montag	Ganzer Hafer mit Dulse Reis-Kayu-Brot Bancha-Tee	Gebackenes Tofu-Sandwich Shoyu-Brühe Bancha-Tee	Druckgekochter Naturreis Oden-Nudeln Bunter Sojabohnen-Schmortopf Steckrübenblätter mit Sesam-Shoyu-Soße Arame mit getrocknetem Tofu und Karotten Bancha-Tee
Dienstag	Hirsebrei mit Kürbis Jinenjo-Misosuppe Bancha-Tee	Nori-Maki-Sushi Seitan-Croquetten Geriebener Rettich Bancha-Tee	Naturreis mit Azukibohnen Klare Rettichsuppe Klettenwurzel-Kinpira Gekochter Wasserkressen-Salat Wakame mit Frühlingszwiebeln und Miso-Essig-Soße Bancha-Tee

Mittwoch	Reisbrei mit Miso Gepickelte Rettichblätter Bancha-Tee	Buchweizensuppe Tempeh-Kohlrouladen Getreidekaffee	Gomoku Seitan süß-sauer Gedämpfter Kohl mit Karotten Hiziki Broccoli mit Blumenkohl Bancha-Tee
Donnerstag	Buchweizen-Pfannkuchen mit Apfel-Kuzusoße Getreidekaffee	Seitan-Eintopf Sauerkraut Gerösteter Naturreis-Tee	Gebratener Reis Schwarze Sojabohnen Gebackener Öl-Kürbis Gekochte Mangold-Blätter mit Shoyu-Ingwersoße Wakame und Zwiebeln Takuan-Pickel Amasake Pudding Bancha-Tee
Freitag	Misosuppe mit Wakame und Zwiebeln Geröstete Mochis Geriebener Rettich mit Noristreifen Bancha-Tee	Reisbälle Azukibohnen mit Lotoskernen Zwiebel-Shoyu-Pickel Bancha-Tee	Süßer Reis mit Maronen Blumenkohlsuppe Klettenwurzel-Aal Rettich-Blätter mit Kombu Ingwer-Pickel Getreidekaffee
Samstag	Reiscreme Zwiebel-Miso-Cremesuppe Bancha-Tee	Druckgekochter Naturreis Yudofu gekochter Broccoli Bancha-Tee Gedämpfter Kohl Amasake Bancha-Tee	Gekochter Naturreis Gemüse-Tempura Geriebener Rettich mit Ingwer Nierenbohnen

Festmenüs

Neujahrsessen (1. Januar)

Zoni — Miso oder klare Suppe mit Mochis

Roter Reis — druckgekochter Naturreis mit Azukibohnen

Kinpira — Klettenwurzeln mit Karotten

Schwarze Sojabohnen — gekocht, gesüßt oder ungesüßt

Kombuknoten — gekochte Kombustreifen zusammengeknotet

Nishime-Gemüse — gebratener oder fritierter Tofu, Rettich, Karotten, Taro und Seitan nach Nishime-Art

Kara Age Sliced Lotos — fritierte Lotoswurzeln

Kara Age Rotbarsch — fritierter weißfleischiger Fisch, dekoriert mit Zitronenscheiben, Petersilie und geriebenem Rettich

Geriebener Rettich mit Karotten — in einer Marinade aus Shoyu, Mirin und Reisessig

Kohl und Wasserkresse mit Ingwer-Shoyu-Soße — Separat gekochtes Gemüse, danach mit der Soße vermischt

Kastanien-Schrauben mit Rosinen oder getrockneten Äpfeln

Rettich-Pickels

Sake, Bier oder Wein

Bancha-Tee

Tag der Mädchen (3. März)

Grüne und weiße Mochis — zerstampfter süßer Reis mit Beifuß und pur, serviert mit Azukibohnen, getrockneten Äpfeln, Rosinen, Mandeln und Shoyu

Klare Suppe mit Tofu und Karotten

Seitan in Kohlrouladen mit Kuzusoße

Gekochte Wasserkresse als Salat mit Shoyu und Sesam

Arame mit getrocknetem Tofu und Karotten

Sauerkraut und Radieschen-Kurzpickel

Amasake Bancha-Tee

Tag der Jungen (5. Mai)

Mochi eingewickelt in Eichen- oder Kirschblätter — serviert mit Shoyu und geriebenem Ingwer; statt der Blätter kann man auch Nori verwenden

Misosuppe mit Kirschsteinmuscheln

Seitan süß-sauer

Roter Reis — druckgekochter Naturreis mit Azukibohnen

In Kombu eingerollte Karotten

Gekochter Sellerie mit Shoyu und Reisessig

Gekochte Senfblätter mit Shoyu

Gepreßter Kohl-Rettich-Salat

Erdbeertorte

Apfelsaft, Getreidekaffee oder Bancha-Tee

Familiengeburtstag

Klare Suppe mit Wasserkresse und Fu

Gebratener Reis mit Gemüse und Tofu

„Schweinchen im Hemd" — in Seitanteig eingerollte Karotten und Klettenwurzeln mit Zwiebel-Kuzusoße

Gekochter Blumenkohl und Broccoli — serviert mit Shoyu, Mirin und Tahin oder Sesam

Arame mit Lotoswurzeln und Sesam

Takuan Pickels

Aprikosen-CousCous-Kuchen

Bancha-Tee oder Getreidekaffee

Hochsommer-Picknick (4. Juli)

Selleriesuppe mit Wakame, Blumenkohl und Dulse

Tempeh-Shish Kebab mit Broccoli, Rettich, Seitan, Tofu und grüner Paprika

Gekochter Mais, Tofu und Zwiebeln

Buchweizensalat mit Sauerkraut und Petersilie

Gekochter Kohl und Radieschen

Hiziki mit Mandeln, mit Zwiebelgrün garniert

Kirschstrudel

Kalter Umeboshisaft

Friedenstag (6. oder 9. August)

Karottensuppe

Nori-Maki Sushi — aus frischen Gurken, gekochten Karotten und Pickeln

Nigiri-Sushi — Seitan, gebratener und fritierter Tofu, Broccoli auf Reis oder in Noristreifen gewickelt

Maiskolben mit Umeboshi

Chinakohl-Rouladen mit Karotten und Wasserkresse

Kichererbsensalat mit schwarzen Oliven

Wakame-Gurkensalat

Fruchtgelee mit Kirschen, Erdbeeren, Wassermelone mit Apfelsaft gekocht und in Agar-Agar geliert

Quellwasser

Thanksgiving (Erntedank — vierter Donnerstag im November)

Pastinakensuppe mit Petersilie garniert

Reis mit schwarzen Bohnen

Hubbard-Kürbis, gefüllt mit Kasha und Sellerie

Walnuß-Sauerteig-Brot

Blaubeersoße

Ganze Zwiebeln mit Seitan und Kuzusoße

Gekochte Schalotten mit Sellerie und Misosoße

Gemüse- und Meerestier-Tempura mit geriebenem Rettich und Ingwer serviert

Karotten-Rettich-Pickel

Arame mit Karotten und Tofudressing

Kürbiskuchen

Apfelmost, Amasake oder Bancha-Tee

Weihnachten (25. Dezember)

Kürbissuppe

Seitan-Eintopf — mit Rettich, Pilzen, Klettenwurzel, Lotos, Taro und Kombu

Gomoku-Reis — serviert mit Schellfisch (nach Wunsch)

Gemüse-Tempura — Kürbis, Zwiebeln, Karotten, Broccoli, Pastinaken und anderes Gemüse in Teig getaucht und fritiert

Grünkohl mit Shoyu und geriebenem Ingwer

Rettich mit Umeboshi mariniert

Shio Kombu und grüne Oliven

Apfelkuchen oder gebackene Äpfel

Apfelmost

Bier, Sake

Bancha-Tee

Silvester (31. Dezember)

Heiße Sobanudeln — Buchweizennudeln mit Kinpira-Klettenwurzeln oder Karotten, geriebenem Rettich, geriebenem Ingwer, gekochter Wasserkresse, Noristreifen oder rohen Frühlingszwiebeln garniert

Gebackene Hirse mit Kürbis — in Würfeln serviert

Steckrüben-Kurzpickel

Apfelsaft, Sake, Bier, Wein oder Champagner

Kapitel 29

Spezielle Ernährung

Die makrobiotische Standarternährung wird generell gesunden Erwachsenen und älteren Kindern empfohlen. Für Babys, Kleinkinder und alte Menschen kann sie entsprechend den speziellen Bedürfnissen angepaßt werden. Auch ansonsten können Menge und Inhalt der Mahlzeiten abhängig von Geschlecht, Lebensstil und persönlicher Orientierung variieren. In diesem Kapitel befassen wir uns mit diesen speziellen Bedürfnissen sowie mit Kochen für Singles, wie man Pausenmahlzeiten für die Schule, für das Büro und für Reisen zubereitet.

Vorschläge für Babynahrung

Unsere Ernährung sollte sich der Entwicklung unserer Zähne anpassen. Die ideale Nahrung für Säuglinge ist Muttermilch. Die ersten sechs Monate sollten alle Nährstoffe für das Baby aus dieser Quelle bezogen werden. In diesem Alter kann die Brustmilch während der nächsten sechs Monate graduell verringert und durch weiche, salzlose Nahrung ersetzt werden. Wenn das Kind die ersten Zähne bekommt (gewöhnlich zwischen dem 12. und 14. Monat) sollte das Stillen mit Muttermilch aufgehört haben und die Nahrung ausschließlich aus weichen Brei bestehen.

Sind die ersten Zähne da, kann die erste feste Nahrung gefüttert und in dem folgenden Jahr prozentual erhöht werden. Ab 20. bis 24. Monat sollte feste Nahrung die breiige gänzlich ersetzt haben.

Ab dem dritten Jahr kann das Kleinkind ⅓ oder ¼ der Salzmenge, die ein erwachsener Durchschnittsmensch zu sich nimmt, erhalten. Der Salzkonsum des Kindes sollte bis zum 7. oder 8. Lebensjahr unter dem eines Erwachsenen liegen.

Im 4. Lebensjahr kann die Standardernährung mit mildem Meersalz, Miso und anderen Gewürzen einschließlich Ingwer eingeführt werden.

Die folgenden Ratschläge sollten befolgt werden:

Vollgetreide — Getreidemilch kann zwischen dem 8. und 12. Monat des Kleinkindes als Hauptnahrung gefüttert werden. Man kann sie auch eher als Ersatz für Muttermilch geben, wenn die Mutter nicht stillen kann. Getreidemilch besteht zur Hauptsache als Naturreis. Seine Bestandteile sind derjenigen der Muttermilch am nächsten. Der natürlich süßliche Geschmack ist für Säuglinge und Kleinkinder besonders geeignet. Vor allem süßer Reis und Gerste haben hohe Anteile an Eiweiß und Fettsäuren, geben der Milch mehr Süße und machen sie Muttermilch noch ähnlicher.

Getreidemilch sollte aus einem weichen Getreidebrei aus 4 Teilen Naturreis (vorzugsweise Rundkorn), 3 Teilen Süßreis und 1 Teil Gerste bestehen. Am besten wird der Brei mit einem Stück Kombu gekocht, das aber nicht gegessen werden muß. Ab und zu können auch Hirse oder Hafer mitgekocht werden, nicht aber Buchweizen, Weizen oder Roggen.

Man kann den Brei unter Druck oder normal kochen. Zum Druckkochen weicht man das Getreide über Nacht oder, wenn das Wetter sehr kalt ist, 24 Stunden ein. Unter Druck mit der fünffachen Menge Wasser (das Einweichwasser auch verwenden), 1 ½ Stunden kochen, bis das Getreide weich und breiig ist. Man läßt den Druck hochkommen und kocht dann bei mittlerer Hitze. Bei normalem Kochen ebenfalls einweichen und das Getreide mit der zehnfachen Menge Wasser solange kochen, bis die Hälfte der Flüssigkeit heruntergekocht ist. Nachdem das Getreide zum Kochen gebracht ist, läßt man es bei mäßiger Hitze köcheln.

Für einen neu geborenen Säugling drückt man den Brei durch ein Käsetuch und süßt ihn ggf. mit einem Teelöffel Gerstenmalz oder Reismalz (auf eine Tasse Getreidemilch). Den gesüßten Brei vor dem Füttern noch einmal kurz aufkochen.

Für ein älteres Baby verrührt man den Brei gründlich in einem Suribachi oder drückt ihn durch ein Passiersieb. Kein elektrisches Mix- oder Rührgerät verwenden.

Den fertigen Brei mit etwas Gersten- oder Reismalz süßen.

Den fertigen gesüßten Brei auf Körpertemperatur erwärmen und in eine Flasche füllen. Die restliche Milch hält sich in einem Glas gekühlt einige Tage. Vor dem Verfüttern erneut erhitzen.

Läuft die Getreidemilch nicht durch den Schnuller, kann sie mit etwas Wasser verdünnt oder erneut durch ein Käsetuch geseiht werden. Man kann auch die Schnulleröffnung mit einer Stopfnadel etwas vergrößern. Die Nadel vorher in einer Flamme sterilisieren. Spezielle medizinische Schnuller, die die natürliche Entwicklung von Gaumen und Zähnen unterstützen, sind vorzuziehen.

Die Zutaten und Mengenverhältnisse der Getreidemilch hängen jeweils vom Alter und dem persönlichen Bedürfnis des Säuglings ab. Getreidemilch kann die erste weiche Nahrung sein, die das Baby zusätzlich zur Muttermilch erhält. Bei kleineren Säuglingen sollte sie eher dünnflüssiger, bei größeren kann sie etwas dicker sein. Je nach Alter entsprechen die Verhältnisse zwischen Wasser und Getreide 10 : 1, 7 : 1 bis 3 : 1.

Je nach Wunsch kann man der Getreidemilch auch Sesam zugeben. Er sollte gut geröstet und gründlich in einem Suribachi zermahlen sein, und die Menge, die man mit der Milch kocht, sollte nicht mehr als 5 bis 10% betragen.

Man kann Babys auch ab und zu mit Reisbrei füttern. Dafür kocht man 1 Teil Naturreis mit 3 bis 6 Teilen Wasser und einem 2 cm großen Stück Kombu mindestens 2 Stunden unter Druck (ohne Salz). Den gekochten Brei durch ein feinmaschiges oder mit einem Käsetuch ausgelegtes Sieb seihen und den Brei in die Babyflasche füllen. Ggf. erneut durch das Sieb drücken. Gelegentlich kann man den Reis vor dem Kochen anrösten.

Den Säuglingen auf keinen Fall fertige Babyprodukte geben, die mit schleimproduzierenden Mehlprodukten bereitet werden.

Suppen — Suppen können nach fünf Monaten gefüttert werden, vor allem Brühe. Dazu zerstampft man das Gemüse zu einem weichen Brei. Vor dem 10. Monat sollten weder Salz noch Miso noch Shoyu zugegeben werden. Danach kann man ganz leicht salzen. In besonderen Fällen, wenn der Säugling grünen Stuhl oder Durchfall hat, kann eine kleine Menge Salz für kurze Zeit zugefügt werden.

Gemüse — Neben Getreidemilch kann man schon sehr kleine Säuglinge mit dem Saft von gekochtem Gemüse füttern. Dazu Karotten, Kürbis, Kohl, Broccoli oder Mais zum Kochen bringen. Ein kleines 2 cm großes Stück vorher eingeweichten Kombus zugeben. Bei kleiner Flamme 30 bis 45 Minuten köcheln lassen und durch ein mit einem Käsetuch ausgelegtes Sieb gießen. In die Flasche füllen und abkühlen lassen. Ganzes Gemüse verträgt der Säugling ab 5. bis 7. Monat. Dabei sollte man mit den süßeren Sorten wie Karotten, Kohl, Winterkürbis, Zwiebeln, Rettich oder Chinakohl beginnen. Man kann sie kochen, dämpfen und zu Brei zerstampfen. Da Kinder gewöhnlich grünes Gemüse nicht so gern mögen, sollten die Eltern besonders darauf achten, daß es gegessen wird. Dabei sollte man die süßeren Sorten wie Grünkohl und Broccoli den eher bitteren wie Kresse und Senfblätter vorziehen. Nach dem 10, Monat kann etwas Salz zugegeben werden, um den Appetit anzuregen. Wenn das Baby zahnt, gibt man ihm am besten eine rohe Karotte zum Spielen.

Bohnen — Natürlich verarbeitete Sojamilch kann Kleinkindern neben Getreidemilch verabreicht werden. Dazu weicht man 3 Tassen Sojabohnen über Nacht ein. Abtropfen und das Einweichwasser wegschütten. Die Bohnen in einem Mixer zerkleinern (dies ist eine der seltenen Gelegenheiten, in der wir in der makrobiotischen Küche elektrische Geräte zu Hilfe nehmen). Wer Zeit und Geduld hat, kann auch ein Passiersieb verwenden. 6 Liter Wasser und ein 2 cm großes Stück Kombu mit dem Bohnenbrei zum Kochen bringen. Bei kleiner Flamme 5 Minuten kochen lassen. Dabei ständig rühren, um Anbrennen zu vermeiden. Etwas kaltes Wasser auf den Brei geben, um das Kochen zu stoppen, und erneut zum Kochen bringen. Erneut kaltes Wasser zugeben und zum Kochen bringen. (Nicht zudecken, da der Brei sonst überkocht). Dann den Inhalt durch ein Käse- oder Baumwolltuch in eine Schüssel gießen. Das Tuch an den Enden fassen und den Sack gut ausdrücken. (Der Restbrei, bekannt als Okara, kann für andere Speisen weiterverwendet werden.) Die Sojamilch in eine Flasche füllen, abkühlen lassen und an das Baby verfüttern. Ggf. verdünnt man sie mit etwas Wasser oder seiht sie erneut durch ein Tuch. Sojamilch ist von sich aus süß, aber auf Wunsch kann man sie mit etwas Reis- oder Gerstenmalz wie Getreidemilch süßen. Man kann sie 1 bis 2 Tage gekühlt aufbewahren und vor Gebrauch auf Körperwärme bringen.

Ganze Bohnen können nach 8 Monaten gegessen werden. Empfohlen werden auch sehr kleine Mengen Azukibohnen, Linsen oder Kichererbsen, die mit Kombu gekocht und gut zerstampft sind. Gelegentlich können auch andere Bohnen wie Nierenbohnen und ganze Sojabohnen gefüttert werden, wenn sie ganz weich gekocht und sehr gut zerstampft sind. Ab 10. Monat können die Bohnen mit ganz wenig Meersalz, Shoyu oder Kürbis, Gersten- oder Reismalz gewürzt werden.

Meeresgemüse — Kombu kocht man grundsätzlich mit Getreidemilch, nimmt ihn aber nach dem Kochen heraus. Sehr fein zerstampft kann man Kombu auch in sehr kleinen Mengen an Babys verfüttern, ebenso geringe Mengen Nori, Hiziki oder Arame. Meeresgemüse als Beilage kann man dem Kleinkind ab 1 ½ bis 2 Jahren geben.

Gewürze — Vor dem 10. Monat sollten Säuglinge grundsätzlich weder Salz noch Shoyu oder Miso essen. Danach kann man die Nahrung geringfügig salzen, wobei die Menge von der Konstitution des Kindes und der Beschaffenheit des Stuhls abhängt. Im Alter von 3 Jahren beträgt der Salzkonsum des Kindes etwa ⅓ oder ¼ von dem eines Erwachsenen. Bis zum 7. oder 8. Lebensjahr kann sich der Salzkonsum langsam auf die Menge für Erwachsene einpendeln. In den Jahren der Anpassungsphase kann man die Speisen für Erwachsene und Kinder gemeinsam zubereiten und die Portion für die Kinder vor dem letzten Würzen herausnehmen. Oder Erwachsene würzen bei Tisch mit Gomasio und anderen Zutaten nach. Grundsätzlich sollten kleine Kinder wenig Seitan, Tempeh, Tofu oder andere Nahrung mit hohem Natriumgehalt bekommen. Ganz gelegentlich vertragen sie kleine Mengen, die sehr weich gekocht sein sollten.

Tierische Nahrung — Unter 4 Jahren sollten Kinder grundsätzlich keine tierische Nahrung zu sich nehmen. Das gilt auch für Fisch. In Ausnahmefällen, wenn das Kind sehr schwach oder leicht anämisch ist, gibt man ihm täglich einen Eßlöffel weißen Fisch, der gut mit Gemüse durchgekocht und zerstampft wurde. Ab 4 Jahren kann auf Wunsch weißer fleischiger Fisch oder Meerestiere in kleinen Mengen in die Nahrung einbezogen werden.

Früchte — Gelegentlich vertragen Kleinkinder Früchte in kleinen Mengen. Man füttert sie ab 1 ½ bis 2 Jahren gekocht und zermahlen, nicht mehr als 1 Eßlöffel pro Mahlzeit. In besonderen Fällen können Apfelsaft oder Apfelkompott für eine kurze Zeit zur Lösung von Verkrampfungen gegeben werden.

Pickels — Leicht gesalzene, gut gereifte Pickels vertragen Kinder ab 2 bis 3 Jahren.

Getränke — Der tägliche Flüssigkeitsbedarf sollte mit Quellwasser oder gutem, möglichst vorher abgekochten Wasser, Bancha-Zweigtee, Getreidetee, warmem oder kaltem Apfelsaft und Amasake (mit der doppelten Menge Wasser gekocht) gestillt werden.

Weitere Information über Säuglings- und Kinderernährung enthält unser Buch *Makrobiotische Schwangerschaft und Säuglingspflege* (erscheint 1988 im Verlag Ost-West Bund). Man kann auch eine/n erfahrene/n makrobiotische/n Berater/in konsultieren.

Kochen für alte Menschen

Mit dem Alter verlieren wir ein paar Zähne, und unsere Kaufähigkeit läßt nach. Gewöhnlich bereitet man daher Speisen für ältere Menschen etwas weicher zu. Das macht sie auch leichter verdaulich. Salz, Miso, Shoyu und andere Würzmittel sollten vermindert werden. Um den Körper warm zu halten, sollten ein bis zwei Beilagen pro Tag mit etwas Öl zubereitet werden. Im Falle ernsthafter Krankheiten sollte allerdings der Ölkonsum reduziert oder ganz vermieden werden, bis sich die Gesundheit verbessert hat. Der Grad der Gesundheit und Aktivität älterer Menschen ist sehr unterschiedlich, und je nach den persönlichen Bedürfnissen mögen bestimmte Richtlinien empfohlen werden. Jeder Fall braucht eine gesonderte Beratung.

Kochen für Männer und Frauen

Grundsätzlich brauchen Männer etwas stärkere Nahrung als Frauen, sie essen größere Mengen und lieben mehr Abwechslung. Anregende Nahrungsmittel wie Tempeh, Seitan und Eintöpfe sowie anregende Zubereitungsmethoden wie Tempura oder Fritieren können Männer öfter vertragen, während Frauen eher leichtere Nahrung wie Salate vorziehen sollten. Fisch und andere Meerestiere vertragen Männer und Jungen zwei- bis dreimal die Woche. Für Frauen und Mädchen ist es besser, ganz auf tierische Nahrung zu verzichten. Wenn gewünscht, können ein- bis zweimal die Woche etwas Fisch oder Meerestiere gegessen werden. Entsprechend verträgt das weibliche Geschlecht besser Obst und Süßes und kann dies öfter als das männliche genießen.

Während der Menstruation sollten Frauen extreme Nahrung meiden. Dazu gehören sehr süße und salzige Speisen, Fisch und andere tierische Produkte und Früchte, da sie Krämpfe und starke Blutungen auslösen können. Insgesamt sollte der Nahrungskonsum während dieser Zeit vermindert werden. In der Schwangerschaft ist gut ausgewogene Nahrung besonders wichtig. Heißhunger auf bestimmte Speisen sollte mit vollwertiger Nahrung guter Qualität zufriedengestellt werden. Fleisch und Zucker sollten strikt vermieden und dafür eher mehr Fisch und Obst gegessen werden.

Kochen für verschiedene Aktivitäten

Menschen, die körperlich schwer arbeiten oder sportlich aktiv sind, brauchen reichhaltigere, mehr und abwechslungsreichere Ernährung. Grundsätzlich können die Speisen mit mehr Salz oder Miso bereitet sein und mehr Öl enthalten. Buchweizen ist ein besonders energiespendendes Getreide und kann ebenso wie gebratene Nudeln, Tempeh, Seitan, Fisch oder andere Meerestiere serviert werden. Auch fritierte und Tempura-Speisen können öfter gegessen werden. Grundsätzlich sollte Wurzel-, Rund- und Blattgemüse in der täglichen Nahrung ausgewogen sein. Besonders aktive Menschen vertragen etwas mehr Wurzel- und härteres Blattgemüse. Auch Langzeit-Pickels können regelmäßiger konsumiert werden.

Geistig aktive Menschen können der normalen makrobiotischen Grundernährung folgen. Zusätzliche Speisen wie Meerestiere, Früchte, Süßes, Saft, Gewürztees oder andere Stimulanzen sollten vermieden werden oder nur in geringen Mengen genossen werden. Das Essen sollte nicht zu salzig und der Ölkonsum gering sein. Rundes Gemüse kann vermehrt gegessen und öfter nach einfacher Nishime-Art gekocht werden. Blanchierter Salat ist ebenfalls für weniger aktive Menschen geeignet. Meeresalgen stabilisieren Geist und Gefühle, sollten aber nicht im Übermaß genossen werden. Bohnen und Bohnenprodukte sollte man reduzieren. Grundsätzlich ist die Nahrungsmenge für weniger aktive Menschen zu verringern. Für geistige Klarheit und Konzentration ist es vor allem wichtig, alle Nahrung sehr gründlich zu kauen.

Kochen für spirituelle Entwicklung

Zur Förderung spiritueller Entwicklung ist eine Verfeinerung der Küche notwendig. Die Mahlzeiten sollten nur aus Getreide und Gemüse bestehen, und tierische Produkte sollten strikt vermieden werden. Wer meditiert, sollte auch auf alle Gewürze, Stimulanzen und stark aromatischen Speisen wie Knoblauch verzichten. Die täglichen Mahlzeiten sollten sehr einfach zubereitet sein. In der traditionellen buddhistischen Küche bestehen die täglichen Mahlzeiten aus Naturreis, Misosuppe, etwas Land- und Meeresgemüse, Pickels und Tee. Nur an Festtagen und zu besonderen Gelegenheiten präsentiert die exzellente Festküche eine Vielzahl Spezialitäten. Neben Naturreis und Hirse sind besonders Maiskörner und Gerste geeignet, spirituelle Kanäle zu öffnen. Wildes Gemüse, wilde Wurzeln und Beeren haben sehr konzentrierte Energie und sollten nur selten gegessen werden. Grundsätzlich sollte die Nahrungsmenge reduziert werden, und wer gesund ist, kann ab und zu sieben bis 10 Tage nur Naturreis oder anderes Getreide essen. Diese Getreide-Fastenkuren, die sehr energiespendend sind, sollten aber nur unter der Aufsicht eines erfahrenen makrobiotischen Beraters stattfinden. Normaler Bancha- und Getreidetee sind geeignete Getränke für eine spirituelle Entwicklung.

Kochen für Singles

Kleine Mengen Getreide sollten, wenn druckgekocht, ganz langsam zum Kochen gebracht werden. Vorher eingeweichtes Getreide verbessert ihre Verdaubarkeit. Getreide und Bohnen können in größeren Mengen für ein paar Tage vorgekocht werden. Sie halten sich gut und lassen sich schnell erwärmen. Gemüse und Suppen, insbesondere Misosuppen, sollten jeweils frisch zubereitet werden. Manches Meeresgemüse wie Hiziki und Arame hält sich einige Tage und man kann es in größeren Mengen kochen. Anderes wie Wakame, Kombu und Nori sollte man besser jeweils zubereiten. Einige Produkte, z.B. Tofu, Mochi und Natto lassen sich gut einfrieren. Wichtig ist, Abwechslung in die tägliche Küche zu bringen, da dauernde Wiederholungen langweilig werden. Ein Vorrat an verschiedenen Würzmitteln oder Beilagen und Pickeln gibt derselben Speise viele Gesichter.

Getreide-Gerichte zum Mitnehmen

Reisbälle sind die ideale Nahrung für Schule oder Büro. Man kann sie mit verschiedenen Zutaten varrieren, und sie halten sich mehrere Tage ohne Kühlschrank frisch. Natürlich fermentiertes Weizen- oder Sauerteigbrot eignet sich hervorragend für Sandwiches, ebenso gut gekochter Seitan und Tempeh, kombiniert mit Salat, Sprossen und einem Dressing. Frische Maiskolben, in dicke Scheiben geschnitten, oder grob geschnittene gekochte Karotten, Klettenwurzeln, Rettich oder anderes Gemüse kann man ebenfalls gut für unterwegs verwenden. Ebenfalls geeignet sind frische oder getrocknete Früchte, Nüsse und Kerne, Reiswaffeln oder Kekse. Bohnen verderben leicht. Für das Büro eignet sich eine kleine Thermobox, Kinder sollte man mit soviel Gepäck nicht belasten. Hier genügt braunes Einwickelpapier. Heißer Miso- oder Bancha-Tee hält sich in einer Thermoskanne warm.

Makrobiotisches für unterwegs

Reisen geben uns die Gelegenheit, sich mit einer fremden und oft sehr anderen Umwelt vertraut zu machen. Dabei ist es wichtig, unsere gewöhnliche Nahrung mit unserer natürlichen Neugierde für neue und exotische Speisen in Balance zu halten. In aller Welt gibt es vegetarische und makrobiotische Restaurants, und auf unseren Reisen essen wir dort oder bei Freunden so oft es geht. Trotzdem passiert es oft, daß wir mit normalen Restaurants oder dem servierten Imbiß im Flugzeug, auf dem Flughafen oder im Zug vorlieb nehmen müssen. Bei diesen Gelegenheiten bestelle ich, wenn möglich, Salat ohne Dressing, gekochtes Gemüse, Spaghetti pur oder gekochtes Getreide ohne Butter, Öl oder Chemikalien. In meiner Tasche habe ich immer einen kleinen Vorrat an Würzmitteln dabei, und mit etwas Phantasie kann man ein einigermaßen anständiges Essen damit improvisieren. Diese Zutaten umfassen Gomasio, Tekka, Umeboshi-Pflaumen, Shoyusoße (in einer kleinen Flasche), Gerstenmalz und manchmal Meeresalgen-Pulver oder grüne Noriflocken. Ich habe auch immer etwas Ume-Extrakt dabei, einen sehr konzentrierten Syrup aus der Umeboshi-Pflaume gegen Verdauungsbeschwerden, Flugkrankheit oder Unwohlsein nach unvermeidlichem Konsum chemisch bearbeiteter oder Zucker enthaltender Nahrung.

Zum Mitnehmen auf Reisen eignen sich Reisbälle, Vollkornbrot, Reiswaffeln, Getreidecracker, gutes Sesam- oder Nußmus, Amasake, Apfelsaft und Pickels, da sich alles mehrere Tage oder länger ungekühlt frisch hält. Miso hält sich praktisch unbegrenzt und ist auch als Instant-Pulver erhältlich. Fu oder Ramen-Nudeln lassen sich ebenfalls schnell kochen. Es gibt in den USA seit einiger Zeit auch Naturreis-Gerichte in Campingpackungen, die in wenigen Minuten fertig sind. Ich empfehle diese vorgekochten Speisen nicht für den täglichen Genuß, aber auf Reisen sind sie sehr praktisch. Einige Freunde haben ihre Kinder für längere Expeditionen mit ganzen Küchenausrüstungen einschließlich Propan-Kocher ausgerüstet. Mit etwas Planung ist die Reiseküche ein gesundes und spannendes Abenteuer.

Kapitel 30

Medizinisches Kochen und Hausmittel

Nahrung ist die beste Medizin, und jedes Produkt hat bestimmte medizinische Wirkungen. Das wurde mir bei einem Vorfall 1964 klar. Wir lebten in Cambridge, Massachusetts zu der Zeit. An einem wunderschönen Herbsttag hielt mein fünfjähriger Sohn Yoshio oben seinen Mittagsschlaf. Michio und ich saßen unten, als wir Yoshio auf einmal wimmern hörten. Wir liefen nach oben und fanden ihn vor Schmerz auf und ab springen. Wir hatten niemals vorher jemanden sich so benehmen sehen und dachten, er habe sich mit einer Nadel gestochen. Als wir ihn auszogen, sahen wir mit Schrecken einen Teil seines Darms herausragen. Ein fingerlanges Stück ragte aus seiner linken Leiste hervor. Wir waren ratlos, aber instinktiv lief ich in die Küche und bereitete etwas Bancha-Tee mit Shoyu, einer halben Umeboshi-Pflaume und etwas geriebenem frischen Ingwer zu. Während Micho den Mund unseres Sohnes offenhielt, flößte ich ihm mit dem Löffel etwas Tee ein. In dem Moment, als ein oder zwei Tropfen seine Zunge berührten, zog sich der Darm wieder zusammen. Das passierte so schnell, wie die Zeitraffer-Aufnahme einer sich öffnenden und wieder schließenden Knospe. Der meiste Tee war noch auf dem Löffel! Michio und ich waren über diese kraftvolle Wirkung sehr überrascht. Yoshio hörte sofort auf zu schreien, schlief kurz darauf ein, und der Leistenbruch kam nie zurück. Ich war sehr dankbar und verbeugte mich in Gedanken vor dem Ingwer. In Japan nennt man dieses Getränk Ume-sho-bancha, und es wird gewöhnlich zur Stimulierung des Kreislaufs und bei Verdauungsstörungen verabreicht. Ingwer wendet man auch häufig äußerlich für Kompressen zur Behebung von Stagnationen im unteren Verdauungstrakt an. Wegen seiner wärmenden Wirkung versorgt Ingwer den ganzen Körper mit Energie. Aber niemals hatten wir eine so drastische Wirkung in einer so kurzen Zeitspanne erlebt.

Eine ausgewogene Vollkost stärkt die Verdauungs-, Kreislauf- und Nervensysteme, sorgt für geistige und emotionale Stabilität und für körperliche Gesundheit und Vitalität. Mit der makrobiotischen Grundkost sind Erkältungen, Kopfschmerzen oder Grippe selten und die ernsthafteren Erkrankungen unserer heutigen Gesellschaft nahezu unbekannt. Aber von Zeit zu Zeit, besonders zu den Jahreswechseln, können Fieber, Husten oder kleinere Krankheiten auftauchen, wenn Schlacken früherer Nahrung aus dem Körper geschwemmt werden. Dann sollten ein medizinischer Tee oder eine spezielle Speise genommen werden, um den Gesundungsprozeß zu unterstützen und das Gleichgewicht wieder herzustellen.

Medizinische Getränke oder spezielle Speisen können auch von denen eingenommen werden, die in die Makrobiotik einsteigen. Während des Wechsels von einer normalen, modernen zu einer natürlichen Ernährungsweise beginnt der Körper sich von Überschüssen aus der Vergangenheit zu befreien. Dazu gehören Ansammlungen von Fett, Eiweiß und raffinierten Kohlehydraten durch jahrelangen Konsum von Fleisch, Milchprodukten, Eiern, raffiniertem Zucker, Salz und Mehl, chemischen Zusatzstoffen, zuviel Flüssigkeit sowie Drogen und Medikamenten. Nun entledigt sich der Körper dieser Gifte mittels Erkältungen, Fieber, Kopfschmerzen, rauhem Hals, Verstopfung, Durchfall und anderen Leiden und Schmerzen. Diese Symptome sind ein positives Zeichen dafür, daß der Körper mit seiner Selbstreinigung begonnen hat. Um die Übergangsphase zu erleichtern und besser zu kontrollieren, sind bestimmte medizinische Hilfen ratsam.

Sehr kranke Menschen brauchen eine speziell für sie zusammengestellte makrobiotische Diät, bis sich die Zusammensetzung des Blutes gebessert hat, die Organe geheilt sind und die Vitalität wiederhergestellt ist. Störungen bestimmter Organe können mit bestimmter Naturkost, die diese Organe kräftigen, behoben werden. Gleichzeitig sollten der Salz- und Ölkonum sehr sorgsam eingeteilt und ergänzende Nahrungsmittel reduziert oder ganz vermieden werden. Dazu gehören meistens Mehl- und gebackene Produkte einschließlich Vollkornbrot und Nudeln, Meerestiere und andere tierische Produkte, Öl, Nüsse und Nußcreme, Früchte, Säfte und

Nachspeisen, auch wenn sie mit natürlichen Süßmitteln zubereitet werden.

Zusätzlich helfen Kompressen und andere äußere Behandlungen, Stauungen zu lösen und den Säuberungsprozeß zu kontrollieren. Spezielle Diätvorschläge geben die Bücher „Die Kushi-Diät" (Verlag Droemer & Knaur) oder „Die makrobiotische Hausapotheke" (Verlag Ost-West Bund). Kinder- und Säuglingskrankheiten behandelt das Buch „Makrobiotische Schwangerschaft und Säuglingspflege" (erscheint 1988 im Verlag Ost-West Bund) und für allgemeine Probleme empfehlen wir „Natürliche Heilung mit Makrobiotik (Verlag Ost-West Bund). Bei schweren Krankheiten empfehlen wir, sich von einem qualifizierten makrobiotischen Experten beraten zu lassen. In einigen Fällen ist ärztliche Hilfe notwendig.

Heiltees

Ume-Sho-Bancha-Tee

Stärkt das Blut und den Kreislauf über die Verdauung. Er hilft bei Kopfschmerzen im Stirnbereich, meist hervorgerufen durch ein Übermaß an Süßigkeiten, Früchten, Flüssigkeiten und anderen ausdehnenden Produkten. Eine Tasse Bancha-Tee über ½ bis 1 entkernte Umeboshi-Pflaume und einen Teelöffel Shoyu-Sojasoße gießen, umrühren und heiß trinken.

Variante: Zur weiteren Anregung des Kreislaufs gibt man ¼ Teelöffel Ingwersaft aus frisch geriebenem Ingwer hinzu.

Shoyu-Bancha-Tee

Neutralisiert überschüssige Säure im Blut, regt den Kreislauf an, verscheucht Müdigkeit und beruhigt. Eine Tasse heißen Bancha-Tee auf ein bis zwei Teelöffel Shoyu-Sojasoße gießen. Umrühren und heiß trinken.

Ame-Kuzu-Tee

Wirkt lösend und entkrampfend. Verscheucht Kopfschmerzen im Hinterkopf, die meist durch ein Übermaß an Salz und tierischer Nahrung hervorgerufen werden. Ein Teelöffel Kuzu in etwas kaltem Wasser auflösen, mit Wasser auffüllen (= 1 Tasse), mit einem Teelöffel Reismalz in einem Topf langsam erhitzen und bis kurz unter den Siedepunkt bringen. Bei kleiner Flamme ganz leicht 10 bis 15 Minuten köcheln lassen, gelegentlich umrühren. Heiß servieren.

Kuzu-Tee

Stärkt das Verdauungssystem, erhöht die Vitalität und verscheucht Müdigkeit. Einen Teelöffel Kuzu in etwas kaltem Wasser auflösen, zu einer vollen Tasse auffüllen und in einem Topf zum Kochen bringen. Bei kleiner Flamme und unter ständigem Rühren leicht kochen, bis die Mischung glasig und dick wird. Einen Teelöffel Shoyu hineinrühren und heiß trinken.

Variante: Stärker wird der Tee, wenn man das Fruchtfleisch einer oder ½ Umeboshi-Pflaume und ⅛ Teelöffel frischen geriebenen Ingwer hineinrührt.

Umeboshi-Tee

Neutralisiert Übersäuerung und hilft bei Verdauungsproblemen einschließlich denen, die durch Mikroorganismen verursacht sind. Er ist auch hilfreich bei Übelkeit, Aufregung und Flug- oder Seekrankheit. Eine halbe bis eine Umeboshi-Pflaume auf eine Tasse Bancha-Tee geben. Die Pflaumen können auch gebacken oder pulverisiert werden. Bei Pulver gibt man einen Eßlöffel auf eine Tasse heißes Waser.

Lotos-Tee

Hilft bei Husten, Verstopfungen der Atmungsorgane und wirkt schleimlösend. Eine halbe Tasse frische Lotoswurzel reiben, den Saft herausdrücken und mit etwas Wasser erhitzen. 5 bis 8 Minuten kochen lassen, eine Prise Salz oder etwas Shoyu zugeben. Heiß trinken.

Variante: Lotos ist als Pulver in vielen Naturkostläden erhältlich. Aber die frische Wurzel hat eine stärkere Wirkung.

Klettenwurzel-Tee

Gibt Stärke und Vitalität. Zu einem Teil frischer geraspelter Klettenwurzel gibt man 10 Teile Quellwasser. Zum Kochen bringen und bei kleiner Flamme 10 Minuten köcheln.

Löwenzahnwurzel-Tee

Kräftigt Herz und Dünndarm und erhöht die Vitalität. Einen Eßlöffel Löwenzahnwurzel mit einem Viertel Wasser mischen, zum Kochen bringen und 10 Minuten über kleiner Flamme köcheln lassen.

Kombu-Tee

Stärkt das Blut. Ein 7 cm großes Stück Kombu in einem Liter Wasser zum Kochen bringen und bei kleiner Hitze 10 Minuten kochen lassen.

Shiitake-Pilz-Tee

Wirkt entspannend in besonderen Streßsituationen und hilft bei der Ausschwemmung tierischer Fette. Einen Shiitake-Pilz vierteln und einweichen. 20 Minuten in 2

Tassen Wasser und einer Prise Salz oder einem Teelöffel Shoyu kochen. Jeweils nicht mehr als eine halbe Tasse trinken.

Äußere Anwendungen

Ingwer-Kompresse

Regt den Kreislauf an, löst Stauungen und hilft bei verschiedenen Schmerzen und Problemen mit Organen. Vor allem hilfreich für Nieren, Magen und Verdauungsorgane. Nicht bei Blinddarmreizung anwenden. Eine Handvoll frischen geriebenen Ingwer in ein Käsetuch geben, den Saft ausdrücken und mit 4 Liter sehr heißem Wasser mischen. Das Wasser sollte aber nicht kochen, da sonst die Wirkung des Ingwers verlorengeht. 5 Minuten kurz unter dem Siedepunkt ziehen lassen. Dann den mittleren Teil eines Handtuchs in das Ingwerwasser tauchen, auswringen und heiß, aber nicht unangenehm heiß, auf den betroffenen Körperteil auflegen. Ein trocknes Handtuch über die Kompresse legen, um die Wärme zu erhalten. Die abgekühlte Kompresse alle paar Minuten erneuern, insgeasmt 20 Minuten lang, bis die Haut ganz rot ist.

Salzpackung

Wird zum Wärmen verschiedener Körperteile verwendet. Bei Durchfall legt man die Packung auf den unteren Bauchbereich. Meersalz in einer Pfanne trocken rösten und heiß in ein dickes Baumwolltuch oder Kissenpolster einwickeln. Mit einem Band zuschnüren, damit das Salz nicht herausfällt. Auf den Problembereich legen und erneuern, wenn die Packung abkühlt.

Dentie

Hilft bei Zahnproblemen, sorgt für gesunde Zähne und Zahnfleisch, stoppt Blutungen überall am Körper, da es die Kapillaren zusammenzieht. Eine Aubergine, im besonderen die Mütze backen, bis sie schwarz ist. Pulverisieren und zu 30 bis 50 Prozent mit geröstetem Meersalz mischen. Täglich als Zahnpasta verwenden oder auf blutende Stelle auftragen — auch in die Nase im Falle von Nasenbluten. Dazu taucht man die Spitze eines nassen Taschentuchs in das Pulver und drückt es in die Nase.

Kapitel 31

Kochkurse und Quellen

Macrobiotics International in Boston und seine Hauptschulungszentren in den USA und Kanada bieten ständig makrobiotische Kochkurse für die Öffentlichkeit an. Außerdem gibt es Kurse in fernöstlicher Medizin, Shiatsu-Massage, Schwangerschaft und Säuglingspflege, Yoga, Meditation, Wissenschaft, Kultur und Kunst sowie Aktivitäten für den Weltfrieden. Macrobiotics International Schulungszentren bieten auch Ernährungsberatung von qualifizierten Fachkräften an, Verbindungen zu Personen des Gesundheitswesens und arbeiten eng mit Forschungs- und Ernährungsprogrammen in Krankenhäusern, Universitäten, Gefängnissen, Drogenkliniken, Säuglingsheimen und anderen Institutionen zusammen. Auch in einer Reihe kleiner Städte gibt es makrobiotische Zentren und Studienhäuser, die Informationen, Unterricht und Beratung anbieten.

Einige hundert Macrobiotics International Zentren gibt es in Mittel- und Lateinamerika, Europa, dem Mittleren Osten, Afrika, Asien und Australien. Außerdem gibt es weitere befreundete und professionelle Organisationen wie die United Nations Macrobiotics Society.

Die meisten Nahrungsmittel in diesem Buch sind in Naturkostläden und in wachsender Zahl auch in Supermärkten weltweit erhältlich. Spezielle makrobiotische Produkte können auch schriftlich bei verschiedenen Lieferanten geordert werden.

Glossar

Aburage	Fritierter Tofu
Agar-Agar	Weiße Gelatine, die aus einer Meeresalge gewonnen und zu Flocken, Pulver oder Barren verarbeitet wird. Man verwendet sie für Gemüsegelees und gelierte Fruchtdesserts
Amasake	Cremiges Süßmittel bzw. Getränk, aus fermentiertem süßem Reis gewonnen.
Arame	Eine dünne, fadenähnliche schwarze Meeresalge, ähnlich der Hiziki.
Arepa	Ovalförmiger Maisball oder Kuchen aus Maismehl, gebacken oder fritiert.
Arrowroot od. Pfeilwurzelmehl	Stärkemehl, aus einer amerikanichen Wurzel gewonnen. Wird zum Binden für Soßen, Eintöpfe oder Nachspeisen verwendet.
Azukibohnen	Kleine, dunkelrote Bohne, ursprünglich aus Japan, wird heute auch im Westen angebaut.
Bancha-Tee	Zweige, Äste und Blätter eines älteren Japanischen Teebusches, auch als Kukicha bekannt.
Gerstenmalz	Natürliches Süßmittel aus konzentrierter Gerste.
Gekochter Salat	Salat, dessen Zutaten leicht gekocht oder kurz in kochendes Wasser getaucht wurden.
Bollos Polones	Gekochte Maisbälle aus Maismehl hergestellt.
Bonitoflocken	Flocken von getrocknetem Thunfisch, wird in Suppengrundlagen und zum Garnieren verwendet.
Kleie	Der äußere Teil des ganzen Getreidekorns, das zuammen mit dem Kern bei der Verarbeitung zu weißem Mehl und weißem Reis abfällt. Kann zum Pickeln oder zum Garnieren verwendet werden.
Naturreis	Ganzer unpolierter Reis. In drei Sorten erhältlich: Rund-, Mittel- und Langkorn. Naturreis enthält viele Nährwerte in idealer Ausgewogenheit und ist das Hauptnahrungsmittel in der makrobiotischen Ernährung.
Naturreis-Miso	Fermentierte Sojabohnen-Paste, die aus Natureis, Sojabohnen und Meersalz gewonnen wird. Das süßliche Miso wird für leichtere Speisen bevorzugt. In Japan nennt man es Genmai Miso.
Buchweizen	Winterfestes Getreide, das als Kasha (Grütze) oder in Soba-Nudeln gegessen wird.
Bulgour	Vollweizen-Produkt, das zerstoßen, vorgekocht und getrocknet wurde.

Klettenwurzel — Die Klette wächst überall wild in den USA und im Westen. Ihre lange, dunkle Wurzel ist besonders kräftigend.

Kohlenstahl — Eisen mit Kohlenstoff und anderen Elementen. Wird zur Herstellung von Messern und anderen Kochutensilien verwendet.

Gußeisen — Harte, nicht gehämmerte Eisenverbindung, die zur Herstellung schwerer Kochtöpfe und -Pfannen verwendet wird.

Chakin Shibori — Kastanien- oder Kürbisspiralen

Chirimen Iriko — Sehr kleiner, getrockneter Fisch

Cholesterin — Ein wachsiger Bestandteil, der in allen tierischen Fetten und Ölen enthalten ist und zu Herzkrankheiten, Krebs und anderen Beschwerden führen kann. Gemüse enthält kein Cholesterin. Das für den Körper notwendige Cholesterin wird von der Leber produziert.

Churashi Sushi — Reis mit zerkleinertem Gemüse als Salat serviert.

Kalt gepreßt — Bezogen auf Öle, die bei niedrigen Temperaturen gepreßt werden, um ihre Vitamine zu erhalten.

Couscous — Leicht raffinierter zerstoßener Weizen

Weizenschrot — Ganze Weizenkörner zerstoßen

Daikon — Langer weißer Rettich, der in vielen Speisen und für medizinische Zwecke verwendet wird.

Dashi — Traditionelle japansiche Suppengrundlage aus Kombubrühe.

Dentie — Schwarzes Zahnpulver aus Meersalz und verkohlter Aubergine.

Cholesterin — Ein wachsiger Bestandteil, der in allen tierischen Fetten und Ölen enthalten ist und zu Herzkrankheiten, Krebs und anderen Beschwerden führen kann. Gemüse enthält kein Cholesterin. Das für den Körper notwendige Cholesterin wird von der Leber produziert.

Churashi Sushi — Reis mit zerkleinertem Gemüse als Salat serviert.

Kalt gepreßt — Bezogen auf Öle, die bei niedrigen Temperaturen gepreßt werden, um ihre Vitamine zu erhalten.

Couscous — Leicht raffinierter zerstoßener Weizen

Weizenschrot — Ganze Weizenkörner zerstoßen

Daikon — Langer weißer Rettich, der in vielen Speisen und für medizinische Zwecke verwendet wird.

Dashi — Traditionelle japansiche Suppengrundlage aus Kombubrühe.

Dentie — Schwarzes Zahnpulver aus Meersalz und verkohlter Aubergine.

Diastase Malz — Malz aus getrockneten, pulverisierten Gerstensprossen.

Disaccharide — Eine Sorte einfacher Zucker, der schnell in den Blutkreislauf gerät und den Körper aus der Balance bringen kann.

Getrockneter Tofu — Beigefarbener, sehr leichter getrockneter Tofu

Trocken rösten	Getreide, Kerne oder Mehl wird in einer ungeölten Pfanne unter leichtem Rühren goldbraun geröstet, bis sie ein nussiges Aroma ausströmen.
Dulse	Pupurrotes Meeresgemüse, das man in Suppen, Salate, Gemüsegerichten oder zum Garnieren verwendet.
Epanada	Fritierte Tortilla, gefüllt mit Bohnen oder Gemüse
Endivie	Saftiges Gemüse aus Belgien
Endosperm	Innerer Stärketeil, der den Kern im Getreidekorn umhüllt.
Fasern	Der Teil bei Gemüse, Getreide und Früchten, der unverdaulich ist und ausgeschieden wird.
Fisch-Stil	Länglich geformtes Gemüse im Ganzen zubereitet. Zur Dekoration können Schuppen eingeritzt und Augen eingesetzt werden.
Flammenverteiler	Rundes Metallstück, das unter den Topf gelegt wird, um gleichmäßige Hitze zu garantieren und Anbrennen zu vermeiden.
Passiersieb	Kleine Mühle mit Kurbel zur Herstellung von Püree, Soßen und Brei.
Fu	Getrocknete Weizenglutenkuchen oder -blätter
Gandomaki	Tofu-Croquetten
Genmai-Miso	Miso aus Naturreis, Sojabohnen und Meersalz (siehe auch Naturreis-Miso)
Keim	Keimling im Getreidekorn, der beim Raffinieren entfernt wird.
Ingwer	Würzig-scharfe beigefarbene Wurzel, die zum Kochen und für medizinische Zwecke verwendet wird.
Ingwer-Kompresse	Kompresse aus geriebenem Ingwer und Wasser. Heiß auf die betroffene Körperstelle gelegt, regt sie die Durchblutung an und löst Verkrampfungen und Stauungen.
Gingko	Orientalischer Baum mit farnähnlichen Blättern.
Gluten	Eiweiß des Getreides. Je höher der Eiweißgehalt, umso leichter wird das Brot. Bei der Herstellung von Seitan ist Gluten die klebrige Substanz, die übrigbleibt, nachdem man die Stärke ausgewaschen hat.
Gomasio	Sesamsalz aus trocken geröstetem, zerstampften Sesam und Meersalz
Gomoku	Fünf oder mehr in einem Topf geschmorte Zutaten.
Getreidemühle	Kleine Handmühle zum Mahlen von Getreide, Bohnen, Samen und Nüssen aus Metall oder mit Natursteinen für Getreide
Grüner Reis	Reis mit Beifuß gekocht
Grütze	Enthülstes, gewöhnlich geschrotetes Getreide wie Buchweizen oder Hafer
Haiku	Traditionelles japanisches dreizeiliges Gedicht aus 5, 7 und 5 Silben.
Hatcho Miso	Fermentierte Sojabohnen-Paste aus Sojabohnen und Meersalz, mindestens 2 Jahre gereift.

Hiziki	Schwarze spagettiartige Meeresalge, ist sehr würzig und in Japan und im Nord-Atlantik zuhause.
Hokkaido-Kürbis	Runder dunkelgrüner oder orangefarbener süßer Kürbis, der im Herbst geerntet wird. Ursprünglich in Neuengland beheimat, wurde er in Japan eingeführt und nach der Insel Hokkaido benannt.
Hülse, Spelz	Trockene äußerste Hülle von Getreide, Samen oder Früchten.
Hummus	Kichererbsen-Tahin-Püree, wird als Dip oder Sandwich-Füllung verwendet. Populär im mittleren Osten.
Hydrogenisieren	Verfestigen von Ölen, damit sie bei Zimmertemperaturen nicht schmelzen (zur Herstellung von Margarine).
Iriko	Kleiner trockener Fisch
Irish Moos	Meeresgemüse im Atlantik, das wegen seiner gelierenden Qualitäten geschätzt wird.
Ito Soba	Sehr feine Sobanudeln
Jinenjo	Hellbraune japanische Bergkartoffel, etliche Zentimeter lang und 5 bis 7 cm dick.
Jinenjo Soba	Nudeln aus Buchweizen und Jinenjo
Kampyo	Getrocknete Kürbisseide zum Zusammenbinden von Kohlrouladen und anderen Gemüserollen.
Kanten	Fruchtgelee aus Agar-Agar
Kara-Age	Fritieren
Kasha	Grütze aus geröstetem Buchweizen.
Kayu	Sehr lang und mit sehr viel Wasser gekochter Getreidebrei.
Kelp	Meeresalgen-Sorte, dem Kombu ähnlich, wächst in nördlichen Meeresgebieten.
Kim-Chi	Scharfer chinesischer Kohl-Pickel aus Korea.
Kinako	Geröstetes Sojabohnenmehl.
Kinpira	Kochstil zur Zubereitung von Wurzelgemüse, das erst gedünstet, dann mit etwas Wasser gegart und Shoyu gewürzt wird.
Knish	Mit Gemüse oder anderen Zutaten gefüllte Teigtaschen. Traditionelle jüdische Speise.
Koi-Koku	Nahrhafter Eintopf aus Karpfen, Klettenwurzel, Bancha-Tee und Miso.
Koji	Mit Bakterien versetztes Getreide zum Fermentieren von Miso, Shoyu, Amasake, Natto und Sake.
Kojiki	Alte Shinto-Schriften
Kombu	Dicke, dunkelgrüne Meeresalge, die in tiefen Meereswassern wächst. Wird verwendet für Suppenstock, als Gewürz, Bonbon, als Beilage oder in Gemüse-, Bohnen- oder Getreidegerichten.

Kukicha	Bancha-Tee. Die älteren Zweige, Äste und Blätter des Japanischen Tee-Strauchs.
Kuzu	Weißes Stärkemehl, das aus einer wilden sehr fruchtbaren Rebe gewonnen wird. Zum Andicken von Suppen, Soßen, Nachspeisen und für medizinische Zwecke.
Laver	Schottische Meerespflanze, Nori ähnlich
Lotoswurzel	Wurzel der Wasserlilie. Außen braun mit einem mattweißen, facettenartigen Hohlraum, wird in vielen Speisen und für medizinische Zwecke verwendet.
Makrobiotik	Stammt aus dem Griechischen und bedeutet großes oder langes Leben. Eine Lebensweise ganzheitlicher Betrachtung entsprechend der unendlichen Ordnung des Universums. Die Praxis der Makrobiotik umfaßt das Verständnis und die praktische Anwendung dieser Erkenntnis im täglichen Leben einschließlich der Auswahl und Zubereitung der Nahrung sowie die Ausrichtung des Bewußtseins.
Maifun	Nudeln aus Reismehl
Maki Sushi	Eine Art Sushi, bei der der Reis zusammen mit Gemüse, Pickel, Fisch, Tofu oder anderen Zutaten in Nori gewickelt und in kleine Happen zerschnitten wird.
Marinieren	Man läßt Lebensmittel wie Salate oder Fisch in einer Würzsoße ziehen.
Masa	Teig aus ganzen Maiskörnern. Zur Herstellung von Arepas, Tortillas und anderen traditionellen lateinamerikanischen Gerichten verwendet.
Mekabu	Wurzel der Wakame-Alge
Meridiane	Nach der orientalischen Medizin Kanäle, durch welche die elektromagnetische Energie im Körper zirkuliert.
Hirse	Kleines gelbes Getreide, das Suppen, Salaten oder Gemüsegerichten zugegeben wird. Man backt es auch. Hauptnahrungsmittel in China und Afrika.
Mirin	Süßer Kochwein aus süßem Reis hergestellt
Miso	Fermentierte Paste aus Sojabohnen, Meersalz und Reis oder Gerste. Findet Verwendung in Suppen, Eintöpfen, Soßen, beim Backen und als Würzmittel. Miso ist etwas süßlich und gibt ein salziges Aroma.
Mochi	Kuchen aus gekochtem, zerstampften süßen Reis.
Monosaccharide	Einfacher Zucker wie Glukose, Fruktose und Galactose, der schnell in den Blutstrom gerät und aus dem Gleichgewicht bringt.
Moxa	Getrocknetes Beifuß-Produkt, das man in winzigen Mengen auf der Haut abbrennt um die Energie der Meridiane zu stimulieren.
Mugi Cha	Tee aus gerösteter Gerste
Mugi Miso	Auch Gersten-Miso genannt. Sojabohnenpaste mit Gerste. Sehr süßes Miso, wird gelegentlich für Misosuppen und andere Gerichte verwendet.

Beifuß	Wild wachsendes Kraut, das man getrocknet für Tee, zum Kochen oder für die Herstellung von Moxa verwendet.
Mu-Tee	Tee aus verschiedenen Kräutern. Wirkt wärmend, stärkt die weiblichen Organe und wird für verschiedene medizinische Zwecke verwendet.
Nabe	Traditionelles japanisches Tellergericht. Wird in einer farbenfrohen Schüssel zusammen mit einem Dip oder einer Brühe aus Shoyu oder Miso mit verschiedenen Garnierungen serviert.
Natto	Gekochte Sojabohnen, mit Enzymen 24 Stunden fermentiert. Streng im Duft. Fördert die Verdauung.
Natto Miso	Würzmittel aus kurz fermentierten Sojabohnen, Getreide, Ingwer und Kombu.
Naturkost	Nicht künstlich und mit chemischen Stoffen bearbeitete Nahrungsmittel möglichst aus biologischem Anbau
Nigari	Hartes Salzkristall, das in der Tofuproduktion verwendet wird.
Nigiri Sushi	In Noristreifen eingewickelte kleine Stücke aus Gemüse oder Meerestieren.
Nishime	Kochstil, in der das Gemüse oder andere Zutaten langsam in ihrem eigenen Saft garen. Gibt starke, ausgeglichene Energie.
Nitsuke	Mittellanges Kochen
Noh	Klassisches japanisches Drama mit Musik und Tanz.
Nori	Dünne Blätter einer getrockneten Meeresalge. Schwarz oder dunkelrot, wird beim Rösten grün. Wird verwendet zum Garnieren, Einwickeln von Reisbällen, bei der Herstellung von Shushi oder in Shoyu verkocht als Gewürz.
Nuka	Reiskleie. Wird zur Herstellung bestimmter Pickel verwendet.
Oden	Eintopf mit frischem oder fritiertem Tofu.
Ohagi	Reiskuchen aus zerstampftem Süßreis mit Azukibohnen, Kastanien, Sesam, geröstetem Sojamehl o.ä.
Ohitashi	Zubereitungsart, bei der das Gemüse in kleinen Mengen kurz in sprudelndes Wasser getaucht oder darin einige Minuten gegart wird. Das Gemüse verliert seinen bitteren Geschmack, bleibt knackig und erhält eine leuchtend frische Farbe.
Okara	Sojabohnen-Brei, der bei der Tofuproduktion abfällt, findet Verwendung in Suppen und Gemüsegerichten.
Omedoto	Brei aus Azukibohnen und geröstetem Naturreis.
Biologische Lebensmittel	Nahrung, die ohne chemische Düngemittel, Insektizide, Pestizide und andere Unkrautvertilungsmittel gezogen wird nach den Richtlinien bestimmter Organisationen.
Origami	Die Kunst, Buntpapier dekorativ zu falten.

Paella	Traditionelles spanisches Nationalgericht mit Reis, Gemüse, Meerestieren und anderen Zutaten.
Perlgerste	Ein kleines spezielles weißes Gerstenkorn, das wegen seiner kosmetischen Wirkung geschätzt wird.
Gerstengraupen	Polierte Gerste
Pickel-Presse	Kleiner Glas- oder Plastik-Behälter mit einem herunterschraubbaren Deckel zum Pressen von Salaten oder leichter Kurzpickels.
Polenta	Traditionelles lateinamerikanisches und in den Mittelmehrländern verbreitetes Maisgericht, manchmal mit Bohnen und Gemüse.
Polysaccharide	Komplexer Zucker, der langsam während der Verdauung absorbiert wird. Er enthält Stärke und Zellulose und findet sich in Vollgetreide und Gemüse.
Mehrfach ungesättigte Fettsäuren	Essentielle Fettsäuren, die sich in hoher Konzentration in Getreide, Bohnen, Samen und in kleinen Mengen in Fisch finden.
Gepreßter Salat	In einer Pickelpresse mit etwas Meersalz kurz gepickelter Salat.
Ramen	Chinesische Nudeln, die vor dem Trocknen fritiert wurden.
Rotes Miso	Kurz fermentiertes Miso aus Reis-Koji, Sojabohnen und Meersalz.
Roter Reis	Reis mit Azukibohnen
Raffiniertes Öl	Chemisch bearbeitetes, erhitztes Öl, dem seine Aroma-Farb- und Nährstoffe entzogen wurden.
Reiswaffeln	Leichte, runde Waffel aus Puffreis. Man ißt sie als Snack pur oder mit Aufstrich.
Reis-Kayu-Brot	Vollkornbrot aus weich gekochtem Reis, etwas Weizenmehl und gelegentlich Rosinen oder anderen Zutaten.
Reis-Spachtel	Flacher Holzspachtel zum Rösten von Getreide, Samen und Mehl oder zum Servieren.
Reismalz	Natürliches Süßmittel aus gemälztem Naturreis
Saifun	Glasige Nudel aus Mungbohnen
Saka Mushi	Gedämpfte Scholle
Sake	Reiswein. In Japan traditionell heiß in kleinen Tassen serviert.
Sake Hefe	Fermentiertes Abfallprodukt bei der Sakeproduktion. Wird in Suppen, Gemüsegerichten oder zum Pickeln verwendet.
Sakura	Kirschblüten-Blätter
Samurai	Mitglied der feudalistischen Japanischen Kriegerkaste.
Sashimi	Roher, fein geschnittener Fisch
Gesättigte Fettsäuren	Finden sich vorwiegend in Fleisch, Eiern, Milchprodukten und einigen Pflanzenölen wie Kokosnuß und Palmöl. Diese Fette erhöhen den Cholesterinspiegel im Blut und setzen sich in Arterien und Organen fest.

Sautieren	Leichtes Braten oder Dünsten in einer flachen Pfanne.
Feine Haferflocken	Hafer, der mit scharfen Stahlschneiden zerhackt wurde.
Meersalz	Salz aus dem Meer. Im Gegensatz zu raffiniertem Salz enthält es noch alle Minerale und keine chemischen Zusatzstoffe, Zucker oder Jod.
Meeresgemüse	Auch Meeresalgen. Zu den eßbaren Sorten gehören Kombu, Wakame, Arame, Hiziki, Nori und Dulse.
Seitan	Auch als Weizengluten oder Weizenfleisch bekannt. Ein Vollkornprodukt, das in Shoyu, Kombu und Wasser gekocht und in Eintöpfen, als Croquetten, Getreide-Bouletten und anderen Speisen Verwendung findet. Sehr eiweiß- und aromareich.
Shiitake	Ein in Japan beheimateter Pilz, der heute auch in den USA angebaut wird. Getrocknet oder frisch findet er Verwendung in Suppen, Eintöpfen oder für medizinische Zwecke. (Lateinisch: *Lentinus Edodes).*
Shio Kombu	Salziger Kombu. Kombustücke werden lange in Shoyusoße gekocht und in kleinen Mengen als Gewürz verwendet.
Shio Nori	Salziges Nori. Nori wird lange mit Shoyu und Wasser gekocht und als Würzmittel benutzt.
Shiso	Auch bekannt als Büffelgras-Blätter. Werden mit Umeboshi-Pflaumen gepickelt. Auch für sich erhältlich.
Shogun	Japanische Feudalherren
Shojin Ryori	Traditionelle buddhistische Tempelküche
Shoyu	Sojasoße, traditionell hergestellt
Sloke	Irisches Meeresgemüse, ähnlich wie Nori.
Soba	Nudeln aus Buchweizen oder einer Mischung von Weizen und Buchweizen.
Sobagaki	Buchweizenklöße
Somen	Sehr feine Vollweizen- oder weiße Nudeln.
Sauerteigbrot	Natürlich fermentiertes Getreidebrot aus Vollkornmehl, Wasser und Sauerteig.
Sojamilch	Flüssigkeit, die bei der Produktion von Tofu anfällt. Wird als Getränk und Ersatz für Milch verwendet.
Sprossen	Eßbarer Keimling junger Pflanzen.
Rostfreier Stahl	Mit Chrom legierter Stahl als Schutz gegen Korrosion und Rost. Wird zur Herstellung hochwertigen Kochgeschirrs verwendet, manchmal mit Emaille oder anderen Substanzen kombiniert.
Sukiyaki	Japanisches Pfannengericht mit verschiedenem Gemüse, Nudeln, Meerestieren, Seitan, Tofu, Algen und Fisch.
Suribachi	Mit Rillen versehene, glasierte Tonschüssel zum Mörsern und Pürieren verschiedener Speisen.

Sushi	Traditionelle japanische Speise aus Reis, verschiedenem Gemüse, Algen, Meerestieren oder Pickels. Sie wird als Spirale, Rolle, fritiert oder als Salat serviert.
Sushi-Matte	Kleine Bambusmatte zum Einrollen von Nori-Maki Sushi oder zum Zudecken und Warmhalten von Speisen.
Süßer Reis	Glutenreiche Reissorte, etwas süßer als regulärer Reis. Findet Verwendung in zahlreichen Alltags- und Festspeisen.
Taco	Zusammengefaltete und mit Bohnen, Gemüse oder Meerestieren gefüllte Teigtasche.
Tahin	Dicke Paste aus zerstampftem Sesam.
Takuan	Daikon-Pickel mit Reiskleie und Meersalz angesetzt. Da er sehr stark ist, benannte man ihn nach dem berühmten buddhistischen Mönch.
Tamari Sojasoße	Traditionelle, natürliche Sojasoße ohne Weizen. Eine stärkere, weizenfreie Sorte ist reines Tamari, das bei der Produktion von Miso anfällt und für bestimmte Gerichte verwendet wird. Tamari Sojasoße wird zum täglichen Kochen, weniger als Shoyu-Sojasoße benutzt, weil sehr kräftig.
Taro	Auch Arbi genannt. Kartoffel mit einer dicken, behaarten Haut. Wird gelegentlich in Suppen, Eintöpfen oder für medizinische Zwecke verwendet.
Tekka	Würzmischung aus Hatcho Miso, Sesamöl, Kletten- und Lotoswurzel, Karotten und Ingwer. Man sautiert es zu einem schwarzen Pulver.
Tempeh	Traditionelles indonesisches Sojaprodukt aus Sojabohnen, Wasser und einer besonderen Art von Bakterien. Man kann es selbst machen oder fertig kaufen. Sehr eiweißreich und nahrhaft. Findet Verwendung in Suppen, Eintöpfen und diversen anderen Gerichten.
Tempura	In einem Teig fritierte Stücke Gemüse, Fisch oder Meerestiere. Man serviert sie gewöhnlich mit einer Shoyu-Ingwersoße und etwas geriebenem Rettich.
Tendon	Ein Tellergericht bestehend aus Reis mit Tempura-Gemüse, übergossen mit einer leichten Shoyu-Brühe.
Tofu	Sojabohnen-Quark aus Sojabohnen und Nigari. Sehr eiweißhaltig, zu verwenden in Suppen, Gemüsegerichten, Salaten, Soßen, Dressings usw.
Tostada	Tortilla offen mit Bohnen und Gemüse
Trivet	Kurzer dreifüßiger Ständer, der als Unterlage für heiße Töpfe auf dem Tisch oder auf dem Herd verwendet wird.
Udon	Japanische Vollweizennudeln
Umeboshi	In Salz mehrere Jahre gepickelte Pflaumen. Ihr sauer-salziges Aroma paßt gut zu vielen Speisen. Man verwendet sie als Gewürz, in Soßen, Getränken und für medizinische Zwecke.

Umeboshi-Essig	Auch als Ume-Su bekannt. Die Flüssigkeit, in der die Pflaume fermentiert. Für Soßen, Dressings, zum Würzen und Pickeln.
Unraffiniertes Öl	Pflanzenöl, das natürlich verarbeitet und seine natürliche Farbe, Aroma und Nährstoffe behält.
Gemüsebürste	Kleine Handbürste aus Naturborsten, die das Gemüse reinigt ohne die Haut zu verletzen.
Wakame	Langes, dünnes, grünes Meeresgemüse. Wird Misosuppe, Salaten und Gemüsegerichten zugegeben.
Wasabi	Japanischer Senf
Vollwert-Nahrung	Natürliche Nahrung, die nicht verarbeitet oder veredelt wurde, wie Naturreis, Vollweizen, Hirse, Gerste, Hafer, Roggen, Buchweizen und Mais.
Vollgetreide	Unraffinierte Getreidekörner, die nur enthülst wurden. Produkte aus Vollweizen sind Nudeln, Seitan, Fu, Bulgour, Couscous usw.
Wilder Reis	In Nordamerika beheimatetes Wildgetreide.
Wok	Eine tiefe, runde chinesische Pfanne, gut geeignet zum Braten und für Tempura.
Holzasche	Reste verbrannten harten Holzes, wird verwendet als Weichmacher für Mais, Pilze und andere Nahrungsmittel sowie als natürliches Reinigungsmittel.
Yang	Eine der beiden fundamentalen Energien des Universums. Yang entspricht der Tendenz der Zusammenziehung und Zentripedalkraft. Weitere Qualitäten sind Dichte, Hitze und Licht. Yang-Energie ist abwärts und nach innen gerichtet und in der Nahrung rechnet man ihr die kleinen, runden Getreidesorten wie Naturreis, Hirse und Buchweizen zu, außerdem die Wurzelgemüse, Meersalz, Miso und Shoyu. Die ihr entgegengesetzte und sie ergänzende Energie heißt Yin.
Yannoh	Natürlicher Getreidekaffee aus verschiedenem Getreide und Bohnen, die geröstet und zu feinem Pulver zermahlen wurden.
Gelbes Miso	Kurz fermentiertes Miso, sehr milde.
Yin	Eine der zwei fundamentalen Energien des Universums. Yin beinhaltet die Tendenz der Ausbreitung, der Zentrifugalkraft. Weitere Qualitäten sind Wachstum, Zerstreuung, Kälte, Dunkelheit. Yin-Energie ist aufwärts und auswärts gerichtet. In der Nahrung repräsentiert sie großkörniges Getreide wie Mais, Hafer und Gerste, grünes Blattgemüse, Öle, Nüsse, Früchte und die meisten Getränke. Die ihr entgegengesetzte und sie ergänzende Energie heißt Yang.
Yuba	Die Haut, die durch das Erhitzen von Sojamilch entsteht. Getrocknet erhältlich und verwendbar in vielen Tofu-ähnlichen Speisen.
Yudofu	Traditionelle Tofuspeise. Tofu wird mit Gemüse gekocht und mit einer Soße serviert.
Zoni	Miso- oder Klare Suppe mit Mochi.

Bibliographie

Nachfolgend eine Auswahl an Makrobiotik- Literatur, die in Zusammenhang mit diesem Buch von Bedeutung sein kann:

Aihara Herman, *Milch ein Mythos der Zivilisation,* Mahajiva 1985

Akizuki, Dr. med., Tatsuichiro, *Nagasaki 1945- Schutz vor Radioaktivität durch makrobiotische Lebensweise,* Ost-West Bund 1988

East-West-Foundation, **KREBS–FREI: 30 Siege über Krebs -auf natürliche Weise,* Ost-West-Bund, 1993

Esko, Edward, * *Heilung des Planeten Erde, Ratgeber für eine ökologisch ausgeglichene Ernährung und Lebensweise,* Ost–West–Bund, 1992

Jack, Alex, * *DEINE NAHRUNG SEI DEINE MEDIZIN, 188 wissenschaftliche Studien über den Nutzen vollwertiger Ernährung für Körper, Geist, Gesellschaft und Umwelt, Ost–West–Bund, 1992*

Bradford, Peter & Montse, *Das makrobiotische Algen-Kochbuch,* Mahajiva, 1987

Kushi, Aveline, *Mit Miso kochen,* Pala 1986

Kushi, Michio & Aveline, Allergien & Immunsystem, -Heilung durch naturgemäße Ernährung und Lebensweise, Ost–West–Bund, 1991

– **Das grosse Buch der makrobiotischen Ernährung und Lebensweise,* Ost-West Bund,1987

– *Natürliche Schwangerschaft und Säuglingspflege mit Makrobiotik,* Ost-West Bund, 1996

– *Kinder-und Familiengesundheit durch Makrobiotik,* Ost-West Bund 1988

Kushi, Michio, – *Die makrobiotische Anwtort auf Krebs, Mahajiva, 1990*

– *DO-IN Buch,* Mahajiva, 1994

– *Die Dimensionen der Ehe,* Mahajiva, 1986

– *Natürliche Heilung mit Makrobiotik,* Ost-West Bund, 1981

– *Die makrobiotische Hausapotheke- Nahrungsmittel in medizinischer Anwendung,* Ost-West Bund 1985

Nakamura, Jiro, *Makrobiotische Ernährungslehre nach Ohsawa,* Ohsawa-Zentrale

Ohsawa, Georges, *Lebensführer Makrobiotik-Handbuch,* Mahajiva 1987

Sattilaro, Dr. med. Anthony J., * *Rückruf ins Leben, Die Geschichte meiner Krebsheilung,* Mahajiva, 1985

Wollner, Anneliese, *Das Makrobiotik-Snackbuch,* Ost-West Bund 1987

Periodika:

–DAS GROSSE LEBEN–, Nachrichtenorgan des Ost-West-Bund e.V., ab 1986, vierteljährlich (mit aktuellem Terminkalender und Adreßverzeichnis der deutschsprachigen makrobiotischen Zentren)

*= Bücher zur Einführung

Index

— = Untergliederung * = Hauptreferenz

Amasake Pudding *346
Ameraterasu *20
Apfelessig *62
Apfelmus *356
Arame mit getr. Tofu u. Karot.*308
Arame mit Tempeh und Zwiebeln *307
Arame mit Zwiebeln *307
Arepa *110
Ausgleich von Yin und Yang *30
Azukibohnen mit ganzem Weizen *102
Azukibohnen mit Kastanien *279
Azukibohnen mit Lotoskernen *278
Azukibohnensuppe *168
Back-und Fritiertemperaturen *63
Backutensilien *43
Bancha-Tee *360
Blanchierter Salat /Loewenzahn*248 ff.
Blumenkohlsuppe *166
Bodengemuese
- rund *198
Bohnen *,39
Bohnen und Erbsen, frische
- geduens. Zuckerschoten/Chinak. *211
- gek. Stangenbohn. m. Mandeln *210
Bohnensuppen *167
- Azukibohnensuppe *168
- Kichererbsensuppe *169
- Linsensuppe *168
Bratpfannen *44
- emailliert *45
- Gusseisern *44
Brennmaterial *70
- Elektoherd *70
- Gas *70
- Holzfeuer *70
- Holzkohle *70
- Kohle *70
- Mikrowelle *70
Broccoli m. Tofucremedressing *204
Broccoli mit Blumenkohl *203
Broccoli mit Tofucreme *204
Broccoli-u. Blumenkohl-Pickel *265
Brot und Backwaren *130
- Blaubeer-Maiskuechlein *146
- BW-Pfannku.m. Erdb.-Kuzusosse *147
- Crepes *148
- Getreidekekse *146
- Pizza aus Weizen *148
- Vollweizenbrot *132
Brotsorten, verschiedene
- Maisbrot *143
- Misobrot *145
- Reis-Kayu-Brot *144
- Roggenbrot *143
- Weizensprossenbrot *145
Buchweizen-Kloesse *107
Buchweizen-Pfannkuchen *147 z.B.
Buchweizen-Salat *106
Buchweizencreme
- mit Fruehlingszwiebeln *106
Buchweizengerichte
- Buchweizencreme *106
- Buchweizenkloesse *107
- Buchweizensalat *106
- Kasha *106
- Schnellgericht *107
Buchweizensuppe *170
Bulgour *103
Bunter Sojabohnen-Schmortopf *279
Chinakohl mit Shoyu-Zitr/Sosse*216
Chinakohl-Pickel *262
Chinakohl-Rollen *217
Chirashi-Sushi *85
Cremige Zwiebel-Misosuppe *156
Daempfer *47
Daikon
- gekocht *191
- getrocknet *192
- in Suppen gerieben *191
- mit Gemuese i.Nishime-Stil *192
- roh und gerieben *191
Dampfdruckkochen *68
Dampfdrucktopf *47
Desserts *,40
Desserts und Snacks *339
- Aepfel, geb. m. Kuzu/Ros.-soae *345
- Ahornsyrup *342
- Amasake *341
- Amasake-Pudding *346
- Apfelkompott *344
- Apfelkuchen *349
- Apfelmus *356
- Aprikosen-Couscous-Kuchen *352
- Azukib., Kastanien u. Rosinen *348
- Birnen, glasiert *344
- Birnen, knusprige *352
- Bohnen *341
- Erdbeerkuchen *353
- Fructose *343
- Fruechte *341
- Gerstenmalz *341
- Getreide *340
- Haferflocken-Kekse *349
- Honig *343
- Kanten *343

- Kastanien oder Kuerbisspiralen *347
- Kastanien-Pueree *347
- Kerne geroestet *354
- Kirschstrudel *351
- Kombu-Chips *357
- Kuerbis-Apfelcreme *356
- Kuerbistorte *351
- Mais-Syrup *343
- Meeresalgen *341
- Melasse *343
- Mirin *342
- Miso-Tahin-Aufstrich *355
- Natuerliche Suesspeisen *340
- Nuesse und Samen *341
- Obstkompott *345
- Pfirsischtorte *350
- Popcorn *354
- Popcorn-Krokant *355
- Reismalz *341
- Reispudding *346
- Reiswaffeln *355
- Saccharin *343
- Snacks *354
- Sorbit *343
- Suessmittel, raffinierte *342
- Suessmittel,natuerliche *341
- Suessreis-Kekse *349
- Tahin-Creme *347
- Tortenboden, Grundrezept *350
- Walnuss-Miso-Aufstrich *356
- Wassermelone, frisch *346
- Xylitol *343
- Zucker *342
Dips(Tunken) *258,259
Disteloel *62
Dressings, Sossen u. Tunken *250
- Andicken mit Kuzu *251
- Aromen, verschiedene *251
- Dips *258
- Fruehlingszwiebel-Peters./Dres *253
- Ingwer- Shoyu-Dip *259
- Kichererbsen-Dip *259
- Miso- Dressings *253
- Miso-Ingwer-Sosse *254
- Miso-Reis-Dressing *253
- Miso-Tahin-Dressing *254
- Sesam-Dressings-u. Sossen *255
- Shoyu-Dressing *251
- Shoyu-Essig-Dressing *252
- Shoyu-Ingwer-Dressing *252
- Shoyu-Zitronendressing *252
- Sossen *256
- Tofu-Dip *259
- Tofu-Dressing, sauer *255
- Tofu-Dressings-u. Sossen *254
- Umeboshi-Dressings *252
Druck beim Reiskochen *71
Druckdeckel *44
Druckgekocht. Reis m. Weizenk.*87
Druckgekochter Naturreis *72
Druckgekochter Reis m. Roggen *87 ff.
Druckgekochter Reis mit Gerste*87 ff.
Dulse, Karotten und Sellerie *318
Endivien mit Kuzusosse *224
Energie
- warme und kuehlende *34
Erdbeerkuchen *353
Erewhon *26
Erntedank
- Spezielles Gericht *376
Essig *62
Familiengeburtstag
- Spezielles Gericht *375
Fass *46
Feuer, innere *29
Fische und Meerestiere
- Fisch, gegrillt *336
- Fisch, gepoekelt *336
- Fischzubereitung *333
- Forelle, gebacken *334
- Heilbutt, gebacken mit Miso *333
- Kabeljaufilet, gebacken *335
- Koi-Koku(Karpfen-Klettenw.sup) *337
- Meerestiere *338
- Rotbarsch, fritiert *335
- Sashimi *136
- Scholle, gedaempfte *334
- Zubereitung tier. Nahrung *332
Flammenverteiler *44
Friedenstag
- Spezielles Gericht *376
Frische Maissuppe *171
Fruechte *,40
Fruehling
- skochen *31
Fu und Broccoli in Brhe *129
Fuenf Farben *36
Fuenf Wandlungsphasen *37
Ganzer Hafer *100
Geback. Zucchini m. Miso/Ingw.*209
Gebackene Karotten *186
Gebackener Oelkuerbis *207
Gebackenes Tofu-Sandwich *291
Gebratene Nudeln mit Tempeh *297
Gebratene Sobanudeln *117
Gebratener Reis *79 ff.
Ged. Kohl,Sellerie u. Karott. *202
Gedaempft. Tempeh m.Sauerkraut*272 ff.
Gedaempfte Mangoldblaetter
- mit Shoyu-Essig-Sosse *215
Gedaempfte Senfblaetter *217
Gedaempfter Gruenkohl *215

Gedaempfter Kohl *z.B.: 181 ff.
Gedaempfter Kohl mit Shoyu *214 ff.
Geduensteter Kohl mit Karotten*202
Geduensteter Tofu mit Gemuese *290
Gegrillter Tofu *289
Gek. Blumenkohl mit Broccoli *203
Gek. Senfblaetter m.Shoyu/Ingw*217
Gekocht. Tofu m. Ingwer/Peters*289
Gekochte Hirse *98
Gekochte Karotten mit Zwiebeln*187
Gekochte Kohlruebenblaetter
- mit Sesam-Shoyusosse *219
Gekochte Mangoldblaetter
- mit Shoyu-Ingwersosse *z.B.:215
Gekochte Mangoldbltter
- mit Shoyu-Ingwersoae *z.B.:215
Gekochte Stangenbohn/Mandeln *210
Gekochte Wakame m. Zwiebeln *315
Gekochte Zwiebeln *199
Gekochter Broccoli *203 ff.
Gekochter Kohl
- mit Sesam u. Umeboshisosse *201
Gekochter Kombu *312
Gekochter Salat *248
Gekochter Wasserkressen-Salat *248 ff.
Gemischter Press-Salat *247
Gemuese
- Bambussprossen *224
- Blattgemuese, gruenes *213
- Blumenkohl *202
- Bodengemuese *198
- Broccoli *203
- Chinakohl *215
- Chinakohl m. Shoyu-Zirt.-Sosse *216
- Chinakohl-Rouladen *217
- Daikon *190
- Endivien m. Kuzusosse *224
- ernten und saeubern *171
- Fenchel *204
- Fruehlingszw. m. Misososse *222
- Fruehlingszwiebeln *222
- gekauftes aus dem Laden *174
- Gruener Salat *219
- Gruenkohl *214
- Gruenkohl, gedaempft m. Karot. *215
- Jinenjo-Bergkartoffeln *195
- Karottengruen *221
- Karottengruen mit Sesam *221
- Keime *224
- Klettenwurzel *189
- Knoblauch und Schalotten *200
- Kohl *200
- Kuerbis *204
- Lotoswurzeln *195
- Mangoldbl., ded.m. Shoyu-Essig *215
- Mangoldblaetter *215
- Pastinaken *189
- Petersilie *221
- Petersilie m. Ingwersosse *221
- Porree *223
- Radieschen *193
- Radieschen m. Kuzusosse *193
- Rettichblaetter *218
- Rettichblaetter und Kombu *218
- Rote Beete *197
- schneiden *175
- Schnittlauch *223
- Sellerie *223
- Senfblaetter *217
- Senfblaetter, gek.m. Shoyu/Ing *217
- Spinat *219
- Stangen-und Klettergemuese *208
- Steckrueben *193
- Steckruebenbl. m. Sesam-Shoyus *219
- Steckruebenblaetter *219
- Taro-Kartoffeln *194
- Tropisches *211
- Wasserkresse *220
- Wasserkresse, gekocht *220
- Wasserkresse-Rouladen *220
- Wildgemuese *226
- wuerzen *184
- Wurzelgemuese *185
- zubereiten *172
- Zwiebeln *199
Gemuese schneiden
- Blattgemuese *180
- Blumen *179
- Chrysanthemen *179
- Diagonal *176
- in Scheiben *176
- raspeln *179
- Rechtecke *178
- Streichhoelzer *177
- unregelmaessig oder rollend *178
- Viertel *177
- Wrfel *178
Gemuese zubereiten
- backen *184
- dampfdruckkochen *184
- gedaempft *181
- gekocht *182
- grillen *184
- Nishime-Stil *182
- Nitsuke-und Kinpirastil *182
- Ohitashi-Stil *182
- roh *181
- sautieren (duensten) *183
- Sukiyaki-und Nabestil *183
- Tempura-Stil und fritieren *183
Gemuese-Tempura *235 ff.
Gemuesebuerste *49
Gemuesesuppen
- Blumenkohlsuppe *166

- gemischte *167
- Kuerbissuppe *166
- Mohrruebensuppe *166
- Selleriesuppe *166
Gemuesewurzeln
- Ingwerwurzel *196
Gepickelte Rettichblaetter *263
Geriebener Rettich *191
Geroestete Mochis *92,90
Geroesteter Naturreis-Tee *361
Geroesteter Reis *78
Gersten-Eintopf *96
Gersten-Tee *360
Gerstenbrei *97
Gerstenbrei mit Noristreifen *97
Gerstenbrei mit Zwiebelgrn *97
Gerstengerichte
- druckgekochte Gerste *97
- Gerste mit Naturreis *97
- Gerstenbrei *97
Gerstensuppe *169
Geschmack
- bitter *35
- salzig *36
- sauer *35
- scharf *35
- suess *35
Getraenke *358
- Amasake *363
- Amasake, selbstgemacht *363
- Bancha-Tee *360
- Gemuese-und Fruchtsaefte *363
- Getreidekaffee *362
- Getreidekaffee, selbstgemacht *362
- Gruener Tee *360
- Kraeutertees *361
- Loewenzahn-Tee *362
- Maisgrannen-Tee *361
- Mu-Tee *361
- Tee *359
- Tee aus geroestetem Reis *361
- Tee aus geroesteter Gerste *360
- Umeboshi-Tee *361
- Wasser *359
- Yannoh *362
Getreide *95,38
- Buchweizen *105
- Gerste *96
- Hafer *100
- Hirse *98
- lagerung *67
- Mais *108
- Roggen *104
- Weizem m. anderem Getreide ko. *138
- Weizen *102
Getreidekaffee *362
Getreidemuehle *45
Getreidesuppen
- Buchweizensuppe *170
- Gerstensuppe *169
- Maissuppe, aus frischem Mais *171
- Naturreissuppe *170
Gewuerze *49,70,,39
Gewuerze und Garnierungen *321
- Fruehlingszw.-Miso-Wuerze *325
- Fuenf Geschmaecker-Tabelle *322
- Garnierungen *323
- Geraspelter Rettich *329
- Gomasio *323
- Gomasio fuer Erwachsene *324
- Gomasio fuer Kinder *324
- Gomasio fuer koerperl. Aktive *324
- gruene Paprikaschoten u. Miso *327
- Karottengruen mit Miso *326
- Meeresalgenpulver *327
- Nori-Gewuerz *327
- Shio-Kombu *328
- Shiso-Blaetter *330
- Shoyu *330
- Sigure-Miso-Wuerze *329
- Sojabohnen, geroestete m. Miso *326
- Suessmittel *330
- Tekka-Wurzelgemuese-Gewuerz *328
- Umeboshi-Pflaumen *330
- Wakame-Gewuerz *328
- Wuerzmittel *323
Glaeser *45
Glasierte Birnen *344
Glossar *393
Gohan *21
Gomasio *,52
Gomoku *82
Grundernaehrung, makrobiotisch*38
Haferflockenkekse *349
Hafergerichte
- Haferflocken, fein *101
- Haferflocken, grob *101
- Hafergruetze aus ganz.Koernern *100
Hafergruetze aus ganz. Koern. *100
Hearn, Lafcadio *20
Herbst
- kochen *32
Hirse mit Kuerbis *990
Hirsebrei *99
Hirsebrei mit Kuerbis *99 ff.
Hirsegerichte
- Dampfdr.gekochte Gomoku-Hirse *99
- gebackene Hirse mit Kuerbis *99
- gekochte Hirse *98
- Hirsebrei *99
Hiziki *308
Hizikisalat mit Tofu *245

Hochsommerpicknik
- Spezielles Gericht *375
Hoelzernes Geschirr *49
Huelsenfruechte *272
- Auswahl und Lagerung *273
- Azukibohnen *276
- Azukibohnen mit Kastanien *279
- Azukibohnen mit Kuerbis *277
- Azukibohnen mit Lotoskernen *278
- Bohnen m. Kombu, gekocht *276
- druckkochen *274
- frische Bohnen und Erbsen *210
- gebacken *276
- Kichererbsen *282
- kochen *274
- Kochzeiten / Druckkochen *275
- Kochzeiten/Schockkochmethode *275
- Limabohnen *283
- Linsen *283
- Nierenbohnen *281
- Omedeto *278
- Schockkochen *274
- Schwarze Sojab. m. Naturreis *281
- Schwarze Sojab.-Grundrezept *280
- Schwarze Sojabohnen *280
- Sojabohnen *279
- Sojabohnenschmortopf, bunter *279
- waschen und einweichen *273
- wuerzen *276
Ingwer *63
Ingwer-Pickel *268
Ingwerwurzel
- Ingwer-Kombu-Wuerze *197
Jahreszeiten-u. Festmenues *364
- Erntedank *376
- Familiengeburtstag *375
- Festmenues *374
- Friedenstag *376
- Fruehlings-Speiseplan *366
- Herbstmenue *370
- Hochsommer-Picknik *375
- Neujahrsessen *374
- Sommermenue *368
- Sylvester *377
- Tag der Jungen *375
- Tag der Maedchen *374
- Weihnachten *377
- Wintermenue *372
Jinenjo-Misosuppe *159
Kalte Kichererbsensuppe *169
Kalte Somen-Nudeln *118
Kanten *343
Karotten
- mir Meeresalgen *188
- mit Klettenwurzeln *188
- mit Kohl *188
Karottengruen mit Sesam *221
Karottensuppe *166
Kichererbsen *282
Kichererbsensuppe *169
Klare Bruehe *162
Klare Rettichsuppe *162 ff.
Klare Suppe *162 ff.
Kleie-Pickel *269
Kleiner Gartensalat m.Sprossen*242
Klettenwurzel
- nach Kinpira-Art *189
Klettenwurzel-Aal *240
Klettenwurzel-Kinpira *189
Kochen
- Wasserqualitaet *69
Kochen mit den Jahreszeiten *31
Kochen mit Intuition *41
Kochen u. Feste in Japan
- traditionell *227
Kochen und Feste in Japan
- "Tag der Maedchen" *227
Kochgeschirr und Utensilien *40
Kochkurse und Quellen *391
- Adressen deutschsprach.Zentren *404
- Kushi-Institut *392
- Macrobiotic Directory *392
- macrobiotics international *391
- UN- Macrobiotics Society *392
Kochutensilien *68
Kohl
- Blumenkohl *202
- Broccoli mit Tofu-Creme *204
- gedaempfter Chinakohl *201
- geduenstet mit Sellerie u.Kar. *202
- gek. Blumenkohl mit Broccoli *203
- gekocht mit Sesam und Umeboshi *201
- Rosenkohl ,Kohlrabi *203
- Sauerkraut *202
Kohlrueben-Shoyu-Pickel *264
Kojiki *20
Kombu mit getrocknetem Rettich*314
Kombu,Karotten u. Klettenwurz.*313
Kombu-Karottenrollen *314
Kuerbis *204
- Eichelkuerbis *205
- Gartenkuerbis(gelber Zentner) *205
- geback. Walnussk. m. Zwiebeln *206
- gebackener Oelkuerbis *207
- Hokkaido-Kuerbis *205
- Hubbard, gefuellt *207
- Hubbard-Kuerbis *205
- mit Getreide *206
- Oelkuerbis *205
- Sommer-Kuerbis *206
- suppe *206
- Walnuss-Kuerbis *205
Kuerbissuppe *165

Kuerbistorte *351
Kushi, Michio
- in USA *25
Kushi-inada-hime *14,27
Leben in Amerika *25
Linsen *283
Loewenzahn-Tee *362
Lotoswurzel-Salat *246
Lotoswurzeln
- mit Miso gefuellt *196
Maisbrot *143
Maisgerichte
- Arepas *110
- Bollos Polones *112
- Empanadas *111
- ganzer Mais *109
- gebackene Maiskolben *109
- Grundrezept fr Maisteig *109
- Polenta *112
- Tacos und Tostadas *111
Maisgrannen-Tee *361
Maiskeimoel *61
Maiskolben *109
Maiskolben m. Umeboshi *109
Maison Ignoramus *24
Maissuppe *171
Marinierter Daikon u. Karotten*246
Masse/Gewichte-Entsprechungen *64
Medizin. Kochen u. Hausmittel *386
- Aeussere Anwendungen *390
- Ame-Kuzu-Tee *388
- Auessere Anwendungen *390
- Dentie *390
- Heiltees *388
- Ingwer-Kompresse *390
- Klettenwurzel-Tee *389
- Kombu-Tee *389
- Kuzu-Tee *388
- Loewenzahnwurzel-Tee *389
- Lotos-Tee *389
- Salzpackung *390
- Shiitake-Pilz-Tee *389
- Shoyu-Bancha-Tee *388
- Ume-Sho-Bancha-Tee *388
- Umeboshi-Tee *389
Meeresalgen *302
- Agar- Agar *319
- Arame *307
- Arame m. getr. Tofu u. Karott. *308
- Arame mit Zuckermais *308
- Arame mit Zwiebeln *307
- Azukibohnen m. Rosinen i.Aspik *319
- Dulse *318
- Dulse, Karotten u. Sellerie *318
- Gewoehnung *304
- Herkunft und Wirkungen *303
- Hiziki *308
- Hiziki m. gebratenem Tofu *310
- Hiziki m. Sojabohnen *309
- Hiziki mit Zwiebeln *309
- Hizikirollen *310
- Irisches Moos *320
- kochen *305
- Kochtabelle *306
- Kombu *311
- Kombu m. getr. Rettich *314
- Kombu, gebacken m. Gemuese *313
- Kombu, gekocht *312
- Kombu, Karotten u. Klettenwurz *313
- Kombu-Karotten-Rollen *314
- Korsisches Seegras *320
- Laver, frisch *318
- Mekabu und Nekabu *320
- Nori *317
- Nori-Ecken, geroestet *317
- Shio-Kombu, druckgekocht *312
- Wakame *315
- Wakame mit Karotten *316
- Wakame mit saurem Tofudressing *315
- Wakame mit Zwiebeln *315
- Wakame.m. Zw.-Miso-Reisessigs. *316
Meeresgemuese *,39
Mengenmasse *64
Messer
- Kohlen-und rostfreier Stahl *46
- schaerfen *46
Mirin *63
Miso *54
Misobrot *145
Misosuppe *151
- Fu-Misosuppe *158
- Grundrezept *154
- Miso-Cremesuppe mit Zwiebeln *156
- mit Daikon-Rettich und Tofu *154
- mit Hirse und Kuerbis *155
- mit Jinenjo *159
- mit Mochi *157
- mit Okara und getr. Rettich *158
- mit Reis und Schalotten *155
- mit Sesam und Broccoli *157
- Sellerie-Misosuppe *156
Misosuppe m. Fruehlingszwieb. *154
Misosuppe m. Sesam u. Broccoli*157
Misosuppe m. Spaghettikuerbis *155
Misosuppe m. Wakame u. Daikon *154 ff.
Misosuppe m. Wakame u.Zwiebeln*154 ff.
Misosuppe m. Zwiebeln/Wakame *154
—mit Daikon/Wakame *154

Misosuppe mit Wakame *154
Misosuppe mit Wakame/Blumenk. *154 ff.
Mit Miso gefuellte Lotoswurzel*196
Mochi *90
- zum Neujahrsfest *23
Mohrrueben *186
Nahrungsmittelwirkungen
- heiss, warm, mittel,kuehl,kalt *34
Natto *300 ff.
Naturreis *65
- angebrannt, trocken, matschig *73
- aufwaermen *73
- kochen in groesseren Mengen *72
- Kochtemperatur *71
- mit Samen, Nuessen u. anderem *88
- mit schwarzen Sojabohnen *71
- qualitaet *66
- rund,-medium,langkorn,suesser *66
- servieren *73
- waschen und einweichen *68
Naturreis mit Azukibohnen *81
Naturreis mit Lotosnuessen *88
Naturreis mit Mais *88
Naturreis mit Walnuessen *88 ff.
Naturreis mit Wildgemuese *229
Naturreis, suesser *90
Naturreis-Creme *77
Naturreis-Salat *243
Naturreis-Tee *361
Naturreisessig *62,49
Naturreisgerichte
- Azukireis *81
- Chirashi-Sushi *85
- gebacken *79
- gebraten *79
- gebraten nach Sommerart *80
- gebraten nach Winterart *80
- gekochter Reis *75
- Gomoku (fuenf Variat.-Reis) *82
- Grundrezept *72
- Kitsune-Sushi *85
- Kloesse aus suessem Reis *93
- Maki-Sushi *84
- mit Bancha-Tee *89
- mit Lotosnuessen *88
- mit Mais *88
- mit Mandeln *88
- mit Samen, Nuessen u.a. *88
- mit Shisoblaettern *89
- Mochi *92
- Nigiri-Sushi *84
- Ohagi *92
- Paella *89
- Reis mit anderem Getreide *87
- Reisbaelle *85
- Reisball-Grundrezept *86
- Reisbrei *76
- Reisbrei mit Miso *77
- Reiscreme *77
- Reissalat *83
- Suesser Reis *91
- Suesser Reis mit Maronen *93
- Sushi *83
- weicher Reis(Reisbrei) *76
- wilder Reis *94
Neujahrsessen *374
- Spezielles Gericht *374
Nierenbohnen *281
Nishime Rettich mit Gemuese *192
Nishime-Gemuese *182
Nori-Gewuerz *327
Nori-Maki-Sushi *84
Nudeln *113
Obstkompott *345
Obstsalat *249
Oden-Nudeln *291
Oel *59
- -pinsel *46
- Baumwollsamenoel *62
- Erduaoel *62
- Kokos-oder Palmoel *59
- Leinoel *62
Ohsawa, George *,28
- in Japan *23,24
Oliven *59
Olivenoel *62
Passiersieb *44
Petersilie mit Ingwersosse *221
Pickel *260,39
- Broccoli- u. Blumenkohl *265
- Chinakohl *262
- Dillgurken *264
- Ingwer *268
- Kleie-Pickel *269
- Kurzzeit-Pickeln/schnelle Pi. *262
- Langzeit-Pickeln *262
- Miso-gep. Schalotten *266
- Miso-gep. Tofu *267
- Misopickel *265,266
- Nuka *268,269,270
- Radieschen *267,268
- Radieschen, kurzpickeln *267
- Radieschen,langpickeln *268
- Rettich-o. Steckruebenblaetter *263
- Sakehefe *271
- Salzpickel, gepreat *261
- Sauerkraut *270
- Senfblaetter *263
- Shoyu-gep. Kohlrueben *264
- Shoyu-gep. Zwiebeln *265
- Shoyu-Pickel *264,265
- Umeboshi-Pickel *267
- Zitronen-Miso-Pickel, schnelle *266

Pickles-Presse *47
Polenta *112
Radieschen mit Kuzusosse *193
Radieschen-Pickel *267 ff.
Reibe *45
Reis-Kayu-Brot *144
Reisbaelle *85
Reisbrei *76
Reisbrei mit Kuerbis *76 ff.
Reisbrei mit Miso *77
Reisspachtel aus Bambus *43
Rettich-Blaetter mit Kombu *218
Rettich-Blaetter-Pickel *263
Rettich-Shoyu-Pickel *264 ff.
Roggen mit Gemuese *104
Roggenbrot *143
Roggengerichte
- Grundrezept *104
- mit Gemuese *104
Rote Linsensuppe *272 ff.
Ruehreitofu mit Mais *289
Sake *63
Salate *241
- Blanch. Zwieb.-Sell.-Loewenza. *248
- Buchweizen-Salat *243
- frisch *242
- Fruchtsalat *249
- Gekochter Salat *248
- gemischter Press-Salat *247
- gepresst *247
- Getreide-, Bohnen-u.Nudelsalat *242
- Hiziki-Salat mit Tofu-Dressing *245
- Kopfsalat *242
- Lotoswurzel-Salat *246
- Mariniert *246
- Marinierter Daikon u. Karotten *246
- Meeresalgen-Salat *244
- Naturreis-Salat *243
- Tempeh-Makkaroni-Salat *244
- Wakame-Gurkensalat *245
Salz
- beim Kochen *51,52,70
- Meersalz *51
- Tafelsalz *51
Samen und Nuesse *,40
Sauerkraut *270
Sauerteigbrot *139 ff.
- Gerstenbrot *142
- Rosinenbrot *141
- Schritt 1, nat. Fermentation *139
- Schritt 2,Starterherstellung *140
- Schritt 3, Ansatzverwendung *140
- Schritt 4, Grundrezept f. Brot *141
- Sesambrot *142
Saut. Gemuese, chin.Art m.Kuzu*183 ff.
Sautierter Tofu mit Gemuese *290
Sautierter Tofu mit Gemse *290
Schaumloeffel *46
Schneidebrettchen *43
Schwarze Bohnen *280
Seitan Kinpira *124
Seitan mit Sauerkraut *124
Seitan und Fu *121
- Fu *128
- Fu-Broccoli-Bruehe *129
- Seitan Croquetten *125
- Seitan hausgemacht *122
- Seitan Kinpira *124
- Seitan m. Gemuese u. Kuzusosse *126
- Seitan mit Sauerkraut *124
- Seitan, fritiert mit Gemuese *126
- Seitan, sautiert mit Zwiebeln *124
- Seitan, suess-sauer *127
- Seitan-Burger *127
- Seitan-Eintopf *127
Seitan, suess-sauer *127
Seitan-Croquetten *125
Seitan-Eintopf *127
Sellerie-Misosuppe *156
Selleriesuppe *165
Senfblaetter-Pickel *263
Senfoel *61
Sesamoel *61,49
Shiitake *,231
Shio-Kombu *312
Shoyu-Bruehe *164
Shoyu-Kohlrueben-Pickel *264
Shoyu-Steckrueben-Pickel *264
Shoyu-Zwiebel-Pickel *265
Sieb *43
Sojaoel *62
Sommer
- kochen *32
Sonnenblumenoel *62
Sossen
- Bechamelsosse *257
- Kuzu-Rosinensosse *258
- Preisselbeer-Sosse *258
- Seitan-Pilz-Sosse *257
- suess-saure-Sosse *256
Sossentoepfe *47
Spaghetti und Teigwaren *113
- Lasagne, gebacken mit Tofu *120
- Nudelarten, verschiedene *115
- Nudeln gebraten *117
- Nudeln und Bruehe *116
- Soba mit Jinenjo *118
- Somen-Nudeln, kalt *118
- Spaghetti *119
- Spaghettisosse-Grundrezept *119
Spezielle Ernaehrung *378
- Babynahrung, Vorschlaege *378
- Getr.-Gerichte zum Mitnehmen *384

- Koch f. spirituelle Entwickl. *384
- Kochen f. alte Menschen *382
- Kochen fuer Maenner und Frauen *383
- Kochen fuer Singles *384
- Kochen fuer versch. Aktivit. *383
- Makrobiotisches fuer unterwegs *385
Staebchen *43
Stangen-und Klettergemuese
- frische Bohnen und Erbsen *210
- Gurken *208
- Sommerkuerbis *209
- Zucchini geb.m. Miso/Ingwer *209
Steckrueben-Shoyu-Pickel *264
Steckruebenblaetter
- mit Sesam-Shoyu-Sosse *219
Suesser Reis
- mit Maronen *93
Suesser Reis mit Azukibohnen *91 ff.,81 ff.
Suessreis-Kekse *349
Suppen *150,38
- Bohnensuppen *167
- Gemuesesuppen *164
- klare Suppen und Suppenstock *159 ff
- Misosuppe *151
- topf *41
Suppen, klare u. Suppenstock *162
- Bonito Suppenstock *162
- Fisch- Suppenstock *162
- Gemuesestock *161
- Getreide Suppenstock *162
- Klare Bruehe *162
- Klare Bruehe m. Tarokartoffel *163
- Klare Suppe mit frit.Gem.bael. *163
- Klare Suppe mit Meeresfruecht. *164
- Kombu Suppenstock *160
- Shiitake Suppenstock *160
- Shoyu-Sojasossen-Bruehe *164
- Suppenstock aus getr. Gemuese *161
Susa-no-wo-no-mikoto *19,20,27
Sylvester
- Spezielles Gericht *377
Sylvester, trad. in Japan *114
Tag der Jungen
- Spezielles Gericht *375
Takuan-Pickel *268 ff.
Tamari-Spender *48
Tarokartoffeln
- Eintopf *194
Teekessel *48
Teesieb *48
Teigwaren *113
Tempeh mit Wasserkresse *294 ff.
Tempeh-Kohlrouladen *297
Tempeh-Shishkebab *300
Tempura u. fritierte Speisen *233
- Fisch u. Meeresfruechtetempura *236
- Gemuese fritiert *240
- Gemueseauswahl *235
- Getreide-u. Bohnencroquetten *237
- Klettenwurzel- Aal *240
- Lotosbaelle, fritiert *239
- Seitan- Croquetten *238
- Tempura-Teig *234
- Tempuragarnierung *237
- Tempuraoel *234
- Tempurasosse *237
- Tofu-Croquetten *238
- Zubereitung *236
Tierische Nahrung *,40
Tofu mit Arame *308
Tofu, Tempeh und Natto *284
- Gersteneintopf mit Tempeh *298
- Natto *300
- Natto, hausgemacht *301
- Oden *291
- Okara, sautiert mit Gemuese *293
- Ruehreitofu mit Mais *289
- Tempeh *294
- Tempeh in Suppen *296
- Tempeh mit Arame *299
- Tempeh mit gebra. Reis o. Nud. *297
- Tempeh mit Gemuese *296
- Tempeh, selbstgemacht *295
- Tempeh-Kinpira *298
- Tempeh-Kohlrouladen *297
- Tempeh-Paella *299
- Tempeh-Shish Kebab *300
- Tofu *285
- Tofu kochen *286
- Tofu, frischer, lagern *287
- Tofu, fritiert mit Kuzusosse *296
- Tofu, gebacken mit Misososse *290
- Tofu, gefroren *287
- Tofu, gegrillt *289
- Tofu, getrocknet *288
- Tofu, getrocknet m. Kar/Zwieb. *293
- Tofu, hausgemacht *288
- Tofu, sautiert mit Gemuese *290
- Tofu, weicher und fester *286
- Tofu,gek. m. Ingw/Peters/sosse *289
- Tofu-Qualitaet *285
- Tofu-Sandwich, gebacken *291
- Yuba *293
- Yudofu *292
Tontopf *43
Tonwaren
- traditionelle *48
Tunken (Dips) *258,259
Udon mit Bruehe *116
Umeboshi-Essig *63,49
Umeboshi-Pflaumen *57
Vollkorngetreide *95

Vollweizen-Sauerteigbrot *132,139
Vollweizenbrot
- backen *136
- Backtips *137
- formen *136
- Formen *136
- Hefe und Suessmittel *134
- Kneten *135
- Kuehlung und Lagerung *137
- Mahlen *133
- Mehl *133
- mit anderem Getreide kombin. *138
- Oel *134
- Reifen *135
- Sauerteigbrot *139
- Starthilfen, natuerliche *134
- Wasser *133
Wakame m. saurem Tofudressing *315
Wakame mit Schalotten *316
Wakame mit Zwiebelgruen *315 ff.
Wakame und Zwiebeln *315
Wasserkresse-Rollen *220
Wassermelone, frisch *346
Weihnachten
- Spezielles Gericht *377
Weizengerichte
- Bulgour *103
- Cous-Cous *103
- ganze Weienkoerner *102
Weizensprossenbrot *145
Wilder Reis *94
Wildgemuese
- Baumrinde *231
- Beifuss *227
- Distel *230
- Farn *228
- Farnkraut *230
- Hirtentaeschel *230
- Klettenwurzel, wild *229
- Knoeterich *230
- Loewenzahnblaetter mit Tempeh *228
- Pilze *231
- Reis gebraten mit Wildgemuese *229
- Schnittlauch, wild *227
- suesser Huflattich *230
- Wolfsmilch *229
Winter
- kochen *33
Wok *49
Wuerzen, richtig-Tabelle *64
Wurzelgemuese *185
Yudofu *292
Zitronen-Miso-Kurzzeitpickel *266
Zwiebel-Miso-Cremesuppe *156
Zwiebel-Shoyu-Pickel *265
Zwiebeln
- ganze Zwiebeln mit Miso *200
- gekocht *199
- in Suppen *199
Zwiebeln ,roh *199

Makrobiotik- Organisationen

One Peaceful World - One Peaceful World ist ein internationales Informationsnetzwerk und ein dem Ziel der Freundschaft gewidmeter Zusammenschluß von Einzelpersonen, Familien, Bildungseinrichtungen, biologisch wirtschaftenden Landwirten, Lehrern, Eltern und Kindern, Autoren und Künstlern, Heimarbeitern und Geschäftsleuten sowie anderen, die sich der Verwirklichung *einer gesunden, friedvollen Welteinheit* verschrieben haben. Die Angebote umfassen Bildungs- und kulturelle Reisen, Versammlungen und Foren, internationale Hilfe zu Ernährung und Entwicklung sowie Publikationen. Nähere Informationen erhalten Sie über: One Peaceful World, Box 10, 623-2322. Becket, MA, USA. Tel.: 001-413- 623-2322 oder One Peaceful World, c/o Klaus Schubring, Möllner Str. 100, D-21514 Büchen, Tel.: 04155-5581.

Das Kushi Institut - Ein Zentrum für makrobiotische und ganzheitliche Studien, das in den Bergen von Berkshire im westlichen Massachusetts, USA, liegt, und seine Programme auch über angeschlossene Institute in Europa anbietet. Der Begründer Michio Kushi hält weltweit Seminare ab zu den Grundlagen und der Entwicklung von Gesundheit, der Beziehung zwischen Ernährung und degenerativen Krankheiten und über die Neuorientierung der Gesellschaft bis hin zu mehr Gesundheit und Frieden. Weitere Informationen bekommen Sie über: Kushi Institute, Box 7, Becket, MA 01223, USA. Tel.: 001-(413) 623-5741 oder Kushi Institute of Northern Europe, Weteringschans 65, NL-1017 RX Amsterdam, Holland, Tel.: ++31(0)20-6257513, oder Kushi-Institut Deutschland, c/o Klaus Schubring, Möllner Str. 100, D- 21514 Büchen, Tel.: 04155-5581.

Der **Ost – West – Bund e.V.** ist seit 1977 in makrobiotischer Öffentlichkeitsarbeit im deutschsprachigen Raum tätig. Hauptaktivitäten sind die Aufklärung und Information zur naturgemäßen Lebensweise und das besondere Bemühen, unseren Mitmenschen Selbstverantwortung für die eigene Gesundheit und Lebensführung nahezubringen. Als Grundlagen dazu dienen die traditionellen ganzheitlichen Erfahrungen der fernöstlichen Heilkunde und Kultur, die mit den analytischen wissenschaftlichen Erkenntnissen des Westens zu einer Synthese geführt werden sollen. Der Ost–West–Bund e.V. veranstaltete in diesem Sinne Seminare mit Michio & Aveline Kushi und anderen Makrobiotik-Lehrern, unterstützte wesentlich den Aufbau und die Entwicklung der Naturkostversorgung in Deutschland und initiierte Makrobiotik- Seminare und -Aktivitäten, aus denen die meisten heutigen Makrobiotik-Lehrer in Deutschland hervorgingen. Der Ost–West–Bund e.V. dient heute mit seinem Nachrichtenorgan DAS GROSSE LEBEN als Kommunikations- und Informationsverband für die Makrobiotik- Öffentlichkeitsarbeit im deutschsprachigen Raum. Weiterhin besteht Zusammenarbeit mit dem Ost-West-Bund Verlag, einem Buchverlag, der u. a. Literatur im Rahmen der Organisationsziele herausgibt. Weitere Informationen bei: Ost–West–Bund e.V., Auf der Juchhöh 21, D–66333 Völklingen.

Weitere Kurse und Informationen über Makrobiotik – Aus Aktualitätsgründen veröffentlichen wir in diesem Buch keine weiteren Adressennachweise. Es gibt jedoch eine Fülle von wechselnden Makrobiotik-Adressen und -Aktivitäten. Laufende aktuelle Informationen erhalten Sie über den Ost–West–Bund e.V. (siehe oben) und dessen Nachrichtenorgan DAS GROSSE LEBEN, welches in jeder Ausgabe einen umfangreichen Terminkalender sowie ein Adressenverzeichnis aller deutschsprachigen Makrobiotik-Zentren veröffentlicht.

Das große Standardwerk der makrobiotischen Ernährung

...das erste *gemeinsame* Werk von den beiden bekanntesten Lehrern der makrobiotischen Lebensweise!

Trotz wissenschaftlicher und technischer Errungenschaften ist die Menschheit heute einer fortwährenden weltweiten Degeneration ausgesetzt, die sich in ständig steigender Zahl körperlicher und psychologischer Krankheiten, wie auch einem allgemeinen Mißtrauen in den menschlichen Beziehungen widerspiegelt. Die Makrobiotik ist in den letzten Jahrzehnten als Möglichkeit bekanntgeworden, diesen degenerativen Trend umzukehren, mittels einer Ernährungs- und Lebensweise, die den Menschen wieder in Harmonie mit seiner Umwelt und sich selbst bringt.

Das vorliegende Buch ist eine umfassende und leicht lesbare Darstellung der Grundsätze der makrobiotischen Lebensweise. Im ersten Teil wird die gesundheitliche Situation der modernen Industrieländer im Detail erläutert und begründet. Der zweite Teil beschreibt die makrobiotische Ernährung und ihre Anwendung im täglichen Leben. Dabei wird ausführlich auf die dafür verwendeten Nahrungsmittel, entsprechende Kochtechniken und Zubereitungsarten eingegangen. Folgende Erläuterungen werden für jedes Nahrungsmittel im Detail dargestellt:

* *Die tägliche Verwendungsmöglichkeit*
* *Die Geschichte der Nahrungsmittel*
* *Die Eigenschaften*
* *Die verschiedenen Arten*
* *Die Kochmethoden*
* *Der Nährwert*
* *Die gesundheitlichen Wirkungen*

...von Getreiden, Gemüsen, Suppen, Hülsenfrüchten, Meeresgemüsen, Fisch- und Meeresfrüchten, Saaten und Nüssen, Früchten, Snacks und Desserts, Salz und Öl, sowie anderen Gewürzen und Getränken.

Im dritten Teil werden dann die speziellen Anpassungen für die jeweilige Person und Lebenssituation zur Genesung und Verhütung von Krankheiten und die Unterstützung der psychologischen Gesundheit, geistigen Entwicklung und sozialen Stabilität beschrieben. Ausführlich wird auf die Ernährungsunterschiede von Mann, Frau und Kindern sowie die verschiedenen Altersstufen, Klimazonen und Tätigkeitsarten eingegangen. Im Anhang werden weltweite medizinische Projekte und Erfahrungen beschrieben. Dieses Werk beinhaltet die Summe der fast 40jährigen Erfahrung der Autoren und stellt den aktuellen Stand der makrobiotischen Empfehlungen dar. Es dient der ganzen Familie als Ratgeber für ein gesundes und harmonisches Leben.

Michio & Aveline Kushi
DAS GROSSE BUCH DER MAKROBIOTISCHEN ERNÄHRUNG UND LEBENSWEISE
333 S., 61 Abb., 24 Tabellen, Pb.,

ISBN 3-930564-0-1

Den ausführlichen Gesamtprospekt aller Titel unseres Verlages

– Das Programm für Gesundheit und Lebensfreude –

OST-WEST-VERLAG
Dossenheimer Landstr. 84
69121 Heidelberg-Handschuhsheim